KANT ET LES SCIENCES
UN DIALOGUE PHILOSOPHIQUE AVEC LA PLURALITÉ DES SAVOIRS

À LA MÊME LIBRAIRIE

Années 1747-1781. Kant. Avant la Critique de la raison pure, sous la direction de Luc Langlois, 2009.

L'année 1790. Kant. Critique de la faculté de juger. *Beauté, vie, liberté*, sous la direction de Christophe Bouton, Fabienne Brugère et Claudie Lavaud, 2008.

L'année 1793. Kant. Sur la politique et la religion, sous la direction de Jean Ferrari, 1995.

L'année 1795. Kant. Essai sur la paix, sous la direction de Pierre Laberge, Guy Lafrance et Denis Dumas, 1997.

L'année 1796. Kant. Sur la paix perpétuelle. De Leibniz aux héritiers de Kant, sous la direction de Simone Goyard-Fabre et Jean Ferrari, 1998.

L'année 1797. Kant. La métaphysique de mœurs, sous la direction de Simone Goyard-Fabre et Jean Ferrari, 2000.

L'année 1798. Kant. Sur l'anthropologie. Actes du colloque de Dijon, 9-11 mai 1996, publiés sous la direction de Jean Ferrari, 1997.

Années 1796-1803. Kant. Opus postumum, Philosophie, science, éthique et théologie, sous la direction de Ingeborg Schüssler, édité par Christophe Erismann, 2001.

Années 1781-1801. Kant. Critique de la raison pure*, Vingt ans de réception*, sous la direction de Claude Piché, 2002.

Kant. Les sources de la philosophie kantienne aux XVIIe *et* XVIIIe *siècles*, sous la direction de Robert Theis et Lukas K. Sosoe, 2005.

Kant et les Lumières européennes, sous la direction de Lorenzo Bianchi, Jean Ferrari et Alberto Postigliola, 2009.

Kant et Wolff. Héritages et ruptures, sous la direction de Sophie Grapotte et Tinca Prunea-Bretonnet, 2011.

Kant et la science. La théorie critique et transcendantale de la connaissance, sous la direction de Sophie Grapotte, Mai Lequan et Margit Ruffing, 2011.

Kant et les sciences. Un dialogue philosophique avec la pluralité des savoirs, sous la direction de Sophie Grapotte, Mai Lequan et Margit Ruffing, 2011.

KANT ET LES SCIENCES

UN DIALOGUE PHILOSOPHIQUE AVEC LA PLURALITÉ DES SAVOIRS

Sous la direction de

Sophie GRAPOTTE,

Mai LEQUAN et Margit RUFFING

Cet ouvrage a été publié
avec le soutien financier de la Région Rhône-Alpes,
la Société Rhôdanienne de philosophie,
l'Université Lyon 3 et l'Université franco-allemande de Sarrebrück

PARIS
LIBRAIRIE PHILOSOPHIQUE J. VRIN
6, Place de la Sorbonne, V[e]
—
2011

Imprimé en France
ISSN 0249-7875
ISBN 978-2-7116-2401-0

www.vrin.fr

LISTE DES ABRÉVIATIONS

Les œuvres de Kant (voir ci-dessous la liste des sigles utilisés) sont citées dans l'édition de l'Académie de Berlin, *Kant's gesammelte Schriften*, de la manière suivante : la mention abrégée AK est suivie du numéro du tome en chiffres romains, puis de celui de la page en chiffres arabes. En outre, les références à la *Critique de la raison pure* mentionnent la pagination des éditions A et/ou B. OP renvoie à l'édition des *Œuvres philosophiques* de Kant dans la collection de la « Bibliothèque de la Pléiade » (le tome est indiqué en chiffres romains, la page en chiffres arabes).

APC	*Annonce de la prochaine conclusion d'un traité de paix perpétuelle en philosophie*
APL	*Annonce de M. Emmanuel Kant sur le programme de ses leçons pour le semestre d'hiver 1765-1766*
APP	*Anthropologie du point de vue pragmatique*
CF	*Le conflit des Facultés*
CFJ	*Critique de la faculté de juger*
CTT	*Sur les causes des tremblements de terre, à l'occasion du sinistre qui a atteint les régions occidentales de l'Europe vers la fin de l'année dernière*
CO	*Essai de quelques considérations sur l'optimisme*
CDH	*Conjectures sur le commencement de l'histoire humaine*
CRP	*Critique de la raison pure*
CRPr	*Critique de la raison pratique*
DCR	*Définition du concept de race humaine*
DSI	*La dissertation de 1770 : De la forme et des principes du monde sensible et intelligible*

DM	*Sur un prétendu droit de mentir par humanité*
DRH	*Des différentes races humaines*
EET	*Sur l'insuccès de toutes les tentatives philosophiques en matière de théodicée*
EGN	*Essai pour introduire en philosophie le concept de grandeurs négatives*
EMT	*Essai sur les maladies de la tête*
FMM	*Fondements de la métaphysique des mœurs*
FS	*La fausse subtilité des quatre figures du syllogisme*
FV	*Pensées sur la véritable évaluation des forces vives*
GP	*Géographie physique*
HDN	*Histoire et description naturelles du tremblement de terre qui ébranla une partie de la Terre en 1755*
HGN	*Histoire générale de la nature et théorie du ciel*
IHU	*Idée d'une histoire universelle au point de vue cosmopolitique*
ILT	*Considérations sur l'influence de la Lune sur le temps*
LEP	*Leçons sur l'encyclopédie philosophique*
LOG	*Logique*
MF	*Esquisse sommaire de quelques méditations sur le feu*
MM	*Métaphysique des mœurs* (DD = « Doctrine du droit » ; DV = « Doctrine de la vertu »)
MP	*Monadologie physique*
ND	*Nouvelle définition du mouvement et du repos et les conséquences qui y sont liées dans les premiers fondements des sciences de la nature*
NE	*Nouvelle explication des premiers principes de la connaissance métaphysique*
NRV	*Nouvelles remarques pour l'explicitation de la théorie des vents*
OBS	*Observations sur le sentiment du beau et du sublime*
OP	*Opus postumum*
PF	*Du premier fondement de la différence des régions dans l'espace*
PI	*Première introduction à la Critique de la faculté de juger*

PMA	*Quels sont les progrès de la métaphysique en Allemagne depuis le temps de Leibniz et de Wolff ?*
PMF	*Prolégomènes à toute métaphysique future qui pourra se présenter comme science*
PPM	*Premiers principes métaphysiques de la science de la nature*
PP	*Propos de pédagogie*
PPP	*Projet de paix perpétuelle*
QL	*Réponse à la question : Qu'est-ce que les Lumières ?*
QOP	*Qu'est-ce que s'orienter dans la pensée ?*
RE	*Sur une découverte selon laquelle toute nouvelle critique de la raison pure serait rendue superflue par une plus ancienne*
Réfl.	*Reflexionen* (*Handschriftlicher Nachlaß*)
REP	*Recherche sur l'évidence des principes de la théologie naturelle et de la morale*
ROBS	*Remarques touchant les Observations sur le sentiment du beau et du sublime*
RS	*Recension de l'écrit de Silberschlag : Théorie de la boule de feu*
RSR	*La religion dans les limites de la simple raison*
RT	*Recherches sur la question : La Terre a-t-elle subi quelques modifications dans son mouvement de rotation depuis son origine ?*
RV	*Rêves d'un visionnaire expliqués par des rêves métaphysiques*
SCT	*Suite de la considération des tremblements de terre*
TP	*Sur le lieu commun : il se peut que ce soit juste en théorie mais, en pratique, cela ne vaut point*
TSP	*Sur un ton supérieur nouvellement pris en philosophie*
TV	*Nouvelles remarques en vue de l'explication de la théorie des vents*
TVP	*La question de savoir si la Terre vieillit, considérée d'un point de vue physique*
UF	*L'unique fondement possible d'une démonstration de l'existence de Dieu*
UPT	*Sur l'usage des principes téléologiques en philosophie*

AVANT-PROPOS GÉNÉRAL

Le 9e Congrès international de la Société d'Études Kantiennes de Langue Française (SEKLF), qui s'est tenu du 8 au 12 septembre 2009 à l'Université Lyon III - Jean Moulin, a été consacré à l'examen du statut de *la* science et *des* sciences dans la philosophie de Kant. Il s'agissait d'étudier principalement les trois axes suivants. Les deux premiers axes sont abordés dans le premier volume d'Actes, *Kant et la science*, tandis que le troisième et dernier axe fait l'objet du second volume, *Kant et les sciences*.

1) *La théorie critique et transcendantale kantienne de la connaissance en général*, et comment s'articulent (se suivent ou se recoupent partiellement) à ce niveau, d'une part, la *critique* de la raison pure (tantôt « science spéciale », tantôt simple « traité de la méthode » ou « propédeutique du système de la raison pure », préparant l'avènement de la science proprement dite, selon l' « Introduction » et la seconde « Préface » à la *Critique de la raison pure*), et, d'autre part, le *transcendantalisme*, entendu comme science métaphysique réformée, comme système complet des connaissances rationnelles pures par concepts, totalité achevée de nos savoirs synthétiques *a priori*, système d'Idées accomplissant l'idéalisme pur, voire science des sciences ou « science de philosopher sur la philosophie », selon l'*Opus postumum*.

2) La façon dont cette *théorie de la connaissance* (telle qu'elle s'exprime notamment dans la première *Critique* et les *Prolégomènes à toute métaphysique future*) *s'articule à la pluralité des sciences particulières*. Il s'agit alors de penser la synthèse du singulier et du pluriel, comme l'indique le titre du Congrès « Kant, *la* science et *les* sciences ». Dans cette perspective, on s'interroge ici sur le statut scientifique ou non, proprement ou improprement scientifique aux yeux de Kant de certaines disciplines. Par exemple, la psychologie, la chimie ou la géographie sont-elles des sciences au moins au sens large, faute de l'être au sens étroit où une science n'est dite telle que pour autant qu'il s'y trouve de mathématique (c'est-à-dire de concepts susceptibles d'être construits *a priori* dans l'intuition) ? Quels sont les objets, méthodes et limites des différentes sciences qu'examine Kant ? Le problème central est de savoir si, pour Kant, la science (à l'instar de la raison ou de la philosophie) est une, unique, homogène, et / ou plurielle, diverse, hétérogène. Existe-t-il *une seule science* qui, à l'image du système encyclopédique des savoirs de

d'Alembert et Diderot ou de l'arbre des sciences de Descartes, dont Kant a pu s'inspirer ici ou là, engloberait *à la fois* la science des sciences qu'est la philosophie critico-transcendantale (avec ses prolongements logico-métaphysiques) *et* les sciences particulières, limitées chacune à un domaine d'objets, à une région ontique, et définies par une méthode et une histoire propres ? Cette question de l'articulation du pluriel et du singulier au sein du savoir kantien conduit à examiner : a) les rapports (conceptuels, logiques, sémantiques) entre savoir (*Wissen*), connaissance (*Erkenntnis*) et science-s (*Wissenschaft-en*) ; b) les liens entre la « métaphysique de la nature » et les sciences naturelles empiriques (expérimentales, positives) qu'elle fonde, ainsi que le « passage » (*Übergang*) transcendantal que l'*Opus postumum* trace entre la première et les secondes ; c) la construction de chaque science particulière dans l'horizon d'une unique Idée qui, à la fois, assure l'unité, la cohérence de la science en question (le lien organique entre ses diverses théories) et régule son progrès historique, tel un *telos* parfait ; d) enfin le rang, la place et le statut de chaque science déterminée dans l'édifice kantien du savoir : comment les sciences s'ordonnent-elles les unes aux autres ? Constituent-elles une rhapsodie ou un système ? Et dans ce dernier cas, toujours privilégié par Kant, une science est-elle un système physico-mécanique s'accroissant de l'extérieur par addition, juxtaposition de connaissances nouvelles, ou bien un système organico-architectonique s'accroissant de l'intérieur par intussusception, selon la distinction établie par la *Critique de la raison pure* ? Les sciences sont-elles *coordonnées horizontalement*, extérieures les unes aux autres, cloisonnées, suivant le modèle *géographique* et *cartographique* d'une *encyclopédie universelle*, de la « mappemonde des sciences » (selon la métaphore que Kant, dans sa *Logique*, « Introduction », § VI, applique à l'entreprise des encylopédistes français) ? Et, dans ce cas, les sciences, étant indépendantes les unes des autres, sont-elles capables d'interactions réciproques (dans quelle mesure par exemple la mathématique doit-elle influencer la physique ?) ? Ou bien les sciences sont-elles *subordonnées verticalement* les unes aux autres, formant une hiérarchie scalaire plus ou moins explicite, selon le modèle arborescent cartésien, comme Kant semble le suggérer quand il qualifie la logique de « vestibule des sciences » ou la métaphysique de « reine des sciences » ?

3) Enfin, les *savoirs scientifiques que Kant mobilise* et parfois contribue à faire progresser, en en opérant soit une *fondation*, soit une *critique* : les études présentes consacrées aux diverses sciences dont traite Kant visent, non à l'exhaustivité, mais à la plus grande complétude possible, embrassant métaphysique, logique, mathématique, théologie, sciences de la nature (physique, chimie, biologie, géographie physique, histoire naturelle, cosmologie, astronomie) et sciences de l'homme ou de l'esprit (anthropologie, psychologie, morale, droit). Comment les sciences se forgent-elles historiquement ? Comment naissent-elles ? Toute science progresse-t-elle (la logique formelle d'Aristote constitue-t-elle, sur ce point, une exception ?) ? Comment une discipline qui n'était qu'un art empirique et tâtonnant (comme la technique

d'arpentage des géomètres de l'ancienne Égypte) peut-elle, par une révolution méthodologique de sa manière de penser, entrer dans « la voie sûre la science » (selon la seconde « Préface » à la *Critique de la raison pure*) et se transmuer en science, comme par exemple la géométrie pure initiée par Thalès ? Quelle différence Kant fait-il, quant au devenir qualitatif des sciences, entre *réforme* et *révolution* des théories et concepts, le paradigme de la révolution restant chez lui celui de l'astronomie copernicienne qu'il entend appliquer à la métaphysique, afin de faire de celle-ci une véritable science ? Kant décrit-il les sciences de la même façon selon qu'il s'exprime en *philosophe* ou en *scientifique* (comme dans les nombreux opuscules qu'il consacre, de 1754 à 1794, à diverses questions de physique) ? De fait, Kant n'est pas seulement un *philosophe* ou un *métaphysicien* de la nature, mais aussi un praticien des sciences naturelles, étudiant par exemple séismes, volcans, marées, climats, vents, météores, comètes, astres (influence de la Lune sur la Terre, axe et vitesse de rotation du globe terrestre), etc. Son traitement des sciences varie également selon qu'il rédige un texte *systématique* (comme les trois *Critiques*) ou un texte portant sur telle *partie* du système (comme les *Premiers principes métaphysiques de la science de la nature*), selon qu'il vise un texte *publié*, des *réflexions* (*Nachlaß*) ou encore des leçons (*Vorlesungen*) à but pédagogique. Kant module son style épistémologique en fonction du point de vue adopté. Plusieurs études ici présentées esquissent la figure d'un Kant, non simple théoricien du savoir, ni même des sciences, mais *scientifique* lui-même, savant (*Gelehrter*), physicien (*Physiker*), naturaliste (*Naturalist*), chercheur en sciences de la nature (*Naturforscher*). À la fois métaphysicien de la nature et savant physicien, Kant inaugure une tradition allemande (dans laquelle Schelling et Hegel s'inscriront) consistant à rapprocher, voire à confondre, *Naturforschung* et *Naturphilosophie*. Il s'agit ici de réhabiliter le visage de « *Kant als Naturforscher* » (selon le titre de l'ouvrage d'Adickes), souvent éclipsé par la figure dominante de Kant philosophe du savoir, de la nature et des sciences de la nature. Kant lit attentivement les revues, manuels de science et ouvrages de vulgarisation scientifique de son temps et, en amateur éclairé, prend part active au débat des savants antérieurs comme des scientifiques contemporains. Il mobilise une importante quantité de sources scientifiques, qu'il interprète, voire réinterprète librement, instaurant un dialogue permanent entre sa propre philosophie et les savoirs passés et présents.

C'est à ces questions que tentent de répondre les deux volumes d'Actes de ce Congrès. Le premier volume, *Kant et la science. La théorie critique et transcendantale de la connaissance*, coordonné par Sophie Grapotte, Mai Lequan et Margit Ruffing, aborde six thèmes directeurs : 1) la théorie critico-transcendantale de la connaissance ; 2) l'articulation de la science et des sciences ; 3) la méthodologie et l'épistémologie de Kant ; 4) la métaphysique comme science ; 5) la logique ou le « vestibule des sciences » et 6) le lien entre esthétique, téléologie du savoir et téléologie de la nature. Le second volume, *Kant et les sciences. Un dialogue philosophique avec la pluralité des savoirs*, coordonné par Sophie Grapotte, Mai Lequan et Margit Ruffing, propose une reconstruction des savoirs kantiens en quatre grands groupes : 1) mathématiques ; 2) sciences de la nature (cosmologie, astronomie, physique, chimie, géographie physique) ; 3) sciences du vivant (naissance de la biologie moderne que Kant contribue à fonder) et 4) sciences de l'homme (anthropologie, psychologie, morale, droit). Les deux volumes illustrent ainsi, non pas tant une mappemonde encyclopédique exhaustive des savoirs, que l'effort de Kant pour appliquer l'esprit architectonique du criticisme à la pluralité des sciences de son temps. L'organisation kantienne des savoirs reflète de fait l'exigence criticiste constante de bâtir un système des sciences à l'instar des systèmes de connaissances que constituent les diverses sciences particulières.

Que soient ici vivement remerciés les auteurs qui ont contribué à cette entreprise.

Sophie GRAPOTTE, Mai LEQUAN et Margit RUFFING, juin 2011

DISCOURS D'OUVERTURE DE JEAN FERRARI PRÉSIDENT DE LA SOCIÉTÉ D'ÉTUDES KANTIENNES DE LANGUE FRANÇAISE

Monsieur le Doyen, chers collègues et amis,

Depuis son premier congrès à Dijon, en 1993, c'est la première fois que nous nous retrouvons dans une ville française pour un congrès de notre société. Nous le devons à l'initiative de notre secrétaire générale, Mai Lequan, vice-doyen et présidente de la Société rhodanienne de philosophie, et nous nous réjouissons d'être accueillis par une prestigieuse université où la philosophie a toujours tenu une place importante au point que, lors d'un récent colloque, s'est même imposée l'idée qu'il existait depuis le début du XXe siècle une école lyonnaise de philosophie dont les plus illustres représentants ont joué un rôle de premier plan dans la pensée française. Tradition aujourd'hui reprise par la Faculté de philosophie, son doyen et ses professeurs.

Si, depuis plus de quinze ans, nos congrès se sont déroulés hors de France, c'est que le règlement intérieur de notre société stipule que le président et les vices-présidents doivent être de nationalités différentes. Et les premiers congrès, après celui de Dijon, ont eu lieu à l'initiative des vice-présidents : Pierre Laberge en 1995 à Ottawa, Evanghélos Moutsopoulos à Athènes en 1997, Claude Piché à Montréal en 2001, Robert Theis à Luxembourg en 2003. Puis d'autres ont pris la relève, Lorenzo Bianchi et Albert Postigliola à Naples en 2005, Luc Langlois à Québec en 2007. Et il est probable qu'après Lyon, nous repartirons pour quelques destinations hors de l'Hexagone. Ainsi, d'emblée, une dimension internationale s'est imposée à notre société dans sa constitution même. Ce congrès en est encore la preuve, avec douze nationalités représentées appartenant à quatre continents.

Notre Société, modeste en ses débuts, s'est ainsi donné une extension géographique considérable et, fait plus remarquable encore, en langue française, sur un philosophe qui n'écrivait qu'en allemand. Aussi la présence, au sein de notre société, de nombreux amis allemands nous réjouit beaucoup. Il faut en effet parler d'amis, car notre Société ne donne pas seulement l'occasion, dans ses congrès, de présenter les recherches menées par ceux qui le souhaitent, dans le champ kantien, mais elle est aussi un exemple assez rare du « philosopher ensemble », cher à Aristote, qui contraste avec la froideur impersonnelle de certaines réunions de spécialistes. Ce congrès lyonnais en sera, à l'évidence, une nouvelle fois la preuve, et ceux d'entre vous dont c'est la première participation à un congrès de notre Société souhaiteront sans doute nous rejoindre, pour la qualité des travaux présentés, mais aussi pour la convivialité de nos rencontres.

Si l'on évoque maintenant le sillon que nous avons creusé, les intérêts de notre société, depuis une quinzaine d'années, ont oscillé entre des analyses attachées à des ouvrages de Kant parues dans un court laps de temps : l'année 1793, l'année 1795, l'année 1796, l'année 1797, l'année 1798, ou concernant des périodes plus longues : 1781-1801, la période précritique, ou encore la recherche des sources de la pensée kantienne au XVIIe et au XVIIIe siècles, Kant et les Lumières européennes. Avec le sujet : Kant, la science et les sciences, commence une recherche thématique qui ne recouvre en aucune façon les sujets précédents. C'est sans doute cette originalité qui explique, avec le charme de la ville de Lyon et la personnalité rayonnante de notre secrétaire générale, le nombre de propositions de communications dont les dernières n'ont pu être acceptées.

De quelque manière qu'on le conçoive, le sujet concerne le kantisme en son ensemble. Dans la philosophie moderne, Kant est sans doute le dernier philosophe à avoir eu un rapport fort et permanent avec toutes les sciences de son époque, non pas seulement par une curiosité raisonnée, à partir des nombreuses lectures dont on trouve maints échos dans son œuvre, mais par des contributions plus ou moins importantes, pour certaines, nées de cours imposés, par exemple en mathématiques, en physique et en chimie, mais surtout, pour quelques-unes d'entre elles, par des réflexions profondes et même des hypothèses et des développements originaux qui ont donné lieu à un renouvellement et à des découvertes attestées dans l'histoire des sciences. Qu'il s'agisse d'astronomie, de géographie physique ou d'anthropologie, l'apport de Kant est considérable et parfois décisif. L'ensemble des *Réflexions* et des *Leçons* recueillies dans les volumes de l'édition de l'Académie, scrutées avec soin à l'occasion de ce congrès, témoignent de ces contributions d'Emmanuel Kant à la science de son temps. Mais c'est l'entreprise kantienne, en sa motivation la plus profonde et dans l'ampleur de sa partie théorique, qui répond à l'exigence de fonder une fois pour toutes la connaissance scientifique, en déterminant ses conditions de possibilité. On ne saurait alors s'étonner de la richesse du programme de ce congrès. Il est impressionnant, et certaines communications traitent de sujets difficiles et rarement abordés. Leur publication dans les Actes du congrès constituera, une fois encore, un apport original à la recherche kantienne en langue française.

Il me reste à exprimer ma reconnaissance et celle de tous les membres de notre Société, de tous les participants de ce congrès, à notre secrétaire générale qui a pris l'initiative de nous réunir à Lyon et a su mener à bien son organisation malgré des difficultés qui n'ont pas manqué ces dernières semaines. Mais chacun connaît son efficacité, sa gentillesse et son dévouement à la cause kantienne.

Je m'associe par avance aux remerciements qu'elle exprimera dans un instant à l'égard des personnalités et des institutions sans le concours desquelles n'aurait pu avoir lieu cette rencontre internationale de spécialistes francophones de la philosophie kantienne, et je déclare ouvert le 9e Congrès de la Société d'Études Kantiennes de Langue Française.

Jean FERRARI

PRÉFACE

Ce second volume d'Actes, *Kant et les sciences. Un dialogue philosophique avec les savoirs* étudie, cette fois en se situant en aval de la théorie critico-transcendantale kantienne de la connaissance en général, la *pluralité des sciences particulières* (ou sous-domaines de sciences) auxquelles Kant s'intéresse. Il aborde entre autres les questions suivantes.

D'une part, comment Kant pense-t-il la pluralité des sciences particulières ? Les sciences se distinguent-elles les unes des autres par leur méthode, par leur domaine d'objets (par leur région ontique), par l'Idée finale interne qui les gouverne, par la façon dont elles évoluent dans le temps historique, par leur mode d'instauration ? Comment les diverses sciences cohabitent-elles les unes avec les autres ? Y a-t-il des rivalités, des convergences, des coopérations entre sciences ? Les sciences risquent-elles de confondre leurs limites ? L'un des buts principaux du criticisme (en tant que philosophie du *krinein*, de la distinction, de la séparation, de la délimitation) consiste, non seulement à donner au savoir en général (*Erkennen*, *Wissen*) des fondements légitimes, mais encore à veiller à ce que les diverses sciences ou disciplines scientifiques (*Wissenschaften*) ne se mêlent pas.

> Ce n'est pas étendre les sciences, mais les dénaturer, que d'étendre leurs limites (*Critique de la raison pure*, « Préface à la seconde édition »).
>
> Si l'on veut présenter une connaissance comme science, on doit d'abord pouvoir déterminer avec précision son trait distinctif, ce qu'elle n'a de commun avec aucune autre, et donc ce qui lui est propre ; faute de quoi, les limites de toutes les sciences s'entremêlent et aucune d'entre elles ne peut être traitée à fond, selon sa nature (*Prolégomènes à toute métaphysique future*, § 1).

D'autre part, penser les sciences en leur pluralité, c'est aussi penser le rapport divers des diverses sciences à l'histoire, au temps, au devenir. Comment chaque nouvelle science s'institue-t-elle historiquement ? Est-ce en inventant une nouvelle méthode, une manière de penser qui lui soit propre, ou bien en délimitant un nouveau domaine d'objets à étudier ? Quelles sont les modalités et procédures d'instauration des sciences ? Quels types d'évolutions ou de non-évolutions les sciences connaissent-elles ? Une science peut-elle stagner pendant des siècles, comme c'est le cas par exemple, selon Kant, de la science logique formelle fondée par Aristote ? Si certaines progressent historiquement, comment entrent-elles dans la « voie sûre de la science » selon l'expression de la « Préface à la seconde édition » de la *Critique de la raison pure* ? Par *révolution* inaugurale, brusque, définitive, radicale, totale, irréversible, ou bien par *réforme* douce, graduelle, partielle, éphémère ? Par *découverte* de réalités préexistantes ou bien par *invention* de nouvelles théories explicatives et méthodes de connaissance, de nouveaux phénomènes, appareillages ou protocoles expérimentaux, de nouveaux concepts ? Comment le génie scientifique, pâle imitation du génie artistique, se manifeste-t-il ? Produit-il des théories nouvelles, tel le génie artistique créateur dont Kant le rapproche dans l'*Anthropologie du point de vue pragmatique* (§ 57), ou n'est-il qu'un découvreur talentueux, mettant en lumière des faits jusqu'alors inaperçus ?

Le présent volume est aussi l'occasion de s'interroger sur le statut scientifique ou non, proprement ou improprement scientifique, aux yeux de Kant, de certaines disciplines précises. Par exemple, la psychologie, la géographie, l'histoire, l'éducation, sont-elles des sciences ? Le droit est-il une science ? Si oui, en quel sens et quels sont leurs objets, leurs méthodes, leurs limites ? Ce volume entre donc dans le détail du contenu, des thèses et hypothèses, des *savoirs scientifiques* que Kant mobilise et qu'il contribue parfois à faire progresser, en en opérant tantôt une *fondation*, tantôt une *critique*. Il explore les diverses sciences kantiennes en visant à la plus grande exhaustivité possible, s'efforçant d'établir à chaque fois l'apport propre de Kant aux sciences mathématique, physique, chimique, biologique, médicale, géographique, historique, cosmologique, anthropologique, psychologique, juridique, etc. Il aborde également, à l'extrême pointe de la particularité, les sous-domaines spécialisés à l'intérieur de certaines sciences qui ont intéressé Kant à divers titres, comme la physiognomonie, l'astronomie, la minéralogie, l'acoustique, la météorologie, la cristallographie, etc. Il examine aussi les variations du discours épistémologique ou méthodologique de Kant, selon qu'il compose une œuvre *philosophique* explicitement intégrée à son système ou un écrit *scientifique* comme les nombreux opuscules qu'il consacre, de 1754 à 1794, à diverses questions de science de la nature au sens large, c'est-à-dire de physique, voire de géographie physique ou d'histoire naturelle, comme les tremblements de terre, les volcans, les marées, les climats, les vents, l'influence de la Lune sur la Terre, la modification de l'axe et de la vitesse de rotation du globe terrestre, les météores, les comètes et boules de feu, etc. Son style épistémologique semble en effet s'adapter au point de vue adopté tantôt par Kant philosophe (criticiste ou transcendantal), voire métaphysicien, tantôt par Kant scientifique ou savant.

Ces études croisées sur les savoirs kantiens permettent de dégager la figure, souvent méconnue, d'un Kant, non pas simplement théoricien du savoir, ni même théoricien des sciences, mais aussi *scientifique lui-même*, savant, chercheur dans les sciences de la nature, physicien, naturaliste. Les contributions rassemblées dans ce second volume donnent un aperçu de l'extension des savoirs maîtrisés par Kant et permettent, entre autres, de réhabiliter un aspect souvent négligé du « *Kant als Naturforscher* », selon le titre de l'ouvrage d'Adickes paru en 1924. On y mentionne quelques-unes des principales sources scientifiques de Kant, par domaines, et on évalue le crédit qu'il leur accorde et la façon dont il interprète, voire réinterprète librement, les doctrines des savants passés et présents (comme par exemple lorsqu'il propose une chimie qui fasse la synthèse de l'ancienne chimie phlogistique de Stahl et de la nouvelle chimie de l'oxygène de Lavoisier). Kant y apparaît un lecteur attentif des revues, manuels scientifiques et ouvrages de vulgarisation scientifique de son temps, et un protagoniste à part entière du dialogue, du débat (*Auseinandersetzung*) entre philosophie et sciences, qui trouve dans l'Allemagne de la fin du XVIIIe siècle des conditions extrêmement favorables. En effet, le contexte culturel et institutionnel, notamment les structures universitaires (les facultés de sciences dépendant des facultés de philosophie) et acadamiques (avec le rayonnement exceptionnel de l'Académie Royale des Sciences de Prusse, fondée à Berlin en 1700 par Frédéric II) distinguent l'Allemagne de cette époque des autres pays d'Europe et contribuent à en faire une terre privilégiée pour un dialogue très étroit entre philosophes et savants. C'est ce Kant indissociablement *philosophe-et-savant*, métaphysicien du savoir et praticien des sciences naturelles positives, qui, s'inscrivant pleinement dans cette séquence de l'histoire allemande, inaugure la grande tradition de la « philosophie de la nature » (*Philosophie der Natur*) – que Schelling nommera bientôt, à partir de 1799, *Naturphilosophie* et à laquelle se rattacheront des auteurs aussi divers que les idéalistes, Hegel et, dans une moindre mesure, Fichte, et les romantiques, Goethe, Novalis, Hölderlin) –, dont les influences seront sensibles jusqu'à la fin du XIXe siècle. C'est aussi ce Kant *philosophe-et-savant* qui inspirera nombre de scientifiques de la fin du XVIIIe siècle et du début du XIXe siècle. En particulier, en fondant l'ensemble des sciences naturelles sur une métaphysique dynamiste de la nature, Kant influencera durablement plusieurs physiciens et chimistes, comme Richter (qui fut son élève), Gehler, Helmholtz, Hildebrand, Link, Weiss, Ladenburg, Oken, Oersted ou Trommsdorf. Le présent volume voudrait contribuer à mettre en lumière ces deux faces inséparables de Kant, théoricien du savoir, de *la* science en général, et praticien éclairé *des* sciences en leur pluralité.

Sophie GRAPOTTE, Mai LEQUAN, Margit RUFFING

I
LES MATHÉMATIQUES

LA CONCEPTION KANTIENNE DES MATHÉMATIQUES

LE PHILOSOPHE ET LE GÉOMÈTRE

La caractéristique de la géométrie euclidienne, qui est le paradigme majeur dans la conception kantienne des mathématiques, est de proposer un mode de production de l'objet mathématique qui contient en même temps une méthode de démonstration. Ce mode de production est ce que nous avons tous retenu des premières étapes de notre apprentissage de la géométrie : voici un cercle, voici un carré, voici un rectangle. Tout est facile, parce que ces formes géométriques font également partie du vocabulaire de base du dessinateur. Cette familiarité avec ces formes premières fonctionne comme une évidence qui, par contraste, nous aveugle aux particularités de la démonstration géométrique, que par ailleurs les mathématiciens professionnels d'aujourd'hui dédaignent parce qu'ils sont rompus à des procédés pour ainsi dire plus logicistes au point de trouver suspect d'en passer par l'image [1]. Il faut y insister avant d'en passer à l'examen de quelques thèmes phares de la conception kantienne des mathématiques, l'un des procédés les plus courants en géométrie, est celui, antique, de la démonstration euclidienne qui requiert des « constructions auxiliaires » (*kataskeuē*). Il ne fait pas de doute qu'en définissant les mathématiques comme « connaissance par construction de concepts », en opposition à la « connaissance par concepts » [2], *i.e.* la philosophie, Kant se rattache explicitement à cette tradition euclidienne qui forme la base de l'enseignement traditionnel des mathématiques.

1. Pour une recontextualisation des réactions parfois fort hostiles des philosophes vis-à-vis de la pensée kantienne, nous renvoyons ici à l'indispensable ouvrage récemment paru, *Kant face aux mathématiques modernes*, E. Barot et J. Servois (dir.), Vrin, 2009. Le premier texte de ce recueil, « Empreintes d'un style, permanence d'une révolution » (p. 7-33), présente entre autres choses un précieux panorama, riche et complet, des contestations anti-kantiennes « en matière épistémique », et, par ailleurs, il nous apparaît pertinent de signaler dans ce même ouvrage les contributions de J. Petitot (« mathématique et construction ») et J.-M. Salanskis (« La salutaire inobjectivité des mathématiques chez Kant »), qui réhabilitent de manière richement argumentée la pertinence de la réflexion kantienne sur les mathématiques.

2. CRP, A 713 / B 741, AK III, 469 ; OP I, 1298.

Une autre difficulté s'adjoint à celle que nous venons de décrire et qui concerne la *Konstruktion* euclidienne : elle concerne l'intuition elle-même dont le paradigme, aujourd'hui, s'est considérablement appauvri. En effet, il n'est pas rare que ce terme d'intuition, omniprésent dans l'œuvre critique, soit interprété comme un synonyme vaguement technique de la perception dont on ferait la forme élaborée, consciente de ce dont la sensation fournirait le point de départ ; au-delà de la sensation, l'intuition (*Anschauung*) serait ce par quoi le phénomène – die *Erscheinung*, l'apparaissant – serait donné aux sens. Cela n'est pas faux, naturellement, mais cela est incomplet : il manque la possibilité de construire l'intuition ou de construire dans l'intuition un objet mathématique, et par là c'est toute la question si notoirement difficile des jugements synthétiques *a priori* qui paraît par contrecoup insurmontable. Le problème est que, de prime abord et le plus souvent, l'on voudrait s'en tenir, en tant que lecteur-philosophe, au seul concept, quand bien même il s'agirait bien de figures géométriques que l'on se propose de réfléchir et d'analyser. Cela est bien naturel, et même inévitable, tandis que l'entendement dans son propre fonctionnement ne cesse de glisser vers une illusion transcendantale qui lui est propre et par laquelle non seulement des objets de l'entendement pur, tel que l'ensemble de tous les phénomènes, sont immédiatement traités à l'instar d'objets que la sensibilité lui fournit – et l'ensemble de tous les phénomènes comme s'il était lui-même un phénomène, un « donné » des sens –, mais encore le *modus operandi* de l'entendement nous paraît comme l'unique manière possible de fonctionner pour notre esprit, en tant que celui-ci est sollicité à lire et à interpréter un texte de Kant où apparaîtrait le terme « intuition ». Autrement dit, le philosophe n'a le plus souvent fait l'expérience que de sa propre manière dite « philosophique » de penser, une manière dont la maîtrise lui a d'ailleurs coûté tant d'efforts ; ses propres évidences intellectuelles renforcent l'ignorance non seulement de ce que le géomètre pourrait bien faire d'un triangle mais du *fait* même qu'il pourrait en faire autre chose que le réfléchir ou l'analyser. C'est cette limitation propre au philosophe par rapport au pouvoir propre au géomètre que Kant décrit de manière particulièrement frappante dans un passage célèbre de la « Théorie transcendantale de la méthode » :

> Que l'on donne à un philosophe le concept d'un triangle, et qu'on le laisse découvrir à sa manière le rapport de la somme des angles de ce triangle à l'angle droit. Il n'a rien que le concept d'une figure renfermée entre trois lignes droites, et dans cette figure le concept d'un nombre égal d'angles. Cela étant, il aura beau réfléchir sur ce concept aussi longtemps qu'il voudra, il n'en tirera rien de nouveau. Il peut analyser et éclaircir le concept de la ligne droite, ou celui d'un angle, ou celui du nombre trois, mais non pas arriver à d'autres propriétés qui ne se trouvent pas du tout dans ces concepts. Mais que le géomètre s'attaque à cette question, il commence aussitôt par construire un triangle. Comme il sait que deux angles droits pris ensemble valent exactement autant que tous les angles adjacents qui peuvent être tracés à partir d'un point pris sur une ligne droite, il prolonge un côté de son triangle et obtient ainsi deux angles adjacents qui sont égaux à deux droits. Il partage ensuite

> l'angle externe, en tirant une ligne parallèle au côté opposé du triangle, et voit qu'il en résulte un angle externe adjacent qui est égal à un angle interne, etc. De cette façon, il arrive par une chaîne d'inférences, toujours guidé par l'intuition, à une solution parfaitement évidente et en même temps universelle de la question [1].

Il faut se rendre attentif au fait qu'en montrant, dans ce passage, le philosophe aux prises avec le « concept d'une figure », Kant réduit la figure géométrique du triangle, c'est-à-dire une *image*, à son seul schème, c'est-à-dire à un procédé général de l'imagination pour procurer au concept une image, ce qu'il peut faire à bon droit dans le cas de la géométrie. Si, au lieu d'une figure géométrique, le philosophe devait considérer l'image d'une forme vivante de la nature ou encore une production artistique, le « concept de la figure » serait très limité, conceptuellement parlant, car la réduction, propre à la géométrie, de la figure réelle et empirique à son concept schématique, idéal et transcendantal, en deviendrait impossible. Ici, c'est ce rapport intime du concept du triangle à sa figure géométrique qui est mis sous les yeux du philosophe, dont il est supposé par là qu'il en sait assez pour distinguer entre un triangle de la géométrie et, prenons n'importe quel exemple de forme triangulaire, un chapeau pointu rapidement esquissé. Après avoir présenté au philosophe un triangle que celui-ci va automatiquement réduire à un simple concept de l'entendement, en en laissant perdre le pouvoir de schématisation, Kant met en scène, à sa suite, un géomètre qui semble mû par une compulsion à faire à tout propos quelque démonstration pour mettre en évidence des propriétés particulières de la figure considérée. Autrement dit, tout se passe comme si le géomètre, dès qu'il commençait à regarder, ne pouvait pas s'empêcher de glisser de l'objet donné à l'objet construit, de par une continuité qui est le propre de la géométrie euclidienne mais que les nouvelles mathématiques, par leur abstraction, vont délaisser. Ce n'est pas tout : ce même géomètre va réagir à la construction triangulaire comme à un stimulus auquel il ne peut pas résister pour poursuivre et entreprendre de « mettre en évidence » quelque propriété – et c'est une expression scolaire qui a encore cours aujourd'hui, du moins dans les petites écoles –. Entrons davantage dans le détail et demandons-nous comment, pour ce faire, l'on procède ordinairement, en géomètre, à l'époque de Kant. On énonce la thèse, *protasis*, à laquelle on adjoint l'*ecthesis*, c'est-à-dire l'instanciation [2] – « supposons que… » –, pour suivre avec le *diorismos*,

1. CRP, A 716-717 / B 744-745, AK III, 470-471 ; OP I, 1300.

2. Longtemps le seul ouvrage de langue française sur le sujet, le recueil d'articles traduit par C. Hoogaert, sous le titre *La philosophie des mathématiques chez Kant* (Paris, Presses Universitaires de France, coll. « L'interrogation philosophique », 1996), a donné un bon aperçu des thèses de Jaakko Hintikka, par ailleurs mieux connu comme théoricien de la logique que comme fin connaisseur de la pensée kantienne. Cette dernière est d'ailleurs appréhendée par l'autre bout de la lorgnette, c'est-à-dire d'un point de vue à ce point logiciste qu'il en devient clairement anachronique et réducteur. Comme le fait remarquer Darius Koriako dans son très riche ouvrage *Kants Philosophie der Mathematik, Grundlagen, Voraussetzungen, Probleme* (« Kant-Forschungen », Band 11, Hamburg, Meiner, 2001), p. 99 : « [E. W.] Beth et Hintikka supposent que Kant et ses

c'est-à-dire la « résolution » qui s'appuie sur la *construction auxiliaire* (*kataskeuē*) et enfin administrer la preuve proprement dite (*apodeixis*) [1]. La spécificité de l'ancienne pratique géométrique est celle-là même que Kant décrit longuement : son géomètre construit le triangle, c'est-à-dire qu'il transforme le concept empirique de l'entendement dont il dispose, à savoir le schème entendu comme procédé général de l'imagination, et par là il produit une image réglée ; il ne s'arrête pas là puisqu'il va prolonger « un côté de son triangle », « partager ensuite l'angle externe, en tirant une ligne parallèle au côté opposé du triangle » et, chaque fois qu'il ajoute un trait, cela lui donne à voir de nouvelles configurations qui lui sont parlantes. C'est ainsi

> qu'il arrive par une chaîne d'inférences, toujours guidé par l'intuition, à une solution parfaitement évidente et en même temps universelle de la question [2].

À l'époque de la rédaction de ce passage, l'évidence géométrique devait être déjà fortement estompée pour que Kant puisse opposer géomètres et philosophes, c'est-à-dire supposer chez ces derniers une certaine cécité par rapport au potentiel de la figure construite tout en s'adressant, par son ouvrage, aux premiers : il suffit donc de rappeler ce genre d'évidence, par une description relativement sommaire de cette pratique, pour lui rendre son pouvoir évocateur sans s'imposer les longues explications que supposeraient des pratiques moins communes. Ceci étant, il faut prendre également la mesure de ce qu'un tel

contemporains voient les mathématiques à travers notre œil, en quelque sorte, et qu'ils sont donc amenés à se poser les mêmes questions. Mais cette position est inadmissible » (notre traduction). Plus précisément, dans le cas de Jaakko Hintikka, alors qu'il repère d'une manière très éclairante l'enracinement euclidien de la géométrie kantienne, il fait cependant fond sur l'*ecthesis* dans laquelle il reconnaît l'opération logique de l'instanciation, oblitérant tout le reste de l'activité constructiviste, sans nullement s'effrayer du caractère spectaculaire de ses amalgames : « Le vrai problème de Kant est d'expliquer pourquoi on peut acquérir la connaissance synthétique *a priori* en mathématique, non pas grâce à "l'intuition", mais grâce à ce que les logiciens du XXe siècle appelleraient les *instanciations*, c'est-à-dire grâce à des représentations "arbitrairement choisies" de concepts généraux. Car ces représentations de particuliers (d'individus) représentent précisément ce que je définis comme étant des intuitions kantiennes. Leur introduction est ce que Kant définit comme le "construit" [A 113–B 748] » (*ibid.*, p. 88). Par ailleurs, et au prix d'incohérences manifestes, Hintikka assimile l'intuition *a priori* à une « image mentale », tout en prêtant à Kant lui-même l'énorme tension entre ces différentes manières d'appréhender l'intuition : « L'interprétation que j'ai brièvement esquissée [...] assimile la notion kantienne d'intuition *a priori* à ce que l'on pourrait appeler des images mentales. L'intuition est ce quelque chose que l'on peut placer devant les yeux de l'esprit, quelque chose que l'on peut visualiser, que l'on peut se représenter par l'imagination. Ce qui ne recouvre pas du tout la signification première que Kant souhaitait apporter à ce mot. Dans le premier paragraphe de ses conférences sur la logique, Kant précise que chaque idée particulière en tant que distincte des concepts généraux est une intuition. Autrement dit, tout ce qui dans l'esprit humain représente un individu est une intuition. Nous pourrions donc dire qu'il n'y a rien d' " intuitif" dans les intuitions ainsi définies. L'intuitivité signifie simplement individualité » (*ibid.*, p. 108-109).

1. Pour une description plus complète du processus, voir Jacob Klein, *Greek Mathematical Thought and the Origin of Algebra*, traduction d'Eva T.H. Brann, New York, Dover Publications, 1993.

2. CRP, A 716-717 / B 744-745, AK III, 471 ; OP I, 1300.

passage puisse s'avérer incompréhensible, une génération plus tard [1] : Bernard Bolzano (1781–1848), philosophe et mathématicien de premier plan, s'insurge entre autres contre cette conception de l'intuition qu'il attribue à Kant sans voir ce qu'elle reflète d'anciennes manières de voir. En 1850 paraissait un ouvrage rédigé par un disciple de Bolzano, Franz Příhonský, dont l'ambition était dans cet écrit de faire connaître (à partir d'inédits) les idées de son maître : entre autres choses marquantes, on peut lire ceci dans la traduction récemment donnée par Sandra Lapointe sous le titre *Bolzano contre Kant – Le Nouvel Anti-Kant* [2] :

> Que des propositions synthétiques ne sont pas déductibles de simples concepts, sans consulter l'intuition, c'est là, justement, le *proton pheudos* de la *Critique,* nulle part démontré. Kant invoque ici pour appuyer son affirmation les sciences mathématiques, notamment la géométrie. Il lui semble acquis que ses principes ne peuvent être obtenus que par l'entremise de l'intuition pure. Mais nous avons toutefois vu à quel point sa doctrine de l'intuition pure s'avère scabreuse et, partant, on comprend pourquoi notre philosophe n'a jamais pu réussir à démontrer, quel que soit le nombre de ses tentatives à cet égard dans la *Critique,* comment peut être expliquée, sur la base d'intuitions de cette espèce, l'origine des jugements synthétiques *a priori.* Par exemple, à la page 159 [B 180 *sq.* / 152], il s'efforce d'attirer l'attention du lecteur sur la distinction (selon lui) de la plus haute importance qui subsiste entre une intuition qui correspond à un certain concept, comme celui de triangle, qui résulte du fait qu'on trace réellement l'objet, et une intuition qui naît dans l'esprit par la seule faculté d'imagination ou qui est *construite* [B 741 *sq.* / 493 *sq.*]. La

1. Il faut le remarquer, du vivant même de Kant, le malentendu s'installe : si, en général, l'on est prêt à accepter que la synthèse qui donne l'objet mathématique relève de l'intuition, la démonstration elle-même, que Kant fait procéder de la construction initiale, est déjà appréhendée comme relevant pleinement de l'entendement. François-Xavier Chenet, dans son monumental ouvrage, *L'assise de l'ontologie critique – l'esthétique transcendantale* (Presses Universitaires de Lille, 1994), énumère toutes les objections – en fait, une levée de boucliers – adressées à Kant dès la parution des deux éditions de la *Critique de la raison pure* : « L'intuitionnisme kantien, le rôle indispensable attribué à la construction dans l'intuition pour la démonstration, a suscité de sérieuses réserves. Qu'il faille construire, sans doute, mais la construction vaut-elle preuve ? La preuve repose essentiellement sur les principes de l'entendement, fait observer Schulze, c'est seulement comme moyen pour établir la liaison analytique des concepts que l'on recourt à l'intuition, objecte Maïmon ; la géométrie ne repose que partiellement sur l'intuition, elle met aussi en jeu des axiomes de nature intellectuelle, reproche Schwab. Beaucoup (Bastberger, Eberhard, Maass, Bendavid) ont objecté que les théorèmes mathématiques sont parfaitement démontrables de façon discursive et que le *principium identitatis* règne en maître dans les démonstrations et ont pensé atteindre ainsi la théorie kantienne de la connaissance mathématique qui n'est certes pas des plus claires sur le rôle qu'elle laisse aux démonstrations proprement discursives » (p. 169). Par ailleurs, F.-X. Chenet, qui *in fine* se prononce pour la thèse kantienne de l'irréductibilité de l'intuition au concept (en arguant de la compatibilité des géométries non-euclidiennes avec la conception kantienne de la géométrie), manifeste son incompréhension à propos du but poursuivi par Kant dans ce passage : « Kant exprime maladroitement cette idée [les concepts mathématiques ne sont pas des concepts intellectuels] en opposant la façon dont le philosophe [*sic*] et le mathématicien procèdent pour déterminer le rapport des angles du triangle à l'angle droit » (note 89, p. 185).

2. Sandra Lapointe, *Bolzano contre Kant – Le Nouvel Anti-Kant,* Paris, Vrin, coll. « Histoire de la philosophie », 2006.

> première, affirme Kant, est empirique et elle n'a ni universalité, ni nécessité ; la seconde, par contre, est pure et se montre avec ces deux attributs [B 746 / 496]. Mais la manière dont la représentation d'un triangle doit essentiellement se transformer par le simple fait de l'imaginer au lieu de le tracer sur un tableau ne nous apparaît pas du tout évidente. Cela, Kant lui-même semble l'avoir senti, car il exige parfois que cette construction se déroule non pas dans la faculté d'imagination en général, mais dans la faculté pure d'imagination. N'est-ce pas là se cacher sous des paroles obscures ? La chose ne devient nullement plus claire lorsque Kant rappelle encore que "la faculté d'imagination en général" (celle qu'il appelle l'imagination productive) "ne produit que des *images,* la pure par contre des *schémas* ; mais un schéma est davantage la représentation d'une méthode ou règle selon laquelle on peut procurer à un concept son objet, que l'image elle-même." (p. 159-160, B 180 / 153 *sq.*). On comprend ici difficilement comment la représentation d'une méthode peut être une intuition ou comment on peut distinguer cette représentation de la méthode qui procure à tout concept son image. Si on est censé comprendre cette méthode comme quelque chose de déterminé, alors on doit comprendre par là ce qu'on appelle *définition génétique* du concept. Mais qui voudra mettre cette dernière au rang des intuitions ? Si le schéma d'un cercle est la représentation de la méthode selon laquelle on peut procurer un objet à ce concept, alors il s'agit certes seulement de la manière dont est généré le cercle, c'est-à-dire la définition génétique standard du cercle ou le concept de la ligne que décrit un point lorsqu'il se déplace sur une surface en gardant toujours la même distance d'un autre point déterminé. Ainsi, quiconque reconnaît la vérité d'un jugement synthétique en considérant le schéma de son sujet la reconnaît en considérant uniquement un concept et non une intuition [1].

On le voit, les thèmes et le vocabulaire sont les mêmes : il s'agit de figures géométriques et en particulier du triangle, de concepts et d'intuitions, pourtant l'incompréhension est totale, dans la mesure où elle concerne les paradigmes par lesquels se définit l'intuition, tandis que la notion disputée est elle-même fondamentale : l'articulation entre l'intuition, *via* la pratique géométrique, et les jugements synthétiques constitue le *proton pheudos*, c'est-à-dire le défaut premier de la *Critique*. Entre Kant et Bolzano, le malentendu semble indépassable : pour le premier, la pratique géométrique prouve, en la donnant à voir, l'idéalité transcendantale inhérente à l'intuition, intimement nouée à sa réalité empirique [2] : ce donné-à-voir est à la fois invention constructive et

1. Lapointe, *op. cit.*, p. 75-76.

2. *Cf.* le quatrième paralogisme de la psychologie rationnelle, dans la *Critique de la raison pure* : tandis que dans une naïveté précritique, l'on prêterait volontiers de la réalité transcendantale aux choses (qui dès lors nous apparaîtraient immédiatement pour ce qu'elles sont, tandis que l'espace et le temps seraient par eux-mêmes réels au lieu d'être les formes de notre sensibilité), l'idéalité transcendantale que manifeste la science mathématique à partir de l'intuition va de pair avec sa réalité empirique, ce qui a pour effet de faire de la philosophie kantienne un véritable « dualisme ». Kant l'affirme dans la première édition (voir CRP, A 370, AK IV, 232 ; OP I, 1444), mais pour des raisons que nous ne pouvons pas explorer ici, l'ensemble de ces raisonnements disparaît de la seconde édition et tout se passe comme si l'exigence de l'unité rationnelle (et par conséquent la nécessité de l'affirmer partout) devait prévaloir sur l'affirmation d'un tel dualisme.

découverte. À cela s'ajoute le fait fermement établi pour Kant que cette idéalité transcendantale n'est pas au pouvoir de l'entendement, qui peut l'entendre mais non pas la découvrir, comme l'atteste la symétrie chirale (le paradoxe des objets non congruents). Pour Bolzano, l'intuition n'est que l'intuition et tout ce qui, pour Kant, constituait son idéalité transcendantale, est désormais rejeté du côté de l'intellect, lequel opère aussi bien sur des signes algébriques que sur des figures, mais, dans ce dernier cas, il s'agit de l'application concrète de règles par essence abstraites. Ce que la révolution newtonienne, en ce qui concerne son outillage mathématique, aura pu engendrer, c'est l'émergence d'une surécriture algébrique, qui se soutient en dehors du recours à l'intuition, encore et toujours indispensable pour Kant, et qui, c'est cela l'essentiel, a pour effet de dissocier radicalement intuition et concept, la première, l'intuition et par là le concret et la sensibilité, ne désignant désormais que ce qui, donné ou construit, est sensible et dont le statut est celui de l'image, et le second, le concept et, par là, l'abstrait et l'intellectualité, prenant en charge l'essence même des mathématiques tout en perdant de « vue » qu'il s'agit là d'une écriture. En un certain sens, l'hégémonie de l'écriture algébrique, bien mieux établie à l'époque de Bolzano qu'à celle de Kant (ou du moins à l'époque de sa formation intellectuelle, dans la première moitié du XVIIIe siècle), s'accompagne d'une sorte d'iconoclasme qui va de pair avec la mise en circulation d'une forme de platonisme mathématique selon laquelle les essences mathématiques préexistent à l'action qui les produit. En ce qui concerne l'opérativité mathématique proprement dite, il est certain, et cela depuis les exploits scientifiques de Newton, que les nouvelles manières de faire des mathématiques sont incomparablement plus puissantes et efficaces ; ceci étant, en ce qui concerne l'explication métaphysique de la nature des mathématiques (dont les mathématiciens n'ont d'ailleurs pas besoin pour se mettre au travail), le passage à l'écriture (algébrique) finit par oblitérer le double caractère de l'intuition sur lequel Kant avait tant insisté, et qui faisait de la figure géométrique une écriture-image et de sa production même (*Konstruktion*) l'équivalent d'une invention-découverte de lois mathématiques. Avec la nouvelle science, de par son effet d'écriture, s'introduit une dissociation radicale, sur le mode du « ou bien… ou bien… », selon laquelle il y a ou bien intuition, ou bien concept, de même qu'il y a ou bien invention, c'est-à-dire fiction, ou bien découverte, c'est-à-dire réalité. En d'autres termes, l'intuition devient ce qu'elle paraît à nos yeux avoir toujours été, à savoir "seulement de l'intuition", soit, sous une forme superficiellement technique, ce que nous désignons indifféremment comme perception ou même comme sensation.

De profonds et insensibles changements ont redéfini l'intuition à la fin du XVIIIe siècle et dans la première partie du siècle suivant. L'on s'en aperçoit en examinant la position passablement tranchée que prend Bernard Bolzano, grand mathématicien et logicien [1], que l'on ne peut certainement pas suspecter de tout ignorer de la géométrie, pas plus au demeurant que l'on n'oserait douter des compétences de Kant mathématicien. La difficulté que nous relevons ici s'aggrave de ce que nous sommes de prime abord et le plus souvent enclins à y voir une guerre de positions entre sensibilités philosophiques différentes, assignables à des génies complètement originaux et qui doivent certainement savoir ce dont ils parlent : l'on se trouve à mille lieux de suspecter qu'ils soient eux-mêmes pris dans une histoire, celle des idées scientifiques et, par contrecoup, celle des paradigmes sous-jacents qui affectent jusqu'à l'explication métaphysique de ce que sont la science, l'intuition, les mathématiques, etc. Le malentendu empire et devient indépassable dans la mesure où Kant en appelle au savoir du géomètre, assez étranger aux habitudes de penser du philosophe à l'en croire, et qu'il se heurte, une ou deux générations plus tard, à l'incompréhension d'un mathématicien, et non des moindres. Que peut donc penser ce philosophe-là, que Kant avait d'emblée disqualifié dans son examen du triangle ? En saurait-il plus devant l'équation algébrique du cercle, $x^2 + y^2 = z^2$, que devant un rond ?

Ce que Kant tire de son opposition rhétorique entre le philosophe et le géomètre n'est en rien affecté par toute réfutation, de type bolzanien ou assimilé, de ses thèses sur l'intuition. La scission moderne et radicale entre intuition et concept s'est transposée à l'échelle de la civilisation ; la ligne de partage passe désormais entre ce qui fait image pour une sensibilité radicalement passive, dans un vide spirituel digne d'un récepteur photosensible, et tout ce qui est intellectuel et abstrait. Pourtant, malgré son intellectualité surdéveloppée, le philosophe, s'il n'a pas consenti le travail d'apprentissage de la discipline mathématique – autrement dit s'il ne *fait* pas des mathématiques –, n'y comprend toujours rien. En fait, ce philosophe que décrit Kant, peut ne rien voir d'autre dans la figure géométrique que ce qu'un peintre en aurait donné, mais il se rassure d'y reconnaître quelque chose tandis que l'essentiel des mathématiques lui reste *lettre* morte.

1. Citons ici l'ouvrage pionnier et intéressant à maints égards que Jacques Laz avait consacré à Bolzano, qu'il décrivait ainsi : « Bolzano occupe une place inaugurale dans la série des chercheurs qui poseront au XIXe siècle la question du fondement des mathématiques. Et cette place est doublement originale ; Bolzano œuvre dans la mathématique en pur logicien – non en véritable technicien – et son anti-intuitionnisme est radicalement philosophique. De même que l'œuvre leibnizienne s'était développée dans l'opposition frontale à Descartes, de même l'œuvre bolzanienne se développe dans son refus systématique de Kant. [...] Pour saisir la place exacte des *Contributions* dans la pensée de l'époque, il nous faut d'abord rappeler à quelle étape correspondent les premières années du XIXe siècle dans la fondation des mathématiques. Le développement du calcul infinitésimal et sa maîtrise progressive allaient libérer la question du fondement de l'infini mathématique de tout arrière-plan intuitif, mystique ou faussement philosophique. Le concept de fonction subit des transformations importantes : l'époque se prête au renforcement de l'analyse conceptuelle en mathématiques ; on se garde de tout recours aux éléments intuitifs ou psychologiques » (Jacques Laz, *Bolzano critique de Kant*, Paris, Vrin, 2002, p. 39-40).

Aujourd'hui, face à ce texte que nous commentons [1], le lecteur sera doublement comparable au philosophe qu'il y voit décrit : d'une part, il raisonne lui-même en philosophe et n'imagine pas, à première vue, d'autre manière de réfléchir que celle à laquelle il a consacré tant d'années d'études austères ; d'autre part, à supposer qu'il puisse faire l'hypothèse qu'il existe d'autres manières de considérer le triangle, ce qu'il sait des mathématiques d'aujourd'hui va lui masquer le sens historique de cette pratique particulière de la géométrie et il se laissera captiver par l'expression « chaîne d'inférences » où il reconnaîtra quelque chose de la manière moderne, logico-déductive, de faire une démonstration. Ce qu'il risque de ne pas apercevoir est que le géomètre euclidien, à l'aide de ses constructions, se donne les moyens de voir davantage que le philosophe, et ce qu'il voit, à savoir des propriétés remarquables, ne cesse pas de relever de l'intuition pour Kant. Nous avons affaire ici à cet ensemble complexe que font tous les sens possibles du verbe *voir* : voir avec ses yeux, se représenter mentalement, se souvenir, imaginer et comprendre, en un sens qui n'est pas que métaphorique. S'ajoute à cet ensemble l'héritage de paradigmes plus anciens, qui ont trait à la perspective et par conséquent aux déformations anamorphiques, et qui ont en commun un travail constructif, qu'il s'agisse de la construction euclidienne ou de la construction perspective, qui, en peinture, en est cependant l'héritière. Naturellement, tous ces sens ne sont pas exactement synonymes, tant s'en faut, et sans entrer dans le détail, il nous importe ici de faire remarquer que la vue / vision du géomètre, à distinguer des *lumières* de la raison, qui ont frappé, parmi tant d'autres, un certain Thalès, n'est pas simplement réceptive et passive, comme nous aurions tendance aujourd'hui à le croire sans y penser ; elle est en outre active, synthétique. Ce que, pour la géométrie euclidienne et pour Kant, la *Konstruktion* donne à voir, d'une manière qui est à la fois sensible et intellectuelle, ce sont les propriétés remarquables du triangle, qui, pour autant que l'on étende cette pratique à d'autres cas de figure, constituent peu à peu la science géométrique ; et c'est à peu de choses près l'essentiel de la science mathématique pour Kant qui ne prétend pas y retoucher et qui ne s'y intéresse que pour souligner ce qui, en amont, relève de la double nature de l'intuition (pour autant qu'elle soit construite), qui conjoint l'idéalité transcendantale et la réalité empirique. Pragmatiquement, cela signifie que la pratique constructive qui tout d'abord produit le triangle est la même qui, poursuivie à loisir, sous-tendra la démonstration. L'on passe ainsi d'une figure, c'est-à-dire d'une intuition qui peut être sommairement construite d'une manière qui peut même se laisser confondre avec du simple dessin – voici un triangle – se laissant par là facilement considérer comme une *réalité empirique*, c'est-à-dire un simple donné dans le phénomène – voici un chapeau pointu, une pyramide, un éclat d'ardoise, etc. –, à des énoncés intellectuels qui expriment une certaine *idéalité transcendantale*, ce que Kant nomme dans le passage que nous avons cité :

1. CRP, A 716-717 / B 744-745, AK III, 470-471 ; OP I, 1300.

« une solution parfaitement évidente et en même temps universelle de la question ». Dans ce paradigme euclidien de même que dans la bonne intelligence, croyons-nous, du texte kantien, il n'est nullement requis de distinguer de manière tranchée entre donné et construit dès lors qu'une activité synthétique est ce qui va révéler, constructivement, l'idéalité transcendantale au sein de la réalité empirique. Tout donné est jusqu'à un certain point une construction, et toute construction fonctionne jusqu'à un certain point comme un donné [1], ce qui est une manière de reformuler en d'autres termes ce qui est, en fait, le principe suprême des jugements synthétiques [2]. Mais pour que tout ceci ne soit pas perdu dans l'obscurité, il faudrait presque faire l'expérience, en un sens véritablement phénoménologique, à l'occasion de cette pratique géométrique particulière qui consiste à vouloir démontrer les propriétés remarquables d'une figure, du surgissement de l'idéalité transcendantale à même la réalité empirique [3].

La suite de ce passage de la « Théorie transcendantale de la méthode » confirme que c'est bien à partir de la géométrie que se déploie la possibilité des jugements synthétiques *a priori*, laquelle est si fondamentale dans l'édifice

1. C'est la raison pour laquelle on peut apprendre par cœur des démonstrations mathématiques (géométriques) et finir par les comprendre un jour : en effet, Kant distingue dans la « Théorie transcendantale de la méthode » de sa *Critique de la raison pure* entre connaissance *historique* (*cognitio ex datis*) et connaissance *rationnelle* (*cognitio ex principio*). La première peut s'apprendre par cœur, dans la mesure où tout y est réduit à l'état d'information que l'on peut répéter sans comprendre ; la seconde doit être « puisée aux sources communes de la raison » (CRP, A 837 / B 865, AK III, 541 ; OP I, 1388). Une telle connaissance, poursuit Kant, est ou philosophique (par concepts) ou mathématique (par construction de concepts). De par la conception qu'il se fait de l'intuition et, partant, de la géométrie, Kant peut ainsi souligner que l'on peut dire les mots d'une telle connaissance sans les comprendre (« Une connaissance peut donc être objectivement philosophique et cependant historique subjectivement, comme chez la plupart des écoliers et chez tous ceux qui ne voient jamais plus loin que l'école et demeurent toute leur vie écoliers », *ibid.*), mais, s'agissant des mathématiques, explique Kant, « l'usage de la raison n'a lieu ici qu'*in concreto*, bien qu'*a priori*, c'est-à-dire dans l'intuition pure et par là même infaillible, et [...] il exclut ainsi toute illusion et toute erreur ». Il faut le souligner, ce que Kant appelle ici « philosophique » désigne moins une tradition que l'usage de la raison par lequel tout est redémontré, réinventé, repensé. « Philosophique » fait couple oppositionnel avec « historique », tandis que dans le passage que nous venons de commenter, « philosophique » a plus le sens d'une connaissance par concepts, c'est-à-dire de type analytique, pour être par là opposé à « mathématique », dans le sens d'une construction synthétique.

2. « Le principe suprême de tous les jugements synthétiques est [...] que tout objet est soumis aux conditions nécessaires de l'unité synthétique du divers de l'intuition dans une expérience possible. [...] Les conditions de la *possibilité de l'expérience* en général sont en même temps conditions de la *possibilité des objets de l'expérience*, et ont de ce fait une validité objective dans un jugement synthétique *a priori* » (CRP, A 158 / B 197, AK III, 145 ; OP I, 898-899).

3. Raison pour laquelle à notre sens Kant insiste sur la nécessité de tracer un trait pour penser une ligne (CRP, B 154, AK III, 122 ; OP I, 869), dans la mesure où, pour lui, l'on ne s'en tient jamais à une seule ligne, en géométrie. La production de la figure de base ouvre aussitôt sur toute la géométrie : « Je ne puis pas me représenter une ligne, si petite soit-elle, sans la tirer par la pensée, c'est-à-dire sans en produire successivement toutes les parties, à partir d'un point, et tracer (*verzeichnen*) d'abord cette intuition » (CRP, A 162-163 / B 203, AK III, 149 ; OP I, 903). Nous aurons à revenir sur ce verbe, *verzeichnen,* lorsque nous évoquerons la *Vorzeichnung* à laquelle Kant a recours de manière architectonique.

critique. Dans une perspective purement logiciste, la définition du jugement synthétique est une énigme, dans la mesure où il est question de « sortir du concept [...] pour aller à des propriétés qui ne se trouvent pas dans ce concept, mais qui pourtant lui appartiennent » [1] :

> Quelle peut être la cause de ces situations si diverses où se trouvent ces deux artisans de la raison, dont l'un chemine en suivant des concepts, l'autre en suivant des intuitions qu'il présente *apriori* conformément aux concepts ? D'après les théories transcendantales exposées plus haut, cette cause est claire. Cela ne tient pas ici à des propositions analytiques qui puissent être engendrées par une simple analyse des concepts [...], mais à des propositions synthétiques, et, en vérité, à celles qui doivent être connues *a priori.* En effet, je ne dois point regarder ce que je pense réellement dans mon concept de triangle (*Denn ich soll nicht auf dasjenige sehen, was ich in meinem Begriffe vom Triangel wirklich denke*) (celui-ci n'est rien de plus que la simple définition), mais je dois bien plutôt en sortir, pour aller à des propriétés qui ne se trouvent pas dans ce concept, mais qui pourtant lui appartiennent. Or, cela n'est pas autrement possible que si je détermine mon objet d'après les conditions, soit de l'intuition empirique, soit de l'intuition pure. Dans le premier cas (en mesurant les angles du triangle) je n'aurais qu'une proposition empirique, qui ne contiendrait aucune universalité, encore moins aucune nécessité, et ce n'est pas de propositions semblables qu'il est question. Mais le second procédé est la construction mathématique, au moyen de laquelle j'ajoute dans une intuition pure, aussi bien que dans l'intuition empirique, le divers qui appartient au schème d'un triangle en général, par conséquent à son concept, par où certainement des propositions synthétiques universelles doivent être construites [2].

Si nous perdons de vue les spécificités de la pratique du géomètre euclidien, qui, rappelons-le, étaient de l'ordre de l'évidence banale pour tout lecteur contemporain de Kant, nous risquons de nous limiter à ce qui, dans ce passage-ci, semble n'être guère plus qu'une description plus sèche du géomètre comme celui qui suit « des intuitions qu'il présente *a priori* conformément aux concepts » [3] ; la « présentation (*Darstellung*, *exhibitio*) *a priori* des intuitions conformément aux concepts », opérée par le géomètre, court le risque de passer pour une simple intuition, sinon une intuition eidétique. Or cette présentation doit être entendue comme résultant de l'activité de « présenter » graphiquement, c'est-à-dire en fait de *dessiner*. Il y a plus : le tracé doit être conforme à un concept, pour la simple raison que sans celui-ci, il n'est plus qu'un simple dessin, c'est-à-dire une figuration relevant davantage

1. On retrouve cette même figure rhétorique, à la limite du paradoxe – c'est là sans être là – dans la première présentation du jugement synthétique, en contraste avec le jugement analytique, telle qu'elle figurait dans l' « Introduction », en 1781 : « il résulte clairement que [...] dans les jugements synthétiques, je dois avoir en dehors du concept du sujet encore quelque chose d'autre (x), sur quoi s'appuie l'entendement pour reconnaître *un prédicat, qui ne se trouve pas dans ce concept, comme lui appartenant cependant* » (CRP, A 8, note, AK IV, 21 ; OP I, 767, nous soulignons).

2. CRP, A 718 / B 746, AK III, 472 ; OP I, 1301-1302.

3. *Ibid.*

du crayonnage abstrait que de l'artistique puisque même dans l'art pictural, au XVIIIe siècle en tout cas, le plus ordinairement la figure doit non seulement être « figurative », comme l'on dirait aujourd'hui, mais encore elle doit le plus souvent être véritablement construite pour des raisons de saine perspective.

Cela acquis, reste l'énigme majeure, celle-là même qui non seulement distingue philosophes et géomètres, mais encore fait voir aux seconds ce que les premiers ne peuvent pas voir. Le texte est clair sur ce point : pour se faire géomètre, l'on doit ne pas voir ce que le concept contient : la traduction donne « regarder à » dans le sens d'avoir égard à, mais le texte original est très simple et direct : *sehen*. Le reste de la phrase est malheureusement très imagé, puisque « je dois bien plutôt [...] sortir (*hinausgehen*) » du concept du triangle, « pour aller à des propriétés qui ne se trouvent pas dans ce concept, mais qui pourtant lui appartiennent ». Voilà donc la difficulté sous la forme d'une apparente contradiction : comment en effet penser des propriétés qui appartiennent (*gehören*) à un concept sans s'y trouver (*liegen*) ? Elles y sont sans y être. Cette situation apparemment paradoxale rappelle à bien des égards le célèbre paradoxe platonicien du *Ménon* (80d) : l'on sait que la réponse de Socrate en appelle à la théorie de la réminiscence, mais le moyen pour y arriver est celui de cette construction géométrique qu'il fait faire à un jeune esclave de Ménon, au moyen d'un questionnement suivi, arrivant à lui faire construire le doublement de la surface d'un carré. Dans ce contexte, la théorie de la réminiscence sert à conférer un statut à ces connaissances que l'on est capable de produire, voire de retrouver, *via* un procédé constructif, sans pouvoir « deviner » analytiquement quoi que ce soit. Naturellement, Kant ne semble pas avoir le *Ménon* à l'esprit quand il rédige ces lignes que nous commentons, mais une certaine continuité souterraine s'explique de par le fait que Platon et Kant, l'un comme l'autre, pratiquent cette géométrie qu'Euclide sera le premier à formaliser. Ici, il importe à Kant de montrer que le caractère synthétique de la connaissance géométrique est irréductible à de la connaissance simplement philosophique, un résultat acquis dès la période précritique, comme nous le verrons. Même si cet argument est loin de convaincre Bolzano, l'on ne peut, pour Kant, faire de mathématiques à l'aide des seuls concepts que peut forger la philosophie.

Pour le dire d'une manière plus lapidaire, le jugement synthétique *a priori* n'est pas qu'un jugement, ou s'il l'est, il n'est pas qu'intellectuel. En effet, il y entre une dimension pragmatique – au sens où il faut *faire* quelque action qui à son tour se révèle intellectuellement performative – dont, en géométrie, la construction est l'exemple *princeps*. C'est sur la clarté propre de la géométrie que Kant compte pour illuminer le reste de l'édifice critique, moyennant une généralisation qu'on pourrait lui contester : en effet, la géométrie euclidienne est pour Kant, et sous le nom plus générique de « mathématiques », l'une des deux sciences *a priori* [1]: il se trouve par ailleurs que, grâce à des pionniers tels

1. « En dehors de la philosophie transcendantale, il y a encore deux sciences rationnelles pures, dont l'une n'a qu'un contenu spéculatif, l'autre qu'un contenu pratique : je veux parler de la mathématique pure et de la morale pure » (CRP, « Des problèmes transcendantaux de la raison pure,

que Newton, la physique est désormais une science. Enfin, fermant la marche, la métaphysique devrait enfin accéder à ce statut de science, pour autant que les jugements synthétiques *ad hoc* soient formulés, sur le modèle paradigmatique de la géométrie euclidienne, on a pu le constater dans ce passage éclairant de la « Théorie transcendantale de la méthode ».

Kant établit un premier passage entre les sciences mathématique et physique dès la *Critique de la raison pure*, et un second, entre la physique et la métaphysique [1]. Provisoirement, tout se passe bien puisque la science pure mathématique fournit l'assise *formelle* à la science physique, dont les principes premiers, qui sont eux aussi des « jugements synthétiques *a priori* », restent intellectuellement soumis à la table des catégories et bénéficient eux aussi du travail de légitimation de la déduction transcendantale des catégories. Quant à la *matière* proprement dite de ces jugements, ce sera le projet sans cesse repris dans les dernières années de la vie de Kant : pour fonder la science physique, ou, ce qui revient au même, construire ce passage de la métaphysique à la physique, qui est la grande entreprise avortée dont l'*Opus postumum* réunit les fragments, il faudrait formuler un système architectonique et catégoriel de principes constitutifs qui soient en même temps régulateurs [2]. Dans ce

en tant qu'ils doivent absolument pouvoir être résolus », A 480 / B 508, AK III, 332 ; OP I, 1130). Les deux premières sciences (mathématiques et morale) sont *pures a priori*, le statut de la philosophie transcendantale étant moins assuré à l'égard de sa pureté, tout dépendant du succès avec lequel le statut de la métaphysique peut passer de celui de « disposition naturelle » à celui de science.

1. Il faut souligner, en pierre d'attente, l'importance de l'ouvrage de 1786, les *Premiers principes métaphysiques de la science de la nature*, dans lesquels Jules Vuillemin n'hésite pas à voir l'armature de l'édifice critique, écrivant par exemple que « la pensée critique s'est développée, au point de vue théorique, en fonction des problèmes de la physique du XVIIIe siècle. [...] Il en va de Kant comme de Leibniz : sa physique éclaire sa métaphysique. Les catégories et les principes n'ont, une fois cette explication faite, plus rien de mystérieux, non plus que l'architectonique si souvent et si inconséquemment reprochée à Kant » (J. Vuillemin, *Physique et métaphysique kantiennes*, Paris, Presses Universitaires de France, [2]1987, p. 357). Toutefois, ces mêmes problèmes sont exactement ceux que Kant n'a pas pu résoudre à sa propre satisfaction, notamment par le biais de ce passage tant recherché entre principes physiques et métaphysiques. Autrement dit, si l'un des principaux points de départ thématiques relevait d'une problématique clairement physique, la méthodologie si spécifique à la pensée kantienne, à savoir l'architectonique, lui est assez étrangère, selon nous.

2. Nombreux sont les fragments où Kant ressasse cette question, qui semble le jeter d'un terme à l'autre d'une alternative du diable : ou bien l'agrégat vaguement bricolé sur la base d'observations empiriques, ou bien un système qui encourt tous les risques que la « Dialectique transcendantale » avait répertoriés : « Pour parvenir à la physique comme système de la science empirique de la nature, il faut d'abord développer dans la science de la nature des principes *a priori* de l'unité synthétique des forces motrices ; il faut les développer complètement selon leur forme dans le passage à la science de la nature en général (axiomes de l'intuition, anticipations de la perception, etc.) ; ils contiennent *a priori* une propédeutique de la physique, comme passage à celle-ci et ils sont dérivés analytiquement à partir de son simple concept. – Cette propédeutique est elle-même un système qui contient *a priori* la forme du système de la physique. Il ne peut pas être un agrégat fragmentaire ; ce qui contient ce tout de la possibilité d'une physique en effet comme un tout donné *a priori* doit être nécessairement un système, qui n'est susceptible d'aucune diminution ou augmentation. *Des principes régulateurs qui sont en même temps constitutifs* » (OP, AK XXII, 241 ; trad. fr. par F. Marty, nous soulignons). On notera la formule « un système, qui n'est susceptible d'aucune diminution ou augmentation » qui parle le langage de l'architectonique.

contexte, nous rencontrons différents problèmes, dont certains sont imputables à Kant lui-même et d'autres à l'interprétation qu'il nous est loisible d'en tirer.

Tout d'abord, la tradition, sinon la *doxa* mathématique dans la seconde moitié du XVIIIe siècle reste encore et toujours la géométrie, où le constitutif est *ipso facto* régulateur, et Kant peut bien espérer convaincre d'emblée son lecteur de ce que la géométrie contient à la fois l'essence du mathématique (dont la science tire sa légitimité et sa puissance de calcul) et la matrice de ce qu'est un jugement synthétique *a priori* dont une formule plus générale donnera les conditions de possibilité et les lois de l'expérience. Bien sûr, il ne suffit pas que l'intuition soit donnée (ou construite) pour qu'elle soit par là donnée (ou construite) en une seule fois, d'où l'importance de l'activité indéfiniment (in)achevable de la synthèse qui, en géométrie, donne la figure et permet d'en démontrer telles ou telles propriétés. Cependant, ce qui fait la force de ce paradigme euclidien en constitue également la limite. Certes, dans la mesure où notre interprétation s'efforcerait avec succès de relire Kant à la lumière de ses propres paradigmes, la conception assez restrictive qu'il se fait de la géométrie résout *ipso facto* tous les problèmes de déduction [1], mais il n'en demeure pas moins que la physique, et surtout le rôle qu'y joue le formalisme mathématique, les ravive aussitôt. Une première difficulté que nous pouvons identifier est celle-ci : la pratique géométrique découvre et invente à la fois ce qu'il y a d'idéalité transcendantale dans la figure construite, laissant bien évidemment de côté tout ce que celle-ci possède de réalité empirique. La tentation est alors grande de généraliser à partir du géométrique et d'en passer par cette double nature quasi christologique (à la fois idéelle et réelle), pour retrouver à loisir la réalité empirique dont traite la science physique sous l'idéalité transcendantale dans laquelle la science mathématique œuvre immédiatement. Se pose alors une question particulièrement épineuse : de quelle réalité empirique parlons-nous ici ? De celle de la figure tracée et construite par le géomètre, avec sa production *hic et nunc* du contingent exprimant de l'universel, et la temporalité que celle-ci suppose pour son développement ou bien de cette réalité empirique que cette figure est censée *dire*, en tant que signe ?

Le dilemme kantien, au terme de son cheminement philosophique, c'est l'incompatibilité profonde entre la méthode architectonique – un système qui tient de par sa cohésion propre, et non pas de par sa signification imaginaire – et ce que Kant sait peu ou prou de la teneur profonde de la révolution newtonienne, à savoir le caractère profondément novateur de ses mathématiques, cela même qui lui a échappé en raison directe de son architectonique, pour des raisons elles-mêmes architectoniques que nous développons à la fin de notre *Kant et les mathématiques* (Paris, Vrin, 2003).

1. « Les principes discursifs sont donc tout autre chose que les principes intuitifs, c'est-à-dire que les axiomes. Les premiers exigent toujours une déduction, dont les derniers peuvent totalement se dispenser » (CRP, « Discipline de la raison pure dans l'usage dogmatique », A 732-733 / B 760-761, AK III, 480 ; OP I, 1312). Toutefois, dans les *Prolégomènes*, Kant estime que la science de la nature, comme la mathématique, n'a pas besoin de déduction, cette nécessité n'intéressant que la métaphysique comme science (PMF, AK IV, 327 ; OP II, 105).

On peut bien reprocher à Kant de n'avoir pas suffisamment distingué entre les deux types de réalité empirique, subjective et objective, car il est difficile de distinguer, dans le cas de la mécanique, entre ce qui correspond à la trajectoire d'un élément mobile, dans sa progressivité, et son tracé géométrique, dont la réalité intrinsèque résulte d'une synthèse successive de l'imagination. En voulant prendre position par rapport à cette difficulté, maints interprètes font reproche à Kant de n'avoir pas été davantage sensible à la manière dont se fait la science [1] et surtout de ne pas avoir saisi la différenciation radicale entre l'ancien et le nouveau en mathématiques, c'est-à-dire entre les vénérables méthodes de la géométrie euclidienne et tout ce qui, à partir du calcul newtonien des fluxions et d'une manière plus générale, *l'algèbre*, ouvre sur le futur.

Une autre difficulté surgit ici, qui touche davantage l'interprétation que l'on peut proposer des thèses kantiennes, que ce que celles-ci contiennent effectivement : qu'en est-il de l'intuition, qui, semble-t-il, perd toute importance dans la nouvelle manière de mathématiser (Bolzano) ? Tout d'abord, la méthode algébrique depuis François Viète jusqu'à Newton [2], en passant par Descartes, ne cesse pas de solliciter l'imagination et reste figurable. Les paradoxes de Zénon d'Elée n'existent que dans l'imagination, seul lieu où Achille ne rejoindra jamais la tortue. Avec les célèbres « grandeurs évanouissantes », l'on sort enfin du paradoxe : une série convergente (dont les membres sont potentiellement en nombre infini) connaît ordinairement une limite finie, ce qui ne se peut qu'au moyen d'une méthode non figurative et par conséquent scripturale. En effet, l'idée d'une série d'incréments de plus en plus petits ne se laisse imaginer que schématiquement, puisque l'on se représente non pas le résultat final d'une telle diminution, mais son principe même.

Kant ne méconnaît pas du tout cette problématique de la divisibilité infinie ou indéfinie, qu'il traite comme une antinomie dialectique, dont les thèse et antithèse sont toutes les deux fausses, parce que l'entendement y commet la faute cependant invincible de prendre pour un phénomène réel ce qui ne ressortit qu'aux conditions subjectives par lesquelles il y a phénomène. Quelle que soit sa forme, figurative ou scripturale, le calcul des fluxions s'avère paradoxal dès que l'on en exige une traduction réelle ; en distinguant dans sa

1. *Cf.* J. Vuillemin, *op. cit.*, p. 360 : « Kant n'a jamais étudié le rôle des instruments dans le progrès des sciences. L'eût-il fait, il aurait aperçu des rapports entre expérience et expérimentation ; il aurait pris conscience de la connaissance comme d'une histoire. Cette réflexion l'eût conduit non au scepticisme historique, mais à l'idée de niveaux d'expérience, d'échelle physique, et par conséquent à une idée plus exacte de la relativité physique. Elle eût en même temps déraciné en lui le préjugé selon lequel l'univers newtonien est "naturel" à notre pensée ».

2. Avec deux cent cinquante diagrammes, Newton lui-même avait bien pris soin, dans ses *Principia mathematica* (1687), d'habiller d'une vêture toute géométrique – ou en tout cas de le faire savoir hautement – un corpus obtenu essentiellement par des moyens dits algébriques, pour se conformer aux attentes du public lettré. I. B. Cohen (*A Guide to Newton's Principia*, p. 1-370 dans l'édition des *Principia* de Newton, University of California Press, 1999, p. 122 *sq.*) émet quelques doutes sur cette stratégie que Newton, à son avis, a revendiquée après coup pour renforcer ses prétentions, contre Leibniz, à la paternité du calcul différentiel.

solution critique, entre *infini* et *indéfini*, Kant établit le caractère purement technique de cette méthode mathématique et nous entendons « technique » ici au sens de subjectif de manière indéterminée. Bien sûr, l'on devrait entrer plus avant dans cette problématique et relever, entre autres, que le passage du figuratif (l'image) au schématique (l'imagination) qu'opère la série d'incrémentations de plus en plus petites que vient clore une limite finie, est de nature à transformer le mathématique en dynamique. Autrement dit, l'interprétation géométrique du calcul des fluxions, même si elle fait partie des usages courants – les *Principia* newtoniens parlent un langage ouvertement géométrique et figuratif –, constitue un point de départ légitime, mais dont on aurait tort de penser qu'il amorce un cheminement de pensée qui ne cesse pas d'être géométrique à un certain point : en termes kantiens, cela signifierait donc que l'objet présenté dans l'intuition pure *a priori* ne s'y laisse pas réduire. C'est une question que nous devons laisser ouverte, en vue d'autres travaux, et cela avec d'autant plus de pertinence que Kant invoque ce même calcul des fluxions dans les «Analogies de l'expérience »[1], c'est-à-dire dans cette partie « dynamique » de la *Critique*[2], pour rendre compte de la grandeur dite intensive.

Dans le cadre restreint de cette communication, nous devons donc nous contenter de tenter de comprendre comment et si possible pourquoi Kant tient absolument à envisager la construction symbolique de l'algèbre comme une variante de la construction géométrique, comme si l'écriture chez l'une pouvait être tenue pour équivalente à ce qui fait image dans l'autre. Dans son œuvre critique, Kant ne s'est pas beaucoup prononcé, on le sait, sur la méthode algébrique ; pourtant, dans un passage bien connu de la *Critique de la raison pure*, affleurent en nombre des indications qui, lues très attentivement, peuvent ouvrir quelques pistes de réflexion. Voici le texte :

> La méthode algébrique elle-même, avec ses équations d'où elle tire par réduction la vérité en même temps que la preuve, si elle n'est pas, il est vrai, une construction géométrique, n'en est pas moins une construction caractéristique, où, à l'aide des signes, on représente les concepts dans l'intuition, surtout

1. *Cf.* Herman Cohen, dans son ouvrage *Le principe de la méthode infinitésimale et son histoire* (Berlin, 1883, trad. Marc de Launay, Paris, Vrin, 1999), aborde cette question de plein front, avec une richesse conceptuelle qui mérite un examen attentif, même si l'explication du silence de Kant sur l'algèbre ne nous apparaît pas totalement décisive. Il s'agit en effet d'une objection dont il « faut faire litière » : « comment comprendre que Kant lui-même ait si peu développé – pour ne pas dire dissimulé – une question importante et, selon toute apparence, nouvelle, tandis que la discussion du problème, comparativement si facile à résoudre, de la causalité chez Hume a suscité chez lui des reprises sans cesse renouvelées. Cette objection [...] sera d'emblée écartée [...] : *l'identité de la grandeur intensive et de l'infiniment petit était, à l'époque de Kant, très généralement admise.* Kant n'avait donc pas besoin d'être en l'occurrence plus explicite. Tout l'effort devait au contraire porter sur cette idée que la fonction de la grandeur intensive corresponde à la condition de la réalité, que la validité, conforme à l'exigence comme au présupposé de la réalité, soit garantie dans le principe de *degré* qui inaugure effectivement et fonde essentiellement *la liaison entre mathématique et physique* » (p. 50).

2. Au sens très technique et précis où la « Dialectique » oppose le mathématique (l'objet est *dans* le phénomène) et le dynamique (l'objet est *dans le rapport* du phénomène à la faculté de connaître).

> ceux *du rapport des quantités* et où, sans jamais regarder à *l'aspect heuristique*, on garantit tous les raisonnements contre les erreurs par cela seul que chacun d'eux est *mis devant les yeux*. La connaissance philosophique, au contraire, doit se passer de cet avantage, puisqu'elle doit toujours considérer l'universel *in abstracto* [1].

Comment comprendre que Kant puisse insister sur le caractère constructif de l'algèbre, pour l'annexer à sa conception de la géométrie, tout en mentionnant la distinction entre le tracé imageant et le signe (la « caractéristique ») qu'il semble tenir pour rien ? L'on pourrait, pour tenter de comprendre cette énigme, s'arrêter sur cette précision somme toute anodine par laquelle Kant attire notre regard sur le fait que la représentation des concepts dans l'intuition, dans le cas de l'algèbre, concerne surtout le « rapport des quantités ». Or, comme le rappelle Richard Cobb-Stevens,

> la clé de la méthode algébrique est la conversion des proportions en équations, opération que Viète fut le premier à réaliser mais dont les prémices avaient été jetées bien plus tôt dans l'art de l'analyse par Diophante d'Alexandrie [2].

Autrement dit, l'algèbre ne commence pas, à proprement parler, avec Newton, Leibniz ou Euler. Bien sûr, une manière de narrer cette histoire de l'algèbre consiste bien à mettre l'accent sur le passage progressif à une écriture plus abstraite mais plus puissante, dont le moment clef serait l'invention d'une méthode par valeurs indéterminées, c'est-à-dire de variables (tel que x avec lequel on peut travailler sans en connaître la valeur), due à Diophante. À partir de cela, la tentation devient irrésistible et l'on finit par privilégier, de par une sorte de téléologie implicite, la généralisation de procédés purement scripturaux par laquelle le calcul des fluxions suscitera l'essentiel de l'évolution technique dans les mathématiques à l'époque de Kant ; ce mouvement prend une tournure décisive avec le travail de titan d'un Léonard Euler, dont il n'est pas inintéressant de faire remarquer que le passage à l'écriture fut, chez lui, certainement potentialisé par une cécité croissante qui devint totale vers la trentaine : le recours à l'intuition change fondamentalement et l'on sait qu'il a en fait *dicté* l'essentiel de son œuvre monumentale.

Confronté à cette version de l'histoire des mathématiques qui privilégie la dimension *scripturale*, l'amalgame fait par Kant à travers mille précautions oratoires entre méthodes algébrique et géométrique suscite la perplexité pour le moins. Toutefois, ce qui, dans de genre de narration, risque d'être négligé

1. CRP, A 734 / B 762, AK III, 481 ; OP I, 1313-1314, nous soulignons.

2. *Cf.* l'article de Richard Cobb-Stevens, « L'imagination et les mathématiques », dans le recueil *Descartes en Kant*, sous la direction de M. Fichant et J.-L. Marion, Paris, Presses Universitaires de France, coll. « Épiméthée », 2006, p. 81. En quelques pages éclairantes, Richard Cobb-Stevens évoque les jalons d'une histoire de l'algèbre des débuts jusqu'à Kant. Il nous paraît essentiel, dans cette discussion, d'apporter quelques nuances à la conclusion selon laquelle : « Descartes fut le premier à envisager cette interprétation intégralement algébrique du domaine formel le plus élevé et le plus global, et Kant a échoué à saisir toute la portée philosophique du mode de pensée algébrique de Descartes » (p. 94).

est, dans l'histoire de l'algèbre (qu'il ne faut pas cantonner aux seules techniques bancaires de l'Italie renaissante), le développement de la perspective picturale au XIVe siècle, en tant que manière constructive de rendre figurativement des proportions tout en tenant compte du point de vue du sujet ; cela se traduit, dans l'image, par un système d'horizon et de « point de fuite », un *focus imaginarium* dont Kant reprendra l'image dans son œuvre [1]. Autrement dit, en se référant aux paradigmes encore prégnants du XVIIIe siècle, l'on peut en effet associer étroitement l'algèbre des grandeurs évanouissantes avec une figurabilité très construite dont la perspective régulière ou même anamorphique reste l'emblème le plus éloquent [2] quoique vieilli, et l'on peut bien conjecturer que Kant puisse aisément mettre en exergue le caractère constructif de l'algèbre en restant plus sensible que nous à l'articulation de l'algèbre à la géométrie dite projective. Le texte ne se prête pas à l'interprétation courante selon laquelle la construction caractéristique n'était au fond qu'une combinatoire réglée de signes, dont la plupart des lecteurs ne voient plus aujourd'hui ce qu'ils peuvent bien se mettre « sous les yeux ».

Une autre notation, insolite sous la plume de Kant dans ce passage, est cette mention faite pour qu'on l'ignore aussitôt d'un aspect « heuristique » de l'algèbre. Certainement, cela risque de passer inaperçu. Richard Cobb-Stevens, sans faire ce rapprochement, met toutefois en lumière cet art *zététique* propre à l'algèbre de François Viète : cette *zététique* n'est autre qu'un « art de la recherche » [3], qui, d'une part, semble pleinement correspondre à l'heuristique mentionnée dans ce passage et, d'autre part, nous paraît consonner avec ce que Kant dit ailleurs dans la *Critique de la raison pure*, à propos non seulement de l'architectonique, mais aussi du schématisme. C'est ici également un départ de piste que nous ne pouvons qu'indiquer, en vue de futurs travaux, mais pour l'instant, il nous apparaît pertinent de signaler cette allusion, même voilée, à l'heuristique qui éclaire un effet de palinodie par lequel le caractère explo-

1. CRP, A 644 / B 672, AK III, 428 ; OP I, 1248.

2. On le sait, quelle que soit la sophistication de leur géométrie, les Grecs ne construisaient pas de perspective, et nous renvoyons aux travaux pionniers et essentiels de Gérard Simon (*Le regard, l'être et l'apparence dans l'optique de l'Antiquité*, Paris, Seuil, 1988 ; *Sciences et savoirs aux XVIe et XVIIe siècles*, Lille, Presses Universitaires du Septentrion, 1996). Il aura fallu attendre la Renaissance italienne pour que le regard change, c'est-à-dire que le rapport entre le point de vue du spectateur et la représentation qu'il contemple soit pensé comme un système unique. Ceci est essentiel dans la mesure où la géométrie projective, où s'illustrèrent Viète et Descartes que Richard Cobb-Stevens cite à bon droit, résulte de ce changement majeur de paradigmes du visible. Tandis que les antiques géométries et optiques fonctionnaient sur des paradigmes du visible différents des nôtres à l'égard de la perspective, il ne faudrait pas perdre de vue, pour ainsi dire, ce réaménagement du visible qui a produit les techniques de la perspective constructiviste et de la géométrie projective, avec ses raccourcis, ses trompe-l'œil et ses anamorphoses. Mais, pour ne pas faire exploser le cadre de cette communication, nous ne pouvons pas faire autre chose de ces observations qu'une piste pour de futures réflexions.

3. « Viète décrit cette procédure sous le nom d'art "zététique" (art de la recherche) ou la science de bien inventer (*bene inveniendi*). Découvrir la méthode de cet art analytique, insiste-t-il, c'est découvrir la façon de découvrir toute chose, et partant "de ne laisser aucun problème sans solution" » (Richard Cobb-Stevens, art. cit., p. 82).

ratoire de la construction mathématique, sur lequel il s'était quelque peu appesanti dans sa mise en scène du philosophe en concurrence avec un géomètre, n'est mentionné que pour être aussitôt écarté.

Reste enfin dans ce passage l'étonnement que peut susciter l'insistance de Kant à propos de l'algèbre en laquelle, dit-il, l'on se garde de toute erreur par cela « que chacun [de ses raisonnements] est mis devant les yeux ». Le critère de distinction entre mathématiques et philosophie semble être l'affaire d'un regard, possible ici jusqu'à rendre infaillibles les raisonnements, et empêché là, ou à tout le moins difficile pour le philosophe, qui doit en outre se méfier des illusions et des apparences que sa propre raison lui donne à « voir ». Moyennant des différences significatives, ce même critère servait jadis, dans un écrit précritique de 1763, *La recherche sur l'évidence des principes de la théologie naturelle et de la morale*, à repérer l'avantage qui est celui de l'écriture mathématique (arithmétique et algèbre) par rapport à l'œil philosophique : la différenciation est ici affaire de signes et de mots.

> Les signes qu'utilise la réflexion philosophique ne sont jamais autre chose que des mots qui ne font pas voir, dans leur assemblage, les concepts partiels dont est constituée l'idée complète désignée par le mot, ni ne peuvent exprimer, dans leurs combinaisons, les rapports des pensées philosophiques. C'est pourquoi, dans cette espèce de connaissance, *il faut avoir, pour chaque réflexion, les choses mêmes devant les yeux*, et il est nécessaire de se représenter le général *in abstracto*, sans pouvoir se servir de l'allégement considérable, qu'est la manipulation des signes particuliers, à la place de celle des concepts généraux des choses mêmes [1].

La philosophie doit consentir des efforts intenses pour conserver sous son regard ce dont elle parle, ce qui est une manière de dire que son regard peut errer et se bercer d'illusions et d'apparences. En première analyse, cela serait dû au fait qu'elle ne dispose pas, contrairement au mathématicien, d'une caractéristique ou encore d'une figurativité qui s'imposerait à son regard et le dirigerait [2]. Toutefois, par la suite, Kant insistera davantage sur le caractère performatif de la pratique géométrique, dont les constructions auxiliaires évoquées plus haut, font du regard une véritable activité synthétique. Ici, le propos

1. REP, AK II, 278-279 ; OP I, 219, nous soulignons.

2. Dans une reprise, un peu plus loin dans le texte, Kant revient sur la pauvreté des moyens philosophiques, ressortissant à l'emploi des mots de la langue : « puisque les signes des mathématiques sont des moyens sensibles de connaissance, avec l'assurance que l'on a lorsqu'on est sûr *de ce qu'on voit de ses yeux*, on peut aussi savoir qu'aucun concept n'a échappé à son attention, que chaque comparaison en particulier a eu lieu selon des règles faciles, etc. En quoi l'attention est grandement facilitée, puisqu'elle n'a pas à penser les choses dans leur représentation générale, mais les signes dans leur connaissance particulière, qui est ici sensible. En revanche les mots, comme signes de la connaissance philosophique, ne servent qu'à rappeler les concepts généraux qu'ils désignent. *On doit toujours avoir immédiatement devant les yeux leur signification*. L'entendement pur doit toujours être tendu à l'extrême, et comme imperceptible est la disparition d'un caractère d'un concept abstrait, puisque rien de sensible ne peut nous en manifester l'omission, des choses différentes sont alors tenues pour identiques, et l'on engendre des connaissances erronées » (REP, AK II, 291-292 ; OP I, 236-237, nous soulignons).

est tout autre : l'accent est mis sur la caractéristique qui concerne tout autant l'arithmétique que l'algèbre, qui transparaît un peu plus haut dans cette même page à travers une circonlocution telle que l' « arithmétique générale des grandeurs indéterminées » [1], et cette caractéristique autorise une combinatoire par laquelle « *les choses signifiées* [...] *sont laissées entièrement en dehors de la pensée* » [2], autrement dit : en dehors du regard. Il y a matière à s'étonner. En rapprochant cet écrit de 1763 et notre citation de la « Théorie transcendantale de la méthode » de 1781, l'on réalise que la conception kantienne des mathématiques (en ce qui concerne ici l'arithmétique et l'algèbre) n'a pas bougé en profondeur : le mathématicien, s'il voit très bien ce qui se joue en géométrie, peut même se dispenser de surveiller le lait sur le feu, en tout cas en arithmétique et en algèbre, tandis que le philosophe peine constamment et doit tout garder à l'œil de par un effort, et, comme Kant le découvrira plus tard, il doit même se méfier de ce que sa raison peut lui donner à voir dialectiquement. Certes, la faculté qu'a l'arithméticien d'opérer en laissant « les choses signifiées en dehors de la pensée » ressemble par trop à celle de la logique générale de « faire abstraction de tout contenu » [3] et de ne s'occuper que de « simples formes de la pensée » [4]. Il faut se garder de transformer cette ressemblance en amphibolie : l'algèbre traite du divers de l'intuition, un divers qui reçoit une formulation clairement intellectuelle, mais que l'entendement serait incapable de puiser dans sa propre grammaire constitutive, c'est-à-dire sa table des catégories (comme simples formes de la pensée) ; inversement, le fait que l'entendement puisse se reconnaître dans les raisonnements et les démonstrations de l'algèbre ne prouve pas pour autant qu'il en est la source. Dans la pratique proprement dite, amalgamer sensibilité et entendement (et par conséquent entraîner la raison pure elle-même dans cette confusion) n'en perturbe en rien le fonctionnement ; les raisons de telles distinctions relèvent de la philosophie transcendantale. Nous devons donc maintenant interroger les très fortes raisons pour lesquelles Kant tient par dessus tout à distinguer ce qui est propre à la sensibilité et l'intuition (les mathématiques) de ce qui relève de l'entendement et de la logique. En effet, Kant est davantage préoccupé, en rédigeant sa *Critique de la raison pure*, à réévaluer la métaphysique au double titre de *disposition naturelle*, *via* la « Dialectique », et de *science*, qu'à voler au secours des innombrables victoires des mathématiques et de la physique post-newtoniennes. Le fait est qu'il s'en tient au paradigme géométrique pour une

1. REP, AK II, 278 ; OP I, 219.

2. « Dans l'une et l'autre [arithmétique et arithmétique des grandeurs indéterminées] sont d'abord posés, à la place des choses mêmes, leurs signes avec la désignation particulière de leur accroissement ou de leur diminution, de leurs rapports, etc., et on procède ensuite, avec ces signes, selon des règles simples et certaines, par permutation, combinaison et soustraction, et par toutes sortes d'autres changements, *de telle manière que les choses signifiées elles-mêmes y sont laissées entièrement en dehors de la pensée, jusqu'à ce qu'à la fin, dans la conclusion, la signification symbolique de la conséquence en soit déchiffrée* » (REP, AK II, 278 ; OP I, 219, nous soulignons).

3. CRP, A 76 / B 102, AK III, 90 ; OP I, 832.

4. CRP, B 150, AK III, 119 ; OP I, 866.

raison plus forte encore et plus souterraine que celles qu'il est prêt à exposer : assez tôt dans son itinéraire philosophique, alors qu'il s'efforçait de départager précisément les compétences de l'entendement de celles de la sensibilité, notre philosophe s'est forgé ce que l'on pourrait appeler provisoirement ici un *style* de conceptualisation très particulier : l'architectonique. Mais là où Newton dispose encore de la ressource de parler en géomètre de ce qu'il a découvert / inventé en algébriste, Kant dispose d'une méthodologie dont il ne peut à peu près rien dire, sinon qu'elle est révolutionnaire. C'est alors que s'impose à lui la nécessité de mettre en scène, d'une manière plus rhétorique que rigoureuse, une thématique de la « révolution » dont l'exemple sera pris partout sauf là où cela s'est vraiment passé pour lui [1], afin de préparer les esprits à une manière radicalement neuve de penser la métaphysique et leur ouvrir le « chemin sûr d'une science ».

« LE PREMIER QUI DÉMONTRA LE TRIANGLE ISOCÈLE... »

Tandis que l'ancienne géométrie requiert un concept particulièrement fort de l'intuition parce qu'elle s'en sert pour *produire* ses démonstrations, la nouvelle algèbre – les grandeurs évanouissantes, l'intégration et la différenciation, etc. – ne s'en sert que pour présenter ce qu'elle a *produit* par des moyens propres qui ne supposent plus que l'on se mette sous les yeux autre chose qu'une écriture. Le déplacement du paradigme intuitionnel se fait en profondeur, loin des yeux pour ainsi dire. Pour saisir cela, il faut bien distinguer ici, avec Kant, entre l'activité synthétique par laquelle un objet est construit dans l'intuition et le simple donné des sens, c'est-à-dire le phénomène, et surtout prendre conscience que c'est là une distinction dont l'algèbre n'a pas besoin. Ce glissement, dont le mouvement s'étalera sur plusieurs générations, peut bien passer inaperçu et ce n'est pas là que se marquera le caractère révolutionnaire de la physique newtonienne, au-delà de la résolution spectaculaire de problèmes classiques (notamment en astronomie). C'est plutôt du côté de la métaphysique que le bouleversement apporté à terme par la nouvelle science est le plus marqué, et plus exactement dans son émancipation progressive par rapport à toute explication de type métaphysique [2] : peu à peu, la métaphysique

1. En un certain sens, selon l'heureuse expression de Fabien Capeillères, Kant se sera constamment efforcé d'être un « philosophe newtonien », adoptant prétendument une « méthode, imitée du physicien » dont l'inspiration serait clairement newtonienne. Pourtant, comme F. Capeillères ne manque pas de le souligner, « on aboutit alors à un remarquable paradoxe : la méthode imitée du physicien s'interdit les preuves mathématiques » (F. Capeillères, *Kant philosophe newtonien*, Paris, Éditions du Cerf, coll. « Passages », 2004, p. 269). Il ne saurait en être autrement : les preuves mathématiques supposent l'*élément* de l'intuition, lequel est absent du champ de la philosophie transcendantale, de même que de celui de la morale pure *a priori*.

2. *Cf.* Pierre Kerszberg, *Kant et la nature, la nature à l'épreuve critique*, Paris, Les Belles Lettres, 1999, pour une discussion très fine de cette aporie : « La critique la plus dévastatrice du projet kantien consiste à dire que s'il existe un fondement transcendantal pour les sciences exactes, celui-ci est en droit séparé d'elles et il n'a rien à leur apprendre. Veut-on rapprocher ce fondement

elle-même devient inutile, en tout cas en ce qui concerne l'opérativité de la nouvelle science newtonienne, qui n'a pas à se préoccuper de formuler des hypothèses sur la nature des forces dont elle traite [1], dès lors qu'elle parvient à en calculer les déterminations de manière rigoureuse et reproductible.

Tandis que la méthode s'épure peu à peu en gagnant de l'abstraction, l'intuition passe tout entière du côté du phénomène à étudier. Il s'ensuit que la nouvelle physique porte un intérêt croissant à ces phénomènes qui, en retour, lui fournissent la validation expérimentale de ses hypothèses les plus neuves, celles-là même que les nouvelles mathématiques lui permettent de formuler. Ce que la nouvelle physique délaissera au profit de ce que nous avons appelé ailleurs une *surécriture* [2], c'est *l'image-écriture* que construisait jusqu'alors le géomètre euclidien et qui lui permettait de « voir » l'idéalité transcendantale au sein de la réalité empirique ; l'articulation entre les deux, *évidente* dans l'ancienne géométrie, s'enténèbre au fur et à mesure que la nouvelle science développe des outils mathématiques de plus en plus abstraits. En même temps, ce nouveau problème résout un plus ancien, à savoir cette confusion dont nous avions relevé plus haut le risque, entre réalité empirique propre au tracé géométrique et réalité empirique du phénomène dont ce tracé présente le modèle. Qui plus est, la question, celle de l'articulation entre idéalité transcendantale (la science) et réalité empirique (le fait), tombe d'une part parce que le mathématicien peut très bien fonctionner sans se poser une telle question [3] et, d'autre part, parce que cette question est métaphysique. De ce fait, s'il s'est produit effectivement une telle révolution paradigmatique, elle ne donne rien à connaître de ce qui l'a rendu possible. L'expression même de « révolution », que l'on utilisait déjà du vivant de Newton, pose quelques problèmes au grand spécialiste qu'est I. B. Cohen et il en discute les différentes perspectives dans son livre majeur, *The Newtonian Revolution*. Sans vouloir atteindre ici de conclusions définitives, force nous est de constater la pertinence d'un concept

de l'expérience effective dans son contexte historique, on se heurte au mur de la généralité *a priori* dont on ne voit pas comment elle peut se spécifier tant soit peu sans perdre complètement son caractère *a priori* » (p. 29).

1. Il est important de réaliser ici que la gravité newtonienne est tout aussi énigmatique pour les savants des XVIIe et XVIIIe siècles que la manière dont la réalité peut affecter nos sens. Dans le « *Scholium* général » qui conclut les *Principia*, Newton concède qu'ayant tout expliqué par la force de la gravité, à savoir le mouvement des planètes, le phénomène des marées, etc., il lui manque encore d'expliquer ce qu'est cette force. C'est à la suite de son admission, de ce qu'il s'est avéré incapable de découvrir la cause phénoménale de la gravité que Newton déclare *Hypotheses non fingo*, ce qui voudrait dire, selon I. Bernard Cohen, qu'il n'invente pas des hypothèses superfétatoires (métaphysique, physique, mécanique ou autre). Dans le texte déjà cité qu'il introduit à sa nouvelle traduction récente des *Principia*, I. Bernard Cohen analyse en profondeur cette question et fait état d'une première rédaction (inédite jusqu'en 1962) de ce « *Scholium* » qui permet d'établir que l' « esprit » qu'évoque Newton à propos de la gravité, désignerait l'électricité que l'on commençait à découvrir à la fin du XVIIe siècle (*cf.* p. 283 *sq.*).

2. *Cf.* notre ouvrage *Kant et les mathématiques*.

3. *Cf.* CRP, A 847 / B 875, AK III, 547 ; OP I, 1139, note : les mathématiciens peuvent bien « charger la doctrine de la nature d'hypothèses », il n'en vient pas le « moindre tort à l'usage des mathématiques dans ce champ (usage qui est tout à fait indispensable) ».

tel que celui d'un *changement de paradigmes* selon l'expression de Thomas Kuhn [1] pour rendre compte de ce que par ailleurs l'on pourrait appeler une « révolution », sans pour autant avancer d'un pas. Toutefois, nous ne pouvons éviter de poser le problème dans la mesure où, quel que soit son statut, l'idée d'une révolution scientifique est celle-là même que Kant sollicite, notamment lorsqu'il avance le thème par trop célèbre de *révolution copernicienne*. En effet, nous allons le voir, tout se passera alors, sous la plume de Kant, comme si une révolution pouvait en cacher une autre, tandis qu'une troisième lui sert de métaphore : l'idée fortement contrastée d'une « révolution produite d'un coup » [2] est associée dans la seconde édition de sa *Critique de la raison pure* au succès des mathématiques et de la physique, un succès dont il serait souhaitable de reproduire le miracle à l'endroit de la métaphysique.

Quelle est donc cette « révolution produite d'un coup » dont Kant veut voir l'exemple chez Thalès en ce qui concerne la mathématique ? Nous lisons ici le célèbre passage de la seconde « Préface » :

> Le premier qui démontra le *triangle isocèle* (qu'il s'appelât Thalès ou de tout autre nom) eut une illumination (*dem ging eine Licht auf*), car il trouva qu'il ne devait pas s'attacher à ce qu'il voyait (*sah*) dans la figure, ou même au simple concept qu'il en avait, pour en apprendre en quelque sorte les propriétés, mais qu'il devait produire cette figure par ce qu'il y pensait et présentait (par construction) *a priori* d'après les concepts eux-mêmes, et que, pour connaître sûrement une chose *a priori*, il ne devait attribuer à cette chose que ce qui résultait nécessairement de ce qu'il y avait mis lui-même, conformément à son concept [3].

Nous retrouvons en 1787 un langage et un exemple de triangle similaires à ceux que Kant employait en 1781 pour mettre en lice un philosophe et un géomètre. La révolution vient de ce que le géomètre cesse de se fier à ce qu'il croit savoir à l'avance, de par le concept simplement logique qu'il possède d'un triangle, ou encore de ce qu'il voit dans le tracé, entendu ici non pas comme schème, mais comme image : son travail consiste à poursuivre la construction par laquelle un triangle lui est donné et, par là, découvre en même temps qu'il invente la démonstration par laquelle les propriétés du triangle isocèle viennent à lui être connues.

Dans ce même passage bien connu de la « Préface », Kant en vient rapidement à la physique pour introduire à l'exemple de Copernic un renversement de perspective que l'on a pris l'habitude d'appeler la *révolution copernicienne*.

1. La notion de paradigme, que l'on doit à Thomas S. Kuhn (*Structure of Scientific Revolutions*, University of Chicago Press, 3rd edition, 1996), n'a cessé de faire l'objet de débats et cela est peut-être dû au fait que sa principale qualité est en même temps son principal défaut : cette notion est suffisamment éloquente pour donner beaucoup à penser dans l'organisation des faits historiques touchant à la manière dont les idées scientifiques peuvent apparaître malgré bon nombre de résistances culturelles, sans pour autant déboucher sur un concept fédérateur de l'histoire des idées scientifiques, un concept qui contiendrait naturellement celui de la science.

2. CRP, B XV, AK III, 11 ; OP I, 739.

3. CRP, B XI-XII, AK III, 09 ; OP I, 736-737.

À cet égard, il convient de se montrer très vigilant et de noter, avec Fabien Capeillères, que « ce dont parle [...] Kant, c'est du principe explicatif du mouvement apparent des astres » [1]. Ce qui est assez piquant à propos de cette *image* de la révolution copernicienne est bien la configuration, assez architectonique au demeurant, qui la rend biface et autoréférentielle, en ce sens que ce qu'elle dit peut s'appliquer à l'interprétation, erronée ou correcte, que l'on peut en donner : l'on peut en effet, comme on l'a fait si souvent, s'en tenir à sa seule face image au détriment de sa face schème : au niveau de *l'image* de la révolution copernicienne, le mouvement de renversement ou de révolution préconisé s'établit entre l'image (le mouvement apparent des astres) et le schème (son principe explicatif), mais il faut bien être attentif au fait que ce mouvement se redouble au niveau du *schème* de cette analogie, c'est-à-dire entre ce qui fait image ou vignette (le principe explicatif de la révolution copernicienne) et ce qu'elle évoque dans l'esprit de Kant. C'est probablement afin de mieux faire fonctionner l'analogie inhérente au thème copernicien que Kant force quelque peu le contraste entre ce qui est apparent (le mouvement des astres) et le dépassement même de cette apparence (à savoir qu'il faut s'efforcer de penser, contre l'évidence propre à notre attitude naturelle qui nous inciterait à placer une Terre immobile au centre de l'univers, que la Terre se meut). Et de là il s'ensuit ce que Raymond Boudon aurait appelé un « effet pervers » : un trop grand souci de clarté peut entraîner de l'obscurité comme Kant le savait, puisque c'est ce sur quoi il termine sa première « Préface » [2] : ici, l'accent est mis sur une alternative rhétoriquement fort tranchée entre une situation où l'intuition serait subordonnée à la « nature des objets » et la situation inverse, auquel cas, il se trouve fondé à se demander « comment on en pourrait savoir quelque chose *a priori* » [3]. La difficulté est devenue classique : l'on risque de ne plus du tout voir, *dans chacun des deux cas*, comment une telle connaissance *a priori* est possible : « si l'intuition devait se régler sur la nature des objets », cela signifie alors que toute connaissance est *a posteriori* et empirique, à moins de supposer une intuition intellectuelle qui offrirait une connaissance immédiate de la nature desdits objets. En revanche, si c'est la nature des objets qui se règle sur l'intuition, l'affaire prend un tour singulièrement dogmatique, c'est-à-dire fictif et autoritaire. Dans les deux cas, ce qui fait problème est la nature même de la connaissance, indépendamment de celle de la nature proprement dite, c'est-à-dire celle des phénomènes, et, de même, de celle de notre type d'intuition discursive. Kant pouvait bien accentuer les différences pour les faire ressortir, dans la mesure où il s'appuyait en contrepartie sur les évidences géométriques qui prévalaient à son

1. « Du point de vue de la compréhension philosophique, parler d'une "révolution copernicienne" impose d'avoir présent à l'esprit le renversement du géocentrisme à l'héliocentrisme, faute de quoi on ne percevrait pas en quoi cette révolution devrait être ainsi nommée. Or, métaphoriquement, c'est précisément l'inverse que propose Kant » (F. Capeillères, *op. cit.*, p. 105).

2. CRP, A XIX, AK IV, 13 ; OP I, 732.

3. CRP, B XVII, AK III, 12 ; OP I, 740.

époque. Aujourd'hui, ce n'est plus le cas, et l'évidence commune radicalise l'alternative, car de prime abord et le plus souvent l'impensé dans lequel se logent les évidences propres à l'intuition, pour le lecteur d'aujourd'hui, fait de celles-ci une simple réceptivité photographique. Dans ce contexte, ce passage devient redoutablement abscons et, surtout, la possibilité même de *faire* de la science s'avère inconceptualisable, et, partant, celle de mener à bien une déduction transcendantale des catégories : l'on ne sait plus trop comment et pourquoi la règle scientifique, du haut de son abstraction même, peut à ce point exprimer l'ordre du réel et permettre d'en calculer les diverses déterminations.

ARCHITECTONIQUE ET *VORZEICHNUNG*

Nous y avons fait allusion plus haut : l'une des raisons, selon nous, pour lesquelles Kant reste foncièrement attaché au paradigme géométrique tient invisiblement à l'affinité de celui-ci avec la méthodologie que notre philosophe met en œuvre et qui lui permet, lorsqu'il se sent perdu, de procéder diagrammatiquement pour « voir » à nouveau. Il nous faut, autant que faire se peut, entrer dans cette question parce que, dans le contexte d'une discussion sur la science kantienne, une épistémologie de cette science telle qu'elle existe ne suffit pas ; il faut lui adjoindre la description, phénoménologique avant la lettre, de la manière dont elle s'obtient dans la pratique.

Très tôt dans son itinéraire philosophique, Kant aura eu à cœur de soutenir fermement la thèse de l'irréductibilité de l'intuition au concept, et par là de la sensibilité à l'entendement. Sans redonner ici le détail de cette démarche, il semble que l'on puisse avec une certaine sûreté en situer le moment décisif dans les textes où Kant détaille longuement le paradoxe des objets non congruents [1] ; à l'aide d'une construction et d'une démonstration clairement géométriques, Kant étudie l'inégalité de figures qui ne diffèrent que par l'orientation (droite ou gauche), ce que l'entendement ne remarque pas d'après le seul concept qui les définit. À première vue, l'intérêt de ce paradoxe paraît limité à fournir la preuve de ce que le divers construit dans la sensibilité ne peut l'être abstraitement par l'entendement ; en y réfléchissant davantage encore, l'on s'aperçoit que notre philosophe met en outre en place la possibilité de passer de la topologie inhérente aux objets chiraux (l'opposition de figures symétriques) à une configuration plus simple, celle de l'opposition logique,

1. Les objets non congruents (que nous appelons « chiraux » pour nous conformer au langage de la physique) apparaissent maintes fois dans le corpus précritique et critique, mais non pas dans la *Critique de la raison pure* : « Lorsque deux figures, tracées sur une surface plane, sont égales et semblables, elles se superposent. Mais il n'en est pas de même de l'étendue corporelle ou même des lignes et des plans qui ne se trouvent pas sur une surface plane ; elles peuvent être tout à fait égales et semblables et pourtant en elles-mêmes si différentes, que les limites des unes ne peuvent pas être également les limites des autres » (PF, AK II, 382 ; *Du premier fondement de la différence des régions dans l'espace*, introduction, traduction et notes par Sylvain Zac, *Opuscules précritiques*, Paris, Vrin, 1970, p. 96).

dans la mesure où « le reflet d'un objet dans un miroir repose sur les mêmes fondements. [...] c'est pourquoi l'image d'une main droite en lui est toujours la main gauche » : en effet, la symétrie chirale fonctionne comme une négation, qui, réitérée, s'annule [1].

Il ne suffisait donc pas d'émanciper la sensibilité ; il fallait également éviter qu'elle ne devienne radicalement étrangère à l'entendement et que celui-ci ne puisse en conséquence fournir aucune règle à la construction géométrique et n'avoir aucun usage pour les théorèmes qui pourraient en être obtenus. En d'autres termes, l'entendement est capable d'entendre aussi bien ce qu'est une main droite, et de même, une main gauche, voire la différence entre la gauche et la droite, mais il ne peut pas entendre tout cela en même temps. C'est le système que forment ensemble ces déterminations qui dépasse la capacité de l'entendement : non seulement l'entendement s'avère ici incapable de géométrie (comme science constructive de la sensibilité), et cela n'est pas seulement dû au fait qu'il faudrait en présenter l'objet *dans* l'intuition, mais il ne lui est pas davantage possible de maîtriser l'art des systèmes, qui suppose toujours déjà une idée, à savoir l'architectonique, comme « art des systèmes ». Un type particulier de regard est supposé dans les deux cas. Ce qui nous intéresse ici est la question de savoir si, en deçà ou au-delà de ce que peut l'entendement, ce que peuvent avoir de similaire la géométrie et l'architectonique.

Un premier rapprochement peut être fait : à cette époque où apparaît la première thématisation suivie de la symétrie chirale, il se fit dans l'esprit de Kant une « grande lumière », à l'instar du premier géomètre qui vint à bout du triangle isocèle. Si l'on suit H.-J. de Vleeschauwer [2], l'occasion de cette illumination fut la solution critique des antinomies [3], dont l'exposé constituera le cœur de la « Dialectique transcendantale ». Il est remarquable que cette solution fut acquise en délaissant les moyens traditionnels du seul entendement (à savoir la réflexion et l'analyse), qui ne peut que s'attacher au *contenu*, pris un à un, de chacune des thèses et des antithèses de la cosmologie et en prenant un certain recul pour se rendre intellectuellement « sensible » à leur symétrie.

1. « Si l'objet lui-même est formé de deux parties pendantes non congruentes, comme le corps humain lorsqu'on le partage au moyen d'une intersection verticale de l'avant vers l'arrière, son image lui est symétrique, ce dont on peut s'apercevoir facilement, lorsqu'on lui imprime par la pensée une demi-révolution : en effet, *la réplique de la réplique d'un objet lui est nécessairement congruente* » (PF, AK II, 383 ; trad. cit., p. 97, nous soulignons).

2. Réfl. 5037 : « Das Jahr 1769 gab mir großes Licht » (AK XVIII, 69). H.-J. de Vleeschauwer dans son premier tome de *La déduction transcendantale des catégories dans l'œuvre de Kant* (3 vol., Anvers-Paris, 1934-1937, reprint Garland, New York, 1976) commente ainsi : « On avait cru d'abord en appeler à la petite dissertation de 1767 sur l'espace et sur le petit mystère de la symétrie » (p. 66) et il poursuit en signalant que Benno Erdmann a montré qu'il s'agissait de la solution des antinomies.

3. *Cf.* la Lettre à Christian Garve du 21 septembre 1798 ; Kant proteste contre une note, p. 339, du livre de Garve : « Ce n'est pas l'examen de la nature de Dieu, de l'Immortalité, etc., qui a été mon point de départ, mais l'antinomie de la Raison Pure [...] ; c'est cette antinomie qui m'a d'abord réveillé de mon sommeil dogmatique et m'a conduit à la Critique de la Raison Pure elle-même afin de supprimer le scandale de la contradiction apparente de la Raison avec elle-même », AK XII, 256-258 ; trad. fr. dans *Correspondance,* Paris, Gallimard, 1991, p. 705.

Dans ces pages, on le sait bien, la disposition typographique, très inhabituelle pour ne pas dire extraordinaire, dispose thèse et antithèse comme autant d'images miroir : on peut bien *voir* leur opposition ainsi qu'on peut le faire de deux mains dont le concept est commun mais qui sont différemment orientées.

Si nous n'avions rien d'autre à produire comme pièce probante, tout ceci pourrait à bon droit être congédié au titre de conjectures. Cet élément de preuve est à trouver dans une lettre que Kant adresse à Karl Reinhold fin 1787, où il explique comment il en est venu à envisager une troisième *Critique* : il se dit guidé par une *allgemeine Vorzeichnung* [1]. Cette *Vorzeichnung* est particulièrement difficile à traduire : en français, on a hésité entre « tableau général » et « catalogue », sans se rendre sensible à la racine *Zeichen*, le *signe*, dont on a également *Zeichnen*, *dessiner*. Notre préférence irait plutôt à la notion de diagramme, avec quelque chose de la machine à faire penser [2], si l'on peut hasarder ici une expression aussi improbable. Nous l'avons montré ailleurs [3], la *Vorzeichnung*, ou ce qui en général servirait de schème architectonique, ne se laisse pas figurer dans le sens précis où la *Zeichnung* mathématique permet, en la traçant (*zeichnen*), de penser la ligne. Autrement dit, tandis qu'il est toujours loisible de produire des diagrammes, aucun diagramme n'est complet ou définitif : le procédé incite à la pensée mais ne la livre pas clefs en mains.

Cette mention de la *Vorzeichnung* nous permet de soulever la question de l'architectonique, comme « art des systèmes », mais elle ne lui apporte guère de réponses. En fait, on ne peut pas comprendre ce qu'est l'architectonique sans penser architectoniquement, ce qui suppose une conversion faite d'un « seul coup ». L'aveuglement du philosophe ordinaire par rapport à la pratique géométrique risque de se renouveler à l'occasion de l'architectonique et Kant a probablement pu anticiper, non sans angoisse, l'incompréhension butée avec laquelle seraient accueillis des éléments essentiels de sa pensée. Cela étant dit, nous ne pouvons pas nous contenter d'un tel constat de carence et supposer chez Kant une méthodologie que l'on ne comprendrait que d'un coup ou jamais, car ce qui serait demandé là serait l'équivalent d'un acte de foi. Si nous

1. « Je puis, sans me rendre coupable de présomption, assurer que, plus je poursuis mon chemin, moins j'ai de souci qu'une contradiction ou même une cabale (*Alliance*) (chose fréquente aujourd'hui) puisse jamais porter un préjudice considérable à mon système. C'est une conviction intime qui résulte chez moi de ce qu'en progressant vers d'autres entreprises, non seulement je le trouve toujours concordant avec lui-même, mais aussi que, si quelque fois je ne sais pas employer correctement la méthode de recherche convenant à un objet déterminé, il me suffit de jeter un regard rétrospectif sur ce tableau universel des éléments de la connaissance et sur les pouvoirs de l'esprit qui s'y rapportent [...] (*nach jener allgemeinen Vorzeichnung der Elemente der Erkenntniß und der dazu gehörigen Gemüthskräfte*), pour obtenir des éclaircissements auxquels je ne m'attendais pas » (Lettre à Carl Leonhard Reinhold, 28 et 31 décembre 1787, trad. Gallimard, p. 308). *Cf.* notre étude *La genèse architectonique de la faculté de juger*, dans H. Parret (éd.), *Kants Ästhetik / Kant's Aesthetics / L'esthétique de Kant*, Berlin, New York, W. de Gruyter, 1998.

2. *Cf.* « Penser par le diagramme », Revue TLE n° 22, « *De Gilles Deleuze à Gilles Châtelet* », Presses Universitaires de Vincennes, 2004.

3. *Cf.* notre *Kant et les mathématiques*. La thèse que nous y développons est que l'architectonique est à la construction mathématique ce que le jugement esthétique est au jugement logique.

pouvions toutefois comprendre ce qui s'impose aux yeux de Kant comme distinguant *a priori* sensibilité et entendement, au sein même de la pratique mathématique, nous pourrions alors entrevoir quelque chose des nécessités qui éclaireraient ne serait-ce que le principe en lui-même d'une architectonique, c'est-à-dire d'un « art des systèmes ». Pour ce faire, il nous faut brièvement revenir sur ce texte que nous avons déjà évoqué, où le mathématicien semble être saturé d'évidences, d'une manière fort utile dans la géométrie et peu nécessaire en arithmétique, puisqu'il peut laisser en dehors de la pensée « *les choses signifiées* » (*loc. cit.*). Nous l'avions vu, l'implosion menace, dès lors que la pensée mathématique paraît de plus en plus relever de la seule logique formelle (elle-même en voie de formalisation plus rigoureuse encore que chez Aristote). Cette implosion est envisageable tant que l'on traite l'une comme l'autre comme de simples méthodes ou techniques purement instrumentales. Or, pour Kant en tout cas, le système catégoriel de l'entendement, qui donne les « simples formes de la pensée » [1], exprime en quelque sorte, mais en une seule fois, ce qu'*est* l'entendement ; similairement, la science mathématique exprime également, mais d'une manière indéfinie et inachevable, ce qu'*est* la sensibilité intuitionnante de l'être humain. L'articulation de l'un à l'autre est au nombre des tâches de la philosophie transcendantale ; il faut au-delà de la sensibilité et de l'entendement (et pour en recevoir l'articulation réciproque) supposer architectoniquement une troisième faculté, c'est-à-dire une raison pure, qui est singulièrement absente, dans la littérature secondaire, de toute discussion sur les mathématiques kantiennes. Exprimé comme cela, c'est-à-dire positivement, le statut de la raison pure semble ne poser aucune difficulté, puisqu'il a disparu, en même temps que toute nécessité métaphysique, du champ des pratiques scientifiques. Mais, comme nous l'avons rappelé, le paradoxe des objets non congruents sert d'*experimentum crucis* pour montrer que l'entendement ne possède pas de diversité pure *a priori* (de par sa propre table des catégories) qui puisse rendre compte de la symétrie chirale : il en comprend tous les détails, un par un, mais ne peut pas s'en faire un système sans l'aplatir aussitôt. En d'autres termes, la diversité propre à l'intuition construite est dimensionnellement plus riche que celle qui est propre à l'entendement, et qui, là, fait *système clos* (la diversité de l'intuition pouvant potentiellement se développer indéfiniment sans qu'on puisse tout faire tenir analytiquement dans un jeu d'axiomes) : la clôture formelle et systémique que Kant reconnaît à l'intellect (système de l'entendement sous l'idée de la raison) s'articule à l'inépuisable diversité du réel, et l'invraisemblable subtilité de ses constructions architectoniques semble toujours déjà tenir compte de problèmes que nous, les lecteurs qui ne cessons de découvrir cette œuvre, n'avions pas encore eu l'occasion de formuler. Aussi lire Kant, c'est encore et toujours apprendre à lire Kant, comme s'il y avait là, à l'instar de la figure géométrique, toujours plus que ce que l'on peut voir au premier coup d'œil. Toujours plus,

1. CRP, B 150, AK III, 119 ; OP I, 866.

qu'il nous appartient sinon de le tracer sous forme de « constructions auxiliaires », du moins de l'écrire pour se le donner à penser.

Frank PIEROBON
(Institut des Hautes Études en Communication Sociale, Bruxelles)

LES TRIANGLES SPHÉRIQUES ET LE PARADOXE DES OBJETS NON CONGRUENTS

Dans son texte *Du premier fondement de la différence des directions dans l'espace*, Kant introduit la définition suivante : « J'appelle corps non congruent à un autre, un corps qui est tout à fait égal et semblable à celui-ci, sans toutefois pouvoir être enfermé dans les mêmes limites » [1]. Le traducteur, Sylvain Zac, rend par les mots « corps non congruent à un autre » l'expression kantienne *inkongruentes Gegenstück*, que l'on pourrait aussi traduire de manière littérale par « contrepartie non congruente ». Mais peu importe au fond la traduction retenue, il suffit simplement de signaler que Kant se permet ici de forger une expression nouvelle pour désigner ce qu'il est convenu d'appeler dans les études kantiennes de langue française le « paradoxe des objets symétriques ». Or, connaissant les réticences de Kant face aux néologismes, nous devons en conclure que le phénomène ainsi décrit devait à ses yeux revêtir une certaine importance. Kant est sans doute le premier philosophe à s'être intéressé aux objets non congruents [2], et ce assez tôt dans son parcours philosophique, comme en témoigne la phrase citée, datant de 1768. En vérité, le paradoxe entraîné par la non-congruence de certains objets empiriques et de certaines figures géométriques a joué et continuera à jouer un rôle significatif dans sa réflexion sur l'espace. Je propose donc ici d'évaluer le sens et la portée de ce phénomène. Afin de limiter mon propos, je vais m'en tenir principalement à l'exemple des triangles sphériques tel qu'il est présenté dans le paragraphe 13 des *Prolégomènes*. Comme on le sait, ce paragraphe se situe dans la première partie de l'ouvrage qui a pour titre : « Comment la mathématique pure est-elle possible ? » et où sont traités les deux thèmes de l'« Esthétique transcendantale », l'espace et le temps, en vue de montrer qu'ils comptent au

1. PF, AK II, 382 ; trad. fr. S. Zac, dans *Quelques opuscules précritiques*, Paris, Vrin, 1970, p. 96. Si la traduction du titre de cet opuscule diffère ici de celle de S. Zac, c'est que David Wolford a établi, à l'encontre d'une longue tradition, que dans ce contexte Kant utilise le mot *Gegenden* au sens, par exemple, de *Weltgegenden*, qui désignent les points cardinaux. Le terme signifie donc dans le cas présent « direction » plutôt que « région ». Voir son article « Towards an Interpretation of Kant's 1768 *Gegenden im Raume* Essay », *Kant-Studien* 92, 2001, p. 407-439.

2. *Cf.* Felix Mühlhölzer, « Das Phänomen der inkongruenten Gegenstücke aus Kantischer und heutiger Sicht », *Kant-Studien* 83, 1992, p. 436.

nombre des conditions de possibilité *a priori* des mathématiques comme sciences pures.

Cette question est du reste conforme à l'intention générale des *Prolégomènes* qui visent à présenter les résultats de la *Critique de la raison pure* en indiquant leur pertinence pour la mathématique pure, pour la physique pure et pour une éventuelle métaphysique, laquelle pourra elle aussi prétendre au titre de science. Or le paragraphe 13, pas plus que le paragraphe 12, n'ont pour but de fonder la géométrie sur le concept critique d'espace. Ils attendent plutôt de recevoir de cette science une « confirmation » [1] de la justesse du concept philosophique d'espace qui y est présenté. En d'autres mots, Kant veut mettre à l'épreuve sa conception de l'espace en regard de certaines difficultés qui se posent pour des objets solides qui, tout en étant parfaitement symétriques l'un par rapport à l'autre, ne sont pas pour autant identiques. Ainsi en est-il par exemple de la main droite et de la gauche, que la science actuelle désigne comme des objets « énantiomorphes » [2]. Et les triangles sphériques représentent un autre exemple d'objets symétriques qui, malgré une description discursive de leurs propriétés en tout point identique, ne peuvent pourtant être superposés. En attirant l'attention sur cet exemple, Kant veut en fait démontrer que l'espace constitue un facteur de différenciation *sui generis*, qui échappe à une description purement conceptuelle des deux objets.

Il s'agira pour nous, en premier lieu, de nous interroger sur la façon dont Kant conçoit l'exemple des triangles sphériques. Si l'on compare la présentation du paragraphe 13 des *Prolégomènes* avec l'allusion aux triangles sphériques contenue dans le texte de 1768, *Du premier fondement de la différence des directions dans l'espace*, et avec la section « C » du numéro 15 de la *Dissertation de 1770*, force nous est d'avouer que les développements des *Prolégomènes* sont les plus explicites et les plus utiles pour nous ici. Ils laissent malgré tout en suspens la question de savoir comment ces triangles sphériques doivent être tracés et de quelle manière au juste ils viennent appuyer la thèse de Kant.

Il conviendra de nous pencher, en second lieu, sur un élément en particulier de la description de cette non-coïncidence entre les deux figures sphériques, à savoir le fait que la différence doive être qualifiée d'« intrinsèque ». Kant réitère ce trait à maintes reprises et il contient la pointe critique de son argument. C'est en fait l'école leibnizo-wolffienne qui est ici prise à partie dans la mesure où la conception strictement intellectualiste des caractères dits « internes » de l'objet rend impossible la saisie de la différence entre les figures géométriques non congruentes. C'est en ce sens que Kant déclare dans

1. PMF, § 12, AK IV, 284 ; OP II, 53. Sur l'importance que revêtent pour Kant les exemples d'objets non congruents tirés de la géométrie, voir Henny Blomme, « La preuve de l'espace absolu et l'argument des homologues non congruents en 1768 », dans *Années 1747-1781. Kant avant la* Critique de la raison pure, L. Langlois (dir.), Paris, Vrin, 2009, p. 176 ; Mai Lequan, « 1768 : le paradoxe des incongruents et la preuve de l'intuitivité de l'espace », in *op. cit.*, p. 157-167.

2. *Cf.* Jill Vance Buroker, *Space and Incongruence. The Origin of Kant's Idealism*, Dordrecht, Boston et Londres, Reidel, 1981, p. 53.

les *Prolégomènes* que ceux qui croient encore que l'espace appartient à la chose en soi, auront beaucoup de peine à résoudre le paradoxe des objets non congruents.

Pour terminer, nous reviendrons sur une question qui ne peut manquer de surgir lorsque l'on constate que Kant a eu recours à l'exemple des triangles sphériques, comme nous venons de le voir, à trois étapes distinctes de son développement philosophique, c'est-à-dire d'abord dans le texte précritique sur les *directions dans l'espace*, ensuite, au seuil de la philosophie critique dans la *Dissertation de 1770* et, enfin, après la publication de la *Critique de la raison pure*. Ce sera pour nous l'occasion de montrer en quoi cet argument à propos de l'espace conserve sa pertinence, tout en sachant par ailleurs que, dans le premier texte, Kant envisage l'espace comme absolu, dans le second, comme une pure forme de l'intuition et dans le troisième comme une condition transcendantale de la connaissance.

I. L'EXEMPLE DES TRIANGLES SPHÉRIQUES ÉGAUX MAIS NON SUPERPOSABLES

Au moment où il introduit son exemple au paragraphe 13, Kant affirme que « diverses figures sphériques » soulèvent une difficulté pour le philosophe et il passe aussitôt au cas particulier des triangles sphériques, sans préciser, pas plus que dans les deux textes antérieurs auxquels il a été fait allusion, si le problème de la non-congruence se pose pour tous les triangles sphériques, sans exception, ou seulement pour certains types. Voilà la question à laquelle nous devons d'abord répondre. Il s'agit de savoir dans quels cas deux triangles sphériques dont les dimensions et la configuration, selon la description que l'on en donne, sont les mêmes, peuvent malgré tout ne pas être superposables, ou encore : ne pas être congruents, en conséquence de quoi ils doivent être déclarés non identiques. En effet, la possibilité de la superposition parfaite de deux figures définit le principe général de l'égalité en géométrie, dont Kant donne une formulation au paragraphe 12 :

> Toutes les démonstrations de l'égalité générale de deux figures données (le fait que l'une puisse être substituée à l'autre en tout point) se ramènent en dernier ressort au fait qu'elles se recouvrent [1].

En d'autres mots, lorsque toutes les parties d'une figure recoupent parfaitement celle d'une autre, les deux figures s'avèrent identiques. Et Kant souscrit pleinement à ce principe. Afin d'en illustrer l'application, nous pouvons aborder le cas des figures planes identiques. Ainsi, par exemple, deux triangles rectangles ABC et A'B'C' dont les angles respectifs et les côtés homologues sont égaux, ne peuvent que coïncider. Il suffit de les faire glisser sur un même plan jusqu'à ce que leurs sommets et leurs côtés se superposent (fig. 1).

1. PMF, § 12, AK IV, 284 ; OP II, 53.

Si par ailleurs on dessine ces deux triangles rectangles ABC et A'B'C' de telle manière que le second apparaisse comme une image en miroir du premier, alors le simple fait de glisser le second sur le premier, sans quitter le plan dans lequel ces figures sont inscrites, interdit leur parfaite superposition (fig. 2 et 3). Dans le cas de telles figures planes disposées de manière symétrique, en effet, une opération différente est requise : il y a lieu de faire basculer le second triangle sur le premier – ce qui nécessite le recours à la troisième dimension –, de manière à ce que les côtés homologues et les sommets respectifs puissent se recouvrir (fig. 4). Cette opération est d'ailleurs tout à fait légitime puisque Kant lui-même nous dit que pour effectuer un recoupement entre deux objets ou figures il nous est loisible de les faire tourner et pivoter (*drehen und wenden* [1]) à notre guise. La seule condition que l'on se doit de respecter, c'est la directive classique selon laquelle le mouvement doit demeurer « rigide », au sens où il ne faut pas qu'au cours de l'opération la forme de la figure elle-même soit altérée [2].

Maintenant, afin de savoir comment le problème se présente lorsque l'on quitte les figures planes pour passer à la géométrie sphérique, il convient de lire la présentation du problème tel que formulé au paragraphe 13 des *Prolégomènes*. Je rappelle que cette formulation est plus explicite que celle de 1768 et de 1770 :

> deux triangles sphériques situés dans deux hémisphères, ayant pour base commune un arc de l'équateur, peuvent être parfaitement égaux en ce qui concerne leurs côtés et leurs angles, en sorte qu'aucun d'eux, si on le décrit seul et complètement, ne présente rien qui ne soit du même coup dans la description de l'autre, et pourtant on ne peut mettre l'un à la place de l'autre (c'est-à-dire dans l'hémisphère opposé) ; et il y a donc ici une différence *interne* des deux triangles qu'aucun entendement ne peut indiquer comme intrinsèque, et qui ne se manifeste que par la relation extérieure dans l'espace [3].

Comment construire la figure ici décrite par Kant ? Il faut avouer que cette description conserve une certaine marge d'indétermination. Au premier abord, nous sommes spontanément portés à construire ces deux figures comme des triangles polaires, c'est-à-dire comme des triangles dont le sommet qui est opposé à leur base commune à l'équateur va directement au pôle, respectivement au pôle nord pour le triangle ABC et au pôle sud pour A'B'C' et dont les côtés réunis par ces sommets sont des méridiens (fig. 5). Si l'on fait basculer le triangle ABC sur sa base afin que son sommet B rejoigne dans l'hémisphère sud le sommet B' de l'autre triangle, on constate que sans doute les trois sommets se touchent AA', BB' et CC' (fig. 6). En revanche, les arcs qui composent ces deux triangles demeurent opposés et ne coïncident aucunement.

1. PF, AK II, 382, *cf.* AK II, 379.
2. *Cf.* James Van Cleve, « Right, Left, and the Fourth Dimension » dans le même (dir.), *The Philosophy of Right and Left*, Dordrecht, Boston et Londres, Kluwer, 1991, p. 211.
3. PMF, § 13, AK IV, 285-286 ; OP II, 54-55.

Si toutefois on se livre à une seconde opération qui consiste à faire pivoter dans l'hémisphère sud le triangle ABC de sorte que sa base coïncide avec l'équateur, alors le triangle ABC adopte la même courbure que sa contrepartie A'B'C'. Il suffit dès lors de faire glisser l'une sur l'autre les deux bases jusqu'à ce qu'elles se superposent pour que le recouvrement des deux triangles soit parfait. Mais par là même, nous venons d'éliminer un candidat à la non-congruence (fig. 7). Le triangle polaire n'est donc pas le type de triangle qu'envisage Kant.

En vérité, le triangle polaire ici est un cas particulier de triangle isocèle (fig. 8). Ou plus précisément : si l'on respecte l'exemple de Kant en vertu duquel les deux triangles ont une base commune à l'équateur, il faut conclure que tout triangle dont le sommet, qui fait face à cette base, unit deux côtés égaux s'élève nécessairement au centre de la base, si bien que l'on reproduit le paradigme des triangles polaires. C'est dire que les deux triangles isocèles ainsi construits de part et d'autre de l'équateur, même si leur sommet n'atteint pas le pôle, sont nécessairement superposables, pour autant qu'on leur fasse subir le même mouvement de repli sur la base et de rotation que dans le cas des triangles polaires. Il nous faut donc exclure les triangles isocèles, et à plus forte raison les triangles équilatéraux (fig. 9).

On constate dès lors que Kant ne pouvait avoir à l'esprit, pour illustrer la difficulté propre aux figures sphériques, tous les triangles de ce genre, mais uniquement les triangles scalènes. Dans ce cas, en effet, les deux côtés qui encadrent le sommet B (et B') ne sont pas égaux, si bien que ce sommet ne s'élève pas au dessus du centre de la base (fig. 10). Le sommet se situe forcément à la gauche ou à la droite de ce centre. On obtient de la sorte deux triangles ABC et A'B'C' qui sont symétriques l'un par rapport à l'autre mais qui ne peuvent en aucun cas se recouper dans la mesure où, une fois les opérations de repli et de rotation effectuées, les sommets B et B' ne coïncident pas (fig. 11). Les deux figures sont sans doute symétriques de part et d'autre de l'équateur, mais la configuration de leur courbure respective les empêche de se superposer exactement. Le recours par Kant aux triangles sphériques prend dès lors tout son sens.

Si nous revenons brièvement au triangle isocèle, nous pouvons, par souci d'exhaustivité, soulever la question suivante : qu'en est-il des exemplaires de triangles isocèles qui ne sont pas construits de manière analogue au triangle polaire ? Prenons le cas du triangle isocèle dont l'un des côtés égaux constitue la base située par Kant à l'équateur. Le repli vers l'hémisphère sud et le pivotement de la figure ne reproduisent-ils pas la situation des triangles scalènes déjà examinés ? En effet, à la suite de cette double opération, les sommets B et B' ne coïncident pas. Or cette apparence est trompeuse car, comme tous les triangles isocèles de part et d'autre de l'équateur, ils sont superposables. Il suffit tout simplement de revenir à la situation initiale (fig. 12) et de faire pivoter le triangle nord sur son point C pour qu'il glisse sur sa contrepartie dans l'hémisphère sud et qu'il s'y superpose en tout point (BA', AB' et CC'). Ce qui nous amène à conclure que les triangles sphériques qui ont en eux-mêmes une structure symétrique coïncident sans difficulté avec leur vis-à-vis de l'hémisphère opposé : c'est le cas des triangles équilatéraux, polaires et isocèles.

En revanche, pour les triangles sphériques scalènes, le paradoxe surgit du fait que les deux figures ne peuvent être superposées, alors que par ailleurs, quant à leur grandeur et à leurs proportions respectives, leur description est exactement la même. Comme le précise Kant dans les *Prolégomènes*, cette description, qui fait problème ici, concerne « toutes les déterminations qui se rapportent à la grandeur ou à la qualité »[1]. Ainsi, d'une part, selon la terminologie de l'École, les éléments qui ont trait à la quantité sont des déterminations dites externes, puisqu'un étalon de mesure est nécessaire et que la figure doit être mise en rapport avec l'autre pour fin de comparaison, alors que les déterminations appelées internes, celles qui touchent la forme spécifique de la figure, les angles, les arcs et les proportions respectives des côtés, ressortissent aux déterminations qualitatives. L'allusion à ces deux ordres de détermination de la part de Kant n'est d'ailleurs pas innocente. En effet, on pourrait être amené à croire que deux figures, qui ont la même description sous ces deux aspects, sont identiques : du point de vue quantitatif, les dimensions des deux figures peuvent être égales, et du point de vue qualitatif, l'agencement et les proportions des parties peuvent en tout point correspondre. Mais cela n'est pas suffisant, du moins pas dans tous les cas, comme nous venons de le voir pour les triangles sphériques scalènes. C'est pourquoi Kant au paragraphe 13 souligne que deux choses par ailleurs « égales » au point de vue quantitatif et « semblables » au point de vue qualitatif peuvent malgré tout ne pas coïncider[2]. Or, ce n'est pas ici l'aspect quantitatif qui pose problème, mais l'aspect qualitatif, lequel établit la similitude ou l'absence de similitude de deux figures. En effet, ce sont les déterminations internes de la figure qui garantissent la similitude. C'est dire qu'aux yeux de Kant une description complète du triangle sphérique devrait en principe permettre de prévoir la non-congruence et, de là, la non-identité. Le concept de similitude en usage à son époque laisse toutefois échapper cette nuance, d'où l'apparition du « paradoxe ». La difficulté que Kant tient à mettre en lumière est donc attribuable à une conception insuffisante de la similitude et de la description des caractères internes de l'objet sur lesquels elle repose. En tout état de cause, cette conception inadéquate, à l'origine de l'anomalie, doit être mise au compte de Wolff, indirectement visé ici.

1. PMF, § 13, AK IV, 285 ; OP II, 54.

2. Il s'agit de la distinction latine entre *aequalitatis* et *similitudo*. PMF, § 13, AK IV, 286 ; OP II, 55. Voir également les multiples occurrences du doublet « égal et semblable » dans l'opuscule de 1768 : PF, AK II, 381-382 ; DSI, § 15, AK II, 403 ; OP I, 653.

II. La critique de la théorie leibnizo-wolffienne de la similitude

La critique du concept rationaliste de similitude a été développée par Kant bien avant la période critique. Elle est exposée dans le texte soumis au concours de l'Académie de Berlin pour l'année 1763 : *Recherche sur l'évidence des principes de la théologie naturelle et de la morale*. On sait que Kant s'y applique à distinguer la méthode mathématique de celle qui est propre à la philosophie. Ainsi, on apprend que la méthode des mathématiques est synthétique alors que celle de la philosophie procède essentiellement à l'aide de l'analyse. Si, par exemple, l'objet des définitions de la géométrie n'existe tout simplement pas avant la formulation de son *Erklärung*, c'est que cette science procède de manière synthétique en construisant cet objet de toutes pièces, alors que la philosophie se penche sur des concepts qui sont donnés au départ et qu'il lui incombe de décomposer en leurs divers caractères. Kant présente en vérité ces méthodes respectives de manière passablement tranchée et il cherche à maintenir une ligne de démarcation nette entre les deux disciplines. Or, l'allusion critique à Wolff au début du texte signale précisément ce que l'on pourrait appeler une transgression. En vérité, Kant voit d'un mauvais œil que ce dernier, lorsqu'il aborde la géométrie, introduise de façon inconsidérée dans cette discipline des définitions de nature philosophique, en l'occurrence le concept de similitude. En effet, cette définition n'est au fond qu'une analyse du contenu sémantique du mot, laquelle n'est pas d'une grande utilité pour le mathématicien et risque même de le conduire sur une fausse piste.

> [L]es mathématiciens ont quelquefois défini, j'en conviens, d'une manière analytique, mais cela a toujours été une erreur. C'est ainsi que Wolff a considéré la similitude en géométrie avec le regard du philosophe, afin de comprendre aussi, dans le concept général de similitude, les cas qui s'en présentent en géométrie. Il aurait pu s'en dispenser [...]. Pour le *géomètre*, la définition générale de la similitude n'a absolument aucune importance [1].

Aux yeux de Kant, les mathématiques ont sans aucun doute recours aux chaînes déductives grâce auxquelles elles exploitent la teneur des prémisses d'une question à résoudre, mais il s'agit avant tout d'une discipline qui se donne, par voie de synthèse, ses objets au fur et à mesure, de sorte que les concepts dont elle se sert sont pour ainsi dire taillés sur mesure pour ces objets. En d'autres mots, la géométrie traite ses objets *in concreto*, si bien que les définitions générales que lui fournit la philosophie sont pour elle le plus souvent dépourvues d'intérêt, quand elles ne constituent pas une entrave. L'analyse du concept général et abstrait de similitude ne lui procure en fait aucune connaissance nouvelle. Au contraire, si le concept de similitude en venait à être requis en mathématique, son sens devrait être déterminé en respectant la spécificité de l'objet à l'étude. Or Kant n'en dit pas plus ici et l'on ne sait pas

1. REP, AK II, 277 ; OP I, 218.

au juste quelles conséquences négatives il a à l'esprit dans ce texte rédigé en 1762, lorsqu'il formule cette critique du concept wolffien de similitude.

Dans leur excellent article sur les objets non congruents chez Kant, Paul Rosnock et Rolf George attirent l'attention sur la première occurrence chez Kant – et encore, à mots voilés – du paradoxe des objets non congruents [1]. Ils se réfèrent aux notes prises par Herder au cours de métaphysique de Kant de l'hiver 1762-1763. La remarque faite en classe par Kant se rapporte au paragraphe 70 de la *Metaphysica* de Baumgarten, qui traite de la question de la congruence. On peut en effet y lire ce qui suit :

> les choses qui ont la même qualité sont similaires, les choses qui ont la même quantité sont égales et [lorsque les deux conditions sont satisfaites] elles coïncident (*congruentia*) [2].

Dans son cours, Kant enchaîne en illustrant cet énoncé philosophique à l'aide de l'exemple géométrique du cercle, après quoi il introduit une remarque qui fait état d'une restriction dans l'usage en mathématique de cette notion philosophique : « Les concepts de la congruence [connaissent une application] élargie en mathématiques, *aequalia et similia congruunt non nisi in plano* [les figures égales et semblables ne coïncident que dans un plan] » [3]. Comment faut-il comprendre cette précision de la part de Kant ? Pourquoi ressent-il le besoin de restreindre la validité du principe de congruence aux figures à deux dimensions ? Tout porte à croire que, dès le début des années soixante, il avait repéré la difficulté particulière que présentent les objets tridimensionnels et les figures sphériques. Nous savons, pour notre part, que la symétrie parfaite de deux triangles sphériques, par exemple, n'est aucunement garante de l'identité des deux figures, et en ce sens le passage de la géométrie plane à la géométrie des objets solides rend nécessaire la restriction du champ d'application du concept de coïncidence, et plus précisément du concept de similitude qui en est constitutif.

Il s'agit dès lors pour nous de faire le lien entre ces passages contemporains, c'est-à-dire entre, d'une part, l'avertissement formulé par Kant dans son cours de métaphysique selon lequel l'emploi en géométrie du concept de congruence et, par extension, de la notion de similitude, doit être restreint aux figures planes et, d'autre part, la critique de la notion wolffienne de similitude. Il est sans doute pertinent de rappeler que Wolff a débuté sa carrière comme professeur de mathématiques, à Leipzig d'abord, puis à Halle, où il a accédé en 1706, sur la recommandation de Leibniz, à la chaire de mathématique nouvellement créée. À coup sûr, Wolff, dont la formation en ce domaine est en grande partie autodidacte, ne s'est pas signalé par l'originalité de sa contribution. Il s'est plutôt distingué comme un pédagogue soucieux de montrer les

1. Paul Rosnock et Rolf George, « A Last Shot at Kant and Incongruent Counterparts », *Kant-Studien* 86, 1995, p. 263.

2. Baumgarten, *Metaphysica*, § 70, 4e édition, 1757, p. 19, reproduit dans AK XVII, 42.

3. Kant, *Vorlesungen über Metaphysik* (Herder), 1762-1763, AK XXVIII, 15, *cf.* 33.

applications concrètes des sous-disciplines que comporte cette science. Les nombreuses rééditions de ses *Anfangsgründe aller mathematischen Wissenschaften* témoignent du rayonnement des travaux de Wolff en ce domaine et de son souci de les rendre accessibles dans une langue non savante. Or, comme c'est très souvent le cas chez lui, il publiera en 1730 une édition révisée de ses *Elementa mathesos universae* en quatre volumes, qui représentent une relecture détaillée et plus approfondie de l'œuvre allemande. Ces deux œuvres présentent pour nous ceci d'intéressant que non seulement on trouve dans le premier tome de chaque ouvrage un traité de géométrie, mais également dans le tome troisième une section consacrée aux figures sphériques. Ainsi, par exemple, le second chapitre de cette section intitulée, dans l'œuvre latine, « *Elementa sphaericorum et trigonometriae sphaericae* » est spécialement consacré aux « triangles sphériques », thème par le biais duquel, nous l'avons vu, Kant cherche à mettre en lumière le paradoxe en question. Ce qui doit tout particulièrement retenir notre attention dans cette section de l'œuvre, ce sont les passages qui exposent les conditions requises pour que l'on puisse déclarer identiques deux triangles sphériques.

En l'occurrence, les théorèmes 24 et 25 portent sur l'égalité de ce type de triangles. Le premier théorème stipule que deux triangles possédant un angle égal (A=a) borné par deux côtés égaux (BA=ba et CA=ca) sont identiques. Quant au second théorème, il s'énonce comme suit : lorsque ces deux figures possèdent deux angles respectivement égaux (A=a et C=c) qui ont en partage un côté de même dimension (AC=ac), elles sont aussi égales. Or ces deux théorèmes ont ceci de remarquable que Wolff considère qu'il peut se dispenser d'en fournir une démonstration spécifique. Il déclare en effet que la démonstration du premier théorème « ne diffère pas de la démonstration du théorème 18 de [sa] Géométrie (§ 179) » [1]. Et il en va de même du second théorème de trigonométrie sphérique, dont la démonstration coïncide avec celle du théorème 42 de cette partie antérieure de l'ouvrage qu'est la Géométrie. Toutefois, les théorèmes 18 et 42 de la Géométrie traitent de lignes droites et des triangles plans qui peuvent être construits avec leur aide. C'est dire que ce qui est valable pour les triangles plans l'est également à ses yeux pour les triangles sphériques. Et ce qui est plus digne de mention encore : les deux démonstrations de sa Géométrie auxquelles Wolff effectue un renvoi trouvent leur confirmation dans le fait que, dans chaque cas, les figures peuvent être superposées. Cela signifie qu'aux yeux de Wolff les triangles sphériques égaux et semblables d'après leur description coïncident nécessairement, c'est-à-dire qu'ils sont superposables, tout comme les triangles plans.

Cette conclusion n'est d'ailleurs pas une simple conjecture de ma part. Ainsi dans le scolie du théorème 25 sur les triangles sphériques, Wolff déclare

1. Wolff, *Elementa mathesos universae*, t. III, Halle, 1735, § 55-56, p. 397. Le renvoi aux théorèmes 19 et 43 est ici erroné, la référence est faite en réalité aux théorèmes 18 et 42 de la Géométrie, *cf.* t. I, Halle, 1742, § 179 et § 251, p. 143, p. 157 (réimpression dans C. Wolff, *Gesammelte Werke*, Hildesheim, Olms, 1968, vol. 31 et 29).

ouvertement que ce qui est valable pour les triangles rectilignes l'est également pour les triangles sphériques [1]. Ainsi la figure qu'il dessine dans les *Elementa* pour illustrer l'égalité des triangles sphériques selon les théorèmes 24 et 25 trace sous les arcs de ces triangles des cordes réunissant les trois sommets, de sorte que les deux triangles sphériques en question sont sous-tendus par deux triangles plans tout aussi égaux entre eux que sont censés l'être les sphériques. Les arcs similaires des deux triangles sphériques étant sous-tendus par des cordes similaires dans les triangles rectilignes, cette transposition ne semble poser aucun problème aux yeux de Wolff. Les *Anfangsgründe* reprendront d'ailleurs cette thèse des *Elementa* de la manière suivante :

> Ce qui a été prouvé pour les triangles rectilignes § 70, 71, 72, 96, 107, 110 Géom. etc., vaut également pour les triangles sphériques, c'est-à-dire de manière générale pour tous [les triangles] qui ont pour côtés des lignes semblables, comme je l'ai montré dans mes *Elementis sphaericorum*. La preuve demeure partout la même pour autant que nous remarquions que des lignes semblables se recouvrent dès qu'elles sont de dimensions égales [2].

La figure que nous propose Wolff en guise d'illustration est composée de triangles isocèles, si bien que le cas spécial que présentent les triangles sphériques scalènes ne peut être perçu, ni même soupçonné (fig. 13). L'aveuglement de Wolff à cet égard est du reste patent. On n'a qu'à consulter sa définition de la congruence tant dans les *Anfangsgründe aller mathematischen Wissenschaften* que dans ses *Elementa mathesos universae*. Dans la section de l'ouvrage allemand consacrée aux éléments de géométrie, on trouve en effet une définition tout à fait conventionnelle de l'identité, rappelant d'ailleurs celle d'Euclide pour qui « les objets superposables sont égaux » [3]. Cette définition ne pose aucune difficulté puisque deux figures qui sont superposables en tout point sont manifestement identiques. Mais là ou Wolff fait montre d'imprudence, c'est lorsqu'il affirme la réciproque en se fondant sur sa définition de la coïncidence : deux figures égales et semblables coïncident nécessairement. Le sixième « principe » de sa Géométrie allemande réunit donc l'énoncé standard et sa réciproque : « Les figures qui se recouvrent l'une l'autre sont égales entre elles : et celles qui sont égales et semblables se recouvrent l'une l'autre » [4]. Or, comme ce principe est valable pour toute la section touchant la géométrie, donc pour tous ses objets, y compris les cônes, les cylindres et les sphères, sa formulation n'anticipe pas le paradoxe signalé par Kant. Car, pour ce dernier, faut-il le rappeler, deux figures sphériques peuvent être parfaitement égales et

1. Wolff, *Elementa mathesos universae*,t. III, *Elementa sphaericorum et trigonometriae sphaericae*, « Scolie » du théorème 25, p. 198.

2. Wolff, *Anfangsgründe aller mathematischen Wissenschaften*, t. III, Halle, 1750, *Anfangsgründe der sphärischen Trigonometrie*, « Remarque sur le second théorème », p. 1087 (*Gesammelte Werke*, vol. 14).

3. Euclide, *Les éléments*, I, Axiome 8, trad. par G. J. Kayas, Paris, Édition du CNRS, 1978, vol. 1, p. 2.

4. Wolff, *Anfangsgründe*, t. I, Halle, 1750, § 50, p. 130 (*Gesammelte Werke*, vol. 12).

semblables (au sens wolffien, sur lequel nous aurons à revenir), sans pour autant être superposables, en conséquence de quoi elles ne sont pas identiques [1].

Nous pouvons maintenant effectuer un retour à ce qui représente l'enjeu pour Kant des objets non congruents. Le paragraphe 13 des *Prolégomènes* est très clair à ce sujet, dans la mesure où il redit pour l'exemple de la main droite et de la main gauche ce qui avait été précisé à l'occasion des triangles sphériques. Pour ce dernier cas, nous pouvons relire la phrase déjà citée :

> il y a ici une différence *interne* des deux triangles qu'aucun entendement ne peut indiquer comme intrinsèque [2].

Le même motif est repris pour l'exemple des mains :

> Or il n'y a là aucune différence interne que quelque entendement pourrait simplement penser ; et pourtant les différences sont intrinsèques, pour autant que l'enseignent les sens [3].

Deux éléments sont à retenir de ces passages dans lesquels le cœur de la difficulté est exposé, deux éléments qui touchent la définition de la similitude. Il y a premièrement la référence à l' « entendement » et deuxièmement le fait que la différence soit « interne ». En ce qui a trait au premier élément, à savoir l'incapacité pour l'entendement de cerner la différence en question, on peut voir dans les allusions répétées de Kant une critique de l'approche rationaliste de l'espace, et plus particulièrement une critique adressée à Wolff, puisque, d'entrée de jeu dans la section des *Anfangsgründe* consacrée à la géométrie, il précise, dans sa définition de la similitude, que les traits qui permettent d'établir que deux figures sont semblables relèvent de l'entendement : « La similitude est l'adéquation de ce grâce à quoi les choses sont distinguées par l'entendement » [4]. C'est Wolff qui insiste ici sur le rôle de l'entendement dans les questions de similitude, et il est très vraisemblable que Kant ait en tête le maître de Halle dans sa critique [5]. Le phénomène de la non-congruence

1. Les *Elementa mathesos universae* procèdent toutefois de manière plus nuancée. Dans la section du tome I consacrée à la Géométrie, on peut lire, comme dans la version allemande, l'énoncé du principe de congruence et sa réciproque, mais cette fois en deux théorèmes distincts : « [les figures] qui coïncident l'une avec l'autre sont égales et semblables » (Wolff, *Elementa*, t. I, § 161, p. 139), alors que le théorème suivant inverse l'énoncé : « [les figures] qui sont égales et semblables coïncident l'une avec l'autre » (Wolff, *Elementa*, t. I, § 162, p. 140). Il faut l'avouer, cette dernière formulation est tout à fait légitime puisque le chapitre dans lequel elle s'insère est explicitement consacré aux lignes droites et aux figures planes. Or, d'après les notes de Herder, on sait que Kant admet que la définition de la similitude chez Wolff et Baumgarten est entièrement valable pour la géométrie plane, là précisément où le problème de la non-congruence ne se pose pas. En revanche, depuis que nous savons que la démonstration de l'identité des triangles sphériques repose (dans l'œuvre latine) sur la démonstration des triangles plans, on n'a aucune peine à comprendre que le texte allemand de la Géométrie présente, pour sa part, la réciproque du principe de la congruence comme universellement valable.

2. Kant, PMF, §13, AK IV, 286 ; OP II, 54.

3. PMF, §13, AK IV, 286 ; OP II, 55.

4. Wolff, *Anfangsgründe*, t. I, § 5, p. 118.

5. Voir à ce sujet Paul Rosnock et Rolf George, art. cit., p. 262.

échappe en effet irrémédiablement à une approche discursive. Bien que les propriétés qui sont en cause pour établir la similitude soient de nature spatiale dans le cas des triangles, comme par exemple la structure, les proportions et l'agencement des parties, l'entendement ne demeure pas moins l'unique faculté compétente, selon Wolff, pour procéder à l'inventaire de ces traits. Ce qui nous conduit au second élément du diagnostic de Kant : la différence entre les objets non congruents est intrinsèque, même si par ailleurs la conception rationaliste des propriétés internes d'une chose ne peut en rendre compte. Si, en effet, d'après cette conception la quantité requiert une comparaison avec des éléments extérieurs, les qualités propres de la figure, en revanche, sont internes. Or, cet aspect de la similitude, à savoir son ancrage dans les propriétés internes de l'objet, avait été fortement appuyé par Leibniz lui-même. On peut lire par exemple dans sa *Characteristica geometrica* que la prise en compte des éléments qui appartiennent en propre à la figure géométrique est suffisante pour établir les similarités. La comparaison des deux listes de propriétés dressées individuellement permet ainsi d'établir la similitude, sans qu'une confrontation directe – donc extérieure – des deux objets soit nécessaire :

> Sont *semblables* [deux choses] qui, uniquement considérées en elles-mêmes, ne peuvent pas être distinguées ; ainsi en est-il par exemple de deux triangles équilatéraux, nous ne pouvons trouver aucun attribut, aucune propriété dans l'un que nous ne pouvons aussi repérer dans l'autre [1].

C'est cette nuance que Kant tenait à rendre par la phrase « si on décrit [le triangle sphérique] *seul* et complètement » dans notre citation initiale du paragraphe 13. La conception leibnizienne des propriétés internes ne peut faire place au phénomène de la non-congruence. Bien que les caractéristiques propres à une figure géométrique soient par nature manifestement spatiales, comme la forme et la disposition des côtés et des angles, un tel inventaire doit nécessairement laisser échapper la différence des triangles sphériques, pour la simple raison que c'est l'entendement qui préside à l'opération. Le paradoxe en question, spatial par essence, se situe résolument hors du domaine de la discursivité.

Si l'on peut se permettre de faire référence à Leibniz ici, c'est dans la mesure où Wolff lui-même a publiquement reconnu sa dette envers ce dernier précisément pour sa définition de la similitude. Ainsi, dans la « Préface » à la partie des *Elementa mathesos universae* touchant la géométrie, Wolff confesse que c'est à l'instigation de Leibniz qu'il fait un usage répété du concept de similitude dans son ouvrage, concept dont il tient la définition de Leibniz lui-même [2]. De même, dans les sections antérieures consacrées à l'arithmétique, il

1. Leibniz, *Mathematische Schriften*, C. I. Gerhardt (dir.), Hildesheim, Olms, 1971,vol. V, p. 153.

2. Il faut savoir gré à Jean Ferrari d'avoir attiré l'attention du lecteur de sa traduction de la *Recherche sur l'évidence des principes de la théologie naturelle et de la morale* sur cette préface à l'occasion de la critique par Kant du concept wolffien de similitude. *Cf.* OP I, 1501, note 2.

avait fait état de son emprunt en mentionnant à nouveau en quoi il est redevable à Leibniz à cet égard [1].

III. La cohérence de la conception kantienne des objets non congruents

La dimension polémique qui est constamment sous-jacente au recours par Kant au paradoxe des triangles sphériques non congruents est maintenant devenue évidente pour nous. Il s'oppose à une approche rationaliste de l'espace qui ne dispose pas des instruments aptes à identifier le problème. Ainsi, d'une part, la différence en question ne peut être comptée au nombre des caractéristiques extérieures de l'objet, dans la mesure où ces traits distinctifs se limitent à la différence numérique, c'est-à-dire au simple fait que nous soyons en présence de deux objets, et à la comparaison des dimensions de ces deux objets. Quant aux différences internes, d'autre part, au nombre desquelles bien sûr Kant aimerait inclure l'incongruence, cette dernière ne peut être problématisée par Wolff en raison d'une conception incomplète des facteurs à considérer avant de déclarer semblables deux figures, en l'occurrence deux figures sphériques. Or, nous avons vu que cette incomplétude tient aux limitations inhérentes à une approche exclusivement discursive des propriétés internes des objets spatiaux.

À l'évidence, cette pointe critique est présente dans tous les textes où Kant introduit les triangles sphériques. Cela vaut tout autant pour l'opuscule *Du premier fondement de la différence des directions dans l'espace* de 1768, pour la *Dissertation de 1770* que pour le paragraphe 13 des *Prolégomènes*. Mais alors se pose la question suivante : comment Kant peut-il se permettre de recourir à nouveau en 1783 à un exemple, celui des triangles sphériques et des objets non congruents en général, qui en 1768 lui servait à prouver la « réalité » de l'espace absolu newtonien ? Il nous incombe, comme lecteurs, de prendre en compte l'évolution de la pensée de Kant entre 1768 et 1783. La question est donc la suivante : si Kant nourrit des visées autres que strictement polémiques avec l'exemple du paradoxe, comment dès lors un tel exemple peut-il conserver sa pertinence, d'un côté, au sein d'une conception de l'espace réel absolu et, de l'autre, à l'intérieur d'une théorie de l'espace conçu comme forme pure de l'intuition sensible ? La question porte en définitive sur le volet positif de l'argument, sur la manière dont le paradoxe met en lumière un aspect essentiel de l'espace.

La réponse à cette question nous est fournie par la prise en considération de ce qui constitue le fil conducteur ou encore la ligne de force de l'argument. Dans ses trois textes, Kant insiste en effet sur le caractère « intrinsèque » de la différence subsistant entre de tels objets symétriques. Or, en quoi sa solution nous libère-t-elle des impasses du rationalisme ? En vérité, le défi à relever est

1. Wolff, *Elementa mathesos universae*, t. I, § 27, p. 25, *cf.* p. 120.

de taille : il lui faut maintenir le caractère intrinsèque d'une distinction qui a toutes les apparences d'une différence externe puisque, dans les faits, elle ne peut apparaître qu'à la faveur d'une comparaison, par exemple, entre la main droite et la main gauche. Car, autrement, comment peut-on prendre conscience de la différence ? Certains passages chez Kant, isolés de leur contexte, semblent du reste accréditer cette thèse de l'indispensable recours à la contrepartie extérieure. Ainsi, dans l'écrit sur les *directions dans l'espace*, on apprend que la particularité de l'objet « ne peut être perçue que par la confrontation à un autre corps » [1]. Et, de la même manière, les *Prolégomènes* indiquent que la différence en question « ne se manifeste que par la relation extérieure dans l'espace » [2]. Kant se contredirait-il en prétendant qu'au fond la différence n'est pas vraiment intrinsèque ? La prudence est de mise ici. En effet, la particularité de l'un des triangles sphériques n'est pas strictement relative à l'autre triangle, elle n'est pas à vrai dire tributaire de sa contrepartie. Aussi les deux passages cités ci-dessus doivent-ils être lus avec attention : le premier précise que la « perception » de la différence implique le recours à la contrepartie. De même, la phrase des *Prolégomènes* souligne que la particularité de l'objet se « manifeste » par la relation extérieure dans l'espace. Mais cette formulation est rapidement complétée, voire corrigée dans la suite du texte. L'argument de Kant pour fonder le caractère intrinsèque de la différence ne tient pas au rapport du triangle ou de la main à son vis-à-vis, mais à l'espace entier. Ce sur quoi Kant ne manque pas d'insister et dans son texte de 1783 et dans celui de 1768. Voici le passage décisif des *Prolégomènes* :

> la détermination interne de tout espace n'est possible que par la détermination de sa relation extérieure *à* l'espace entier [...] dont il est une partie, c'est-à-dire que la partie n'est possible que par le tout ; ce qui n'a jamais lieu pour les choses en soi, en tant qu'objets du simple entendement, mais bien pour les simples phénomènes [3].

L'opuscule sur les *directions dans l'espace* aborde à son tour la « complète » détermination de l'objet spatial et fait voir qu'au nombre de ces déterminations il faut inclure « le rapport *à* l'espace absolu en général » [4]. On le voit, chaque partie de l'espace est toujours d'entrée de jeu en rapport avec l'espace en entier. On se rappelle les indications de l' « Esthétique transcendantale » dans la *Critique de la raison pure* : l'espace n'est pas composé de parties, mais tous les espaces s'insèrent dans un seul et unique espace englobant. L'espace entier précède donc les parties et les délimite ; c'est pourquoi il les excède toujours. C'est de cette manière qu'il nous faut comprendre la quatrième proposition de l'exposition métaphysique de l'espace dans la *Critique*,

1. Kant, PF, AK II, 383.
2. PMF, § 13, AK IV, 286 ; OP II, 54-55.
3. PMF, § 13, AK IV, 286 ; OP II, 55 (souligné par nous).
4. PF, AK II, 381 (souligné par nous).

si magistralement commentée par Michel Fichant, selon laquelle l'espace « doit être représenté comme une grandeur infinie donnée » [1].

Le triangle sphérique est sans contredit une partie de ce tout. Certes, il possède un trait distinctif remarquable, la directionalité propre de sa courbure, mais force nous est d'avouer que cette caractéristique, tout intrinsèque qu'elle soit, est repérable uniquement en référence au tout de l'espace orienté. Ce rapport à l'espace global ne fait pas pour autant de la courbure propre au triangle une caractéristique externe, au sens où elle procéderait d'abord de la comparaison avec la contrepartie. Selon Wolff, on le sait, les caractéristiques externes de deux figures ne peuvent tenir qu'à la différence de leurs dimensions respectives et aux positions (numériquement) différentes qu'elles occupent. Kant affirme bien plutôt que la particularité propre à chaque triangle tient au caractère spécifique de sa délimitation dans l'espace global. À coup sûr, les triangles sphériques scalènes de l'hémisphère nord et de l'hémisphère sud se distinguent par la configuration de leur courbure, mais c'est parce que ces figures sont contenues dans des délimitations différentes que la distinction peut être perçue. L'impossibilité de la superposition des triangles est en réalité une autre manière d'exprimer cette différence de délimitation. Or, les délimitations différentes sont tout simplement l'indice d'une particularité spatiale interne. À cet égard, les *Prolégomènes* et l'opuscule de 1768 affirment la même chose :

> la main gauche ne peut être renfermée dans les mêmes limites que la droite (elles ne peuvent coïncider), nonobstant toute leur égalité et leur similitude réciproques [2].
>
> [I]l subsiste cependant une différence interne, à savoir qu'il est impossible que la superficie qui enferme [un corps] puisse enfermer l'autre. Étant donné que la superficie qui limite l'espace corporel d'un corps, qu'on le tourne et le retourne à volonté, ne peut pas servir de limite au second, cette différence doit être de telle sorte qu'elle repose sur un fondement interne [3].

Dans les deux extraits, Kant affirme que la différence entre les objets non congruents est intrinsèque dans la mesure où la forme spécifique de l'un ne peut être « enfermée » dans les mêmes limites que celles de l'autre. Si le texte de l'opuscule de 1768 concorde dans une large mesure avec l'exposition des *Prolégomènes*, c'est que la solution kantienne ne repose pas en vérité sur le caractère « réel » de l'espace. On pourrait même faire valoir que l'espace n'a à cet égard besoin d'être ni réel, ni absolu à la manière de celui de Newton,

1. CRP, B 39, AK III, 53 ; OP I, 786. Michel Fichant, « "L'espace est représenté comme une grandeur infinie donnée" : la radicalité de l'esthétique », dans *Kant*, J.-M. Vaysse (dir.), Paris, Cerf, 2008, p. 7-46. Voir du même auteur, « Espace esthétique et espace géométrique chez Kant », *Revue de métaphysique et de morale*, 2004/4, p. 530-550. Pour la genèse de la conception kantienne de l'espace, on consultera avec profit le texte de Robert Theis « Aux sources de l'Esthétique transcendantale », dans *Approches de la* Critique de la raison pure, Hildesheim, Olms, 1991, p. 32-76.

2. PMF, § 13, AK IV, 286 ; OP II, 55.

3. PF, AK II, 382 ; trad. modifiée, p. 97.

c'est-à-dire au sens où l'espace représenterait un pôle de référence fixe pour évaluer le mouvement et le repos. D'ailleurs, à ce chapitre, Kant soulève d'emblée dans son opuscule certaines réticences, qui indiquent jusqu'à quel point il est conscient des difficultés reliées à l'espace newtonien, difficultés qui touchent la physique et l'évaluation du mouvement, bien sûr, mais qui sont sans doute également d'ordre métaphysique. S'il est un sens dans lequel l'adjectif « absolu » conserve tout de même sa pertinence ici, c'est dans la mesure où cette épithète s'oppose à relatif, en l'occurrence à la conception leibnizienne de l'espace, qui est relationnelle. Or c'est précisément une telle conception qui neutralise la directionalité de l'espace. Comme on le sait, l'existence des choses chez Leibniz précède leur apparition dans l'espace. C'est dire que l'espace est relatif aux substances ; il n'exprime que l'ordre de coexistence de celles-ci, ou encore les rapports qui se tissent entre les monades. Au mieux, il constitue un « système de places » [1] ou de positions abstrait des rapports entre les objets et, à ce titre, sans directionalité propre. Or, d'après Kant, seul un espace représenté comme une grandeur infinie donnée, précédant les objets, est susceptible d'être orienté.

* * *

Les triangles sphériques non congruents nous ont fourni l'occasion d'observer le type de rapports qu'entretient la philosophie avec la science, tels que Kant les conçoit. Nous savons que l'entreprise critique a une visée éminemment fondationnelle pour toute connaissance en général, et à coup sûr pour la science. Le discours transcendantal vise entre autres à dégager les conditions de possibilité *a priori* de la mathématique pure et, dans cette perspective, la présence de l'exemple des triangles sphériques dans les *Prolégomènes* n'a pas valeur de preuve, mais plutôt, nous l'avons dit, de confirmation *a posteriori* de la justesse du concept critique d'espace. Et si Kant attend une confirmation de la part de la géométrie, c'est qu'il demeure fidèle au précepte d'Euler, selon lequel la philosophie ne doit pas entrer en conflit avec les résultats de la mathématique [2]. Mais cela ne signifie pas pour autant que la philosophie soit à la remorque de la science. Kant est bien au contraire un chaud partisan de l'autonomie de la philosophie.

Cette indépendance du discours philosophique est manifeste déjà dans le texte consacré à la *Recherche sur l'évidence des principes de la théologie naturelle et de la morale* et précisément à propos de la nature de l'espace. Cette question, qui semble préoccuper Kant à cette époque, puisqu'elle est évoquée dans *L'unique argument possible pour une démonstration de l'existence de Dieu* de même que dans l'écrit sur les grandeurs négatives [3], est selon lui du ressort exclusif de la philosophie. Si les mathématiques travaillent à l'aide d'un concept

1. PF, AK II, 377.
2. *Cf.* Ernst Cassirer, *Kants Leben und Lehre*, Darmstadt, Wissenschaftliche Buchgesellschaft, 1977, p. 112.
3. UF, AK II, 70 ; OP I, 323. EGN, AK II, 168 ; OP I, 262.

non problématique d'espace, concept qu'elles reçoivent « tel quel » pour ainsi dire, la tâche de la philosophie consiste en revanche à le définir avec précision :

> Le mathématicien a affaire à des concepts qui, le plus souvent, sont encore susceptibles d'être définis philosophiquement, comme, par exemple, le concept d'espace en général. Mais il admet un tel concept comme donné d'après sa représentation claire et commune [1].

L'espace est donc considéré comme un concept philosophique, voire comme un concept métaphysique, qu'il incombe au philosophe de définir. Or l'attitude de Kant entre 1762 et 1781 a-t-elle changé ? L'exposition transcendantale de l'espace dans « l'Esthétique » de la *Critique de la raison pure* n'est-elle pas précédée d'une exposition métaphysique, visant à inventorier ce que l'on peut dire de l'espace *a priori* ? Dans l'esprit de Kant, c'est la philosophie qui fournit à la géométrie le concept juste de l'espace, en sorte que le géomètre se voit assigner la tâche de construire ses objets dans cet espace. Serait-il dans ces conditions autorisé à construire l'espace lui-même, à en démultiplier les dimensions ? La question est complexe car il n'est pas aisé de faire le partage entre ce qu'affirme Kant de l'espace d'un point de vue strictement philosophique et ce qu'il en dit en regard de la géométrie. Ainsi, d'une part, il a la prudence de tenir le plus souvent l'espace tridimensionnel euclidien à l'écart de son discours transcendantal, mais on peut légitimement se demander, d'autre part, s'il aurait pu accepter un espace autre qu'euclidien. Une chose est certaine : il aurait sans doute manifesté sa désapprobation devant le sort que réserve Wittgenstein au problème des objets non congruents. Le passage suivant du *Tractatus* se réfère explicitement à Kant :

> La main droite et la main gauche sont en réalité parfaitement congruentes. Et le fait qu'on ne puisse les amener à se couvrir l'une l'autre n'a rien à voir avec cela. On pourrait mettre le gant de droite à la main gauche, si on pouvait le retourner dans l'espace à quatre dimensions [2].

La solution évoquée ici ressortit aux mathématiques. Pourtant Kant a tenu à produire une solution – sinon à fournir une explication – philosophique au problème des objets non congruents, pour cette raison que l'espace est au départ un concept philosophique. Était-ce une erreur de sa part, semblable à celle de Wolff avec son concept de similitude ? Faut-il, autrement dit, que le philosophe renonce à réfléchir sur l'espace, pour laisser le champ libre aux sciences ? Non, sans doute, mais pour autant qu'un dialogue ouvert et constant soit maintenu avec les sciences. Et, à cet égard, Kant a malgré tout encore pour nous valeur de modèle.

Claude PICHÉ
(Université de Montréal)

1. REP, AK II, 277-278 ; OP I, 218.
2. Ludwig Wittgenstein, *Tractatus logico-philosophicus*, 6.3612, trad. par P. Klossowski, Paris, Gallimard, 1961, p. 166-167.

ANNEXE

FIGURE 1 :

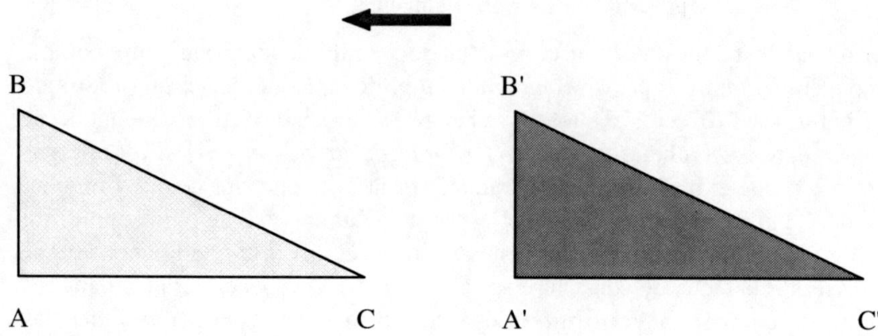

FIGURE 2 :

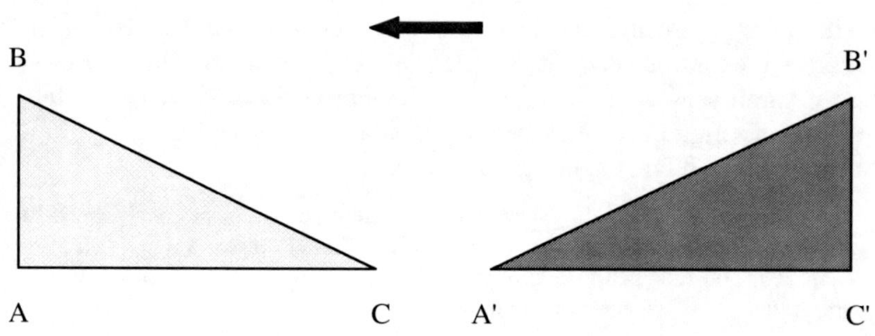

FIGURE 3 :

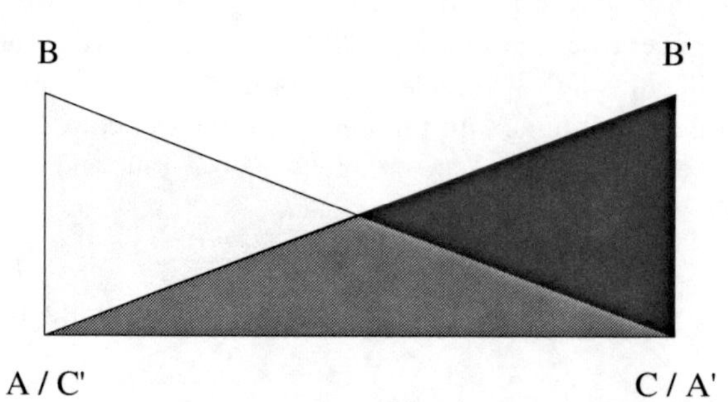

FIGURE 4 :

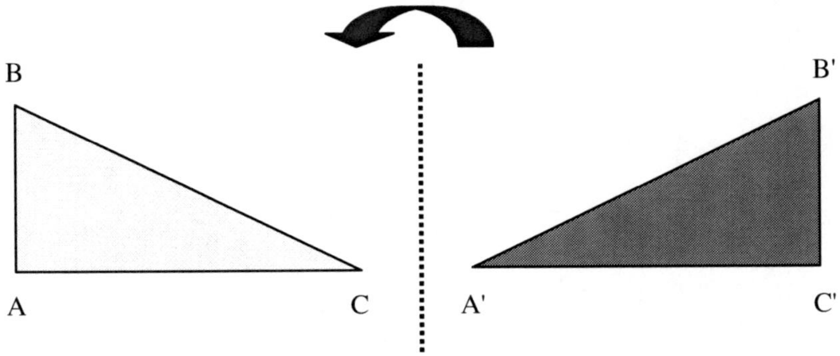

FIGURE 5 :

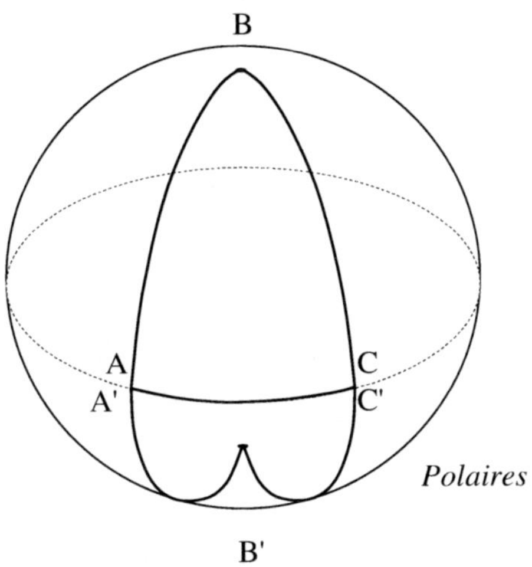

FIGURE 6 :

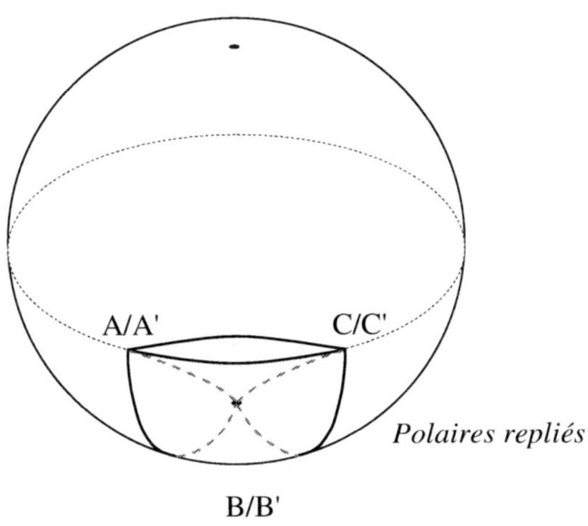

FIGURE 7 :

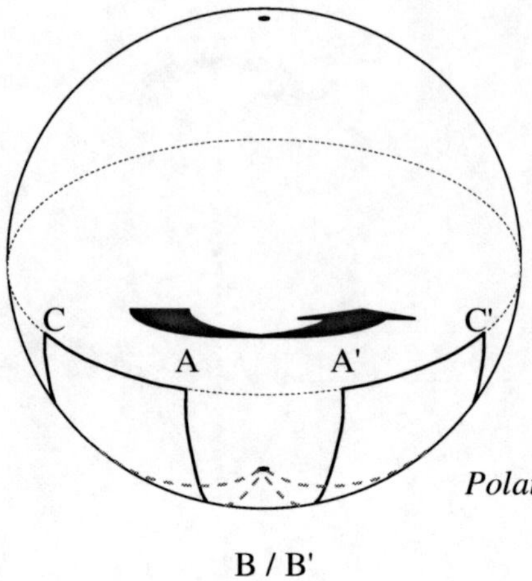

Polaires juxtaposés

FIGURE 8 :

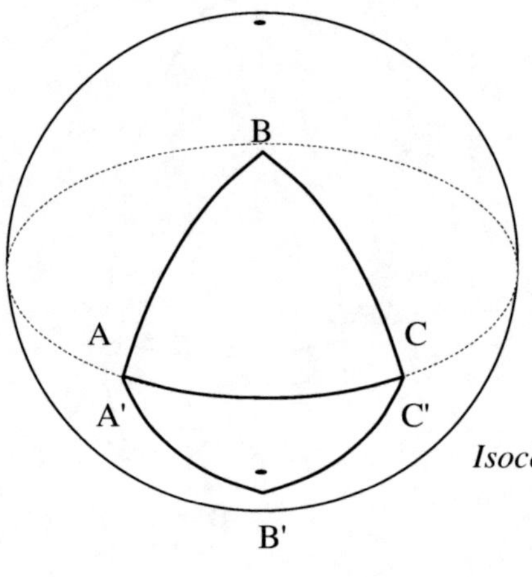

Isocèles

FIGURE 9 :

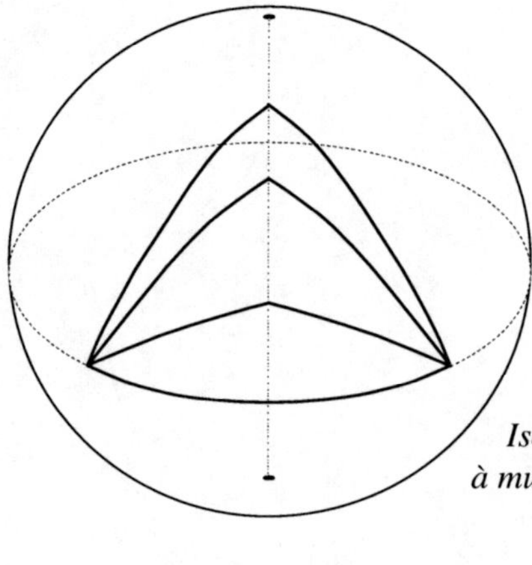

Isocèles à multiples formes

FIGURE 10 :

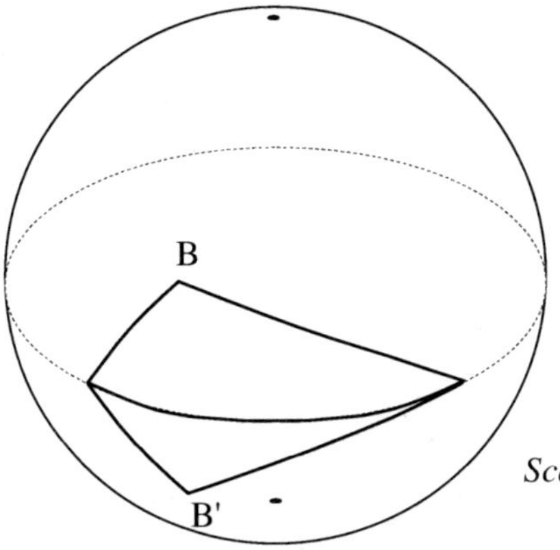

Scalènes

FIGURE 11 :

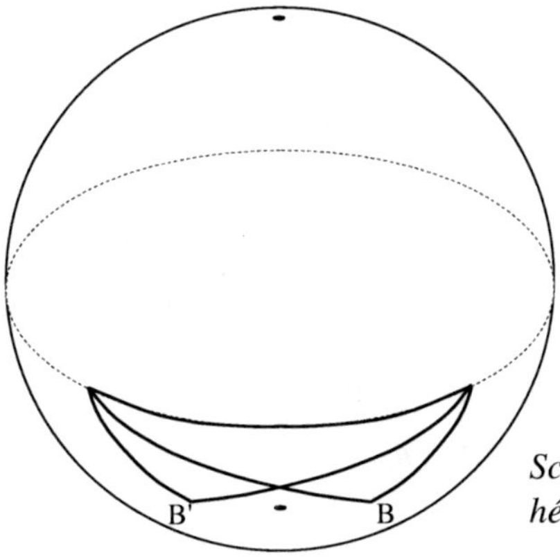

Scalènes superposés
hémisphère sud

FIGURE 12 :

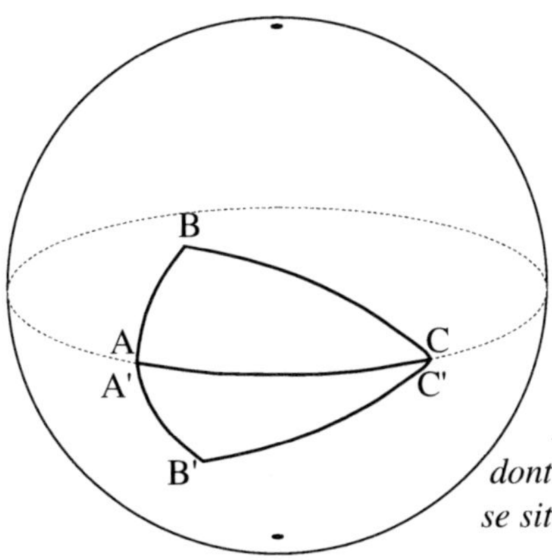

Isocèles
dont 1 des 2 côtés égaux
se situe à l'équateur

FIGURE 13 :

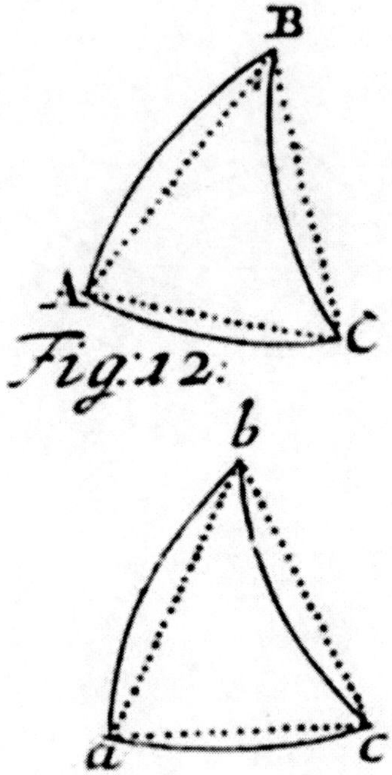

Wolff, *Anfangsgründe aller mathematischen Wissenschaften,* Tome III, *op. cit., Anfangsgründe der sphärischen Trigonometrie,* Remarque sur le second théorème (*Gesammlte Werke,* vol. 14).

LES MATHÉMATIQUES DANS LA COSMOLOGIE ANCIENNE ET DANS LES SCIENCES MODERNES DE LA NATURE. ARISTOTE ET KANT

Les mathématiques jouent un rôle important dans la cosmologie ancienne et dans les sciences modernes de la nature. Mais ce rôle diffère. Dans la première, elles fondent les phénomènes naturels de la perception sensible. Dans les secondes, elles sont constitutives de la scientificité du savoir. Nous le montrerons en nous référant au *De Caelo* d'Aristote et aux *Premiers principes métaphysiques de la science de la nature* de Kant.

Selon Aristote, les choses *naturelles* sont accessibles *de manière naturelle*, soit par l'αἴσθησις. La perception sensible constitue l'accès approprié aux choses de la nature. Or, les choses que nous percevons sont des *corps* – animés et inanimés – qui sont *étendus*, qui *changent* et qui sont donc en *mouvement* [1], et ce d'eux-mêmes (καθ' αὑτά), par leur propre nature (φύσις). Le mouvement est le caractère fondamental des choses de la nature. Comme le dit Aristote : « Nous posons comme principe que les choses naturelles sont en mouvement. Cela est manifeste par l'ἐπαγωγή » [2]. Si leur mouvement présente, certes, plusieurs aspects (Aristote distingue quatre genres du mouvement catégorialement différents [3]), c'est toutefois le *mouvement local* qui est le mouvement primordial dans le cadre de la « cosmologie ». Car le κόσμος, pris en toute son ampleur, a pour trait caractéristique d'être quelque chose d'*étendu* (μέγεθος), de sorte que les corps qui en font partie se présentent alors sous le même aspect. Ainsi, leur mouvement apparaît, lui aussi, primordialement comme μέγεθος, soit comme mouvement qui *s'étend* d'un lieu à un autre.

Mais ces lieux ne sont pas n'importe lesquels. Chaque corps naturel tend bien plutôt à atteindre le *lieu* qui est *le sien*, qui lui convient par nature, qui lui permet d'éclore et de s'épanouir. Loin d'être un simple point parmi d'autres dans l'espace homogène, le « lieu », τόπος, tel que l'entend Aristote, est donc le *lieu propre* [4]. Chaque être naturel se trouve *porté*, par sa *nature*, vers son

1. Aristote, *De Caelo*, I, 1 ; 268a 1 *sq*.
2. *Physique*, I, 2 ; 185a 12 *sq*.
3. *Physique*, III, 1 ; 200b 33 *sq*.
4. *Physique*, IV, 1 ; 208b 11 *sq*.

lieu propre, la φύσις étant, selon Aristote, le « principe interne de son mouvement »[1]. Le mouvement local, la κίνησις κατὰ τόπον, est donc une « *translation* » vers le *lieu propre de chaque être naturel*, relevant de sa *nature*.

La question est alors de savoir quels en sont les *genres*[2]. Dans la mesure où il est un μεγεθός, le mouvement local est soit *rectiligne,* soit *circulaire,* soit *composé* par les mouvements rectiligne et circulaire. Ces derniers étant les seuls à être *simples*, il n'existe que ces *trois genres* du mouvement local. Leurs définitions sont les suivantes. Le mouvement circulaire tourne « autour du centre (μέσον) », et le mouvement rectiligne va soit « vers le haut », « en partant du centre », soit « vers le bas » ou « vers le centre ». Ces définitions sont évidemment d'ordre *mathématique*. Elles semblent même purement mathématiques. Mais à vrai dire, elles présupposent toutes la notion de *centre* qui relève de notre *perception naturelle*. Celle-ci nous montre en effet que la *Terre* est le *centre*. Nos trois mouvements se définissent par rapport à la terre. Mais la perception sensible nous montre aussi les *corps élémentaires* engagés dans les mouvements simples : le feu et l'air qui montent vers le haut, l'eau et les matières terreuses qui descendent vers le bas, le ciel étoilé qui tourne autour de la terre. Le soleil se lève, parcourt sa trajectoire et décline pour se lever de nouveau. Ce sont des phénomènes naturels que nous *voyons* (ὁρῶμεν)[3]. Les mathématiques établissant lesdites définitions des mouvements de ces corps élémentaires *se basent* donc en même temps sur la perception sensible, tout en *fondant et élucidant* cette dernière par leurs définitions. Elles s'annoncent être une *géo-métrie* au sens littéral : une « mensuration » (*Vermessung*) du κόσμος qui part de la terre comme centre et qui détermine alors les τόποι ainsi que les *mouvements* des corps naturels. Elles seront une *géo-métrie cosmologique d'ordre topographique*. Ce rôle leur est dévolu dans la cosmologie ancienne.

Les mathématiques sont bien capables d'assumer ce rôle. Selon Aristote, elles ont pour acte constitutif d'*abstraire* (ἀφαιρεῖν) les μαθήματα (corps, plan, ligne, point, μονάς) des phénomènes sensibles et de mettre de côté toutes les autres déterminations, pour *thématiser* ces déterminations mathématiques et en faire leur objet. Celles-ci sont alors les plus « simples » et les plus « exactes »[4]. *Abstraites* des phénomènes naturels sensibles, elles peuvent être *appliquées* à ceux-ci pour les *déterminer* de manière exacte et les *élucider*.

Pour concrétiser ces propos, nous nous limitons à quelques moments essentiels du *De Caelo* d'Aristote. Si la perception sensible nous montre que les corps élémentaires engagés par nature dans les mouvements rectilignes sont bien le *feu* qui se meut vers le haut, et la *matière* terreuse qui se meut vers le bas, la question de savoir quel est le corps élémentaire engagé par nature dans

1. Aristote, *Physique*, II, 1 ; 192b 21 *sq*.

2. Pour ce qui suit, cf. *De Caelo* I, 2 ; 268b 17 *sq*.

3. *De Caelo,* I, 5 ; 272a 5.

4. Concernant les actes constitutifs des μαθήματα, cf. *Métaphysique* XI, 3 ; 1061a 28 *sq*. et XIII, 3 ; 1077b 13 *sq*. *Cf.* notre ouvrage intitulé *Aristoteles, Philosophie und Wissenschaft*, Frankfurt a. M., Klostermann, 1982, p. 153 *sq*.

le mouvement circulaire, semble plus difficile. Certes, la perception sensible nous montre aussi que le *ciel étoilé* se trouve dans un mouvement circulaire. Mais la question consistant à savoir quel *genre* de corps il est semble justement être plus difficile [1]. Il ne pourrait être du feu (comme on pourrait le penser en raison des astres). Car le feu a pour mouvement naturel d'aller *vers le haut*, et non le mouvement circulaire. Si le ciel était du feu, le mouvement circulaire lui parviendrait donc « contre [sa] nature », « par force ». Mais cela est impossible. S'il y a un mouvement imposé au feu *contre* sa nature, c'est bien le mouvement *vers le bas*, celui-ci – et lui seulement – étant le *contraire* du mouvement vers le haut. Le corps céleste ne pourra donc être du feu. Il doit être d'une *autre nature* que les corps engagés dans les mouvements rectilignes, et même d'une nature *supérieure*. Le mouvement circulaire se distingue en effet par trois caractères : 1) il se trouve *hors du rapport d'opposition* propre aux mouvements rectilignes ; 2) il est toujours *achevé* (τέλειον) : chaque *point de départ* est en même temps la *fin* (τέλος), de sorte qu'il est le « premier » (πρῶτον) parmi les mouvements simples ; 3) il est « éternel » ou sempiternel, puisqu'il n'a pas de contraire dans lequel il pourrait passer. Ainsi, le corps céleste, possédant par nature ce mouvement circulaire, est en fait d'une *nature* qui *dépasse* celle des autres, qui est sempiternelle et ainsi, au moins comparativement, « *divine* » (θειοτέρα). Les Grecs ont d'ailleurs appelé le ciel l'αἰθήρ (ἀεὶ θεῖ), « [il] court toujours », et les religions l'ont considéré de tout temps comme τόπος des dieux [2].

Mais le mouvement circulaire du ciel implique davantage : le corps céleste ne pourra s'étendre à l'infini, mais devra nécessairement être *fini*. Or, le ciel entourant notre κόσμος sensible, ce dernier s'annonce être *fini* lui aussi. Fini au sens où, reposant dans ses *limites* (πέρατα) propres, il est quelque chose d'*achevé* (τέλειον). Les *mathématiques* le démontreront en réalisant leur *mensuration topographique* du κόσμος.

Voici le noyau des démonstrations [3]. Si la sphère céleste s'étendait à l'infini, alors ses *rayons* – qui partent du centre – ainsi que les distances et secteurs entre eux s'étendraient eux aussi à l'infini. Le corps céleste devrait donc parcourir, en son mouvement circulaire, des distances infinies, de sorte qu'il ne pourrait jamais atteindre les différents points de sa circonférence. Le soleil – tournant, avec le ciel, autour de la terre – ne *se lèverait jamais*, puisqu'il n'atteindrait jamais la ligne horizontale (tracée comme diamètre à travers la sphère céleste) représentant l'horizon, pas plus qu'il ne *déclinerait* jamais, puisqu'il n'arriverait pas à abandonner l'horizon. Et supposé qu'il se lève malgré tout et se mette à parcourir sa trajectoire, supposé en outre qu'il atteigne une ligne droite tracée verticalement sur la ligne horizontale, le point de leur intersection reculerait à l'infini, de sorte que le soleil *s'arrêterait*. Mais nous *voyons* (ὁρῶμεν) le fait *que* le soleil se lève, décline et poursuit sa

1. Concernant ce qui suit, *cf.* Aristote, *De Caelo*, I, 2 ; 269a 2 *sq.*
2. *De Caelo*, I, 3 ; 270b 22 *sq.* et b 5 *sq.*
3. *De Caelo*, I, 5 ; 227b 26 *sq.*

trajectoire. Le corps céleste ne peut donc s'étendre à l'infini. Il doit être fini et avoir une limite qui l'achève.

Reste à savoir si les autres corps élémentaires pourront s'étendre à l'infini [1]. Or, le « bas », vers où tendent les *matières* terreuses, ne pourra être infini. Une pierre, par exemple, quand elle tombe, s'arrête dans sa chute et reste là sur la terre. Le centre intime et profond de la terre ne pourra donc s'étendre infiniment. Par suite, le « haut » vers où se meut le *feu* ne pourra lui non plus être infini. Le bas étant limité, le haut, son *contraire*, doit l'être aussi. Par suite, l' « entre-deux », soit l'espace entre le bas et le haut, est lui aussi limité (il s'étend entre deux termes qui sont limités). Le feu ne pourra donc s'étendre à l'infini, parce que le haut vers lequel il monte est fini, pas plus que les matières terreuses ne pourront s'étendre infiniment, le centre de la terre étant fini. Le κόσμος sensible s'avère ainsi être *fini* (et donc achevé).

La question reste de savoir ce qui est *en dehors* (ἔξω) de lui [2]. Il n'y a ni « lieu », ni « vide », ni « temps », mais l'αἰῶν, l'*éternité plénière* qui embrasse le temps tout entier. En jouit le *dieu suprême* qui – immatériel, pur esprit – maintient, par sa simple présence, le mouvement sempiternel du ciel et, avec lui, le mouvement tout entier de la nature [3].

Mais qu'en est-il quand *le centre cesse d'être le point de référence* ? Quand il disparaît et que nous n'en faisons plus d'expérience ? Alors *toute la topographie du* κόσμος disparaît elle aussi. Le *centre* faisant défaut, il n'y a alors ni *bas* ni *haut* ni *autour* ni *dehors*. Il n'y a ni τόπος céleste comme séjour des dieux, ni ἔξω comme résidence du dieu suprême. C'est la « *fuite des dieux* » (Hölderlin) qui ont besoin de *séjour*. Disparaissent alors aussi les mouvements des corps naturels comme *translations vers leurs lieux propres*, tout comme disparaissent la *limitation* de l'espace mondain par les lieux extrêmes, le centre profond de la terre et le lieu « le plus haut » (ἀνώτατον) de la sphère céleste. À la place de cet espace-là apparaît l'*espace homogène* où chaque lieu n'est qu'un *point* pareil à l'autre et qui *s'étend à l'infini*. Par suite, le mouvement local n'est plus qu'un mouvement d'un point à l'autre, tout comme il est alors entièrement *relatif*, la fixité d'un point de référence faisant défaut.

S'ensuit également une mutation des *mathématiques* qui cessent d'être une « géo-métrie » topographique du monde physique. Car elles ne peuvent plus avoir leur *sol* dans les mesures propres des phénomènes sensibles. Ayant déjà initialement eu pour actes constititutifs l'ἀφαίρησις ainsi que la *thématisation* des μαθήματα, elles *radicalisent* alors leur *libération* des phénomènes sensibles. Elles *s'autonomisent* ("s'émancipent") par rapport à la perception naturelle pour devenir une *mathesis universalis opérationnelle*, soit qu'elles présentent leurs opérations dans l'intuition pure du sujet (Kant), soit qu'elles abandonnent encore cette dernière pour devenir un simple calcul logique des opérations mathématiques (Leibniz).

1. Aristote, *De Caelo*, I, 6 ; 273a 8 *sq*.
2. *De Caelo*, I, 9 ; 279a 11 *sq*.
3. *Mét.*, XII, 7.

S'ensuit finalement une mutation de la *nature* elle-même. Si elle était φύσις, se levant comme φαινόμενον du centre profond de la terre jusqu'à l'éther le plus clair, c'est dans la mesure où le centre profond, sa source, disparaît que cette nature-là disparaît elle aussi. Pour qu'une "nature" puisse, somme toute, subsister, il faut qu'elle devienne l'*objet* (*Gegenstand*) du savoir *certain de soi* du *sujet* connaissant, soit de la *science moderne* certaine de soi. Or, les mathématiques se distinguant, comme *mathesis opérationnelle a priori,* précisément par la certitude et la nécessité absolues de leur savoir, les sciences modernes de la nature seront certaines d'elles-mêmes dans la mesure où elles se *fondent* sur les mathématiques. Comme l'écrit Kant dans la « Préface » des *Premiers principes métaphysiques de la science de la nature* :

> Dans toute doctrine de la nature, on ne peut trouver de science proprement dite que dans l'exacte mesure où il peut s'y trouver de la *mathématique* [1].

C'est donc bien pour garantir *la scientificité de leur propre savoir* que les sciences modernes de la nature sont censées *se mathématiser* autant que possible, alors que l'ancienne « science de la nature » ne comportait les mathématiques que pour *fonder et élucider les phénomènes sensibles.*

Si la nature est ainsi censée devenir l'objet du savoir certain du sujet, soit des sciences certaines par les *mathématiques*, alors le sujet devra se rapporter à cette nature de manière à en faire *l'objet possible* d'une connaissance mathématique. Il devra la rendre présente comme étant « essentiellement » mathématique et en *mathématiser* tous les *concepts fondamentaux* [2]. Il procédera alors en deux temps. Appliquant d'abord à l'*objet* « *matériel* » son système (complet et certain) des concepts fondamentaux d'un objet (les catégories) et obtenant par là le système correspondant (complet et certain) des concepts fondamentaux d'un objet matériel, il analysera ensuite ces concepts pour y découvrir les principes permettant de les mathématiser [3]. Or, comme chez Aristote, la *détermination fondamentale* d'un objet de la nature « matérielle » réside, chez Kant aussi, dans le *mouvement.* Ce n'est pourtant plus la perception sensible des phénomènes naturels qui le manifeste, mais l'*affection* de nous-mêmes (comme "*im-pression*") qui l'atteste en toute *certitude.* Pour qu'un « quelque chose » *en dehors de nous* puisse « affecter » (*affizieren*) notre sens, il faut en effet qu'il puisse *se mouvoir* vers nous [4]. *Être susceptible de mouvement local* s'avère la détermination fondamentale de l'objet externe ou de la « *matière* ». C'est donc à cet objet matériel ainsi déterminé qu'il faudra appliquer ledit système des concepts catégoriaux [5]. La première catégorie n'étant plus l'essence (οὐσία), mais bien la *quantité*, la *phoronomie*

1. Kant, PPM, AK IV, 470 ; OP II, 367 (trad. modifiée).
2. PPM, AK IV, 472 ; OP II, 369.
3. PPM, AK IV, 473 *sq.* ; OP II, 371 *sq.* et AK IV, 378 ; OP, 377.
4. PPM, AK IV, 476 *sq.* ; OP II, 374 *sq.*
5. *Cf.* notre article intitulé « Philosophie et science selon Kant. À propos de l' "émancipation" de la science selon la Préface des *Principes métaphysiques de la science de la nature* », dans *Une philosophie cosmopolite. Hommage à Jean Ferrari*, Université de Bourgogne, 2001, p. 61-79.

purement mathématique deviendra la *science fondamentale de la physique moderne.* Nous nous limitons à celle-ci et en examinerons quelques concepts fondamentaux pour montrer qu'ils sont *entièrement mathématiques.* Toute référence *topologique* s'y trouve éliminée. L'ancienne *phoronomie topographique* se transforme intégralement en *phoronomie mathématique.*

Lorsqu'on applique maintenant la catégorie de la *quantité* à la notion de « matière », soit à « quelque chose susceptible de mouvement », il se dégage – comme *premier concept fondamental* de la matière – qu'elle est « *le mobile* dans l'espace » (*das* Bewegliche *im Raume*) [1]. C'est là une définition purement quantitative ou mathématique du corps matériel qui pourrait être un « *simple point dans l'espace* ». En précisant les notions impliquées dans cette définition, Kant dégagera tous les concepts essentiels de la phoronomie. Nous nous limitons aux suivants :

1) l'*espace.* Selon la « métaphysique transcendantale », l'espace est la forme *a priori* de notre intuition sensible des objets en dehors de nous, soit une condition *subjective* transcendantale des objets (pour nous) en général. Dans la « métaphysique particulière » en revanche, qui porte sur l'objet matériel, *extérieur*, l'espace est d'emblée lui aussi quelque chose d'*extérieur.* L'espace est donc ici l' « *espace empirique* ». Or, cet espace *matériel* doit bien correspondre au concept fondamental de la matière. Il est donc lui aussi un « *mobile dans l'espace* ». Il se trouve – tel un corps matériel – dans un autre espace plus grand que lui, lequel, matériel et empirique lui aussi, est à son tour un « mobile » dans un espace empirique, encore plus grand, et ainsi de suite à l'*infini.* Tous ces espaces étant « mobiles » et *pouvant* donc par principe être en mouvement, le mouvement d'un objet dans un certain espace empirique s'avère essentiellement *relatif.* Car l'espace empirique qui constitue le *point de référence* est un « espace relatif » : il n'est *espace* que *relativement au corps mobile* qui se trouve en lui, alors que, considéré par rapport à l'espace empirique dans lequel il se trouve à son tour, il est un *corps matériel mobile.* Aussi loin qu'on pousse cette implication des espaces empiriques les uns dans les autres, tous demeurent toujours relatifs comme espaces, de sorte qu'on n'atteindra jamais un espace qui soit absolument espace ou « espace absolu ». Si on supposait tout de même un *espace absolu* – qui ne serait donc plus compris dans un autre espace, mais contiendrait *tous* les espaces empiriques possibles –, celui-ci ne pourrait pas être un espace empirique, mais seulement un espace *pensé.* L'espace absolu est, selon Kant, une simple « idée » que notre raison conçoit pour nous permettre de représenter tout espace empirique comme *mobile*, même s'il nous paraît être le plus ample possible et donc absolument en repos. Détruisant l'apparence d'un espace empirique qui serait fixement espace, le concept d'espace absolu a donc pour fonction de permettre de connaître *objectivement* tout mouvement possible (comme l'exprime Kant,

1. PPM, AK IV, 480 ; OP II, 378 (trad. modifiée). Concernant ce qui suit, voir « Phoronomie », AK IV, 480-486 ; OP II, 376-387.

d'en « rendre possible l'expérience »[1]), tout comme il peut fonctionner comme supposition méthodologiquement indispensable pour construire mathématiquement certains concepts quantitatifs du mouvement. Loin donc d'être la limite réelle de tous les espaces empiriques, l'espace absolu n'a de valeur que de simple concept-limite d'ordre épistémologique, voire méthodologique. Tel est donc l'espace qui se dégage lorsque le *centre* disparaît et avec lui toute la *topographie* du monde physique. C'est un espace homogène, toujours relatif, susceptible d'être élargi par d'autres espaces (relatifs eux aussi) à l'infini et embrassé finalement par un espace absolu qui est un simple concept-limite épistémologique ou méthodologique.

2) Le *mouvement local* des corps naturels se définit alors comme suit. Les τόποι anciens ayant disparu, le mouvement local ne peut plus être conçu par rapport à ceux-ci comme « translation » naturelle vers le lieu essentiel. Il se détermine maintenant *relativement à un espace empirique, donné.* Kant le définit comme « *changement des rapports externes d'une chose à un espace donné* », en remplaçant par là la « définition habituelle » de « changement de lieu » et en recommandant d'ailleurs de s'en passer autant que possible (elle fait écho à l'ancienne définition « topologique » du mouvement local). Cette nouvelle définition s'impose d'autant plus qu'il existe des corps qui *se meuvent sans changer de lieu*, comme les corps tournant autour de leur propre axe, qui ne changent que leurs *rapports* à l'espace donné. La nouvelle définition exprime bien la *relativité* de tout mouvement, tout corps mobile pouvant, selon elle, être considéré soit en mouvement soit en repos selon l'espace *donné* servant de référence. Cela dépendra de la constructibilité mathématique, la relativité permettant précisément de disposer librement des mouvements en vue de leurs constructions possibles.

3) Les *genres* du mouvement sont alors les suivants. Comme Aristote, Kant distingue lui aussi les mouvements *simples* et *composés* (nous nous limitons aux premiers). Mais la différence apparaît aussitôt. Ce n'est en effet plus le mouvement rectiligne (vers le haut ou le bas), mais le *mouvement rotatoire* qui s'impose tout d'abord. Il est le *mouvement exemplaire* de la nouvelle définition. *Sans changer de lieu*, le corps en rotation *se meut* en *changeant* constamment *ses rapports externes à l'espace donné*. De ce mouvement rotatoire où le corps reste à sa place, se distinguent les mouvements *progressifs* où le corps avance. Ils se divisent en mouvements *élargissant* leur propre étendue et en ceux qui sont *restreints* (*beschränkt*) à un espace donné. Aux *premiers* appartiennent les mouvements en *ligne droite* et en *ligne courbe* pour autant que les derniers ne retournent pas en eux-mêmes. Aux *seconds* qui retournent en eux-mêmes appartiennent les mouvements *circulaires* qui accomplissent ce retour en suivant toujours la même direction, et les mouvements *oscillants* alternant leurs directions opposées. Dans ces divisions également, la *relativité* du mouvement à un espace donné est patente, tout comme la notion de *changement de*

1. PPM, AK IV, 481 ; OP II, 379 *sq*.

lieu y est complètement *éliminée.* Sans référence à un lieu à atteindre, le mouvement *rectiligne* se définit de manière purement *extensionnelle* comme ce qui élargit son étendue *relativement* à un espace donné, tout comme le mouvement *circulaire* se définit sans référence à un point central comme mouvement *relatif* à un espace donné, pareil à tous les autres. À cette différence près que le mouvement circulaire se range maintenant *après* les mouvements *progressifs,* puisque, *retournant en lui-même*, il est plus *complexe* que ceux-ci. Loin donc d'occuper le premier rang (ontologique) comme chez Aristote, loin aussi de représenter – comme mouvement céleste – le τόπος suprême du κόσμος sensible et de l'entourer comme limite extrême, le mouvement circulaire se présente comme "enfermé" dans un espace donné qui est embrassé par d'autres, à l'infini. Il est réduit à un mouvement extensionnel, relatif, géométrico-mathématique, toute notion ontologico-topographique y étant éliminée [1].

4) Ne restent comme *propriétés* du mouvement local que des moments purement *phoronomiques* : la *direction* et la *vitesse.* La *direction* relève d'une « ligne droite qui traverse un plan » (et non d'un lieu à atteindre). La *vitesse* se définit par le rapport : distance / temps (sans référence aux qualités essentielles des corps naturels, la lourdeur et la légèreté topologiquement déterminées [2]). Réduites au pur quantitatif, la direction et la vitesse sont intégralement constructibles par les mathématiques.

5) Le *repos* ne réside ni dans le fait de *séjourner* dans le τόπος propre ni dans le *zéro* du mouvement lors du changement de sa direction (comme chez Aristote). Il consiste dans l'*infinie petitesse de la vitesse* ou la "présence persistante" d'un corps durant un temps déterminé *relativement* à un espace *donné. Relatif* et purement *phoronomique*, ce concept de repos est lui aussi intégralement constructible.

Tels sont donc les premiers concepts phoronomiques des objets naturels matériels. Ils permettent tous de construire les mouvements des corps naturels et d'en faire ainsi l'objet d'un savoir *certain.* Mais ces constructions mathématiques ont pourtant pour statut d'être de simples *hypothèses.* Elles se font, selon Kant, dans l'*intuition pure* de l'espace et du temps, qui n'est constitutive que de la *possibilité* des objets empiriques, et non de leur existence effective. Elles requièrent donc de se trouver *confirmées* par l'*expérience sensible* qui seule *donne* l'effectivité [3]. Si cette expérience se règle certes d'avance sur les hypothèses mathématiques, si elle est donc une *expérimentation méthodique*

1. Kant tend même à *éliminer le mouvement circulaire comme tel.* Il l'explique finalement comme mouvement qui parcourt, de son point de départ jusqu'à son point final, toutes les *directions* possibles en réorientant continuellement la *ligne droite tracée à travers un plan.* Le mouvement circulaire revient alors à un mouvement *composé de lignes droites.*

2. Définissant le « lourd » comme ce qui se meut vers le bas et le « léger » comme ce qui se meut vers le haut, Aristote détermine la vitesse comme relevant de la lourdeur (respectivement de la légèreté) : est plus rapide (*i.e.* nécessitant moins de temps) dans son mouvement vers le bas (ou vers le haut) ce qui est plus lourd (respectivement plus « léger »). Cf. *De Caelo* I, 273b 30 *sq.*

3. « La perception sensible est le seul caractère de l'effectivité », CRP, A 225 / B 273, AK III, 190 ; OP I, 953 (trad. modifiée).

(pouvant se réduire à faire apparaître des chiffres sur l'écran), elle n'en demeure pas moins le témoin du fait que la nature se *donne* finalement d'elle-même dans la *perception sensible*.

Ingeborg SCHÜSSLER
(Université de Lausanne)

L'USAGE DES GRANDEURS NÉGATIVES EN MORALE

L'expression « *grandeurs négatives* » désigne le concept des sciences mathématiques que Kant a apporté à la philosophie dans l'*Essai pour introduire en philosophie le concept de grandeurs négatives.* Il s'agissait pour lui d'examiner un concept qui était suffisamment connu en mathématique, mais encore inconnu dans son rapport à la philosophie. Kant n'avait pas pour objectif l'imitation des méthodes scientifiques, mais l'application réelle des propositions mathématiques aux objets de la philosophie, afin d'ouvrir de nouveaux horizons, d'engendrer d'importantes conséquences et d'éviter de nombreux problèmes, affirmant, en effet, qu' « un grand nombre de fautes ou encore de fausses interprétations des opinions d'autrui sont nées, en philosophie, de la négligence de ce concept » [1].

L'*Essai* est un texte précritique de 1763, écrit sous l'influence de la science newtonienne, et qui illustre la rupture entre Kant et la philosophie héritée de Leibniz. Au moyen du concept de grandeurs négatives, Kant conçoit l'existence comme un jeu de forces qui est étranger aux cadres d'une logique. Car aucune logique ne pourrait rendre compte de l'originalité de l'équilibre de forces utilisé pour expliquer comment une action, qui a réellement lieu, peut être interrompue, c'est-à-dire peut cesser d'être. Selon Kant, la destruction d'un positif existant aussi bien que sa production, quand il n'existe pas, nécessitent une cause réelle et véritable. Le schéma est le suivant : soit a, alors seulement $a - a = 0$; autrement dit : a ne peut être supprimé que par une cause réelle, égale mais opposée, laquelle est liée à la cause de a [2]. De cette façon, un mouvement ne cesse, tout à fait ou partiellement, que par une force motrice qui lui est opposée, équivalente à celle qui aurait pu produire le mouvement perdu.

Il faut bien noter que pour Kant, en ce qui concerne la suppression de quelque chose qui existe, il ne peut y avoir aucune différence entre les évènements du monde physique et ceux du monde spirituel. Seules les lois qui régissent ces deux espèces de monde sont différentes :

1. EGN, AK II, 169 ; OP I, 263.
2. *Cf.* EGN, AK II, 190 ; OP I, 285-286.

> l'état de la matière ne peut jamais être modifié que par des causes extérieures, celui d'un esprit peut l'être aussi par une cause intérieure ; la nécessité de l'opposition réelle, malgré cette différence, demeure toujours la même [1].

La question posée ici se rapporte à la possibilité de concevoir le mal dans la nature humaine au moyen du concept mathématique de grandeurs négatives, préservant la liberté et la responsabilité de l'homme, de sorte que l'on puisse comprendre le mal comme un bien négatif, c'est-à-dire comme un principe *positif* d'opposition au bien.

Ainsi, nous allons essayer d'établir la définition kantienne du mal moral dans l'*Essai* et nous allons vérifier aussi la possibilité d'employer ce concept mathématique pour expliquer la forme de la relation entre le mal et le bien dans *La religion dans les limites de la simple raison,* dans la mesure où, dans la première partie de ce texte, Kant reprend la structure argumentative de son texte précritique pour défendre un rigorisme moral. En dépit du fait que Kant considère le mal comme un principe positif d'opposition au bien, nous allons souligner qu'il refuse, à l'inverse, l'idée du mal conçue comme un fondement positif capable d'anéantir la loi morale, ce qui démontre qu'il élimine une extension de l'application du concept de grandeur négative à la morale.

Les « *grandeurs négatives* » représentent l'opposition entre des grandeurs *positives.* Ainsi, elles ne sont pas la simple négation des grandeurs, mais quelque chose de positif qui est opposé à une autre chose, elle aussi positive. À cette opposition entre des grandeurs positives, Kant donne le nom d'*opposition réelle*, pour la distinguer de l'opposition logique. D'après Kant, l'opposition réelle

> est celle où deux prédicats d'une chose sont opposés, mais non par le principe de contradiction. Certes, ce qui est posé par l'un est ici aussi supprimé par l'autre ; mais la conséquence est *quelque chose* (*cogitabile*). La force motrice d'un corps d'un côté et un effort égal du même corps dans une direction opposée ne sont pas contradictoires et, comme prédicats, sont possibles en même temps dans un corps. La conséquence en est le repos qui est quelque chose (*repraesentabile*) [2].

Dans l'opposition logique comme dans l'opposition réelle, l'effet peut être le *rien*, mais celui-ci aura une signification différente en chacun de ces deux types d'opposition. Le rien de la contradiction logique ne peut pas être représenté, et il mène à une absence, ou impossibilité de la pensée. Au contraire, le rien de l'opposition réelle peut être représenté facilement à travers l'équilibre qui résulte de la relation entre deux grandeurs qui s'anéantissent, parce qu'elles ont la même direction et la même intensité, bien qu'elles soient de sens opposés.

Kant propose quatre règles fondamentales pour caractériser l'opposition réelle :

1. EGN, AK II, 192 ; OP I, 287-288.
2. EGN, AK II, 171-172 ; OP I, 266.

1. les déterminations opposées les unes aux autres doivent être rencontrées dans le même sujet. Car, supposé qu'une détermination se trouve dans une chose, et une autre détermination, n'importe laquelle, dans une autre chose, il n'en résulte aucune opposition véritable.

2. Il est impossible que l'une des déterminations opposées dans une opposition réelle soit la contradictoire de l'autre ; car, dans ce cas, le conflit serait d'ordre logique et impossible.

3. Une détermination peut uniquement nier ce qui a été posé par l'autre détermination, car il n'y réside aucune opposition.

4. Deux déterminations ne peuvent pas, en tant qu'elles s'opposent réciproquement, être négatives toutes les deux, car alors aucune des deux ne poserait quelque chose qui serait supprimé par l'autre. Par conséquent, dans toute opposition réelle, les prédicats doivent être tous les deux positifs, mais de sorte que, dans la liaison, les conséquences se suppriment réciproquement dans le même sujet. Ainsi, considérées en elles-mêmes, des choses, dont l'une est regardée comme la négative de l'autre, sont toutes deux positives, mais leur réunion en un même sujet a zéro pour conséquence [1].

La différence entre l'opposition logique et l'opposition réelle permet à Kant de distinguer deux types de négation : le manque (*Mangel*) et la privation (*Beraubung*). La négation comme privation résulte de l'opposition réelle entre deux fondements qui s'annulent réciproquement ; la négation comme manque résulte de l'opposition logique conformément au principe de contradiction :

> La dernière n'exige aucun principe positif, mais seulement l'absence de principe positif ; toutefois la première possède un vrai principe de position et un principe qui lui est égal et opposé. Le repos dans un corps est soit simplement un manque, c'est-à-dire une négation du mouvement, dans la mesure où n'existe aucune force motrice, ou bien une privation, dans la mesure où il se trouve bien une force motrice ; mais la conséquence, c'est-à-dire le mouvement, est supprimée par une force opposée [2].

Afin d'expliciter la différence entre ces deux types de négation, Kant examine la signification du sentiment de déplaisir.

> La question est de savoir si le déplaisir est simplement un manque de plaisir ou un principe de la privation du plaisir qui soit quelque chose de positif en lui-même [3].

Dans le premier cas, nous avons seulement l'objet contradictoire du plaisir ; dans le deuxième cas, nous avons quelque chose de positif en soi, qui est opposé au plaisir et qui permet, par conséquent, de donner au déplaisir le nom de *plaisir négatif*.

1. *Cf.* EGN, AK II, 176 ; OP I, 271.
2. EGN, AK II, 178 ; OP I, 273.
3. EGN, AK II, 180 ; OP I, 275.

L'idée du plaisir négatif est exemplifiée par la description d'une situation vécue par une mère spartiate à laquelle on annonce que son fils a héroïquement combattu pour sa patrie. Lors de cette annonce, un agréable sentiment de plaisir s'empare de son cœur. Mais elle est, ensuite, informée que son fils est mort au combat. Selon Kant, cette nouvelle provoque une diminution du plaisir que cette mère avait senti, ce qui permet de comprendre que le déplaisir n'est pas seulement le manque de plaisir, mais un fondement positif qui supprime, partiellement ou entièrement, le plaisir issu d'un autre fondement. Cette relation d'opposition entre deux fondements positifs conduit à considérer le déplaisir comme un plaisir négatif.

Le manque de plaisir, comme le déplaisir, en tant qu'il dérive de l'absence de principes, s'appelle l'*indifférence* (*indifferentia*), dans la mesure où la négation par manque n'exige pas de fondement positif de détermination, mais se caractérise précisément par le défaut de quelque fondement. Dans la négation par manque, nous devons comprendre que quelque chose n'est pas à cause de l'absence d'une raison positive de son existence :

> Chacun comprend facilement pourquoi quelque chose n'est pas, dans la mesure où il lui manque le principe positif de son être ; mais il n'est pas aussi facile de comprendre comment ce qui existe cesse d'être. Par la force de mon imagination, il existe, par exemple, en ce moment, dans mon âme, la représentation du Soleil. L'instant suivant, je cesse de penser à cet objet. Cette représentation qui existait cesse d'être en moi, et l'état le plus proche du précédent est le zéro. Si je voulais l'expliquer par la cessation de la pensée, parce que, dans le moment suivant, j'ai négligé de la produire, la réponse ne différerait nullement de la question ; car la question est précisément ici de savoir comment une action qui si produit réellement peut être arrêtée, c'est-à-dire peut cesser d'être [1].

Ainsi, pour donner une explication, il faut établir la cause ou la raison qui fait disparaître ou anéantit la chose existante, grâce à la négation par privation, qui établit un fondement positif comme cause de la suppression, totale ou partielle, des choses qui cessent d'être.

La compréhension de la différence entre les négations par manque et par privation conduit Kant à effectuer une autre distinction : celle entre les maux par manque (*mala defectus*) et les maux par privation (*mala privationis*) :

> Les premiers sont des négations et ce qui leur est opposé n'est pas un principe, les seconds supposent des principes positifs pour supprimer le bien qui constitue réellement un autre principe, et ces maux sont un *bien négatif.* Ce dernier constitue un mal beaucoup plus grand que le premier. Ne pas donner est un mal par rapport à celui qui est dans le besoin, mais prendre, extorquer, voler est par rapport au premier un mal beaucoup plus grand, et prendre est un *donner négatif* [2].

1. EGN, AK II, 190 ; OP I, 285.
2. EGN, AK II, 182 ; OP I, 277.

Selon Kant, la philosophie pratique peut faire un usage fécond du concept d'opposition réelle. Le vice (*demeritum*) n'est pas simplement le manque de vertu, mais une vertu négative (*meritum negativum*) :

> Car le vice ne peut exister que dans la mesure où il y a dans un être une loi intérieure (soit simplement la conscience morale, ou encore la connaissance d'une loi positive) qui se trouve transgressée [1].

Ainsi, le vice n'est pas un manque de vertu qui ne serait pas imputable, mais c'est une détermination consciente qui s'oppose à une loi, par laquelle nous sommes responsables.

L'idée de vertu négative, conçue au moyen de l'opposition réelle, réapparaît en 1793, lorsque Kant fait usage du concept de mal radical. Le schéma général de son texte précritique est repris dans une note de l'ouvrage *La religion dans les limites de la simple raison*, dans lequel Kant assume une position morale rigoriste, où l'homme est considéré, par nature, moralement bon ou moralement méchant. Cette position écarte la vision fondée sur l'expérience, qui affirme que l'homme serait bon et méchant en même temps.

Dans la perspective du rigorisme kantien, il n'y a pas de moyen terme entre une bonne et une mauvaise intention (principe interne des maximes). Puisque la loi morale nous est donnée, le désaccord de l'arbitre avec cette loi est uniquement possible comme conséquence d'une détermination en réalité contraire au motif moral. Cette détermination négative, conséquence d'une opposition réelle, caractérise le mal moral qui appartient aux êtres humains. Le mal comme manque caractérise les actions des animaux, et nous permet aussi de comprendre que l'idée du devoir n'appartient pas à la volonté d'êtres purement raisonnables.

Les animaux sont des êtres privés de raison. Ainsi, nous ne pouvons pas les juger moralement, parce que le critère d'un jugement moral, qui exige la détermination de l'arbitre selon le principe de la moralité, ne peut pas s'appliquer à eux. Si les animaux ne possèdent pas de raison, ils ne possèdent pas non plus le fondement du bien représenté par la loi morale et ils n'ont donc pas d'accès à ce que la loi ordonne :

> Un animal privé de raison ne pratique aucune vertu. Cette omission n'est pourtant pas un vice (*demeritum*). Car il n'a violé aucune loi intérieure. Il n'a pas été poussé à une bonne action par un sentiment moral intérieur et le zéro, ou l'omission, n'est pas déterminé comme la conséquence d'une opposition à la loi morale ou de l'action d'un contrepoids. Cette omission est ici une négation, tout simplement par manque d'un principe positif, elle n'est pas privation [2].

Dans l'autre cas, les êtres purement raisonnables possèdent le fondement du bien, mais pas, cependant, en tant que loi du devoir, que l'arbitre pourrait admettre ou non, mais en tant que détermination unique de la volonté. Pour les

1. EGN, AK II, 182 ; OP I, 278.
2. EGN, AK II, 183 ; OP I, 278.

êtres purement raisonnables, il y a nécessairement harmonie de l'arbitre avec la loi, ce qui exclut toute notion de devoir liée à la volonté, laquelle est toujours d'accord avec la loi morale :

> Si la raison chez un être détermine infailliblement la volonté, les actions de cet être qui sont reconnues nécessaires objectivement sont aussi reconnues telles subjectivement, autrement dit, la volonté est alors une faculté de choisir *cela seulement* que la raison, indépendamment de l'inclination, reconnaît comme pratiquement nécessaire, c'est-à-dire comme bon [1].

Ainsi, pour les êtres qui ont uniquement la raison, la délibération est unique et parfaitement d'accord avec la loi morale, laquelle est nécessairement bonne.

Dans les cas considérés jusqu'à présent, l'une ou l'autre des propriétés présentes dans la nature humaine est absente en chaque être : la raison chez les animaux et la sensibilité chez les êtres purement raisonnables. Pour les hommes, nous devons considérer le mal comme un fondement positif d'opposition à la loi morale, c'est-à-dire le mal comme privation. Car les hommes ont, à côté de la raison, une nature sensible qui les prédispose aux désirs et aux penchants, ce qui attache la détermination de l'arbitre humain à l'impératif moral.

L'homme a essentiellement deux mobiles de détermination de son arbitre : le premier est la loi morale, issue de la raison pure pratique ; le deuxième, les inclinations de la sensibilité. Considérés en eux-mêmes, les deux mobiles ne permettent pas de formuler un jugement moral, car le mal ne peut être, isolément, dans aucun de ces deux mobiles. La possibilité du mal est simplement dans la forme que prend la relation entre la raison et la sensibilité.

Si nous voulions comprendre la forme de cette relation à partir du modèle de l'opposition réelle, nous devrions considérer ces deux mobiles comme des forces réellement existantes, qui s'opposent de quelque façon. La première de ces forces serait la disposition originelle au bien en l'homme, la deuxième, le penchant (*propensio*) au mal dans la nature humaine. En concevant, au moyen du modèle de l'opposition réelle, la relation entre cette disposition originelle au bien et ce penchant au mal, nous pourrions dire que, dans l'arbitre, se produit un conflit inévitable entre deux forces réelles, qui sont toujours présentes en l'homme. Cela signifie que ni la force du bien ni la force du mal, opposées entre elles, ne peuvent être éliminées de la considération de l'arbitre. Car Kant considère qu'il est impossible pour l'homme d'extirper l'obligation morale considérée en elle-même, indépendamment de son application particulière, de même que le penchant au mal est attribué à tous les hommes, même aux meilleurs, ce qui signifie que le mal est inhérent à la nature humaine.

Néanmoins, il y a une particularité dans la manière dont ces forces se confrontent dans l'arbitre, car le bien et le mal n'ont pas le même statut originaire. Le bien est le fruit de la raison humaine et de la liberté, et a en elle son origine ; le caractère originaire est attribué seulement au bien. Tandis que le

1. FMM, AK IV, 412 ; OP II, 274.

mal par privation est acquis et a besoin du bien pour être, en sa positivité, un non-être. Ainsi, la volonté méchante constitue une force qui agit en sens contraire à la détermination de la loi morale, mais maintient encore la reconnaissance de cette loi, comme un assassin qui, malgré son crime, considère valable la loi qu'il a transgressée.

Selon Kant, le penchant au mal, c'est-à-dire au mal moral, n'est possible que comme détermination volontaire, et la détermination volontaire ne peut être jugée bonne ou mauvaise que selon les maximes du libre arbitre. Ainsi, le penchant au mal « doit consister dans le fondement subjectif d'une déviance des maximes par rapport à la loi morale » [1].

Kant distingue trois degrés différents de ce penchant. Le premier est la faiblesse de l'homme dans l'accomplissement des maximes adoptées, appelée aussi *fragilité morale* de la nature humaine (*fragilitas*). À ce niveau, la force du motif moral, qui agit d'une manière invincible sur l'idée, est vaincue par la force des motifs de la sensibilité dans la détermination de l'arbitre. Il y a une bonne intention, mais elle n'est pas suffisamment forte, car l'arbitre est effectivement déterminé par les inclinations ; dans ce cas de figure, la manière de penser n'est pas corrompue. Un exemple serait celui d'un individu qui, ayant le devoir de dire la vérité et l'intention de le faire, n'est pas capable ou n'a pas le courage nécessaire pour cela.

Le deuxième degré du penchant au mal est appelé *impureté* du cœur humain (*impuritas, improbitas*). À ce niveau, le motif qui agit dans la détermination de l'arbitre n'est pas purement moral. L'homme possède, certes, une bonne intention, et cherche à agir suivant les maximes du bien. Néanmoins, la loi morale n'opère pas de manière suffisante, puisque l'action des forces de l'inclination, allant dans le sens de la motivation morale, est requise pour que l'homme puisse déterminer son arbitre en vue de ce que le devoir exige. Autrement dit, ses actions sont conformes au devoir, mais elles ne sont point réalisées purement par devoir. Dans ce cas, le devoir de dire la vérité est accompli en sa matière : l'individu ne ment pas, mais sa motivation n'est pas purement morale, parce que le motif de son action peut être attribué, par exemple, à la crainte d'une punition ou au désir d'une récompense.

Le troisième et le plus haut degré de ce penchant au mal est la *méchanceté* (*vitiositas, pravitas*) ou la *corruption* (*corruptio*) du *cœur* humain. C'est « le penchant de l'arbitre à faire passer les motifs issus de la loi morale après d'autres (qui ne sont point moraux) » [2]. On peut également appeler ce penchant *perversité* du cœur humain (*perversitas*), parce qu'il trouble et pervertit l'ordre moral relativement aux mobiles du libre arbitre. Dans ce penchant au mal, la manière de penser, en relation à l'intention morale, est corrompue à sa racine, et l'homme sera jugé moralement mauvais, même si cette manière de penser a pour résultat des actions conformes au devoir. Ce troisième degré du penchant

1. RSR, AK VI, 29 ; OP III, 41.
2. RSR, AK VI, 30 ; OP III, 42.

au mal se manifeste quand un homme réclame une exception à la loi morale, bien qu'il reconnaisse comme moralement valide ce qu'elle ordonne. Il y a, par exemple, celui qui défend un supposé droit de mentir, lorsque la vérité met la vie en danger. Ainsi, il établit une condition à l'accomplissement du devoir et subordonne la loi morale à un autre motif, pour considérer cette transgression moralement justifiable.

En ce sens, la différence essentielle entre ces degrés du penchant au mal est la suivante : dans le premier et dans le deuxième degrés, la manière de penser n'est pas corrompue alors que dans le troisième degré, en rapport à l'intention morale, la manière de penser est essentiellement pervertie. Toutefois, selon Kant, cette manière pervertie de penser n'a pas son origine dans la raison, mais dans le cœur. Par conséquent, cette manière de penser ne confère qu'un cœur mauvais à l'homme. Cette perversion du cœur, visualisée au moyen du modèle de l'opposition réelle, montre que la force des inclinations sensibles peut subjuguer la force de la loi morale, mais n'arrive pas à l'évacuer de la considération de l'arbitre.

La perversion issue du cœur établit une limite pour la méchanceté attribuable à l'homme, et empêche d'affirmer que celui-ci serait capable de viser le mal par le mal. Ce type de mal correspondrait à ce que Kant nomme « *corruption* de la raison morale législatrice » [1], qui se rapporte à une raison qui avait, comme motif de son arbitre, la négation de la loi morale – ce qui transforme l'opposition à la moralité en une fin en soi. Ce serait l'expression d'une rationalité diabolique, d'une malignité extrême qui, à en croire Kant, est impossible pour la nature humaine :

> Ainsi, pour donner au mal moral un fondement en l'homme, la *sensibilité* contient trop peu, tandis qu'écartant les motifs qui peuvent naître de la liberté, elle fait de l'homme un être *animal* ; mais en revanche une *raison* pour ainsi dire *maligne* (une volonté absolument mauvaise) qui libère de la loi morale contient trop : car l'opposition à la loi serait érigée en motif (et sans aucun motif l'arbitre ne peut être déterminé) et le sujet serait transformé en un *être diabolique*. Aucun de ces deux cas n'est applicable à l'homme [2].

L'idée d'une volonté absolument maligne serait, en termes kantiens, en opposition logique avec la définition de l'homme comme être intrinsèquement rationnel et libre. La corruption de la raison doit être conçue à partir de l'idée de liberté, comprise comme obéissance inconditionnelle à l'impératif catégorique, mais néanmoins associée à l'indifférence relativement à la loi morale, ce qui la rend contradictoire. Selon Kant :

> Se concevoir comme un être librement agissant et en même temps comme dégagé de la loi qui lui est conforme, reviendrait à se concevoir comme une

1. RSR, AK VI, 35 ; OP III, 48-49.
2. RSR, AK VI, 35 ; OP III, 49.

cause efficiente en dehors de toute loi (car la détermination d'après les lois de la nature tombe du fait de la liberté) ; mais cela est contradictoire [1].

Cependant, si Kant considère comme impossible la perversité de la raison humaine, cette impossibilité n'est pas occasionnée par une limitation du modèle de l'opposition réelle, qu'il propose en vue de clarifier la question du mal. Car la malignité extrême – conçue comme un fondement positif capable d'anéantir la loi morale – est l'expression authentique d'une grandeur négative et elle résulte de ce type d'opposition. Mais la malignité conçue de cette manière obtiendrait un statut originaire qui en ferait l'égal du bien, de telle sorte que quelqu'un pourrait être moralement bon ou moralement méchant. Ce que Kant cherche, c'est à montrer qu'un sujet, auquel a été attribuée cette malignité, ne pourrait pas être considéré comme un homme, parce qu'il constituerait un être diabolique. En refusant la possibilité d'attribuer ce type de prédicat à l'homme, parce que cela contredirait un ensemble de propositions définissant la nature humaine, Kant abandonne le modèle de l'opposition réelle et, à partir d'une négation par contradiction, élimine un déploiement de la notion du mal radical, pour le considérer comme incompatible avec son système. Ainsi, dans la philosophie kantienne, le fondement subjectif qui s'oppose à la loi morale ne parvient pas à détruire le fondement objectif de la moralité, qui maintient intacte la loi qui représente le bien, tout comme la conception de la nature humaine qui la soutient.

Considérations finales

L'emploi du concept mathématique de grandeurs négatives dans la morale nous permet de concevoir le mal avec la caractéristique de la positivité, grâce à l'utilisation d'une relation d'opposition que Kant appelle réelle et qui est essentiellement différente de l'opposition logique. C'est la relation d'opposition réelle entre un fondement positif du mal et un fondement positif du bien qui fait du mal un bien négatif, parce que le mal se constitue comme une force qui naît des inclinations sensibles et qui est capable d'empêcher la manifestation de la force du bien représentée par la détermination de l'arbitre qui obéit inconditionnellement à la loi morale.

Cette manière de concevoir le mal nous fait comprendre qu'il n'est pas le simple manque d'un fondement du bien = 0, parce qu'il est un fondement positif de l'opposition au bien = – a.

La relation d'opposition réelle s'appuie sur un type de négation que Kant nomme négation par privation, laquelle résulte de l'opposition réelle entre deux fondements qui peuvent s'annuler réciproquement. L'annulation de la force d'expression d'un fondement est la cause du surgissement de la force d'expression du fondement opposé.

L'arbitre humain est l'instance dans laquelle se produit le conflit entre le bien et le mal. Le résultat de ce conflit (la maxime de l'arbitre) désigne le

1. RSR, AK VI, 35 ; OP III, 49.

fondement dont l'intensité de la force est plus grande que celle du fondement opposé, puisque ce résultat est la somme des intensités de forces opposées. Toutefois, le résultat de ce conflit n'est pas nécessaire, car l'arbitre est déterminé par la loi de la liberté et, de cette façon, chacun de ces fondements acquiert l'intensité de sa force dans l'arbitre, ce qui confère à l'être humain la responsabilité du choix entre le bien et le mal. Ainsi, si le libre arbitre, qui est conscient de la loi morale, admet comme sa maxime un résultat qui annule l'intensité de la force de détermination de cette loi sur soi, l'homme sera jugé mauvais.

Néanmoins, affirmer que l'intensité de la force de détermination de la loi morale dans l'arbitre peut être annulée par l'intensité de la force du mal ne signifie pas soutenir la possibilité d'annuler la conscience de cette loi. Car cette conscience, qui est l'origine de la force du bien, est nécessairement présente dans le libre arbitre. Il est impossible de concevoir le libre arbitre sans la présence de la loi morale en soi, parce qu'il serait contradictoire de penser la possibilité d'un arbitre qui choisirait librement ce qui simultanément détruirait sa capacité à être libre.

Ainsi, le mal est seulement l'admission d'une *déviance occasionnelle* par rapport à la loi morale dans les maximes de l'arbitre, lequel est nécessairement conscient de cette loi.

La considération de la présence obligatoire de la loi morale dans le libre arbitre comme une force originaire en soi indestructible conduit Kant à refuser la possibilité que le mal puisse occuper le lieu du bien comme fondement originaire. Le mal est un fondement caractérisé comme un penchant qui peut seulement être acquis dans sa relation avec la loi morale et qui ne sera jamais une force originaire dans l'arbitre.

Par conséquent, la non-détermination de l'arbitre par la loi morale ne signifie point l'évacuation de cette loi et la fondation d'un principe originaire du mal, mais signifie uniquement que l'intensité de la force de la loi morale, qui est nécessairement présente dans le libre arbitre, a été supprimée par l'intensité d'une force opposée qui naît des inclinations de la sensibilité, laquelle empêche que la force du bien se manifeste, malgré elle, et continue d'être présente dans l'arbitre humain.

Selma Aparecida BASSOLI
(São Paulo)

KANT ET LA QUESTION DES FONDEMENTS DE LA GÉOMÉTRIE DANS LA DOCTRINE CONVENTIONNALISTE

I. LE PROBLÈME DE KANT À L'ORIGINE DE LA PHILOSOPHIE CONVENTIONNALISTE

Dans cette contribution, je vais tout particulièrement m'intéresser à la présence de Kant dans la philosophie de la géométrie du mathématicien et physicien de Nancy, Henri Poincaré (1854-1912), savant universel et « philosophe profond », chef d'école, au tournant du XIXe siècle, du mouvement conventionnaliste selon lequel les propositions de la science sont des conventions qui ne sont ni *vraies* ni *fausses*. Si nous considérons les propos de Jules Tannery selon lesquels « *Poincaré s'est nourri de Kant* » et l'affirmation de Louis Rougier selon laquelle le conventionnalisme géométrique de Poincaré est la réfutation du Kantisme, la question de la présence de Kant chez Poincaré prend tout son sens [1].

Dès 1887, Poincaré pose la question de savoir si les *axiomes*, *hypothèses* et *postulats* géométriques doivent être considérés « comme des faits expérimentaux, ou comme des jugements analytiques, ou encore comme des jugements synthétiques *a priori* » [2]. Ce n'est qu'en 1891, dans l'article « Les géométries non euclidiennes », qu'il se réfère explicitement à Kant, se demandant à propos des axiomes : « sont-ce des jugements synthétiques *a priori*, comme disait Kant ? » [3]. Kant parle de l'existence de jugements analytiques ou purement logiques, de jugements synthétiques *a posteriori* fondés sur l'expérience et sans nécessité, et enfin de jugements synthétiques *a priori*.

Dans la *Critique de la raison pure* (« Exposition transcendantale du concept d'espace »), Kant soutient que « les propositions géométriques, par exemple : l'espace n'a que trois dimensions, sont toutes apodictiques, c'est-à-

1. Voir J. Tannery, *Science et philosophie*, avec une notice d' E. Borel, Paris, Alcan, 1912, p. 71 ; L. Rougier, *La philosophie géométrique de Henri Poincaré*, Paris, Alcan, 1920 ; Mooij, *La philosophie des mathématiques de Henri Poincaré*, Paris / Louvain, Gauthier / Villars, 1966.

2. H. Poincaré, « Sur les hypothèses fondamentales de la géométrie », *Bulletin de la Société Mathématique de France* 15, 1887, p. 203-216 ; *Œuvres,* Paris, Gauthier-Villars, t. XI, 1956, p. 79-91.

3. Poincaré, *La science et l'hypothèse* [1902], Paris, Flammarion, 1968, p. 74.

dire qu'elles impliquent la conscience de leur nécessité »[1]. En raison de cette nécessité, de telles propositions « ne peuvent donc être des jugements empiriques ou d'expérience, ni en être conclu[e]s »[2].

La profonde conviction du savoir géométrique comme savoir apodictique conduit Kant à soutenir que les axiomes géométriques ne sont fondés que sur les formes (*a priori*) de notre sensibilité, l'espace et le temps. Ces formes du sujet sont des *intuitions pures*, nécessaires, transcendantales, concernant *a priori* notre connaissance des objets. L'*a priori* concerne ce qui est connu « *indépendamment de toute expérience* »[3], il est relatif à la présupposition du caractère nécessaire des sciences mathématiques et physiques. Dans la *Critique de la raison pure,* Kant souligne que

> nécessité et universalité rigoureuses sont [...] des caractéristiques certaines d'une connaissance *a priori,* et sont aussi inséparables[4].

Or, dans l'article « Sur les géométries non euclidiennes », puis dans *La science et l'hypothèse*, Poincaré soutient que « les axiomes géométriques, ne sont [...] ni des jugements synthétiques *a priori,* ni des faits expérimentaux. Ce sont des conventions »[5]. En disant que les axiomes géométriques sont des conventions de l'esprit, Poincaré définit une philosophie de l'espace, alternative et à l'apriorisme kantien et à l'empirisme. De plus, bien que l'expérience ne soit pas un fondement, elle est réputée importante, dans la mesure où « notre choix, parmi toutes les conventions possibles, est guidé par des faits expérimentaux »[6]. Mais, en affirmant que ce choix « reste libre et n'est limité que par la nécessité d'éviter toute contradiction »[7], Poincaré semble fonder la géométrie, à la différence de Kant, grâce à la non-contradiction, cohérence qui serait réputée donc condition suffisante, alors que l'idée de cette liberté va légitimer chez lui le pluralisme géométrique[8].

II. Le non-euclidisme comme raison de la réfutation de l'*a priori* kantien

En accord avec Kant sur la géométrie, Poincaré nie soit les jugements analytiques, soit le fondement empirique. Toutefois, contrairement à Kant, il

1. CRP, B 41, AK III, 54 ; OP I, 787.
2. *Ibid.*
3. PMF, § 36, AK IV 319 ; OP II, 96.
4. CRP, B 4, AK III, 29 ; OP I, 759.
5. Poincaré, *La science et l'hypothèse,* p. 75.
6. *Ibid.*
7. *Ibid.*
8. En effet, dans l'épistémologie de Poincaré, la cohérence n'est pas suffisante ; l'expérience n'est pas fondement et toutefois elle est importante. Voir Fortino, *Convenzione e razionalità scientifica in Henri Poincaré*, Rubbettino, Soveria Mannelli, 1997, chap. I.

rejette explicitement les *intuitions pures*. Il soutient que s'il y avait des jugements synthétiques *a priori*,

> ils s'imposeraient alors à nous avec une telle force, que nous ne pourrions concevoir la proposition contraire, ni bâtir sur elle un édifice théorique. Il n'y aurait pas de géométrie non euclidienne [1].

Voici la raison de cette négation : la thèse de Kant n'aurait pas permis de concevoir des géométries diverses, non euclidiennes, qui à la fin du XIXe siècle sont un fait historique en vertu des travaux de Riemann, Gauss, Bolyai et Lobachevskij [2]. Le pluralisme géométrique serait le certificat de la mort de l'*apriorisme* kantien, en opposition à la prétention criticiste du caractère absolu, universel, éternel des axiomes géométriques, bien que l'idée des géométries diverses ne soit pas improbable chez Kant [3].

Dans *La science et l'hypothèse,* Poincaré imagine un monde non euclidien, où à cause de dilatations dues à des changements de température, les lois de notre monde seraient bouleversées. Toutefois, dans ce monde non euclidien, un être qui serait éduqué dans notre monde utiliserait le langage euclidien. Cette fiction permet de comprendre la thèse selon laquelle la géométrie a une nature conventionnelle, qui n'est pas imposée par l'expérience, et qui se réduit à un fait de langage. De plus, s'il y a le langage euclidien et le langage non euclidien, il est possible de traduire l'un par l'autre. La thèse selon laquelle il n'y a pas une métrique intrinsèque de l'espace – l'espace est un *continuum* géométriquement *amorphe* – légitime la possibilité d'établir des langages divers qui ne sont pas incompatibles, car ils sont intertraduisibles.

Or, l'opposition entre Kant et la doctrine conventionnaliste est-elle réellement irréfutable ? Se dessine, chez Poincaré, une tendance surprenante, car il affirme malgré tout explicitement un élément *a priori*. Il en résulte le problème suivant : est-il possible de concevoir cet *a priori* en termes kantiens, sans violer la particularité conventionnaliste du pluralisme géométrique ?

III. LA NOTION DE GROUPE ET SA PRÉEXISTENCE DANS L'ESPRIT. NÉCESSITÉ SANS UNIVERSALITÉ ?

S'il est vrai que l'existence des géométries non euclidiennes légitime la négation de l'*a priori* conçu comme condition transcendantale dans *La science et l'hypothèse* et dans les autres écrits, Poincaré, après avoir parlé des *solides idéaux* comme fondement non empirique de la géométrie, parle également d'un élément *a priori*, le concept de *groupe*.

1. Poincaré, *La science et l'hypothèse*, p. 74.

2. Voir E. Agazzi et D. Palladino, *Le geometrie non euclidee i fondamenti della geometria*, Milano, Mondadori, 1978.

3. Voir J. Vuillemin, « La théorie kantienne de l'espace à la lumière des groupes des transformations », *The Monist* 51, 1967, p. 332-351, ici p. 342 ; L. Couturat, *Kant e la Matematica*, Milano, Guerini e Associati, 1991, p. 85.

Dans *La science et l'hypothèse,* en précisant que la géométrie est l'étude des mouvements des solides invariables, Poincaré affirme que la géométrie

> ne s'occupe pas en réalité des solides naturels, elle a pour objet certains solides idéaux, absolument invariables, qui n'en sont qu'une image simplifiée et bien lointaine [1].

Or, selon Poincaré,

> la notion de ces corps idéaux est tirée de toutes pièces de notre esprit et l'expérience n'est qu'une occasion qui nous engage à l'en faire sortir [2].

Ces objets sont des objets idéaux opposés aux objets empiriques qui ne sont absolument pas invariables (mais déformés par des petites différences de température). Ce sont des objets *préexistants* dans notre esprit (bien que sans les solides naturels il n'y aurait pas de géométrie). Mais une deuxième notion conçue comme *idée préexistante* dans notre esprit s'impose chez Poincaré : la notion de *groupe*, qui est liée à la notion des solides invariables, autrement dit : à la notion des solides sans déformation dans leurs déplacements :

> Ce qui est l'objet de la géométrie, c'est l'étude d'un "groupe" particulier ; mais le concept général de groupe préexiste dans notre esprit au moins en puissance. Il s'impose à nous, non comme forme de notre sensibilité, mais comme forme de notre entendement [3].

Le concept général de *groupe (groupe de transformations)* est donc un fait indéniable de l'esprit ; il est soit totalement formé, soit « potentiellement préexistant ». C'est un *a priori*. Qu'est-ce-que cet *a priori* chez Poincaré ? En précisant que le groupe ne s'impose pas à la sensibilité, tandis qu'il montre qu'il a conscience du rôle des *intuitions pures* dans l' « Esthétique transcendantale », Poincaré définit le concept *a priori* de *groupe* comme *forme a priori* de notre entendement et non pas de notre sensibilité.

Mais chez Poincaré, de même que chez Kant, *forme* et *matière* sont complémentaires ; la *forme* renvoie au monde réel (la mathématique pure, et de manière spécifique la géométrie pure, peut avoir une réalité objective à la seule condition qu'elle se réfère simplement aux objets des sens) et elle est même condition de connaissance de ce monde. Cette forme, fondement du savoir géométrique, est une structure préliminaire du sujet. Mais, contrairement à l'épistémologie kantienne, dans le conventionnalisme de Poincaré, elle n'est pas constitutive de la sensibilité ; elle est – plutôt – une « catégorie » de l'entendement, qui nous rappelle (dans l'essai *On the Foundation of Geometry*) l'activité synthétique de l'esprit décrite dans les pages de l' « Analytique transcendantale » de la *Critique de la raison pure*.

1. Poincaré, *La science et l'hypothèse,* p. 93.
2. *Ibid.*
3. *Ibid.*

Il ne faut toutefois pas négliger que, chez Kant, l'intellect est souverain : « ce qui détermine l'espace en forme de cercle, en figure de cône et de sphère, c'est l'entendement » [1].

Cela étant dit, si un élément purement *a priori*, le *groupe* comme *forme*, est affirmé [2], pour le savant conventionnaliste, la forme n'est pas absolue, c'est-à-dire exclusive, universelle, parce que, dans notre esprit, il y a non pas un, mais *plusieurs* modèles de *groupes* (euclidien, de Lobatcheskij, de Riemann...). Ce pluralisme est admis avant tout en vue de légitimer philosophiquement une nécessité imposée, depuis Kant, par le devenir réel de l'histoire des sciences, et il constitue la raison qui a conduit plusieurs critiques, face à l'universalisme kantien, à sous-estimer l'exigence aprioristique de Poincaré. C'est la raison pour laquelle Louis Rougier a vu dans le conventionnalisme l'adversaire du kantisme et Giedymin la substitution d'un kantisme affaibli par l'évolution darwinienne [3].

Mais une exigence de permanence n'est pas absente de l'épistémologie de Poincaré. En effet, l'*invariance*, à savoir l'idée des propriétés qui se maintiennent invariantes dans les transformations d'une figure, ne partage-t-elle pas avec le criticisme l'idée d'un fondement aprioristique, donc nécessaire de la géométrie ? Paradoxalement, l'idée de *nécessité* ne serait donc pas niée chez Poincaré : l'*invariance* n'est pas contingente, tandis que le *groupe* est l'élément nécessaire en tant qu'*étalon* qui précède épistémologiquement (et non pas chronologiquement) nos expériences toujours grossières. Ainsi, le groupe euclidien, l'*a priori* de notre esprit, serait le groupe qui s'accorde le mieux avec les expériences de l'individu et de l'espèce dans notre monde.

Selon la doctrine conventionnaliste, l'expérience toujours contingente nous guide dans le choix de notre géométrie, mais elle ne l'impose pas ; et notre choix sera subordonné à la commodité pratique, à la simplicité logique et linguistique. Les propositions géométriques ne sont pas arbitraires. Ainsi, d'après ce que nous pouvons lire dans *Science et méthode*, la géométrie euclidienne aurait le privilège d'être la plus simple logiquement et la plus adaptée dans la lutte pour la vie de l'individu et de l'espèce [4]. Nous savons qu'il ne s'agit que d'une illusion qu'Einstein démentira.

1. PMF, AK IV, 322-323 ; OP II, 99.

2. Poincaré confère un rôle important à l'expérience psycho-physiologique de l'individu et de l'espèce pour légitimer une lecture tridimensionnelle de l'espace, lecture qui, selon lui, est le résultat de nos processus évolutifs.

3. L. Rougier : « Non seulement Poincaré rejette explicitement la théorie criticiste, mais l'on peut trouver, dans les divers développements de sa pensée, la matière d'une réfutation des critiques adressées par les néo-kantiens contre la validité des géométries non euclidiennes » (*op. cit.*, p. 192). Voir Giedymin, « On the Origin and Significance of Poincaré's Conventionalism », *Studies in History and Philosophy of Science* VIII, 1977, p. 271-301 ; voir également *Science and Convention. Essays on Henri Poincaré's Philosophy of Science and the Conventionalist Tradition*, Oxford, Pergamon Press, 1982.

4. Voir Poincaré, *Science et méthode*, Paris, Flammarion, 1908, chap. « La relativité de l'espace » ; *La valeur de la science* [1905], Paris, 1970, p. 95-98 ; Fortino, *op. cit.*, chap. I.

IV. Invariantisme et intuition

S'il est vrai que le pluralisme géométrique est opposé à la fixité des *intuitions pures* de Kant, espace et temps, ce pluralisme nous empêche-t-il, pour autant, de dévoiler une sorte d'unité essentielle lorsque Poincaré affirme l'existence d'éléments qui limitent le caprice des inventeurs des géométries ? Dans l'article « Les fondements de la géométrie » (publié dans le Journal *des savants* en 1902), Poincaré écrit :

> Les lois du mouvement des corps solides invariables ne sont pas des lois expérimentales ; [...] toutes les lois que l'on pourrait imaginer doivent satisfaire à certaines conditions, lesquelles ne sont pas révélées par l'expérience, mais s'imposent au contraire à l'expérience. Ce que la géométrie nous enseigne, c'est que les lois connues du mouvement des solides invariables satisfont à ces conditions. Lie a bien compris tout cela ; il a donc voulu former tous les types possibles de lois cinématiques. Il a cherché de quelle manière peuvent se combiner les divers mouvements possibles d'un système quelconque ou, plus généralement, les diverses transformations possibles d'une figure. Si l'on envisage un certain nombre de transformations et qu'on les combine ensuite de toutes les manières possibles, l'ensemble de toutes ces combinaisons formera ce qu'il appelle un groupe [1].

C'est la définition de la notion de *groupe*, expression d'une « pure mathématique intellectuelle » (Hermann Weyl) qui repose, selon Cassirer, « sur une "intuition originale" », qui est « antérieure à toute expérience et en est la condition » [2]. En effet, selon Poincaré,

> ce que les mathématiciens appellent un groupe est l'*ensemble* d'un certain nombre d'opérations et de toutes les combinaisons qui peuvent être formées avec elles [3].

Or, Poincaré veut souligner les propriétés communes aux groupes. Lorsqu'il affirme qu'à « chaque groupe correspond une géométrie, et [que] la nôtre, qui correspond au groupe des déplacements d'un corps solide, n'est qu'un cas très particulier », il explique en même temps que

> les groupes que l'on peut imaginer possèderont certaines propriétés communes, et ce sont précisément ces propriétés communes qui limitent le caprice des inventeurs de géométries ; ce sont elles, d'ailleurs, que Lie a étudiées toute sa vie [4].

Nous découvrons ici que l'histoire des mathématiques est le support théorique de la philosophie conventionnaliste de la géométrie. Il faut s'atteler à la notion post-kantienne des *groupes de transformations des solides invariables,*

1. Poincaré, *Dernières pensées*, Flammarion, Paris, 1913, p. 161-185 ; p. 182.

2. Cassirer, « Le concept de groupe et la théorie de la perception », *Journal de Psychologie*, 1938, p. 368-414 ; ici p. 371.

3. Poincaré, *Scientific Opportunism / L'opportunisme scientifique*, rassemblé par L. Rougier, éd. par L. Rollet, Basel, Birkhäuser Verlag, 2002, p. 5-31 ; ici p. 12-13.

4. Poincaré, *Dernières pensées*, p. 182-183.

« dont Lie a fait la théorie », et également à celle de Felix Klein, pour comprendre l'origine de l'épistémologie conventionnaliste et, surtout, son lien avec le criticisme.

Mais quel est le rôle – en termes philosophiques – de cet invariantisme ? Découvrir et valoriser un fondement *a priori* de la géométrie, le groupe, auquel il faut porter attention parce qu'il est réputé, dans le criticisme de notre mathématicien, être une « condition de l'expérience », de même que l'élément *transcendantal* kantien, du moins si nous considérons que, chez Poincaré, la géométrie se réfère essentiellement à un fait de l'esprit. En effet, dans l' « Introduction » à la *Critique de la raison pure*, Kant écrit :

> J'appelle *transcendantale* toute connaissance qui s'occupe en général non pas tant d'objets que de notre mode de connaissance des objets en tant qu'il est possible en général [1]

ou mieux encore

> avec nos [...] concepts *a priori* des objets [2].

Toutefois il est nécessaire de souligner que bien que, chez Poincaré, un processus génétique très complexe soit important, parce qu'il conduit, par l'espace représentatif, à l'espace géométrique, il y a nonobstant une nette différence entre l'espace des sens, l'espace psychophysiologique ou représentatif, et l'espace géométrique. En effet, l'espace représentatif n'a pas la rigueur et la précision de l'espace géométrique.

Et, s'il est vrai que, chez Poincaré, la réfutation explicite des jugements synthétiques *a priori* de Kant est bâtie sur le fait historique du pluralisme géométrique, qui est l'antithèse de l'absolutisme euclidien, il est en même temps vrai que les propriétés communes constituent un *invariant* ; ce pourquoi il est possible de concevoir, dans la théorie de la connaissance de Poincaré, un élément *a priori,* qui précède l'expérience.

Poincaré affirme toujours une structure du sujet. En 1912, année de la mort de notre mathématicien, dans l'écrit *Pourquoi l'espace a trois dimensions*, la réfutation de l'*a priori* par la liberté conventionnaliste de construire un espace *n*-dimensionnel va permettre de dévoiler l'appel à une *intuition pure* comme fondement.

> Nous avons tous en nous l'intuition du continu d'un nombre quelconque de dimensions, parce que nous avons la faculté de construire un continu physique et mathématique [3].

Dans le paragraphe intitulé « L'*Analysis Situs* et l'intuition »,

> cette faculté [de construire un continu physique et mathématique] préexiste en nous *à* toute expérience parce que, sans elle, l'expérience proprement dite

1. CRP, B 26, AK III, 44 ; OP I, 777.
2. *Ibid.*
3. Poincaré, « Pourquoi l'espace a trois dimensions », *Revue de métaphysique et de morale*, juillet 1912, p. 483-504, dans Poincaré, *Dernières pensées, op. cit.*, p. 133-157 ; ici p. 504.

> serait impossible et se réduirait à des sensations brutes, impropres à toute organisation, que cette intuition n'est que la conscience que nous avons de cette faculté [de construction] [1].

Or, une faculté de construction est-elle aussi affirmée chez Kant ? Dans la *Critique de la raison pure,* Kant affirme que les mathématiques sont une connaissance rationnelle par construction de concepts, par « une intuition *non empirique* » [2].

Il faut, toutefois, souligner que, chez Poincaré, cet *a priori*, cette faculté de construction, ne suffit pas, parce que

> cette faculté pourrait s'exercer dans des sens divers ; elle pourrait nous permettre de construire un espace à quatre, tout aussi bien qu'un espace à trois dimensions. C'est le monde extérieur, c'est l'expérience qui nous détermine à l'exercer dans un sens plutôt que dans l'autre [3].

Il s'agit ici d'un fait pragmatique, du fait de choisir l'espace le plus commode, celui qui s'accorde le plus avec notre expérience alors que, chez Kant, il ne s'agit pas de choisir. L'intuition du conventionnaliste se lie donc à un « opportunisme empirique » ; elle est admise seulement comme condition d'expérience, laquelle, si elle est interprétée en termes kantiens, reste toutefois loin de la nécessité, de l'universalité et de l'*apodicticité* de la notion d'espace tridimensionnel postulées dans l' « Exposition transcendantale du concept d'espace » de la *Critique de la raison pure* [4].

Chez Poincaré, l'*a priori* en géométrie n'est pas en désaccord avec la liberté de construire un espace à trois, à quatre ou à *n*-dimensions. L'expérience est seulement un guide, mais un guide qui n'est en rien impérieux, comme l'a montré le monde-fiction de *La science et l'hypothèse* évoqué ci-dessus. Il s'agit ainsi d'un *apriorisme* corrigé simplement en vertu des progrès de l'histoire des sciences : la naissance des géométries non euclidiennes, qui permit, dans la perspective conventionnaliste, de sauvegarder de manière originale *apriorisme* et *pluralisme*, le pouvoir du sujet et sa liberté de choix.

Nous savons que Poincaré ne pourrait pas nier sa vocation kantienne lorsqu'il rend raison, en arithmétique, du principe de l'*induction complète* comme affirmation de la puissance créatrice de l'esprit [5]. L'épistémologie de Poincaré est entièrement bâtie sur une vocation kantienne, à savoir sur la philosophie de la limite, sur la distinction entre la connaissance possible et limitée

1. Poincaré, *Dernières pensées,* art. cit. ; ici p. 504.

2. CRP, A 713 / B 742, AK III, 469 ; OP I, 1298. Voir Philonenko, *L'œuvre de Kant. La philosophie critique*, Paris, Vrin, 1989, p. 119-121.

3. Poincaré, « Pourquoi l'espace a trois dimensions », dans *Dernières pensées,* p. 157.

4. Selon Lorenzo Magnani, lorsque Poincaré affirme que l'intuition préexiste à chaque expérience, « l'isomorphisme avec Kant est indiscutable ». Magnani, *Filosofia e geometria. Temi teorici e storici*, Milano, Guerini e Associati, 1990, p. 133 (notre traduction).

5. Poincaré : « Si un théorème est vrai pour le nombre 1, si on a démontré qu'il est vrai de n + 1, pourvu qu'il le soit de n, il sera vrai de tous les nombres entiers positifs » (*La science et l'hypothèse*, p. 74).

et la connaissance de la « nature des *choses en soi* » éternellement cachée et interdite à nous [1]. Cette distinction est un postulat commun au criticisme et au conventionnalisme. Et cela malgré l'idée de « convention » qui renverse l'idée-clé de l'épistémologie kantienne : l'idée de vérité apodictique. Toutes les propositions géométriques selon Kant sont apodictiques, nécessaires, tandis que ces propositions, selon Poincaré, sont des conventions qui ne sont ni vraies ni fausses.

Mirella FORTINO
(Lycée scientifique « Enrico Fermi », Cosenza)

1. Voir PMF, AK IV, 320-322 ; OP II, 97-99.

L'INFINI POTENTIEL ET ACTUEL DANS LA PHILOSOPHIE DES MATHÉMATIQUES DE KANT [1]

I. L'IMAGINATION ET L'EXCLUSION DE LA GRANDEUR INFINIMENT GRANDE DANS L'EMPLOI MATHÉMATIQUE

La notion de grandeur infiniment grande en acte ne correspond pas à notre possibilité de connaître, qui exige l'effectuation de la mesure ou de la numération dans un temps fini. C'est pour cette raison qu'elle est « incompatible » avec les sciences mathématiques. À l'origine de cette exclusion, il y a, à mon avis, la manière dont l'imagination productive (*produktive Einbildungskraft*) agit sur la construction des concepts mathématiques. L'*imagination* est la faculté de se représenter un objet dans l'intuition (*Anschauung*), *même s'il n'est pas présent* ; en tant qu'elle est spontanéité, elle est nommée *productive* et est médiatrice entre l'intuition et l'intellect (*Verstand*) dans l'utilisation des catégories qui se rapportent aux pures formes *a priori* de l'espace et du temps [2].

Dans cette corrélation entre l'intellect et la sensation, fruit de l'imagination productive, on a une *détermination* (*Bestimmung*) *finie* du temps, laquelle est éclairée par la manière spécifique dont l'imagination productive agit sur les « schémas transcendantaux » et sur les « principes de l'intellect » qui leur sont liés. Cette circonstance est soulignée en particulier par le *schéma* pur de la *quantité* (*quantitatis*) [3], comme concept de l'intellect, qu'est le *nombre*, « qui

1. Ce texte est une reprise, corrigée, des thèses que j'ai traitées en particulier dans mes essais, *Dottrina delle grandezze e filosofia trascendentale in Kant*, Padova, Il Poligrafo, 1999, chap. VI et VII, et, en ce qui concerne Kant, « Die Auffassung des endlichen und des unendlichen in der Mathematik nach Kant und Hegel », dans *Das Endliche und das Unendliche in Hegels Denken*, F. Menegoni et L. Illetterati éd., Stuttgart, Klett-Cotta, 2004, p. 58-81.

2. CRP, B 151-152, AK III, 120 ; OP I, 867. Kant conçoit la *connaissance mathématique* comme une « connaissance rationnelle par la *construction* (*Konstruktion*) des concepts » (alors que la *connaissance philosophique* est une « *connaissance rationnelle* par *concepts* »), et que *construire* un concept signifie « présenter *a priori* l'intuition qui lui correspond ». Cette construction se réalise, comme dans la construction mathématique d'un triangle, grâce à la simple imagination dans l'intuition pure, ou sur le papier, mais toujours *a priori*. Voir CRP, B 741, AK III, 469 ; OP I, 1298.

3. Je traduis par le terme « quantité » le terme allemand « *Quantität* ».

est une représentation embrassant l'addition successive de l'unité à l'unité (de l'homogène) ». Donc le nombre est

> l'unité de la synthèse du divers (*des Mannigfaltigen*) d'une intuition homogène en général, du fait que je produis le temps lui-même dans l'appréhension (*Apprehension*) de l'intuition [1].

Ce *schéma* réalise la synthèse catégoriale entre l'*unité* et la *multiplicité* avec la production du nombre (qui appartient à la *totalité*) d'une façon telle que la numération est scandée par la délimitation d'intervalles finis du temps, qui épuisent un temps fini. Donc le nombre généré est chaque fois fini.

Des indications ultérieures sur la manière d'agir de l'imagination proviennent les axiomes de l'intuition, principes mathématiques de l'intellect particulièrement significatifs eu égard à la *conception intuitive-constructive* de la science mathématique de Kant. C'est dans ces principes que se manifeste le rôle de l'*appréhension* (*Apprehension*), une fonction de l'intellect qui entre dans la sphère de l'imagination. Kant appelle extensive la grandeur « dans laquelle la représentation des parties rend possible la représentation du tout », et constate qu'on peut se représenter une ligne, si petite soit-elle, seulement si on la trace dans la pensée, c'est-à-dire si l'on en produit toutes les parties successivement, partant d'un point [2]. Cette *synthèse successive* engendre dans un temps fini les grandeurs continues et finies. Kant précise que a) cette synthèse de l'appréhension est l'effet de l'imagination productive, b) elle s'exerce au niveau de l'intuition *a priori*, c) elle est à la base des axiomes de la géométrie :

> C'est sur cette synthèse successive de l'imagination productive dans la production des figures (*Gestalten*) que se fonde la mathématique de l'étendue (géométrie), avec ses axiomes exprimant les conditions de l'intuition sensible *a priori*, sous lesquelles seulement le schème d'un concept pur du phénomène extérieur peut se produire ; par exemple : entre deux points on ne peut mener qu'une ligne droite ; deux lignes droites n'enferment aucun espace, etc. Ce sont là les axiomes, qui ne concernent proprement que des grandeurs (*quanta*) comme telles [3].

On voit ainsi que, soit dans l'arithmétique, soit dans la géométrie, les mathématiques, selon la fondation transcendantale proposée par Kant, dans laquelle l'imagination productive joue un rôle fondamental, peuvent disposer seulement de nombres et de grandeurs finis ou, tout au plus, potentiellement infinis.

1. CRP, B 182, AK III, 137 ; OP I, 888.
2. CRP, B 203, AK III, 149 ; OP I, 903.
3. CRP, B 204, AK III, 150 ; OP I, 903-904.

II. LA GRANDEUR INFINIMENT GRANDE SOUS LE PROFIL LOGIQUE-MATHÉMATIQUE

On peut accepter l'infini en acte de la grandeur sous le rapport de la logique formelle, car, s'il est défini d'une façon adéquate, il ne contient pas de contradictions ; dans cette perspective, il est nécessaire que la grandeur (absolue) infiniment grande soit conçue comme une grandeur « extraordinaire » par rapport aux grandeurs ordinaires, qui seront toutes plus petites qu'elle. Kant exprime ce point de vue déjà dans sa *Dissertation* de 1770, et le confirme dans les deux éditions de la *Critique de la raison pure* : il faut d'abord éviter une définition de l'infini qui puisse mener à des contradictions. Dans la *Dissertation,* nous trouvons l'observation importante que le concept de l'infini mathématique en acte n'est pas un concept contradictoire et que les difficultés impliquées résultent d'une définition inadéquate du même concept. Et ceux qui refusent l'infini mathématique en acte (*qui infinitum mathematicum actuale reiiciunt*) utilisent une définition de l'infini qui peut être à l'origine d'une contradiction :

> ils disent que *l'infini est une grandeur telle qu'une grandeur plus grande soit impossible*, et que l'infini mathématique est une multitude (dont l'unité peut être donnée) telle qu'une multitude plus grande soit impossible. Or, comme ils substituent ainsi, à l'*infini*, le *maximum*, et qu'une multitude maximale est impossible, ils concluent aisément contre cet infini, qu'ils ont fabriqué eux-mêmes. Ou encore ils donnent à la multitude infinie le nom de *nombre infini*, et déclarent qu'un tel nombre est absurde, ce qui est tout à fait évident, mais ne réfute que des ombres issues de leur invention.

Ils auraient pu éviter la contradiction avec cette définition de l'infini mathématique : « une grandeur qui, rapportée à une unité de mesure quelconque, se révèle comme une *multitude supérieure à tout nombre* », et en réservant le nom de nombre aux multitudes qu'on peut effectivement mesurer dans un temps fini d'une façon déterminée et complète [1].

Dans ce sens, Kant, dans la « Dialectique transcendantale » de la *Critique de la raison pure*, lorsqu'il explique la thèse de la première antinomie, qui reprend les considérations exposées dans sa *Dissertation*, confirme son opinion sur l'inadéquation de la définition de la grandeur infinie proposée par les philosophes dogmatiques : une grandeur est *infinie* quand il ne peut pas y avoir de grandeur plus grande au-dessus d'elle (c'est-à-dire au-delà de la multitude (*Menge*) d'une unité donnée qui y est comprise). Or aucune multitude (*Menge*) n'est la plus grande, tout simplement parce qu'on peut toujours y ajouter des unités [2]. Ce concept ne s'accorde pas avec la notion d'un *tout infini* (*eines unendlichen Ganzen*), qui ne représente pas un *maximum*. Avec cette notion on considère seulement le rapport (*Verhältnis*) avec une unité choisie

1. DSI, AK II, 388, note ; OP I, 631.
2. CRP, B 458, AK III, 296 ; OP I, 1090.

arbitrairement, relativement à laquelle il est « plus grand » que chaque nombre [1]. Cela représente le concept d'une infinité actuelle, conçue comme une multitude plus grande que chaque multitude finie d'unités.

À cet égard, Kant se réfère à la définition de l'infini actuel proposée dans les mathématiques : l'infini (en acte) comprend la multitude d'une unité donnée, « plus grande que tout nombre » : voilà le concept mathématique de l'infini [2]. Dans la note, plus claire que le texte auquel elle se rapporte, Kant soutient que le vrai (transcendantal) concept de l'infinité, « c'est que la synthèse successive de l'unité dans la mesure d'un quantum ne peut jamais être achevée », et il représente la seule manière dont l'intellect peut utiliser correctement l'infini, c'est-à-dire : il y a un quantum qu'on ne réussit pas à mesurer par la répétition de l'unité [3].

La définition que je viens d'illustrer se rapporte à une conception actuelle de l'infini dont l'origine est mathématique (par exemple leibnizienne), selon laquelle un nombre (absolu) ou une grandeur (absolue) infini (e) est un nombre ou une grandeur extraordinaire, par rapport auquel (à laquelle) tous les autres nombres sont plus petits. Il faut observer

1) que cette notion de l'infini actuel est compatible avec celle de l'infini potentiel, par exemple : dans l'espace (infini en acte), on peut construire une succession potentiellement infinie de grandeurs finies ;

2) qu'il s'agit d'un infini actuel « relatif », parce qu'on admet des infinis actuels plus grands. En effet, pour se mettre à l'abri des difficultés qui naissent parce que, avec la notion mathématique de l'infini actuel, on pourrait avoir des infinis qui diffèrent entre eux, par exemple, un infini, sa moitié, son double, Kant propose de les condenser en une seule notion d'infiniment grand, qu'il appelle, on vient de le voir, un *tout infini*. Dans cette optique, il remarque que, selon que l'on prend une unité de mesure plus grande ou plus petite, l'infini serait plus petit ou plus grand, mais l'infinité serait toujours la même, parce que, dans tous les cas, l'infini est plus grand que tout nombre, ou grandeur, donné [4].

Par conséquent, d'un point de vue mathématique, on peut proposer deux observations :

1) la notion d'un *tout infini* représente la *classe d'équivalence* qui comprend tous les infinis considérés comme équivalents par rapport à la propriété d'*être plus grand que tout nombre* ;

2) selon cette interprétation, comparée à une grandeur finie a, représentée par le segment OA, la grandeur infiniment grande en acte ω correspond à une demi-droite avec origine O et complétée par un point Ω, au-delà de tous les points ordi-

1. CRP, B 459-460, AK III, 298 ; OP I, 1090.
2. CRP, B 460 note, AK III, 298 note ; OP I, 1090.
3. CRP, B 460, AK III, 298 ; OP I, 1090.
4. *Ibid.*

naires de la demi-droite (*A* étant compris). À la différence de ce qui se vérifie pour les grandeurs ordinaires, où, étant donné *u*, unité de mesure, et *a*, on peut toujours trouver un nombre naturel n* tel que $n^*u > a$ (propriété d'Archimède), avec ω il se vérifie que, pour chaque n, nombre naturel, on a $nu < \omega$ (à savoir ω n'est pas une grandeur archimédienne par rapport à la grandeur *u*).

Avec cette interprétation mathématique de la conception kantienne du « tout infini », on peut, à mon avis, mieux comprendre la profondeur et la finesse avec laquelle Kant s'engage dans l'analyse de ce concept. On a affirmé que la grandeur infinie en acte est une grandeur extraordinaire. Selon Kant, comme on le verra, l'infini en acte est un concept métaphysique, non mathématique ; une sorte de concept-limite (*Grenzbegriff*) pour tout ce qui est fini, lequel, au contraire, ne peut se développer indéfiniment que grâce aux algorithmes potentiellement infinis (successions, séries, quotients infinis).

III. La grandeur infiniment grande et l'intuition

Dans sa *Critique de la raison pure,* Kant affirme que les formes pures de l'intuition, l'espace et les temps, sont représentables comme des grandeurs infinies en acte. Cette considération est présentée très clairement dans l'exposition métaphysique de l'espace et du temps de l' « Esthétique transcendantale », où il soutient l'unicité et l'infinité de l'espace et du temps, en tant qu'intuitions pures. En effet, l'espace, en tant que forme pure de l'intuition, doit être saisi, selon Kant, comme illimité, non pas comme le produit d'un procès indéfini, mais comme sa complète, effective présence : « l'espace est représenté comme une grandeur infinie donnée (*gegebene*) », écrit-il dans la deuxième édition de la *Critique de la raison pure* [1]. Et dans la première : « l'espace est représenté donné comme une grandeur infinie » [2]. Les termes « donnée (*gegebene*) », « donné (*gegeben*) » confèrent à la grandeur infinie la connotation actuelle. Il s'agit d'un point de grande importance : il y a une intuition pour la représentation de laquelle il faudrait avoir recours à une grandeur infinie en acte. Ce n'est pas tout. Avec les observations de l' « Esthétique transcendantale », si la grandeur finie naît grâce à des limitations de l'espace, il convient d'admettre l'existence d'un espace (S*) unique, qui n'est pas limité, *conditio sine qua non* pour l'existence possible des espaces limités (S_n) qu'il peut contenir. La représentation de l'espace comme une grandeur infinie en acte, dans laquelle on peut définir toutes les grandeurs ordinaires et finies grâce à des limitations, répond à cette exigence [3].

L'importance que Kant attribuait à cette conception de l'espace (et du temps) pour la métaphysique est bien mise en évidence dans l'essai qu'il a

1. CRP, B 39, AK III, 53 ; OP I, 786.
2. CRP, A 25, AK IV, 33 ; OP I, 786.
3. On peut faire des considérations analogues pour le temps.

rédigé en vue de défendre son point de vue sur la science mathématique contre les critiques du philosophe Eberhard et du mathématicien Kästner, à savoir dans un brouillon pour un compte rendu du mathématicien et philosophe Johann Schultz, publié dans l'*Allgemeine Literatur Zeitung* du 24-27 septembre 1790. Dans son essai, *Über Kästners Abhandlungen*, Kant confirme son point de vue sur l'infinité de l'espace et du temps comme formes pures et *a priori* de l'intuition, et distingue entre un *espace métaphysique*, caractérisé par la connotation actuelle, qui correspond à l'infini des formes pures de l'intuition, et un *espace géométrique*, caractérisé par la finitude ou, tout au plus, par l'infinité potentielle.

Kant présente une défense convaincante de l' « exposition métaphysique » de l'espace (et du temps) de la *Critique de la raison pure*, articulée selon les cinq points suivants :

1) la métaphysique montre comment on peut *avoir* (*haben*) la représentation de l'espace, la géométrie, comment le décrire (*beschreiben*) ;

2) dans la première, l'espace est donné (*gegeben*) conformément à un certain concept de l'objet, dans la deuxième, il est *produit* (*gemacht*) ;

3) dans la première, l'espace est unique et originaire (*ursprünglich*), dans la deuxième, il est dérivé (*abgeleitet*), et il y a une pluralité d'espaces ;

4) le géomètre doit, cependant, accorder au métaphysicien que les différents espaces sont possibles seulement comme parties d'un espace unique et originaire ;

5) donc, en dernière analyse, le géomètre, de même que le métaphysicien, doit se représenter l'espace originaire comme un infini donné, c'est-à-dire actuel. La situation est analogue pour le temps [1].

Le dernier point de cette argumentation semble contredire les affirmations kantiennes sur l'usage exclusivement potentiel de l'infini dans les mathématiques. En réalité, le géomètre peut seulement utiliser l'infini potentiel. Néanmoins, s'il se place pour un instant dans une perspective méta-géométrique, il est contraint d'admettre, selon Kant, la représentation de l'espace comme un infini actuel. Cette interprétation résulte aussi des considérations suivantes de Kant, qui considère son point de vue comme conciliable avec celui de Kästner, lequel avait partagé les criques du mathématicien Joseph Raphson contre l'infini actuel.

Kant soutient que, selon le point de vue du géomètre, affirmer qu'une ligne peut être prolongée à l'infini revient à soutenir que l'espace dans lequel je trace la ligne est plus grand que toute ligne que je peux tracer, et donc que le géomètre fonde la possibilité de son problème (*Aufgabe*) – agrandir un espace à l'infini (parmi les autres espaces présents) – sur la représentation originaire

1. *Rezension von Eberhards Magazin : Über Kästners Abhandlungen*, AK XX, 419.

d'un espace infini, *donné en forme subjective*. Ce qui confirme l'affirmation que l'espace donné en forme géométrique et objective est toujours *fini*, parce qu'il est donné seulement comme l'*être produit* (*gemacht*). Toutefois, si l'on affirme que l'espace donné en forme métaphysique, c'est-à-dire originaire, mais seulement subjective, est infini, cela signifie seulement qu'il consiste dans la pure forme du mode de représentation sensible du sujet en tant qu'intuition *a priori*. C'est la thèse de Raphson citée par Kästner : le mathématicien doit toujours utiliser seulement un *infini potentiel*, et l'*infini en acte* (donné en forme métaphysique) *non datur a parte rei*, mais *a parte cogitantis*. Cependant, le dernier mode de représentation n'est pas faux ou fictif. Au contraire, il est à la base des constructions, qui continuent à l'infini, des concepts géométriques. Et la métaphysique conduit au fondement subjectif de la possibilité de l'espace (c'est-à-dire à son idéalité), mais cette question ne concerne point le géomètre [1].

Dans sa réponse aux observations critiques de Kästner sur l'impossibilité de l'infini actuel dans les mathématiques, Kant affirme que, en tant que pure forme *a priori*, l'espace métaphysique, originaire, est donné subjectivement comme infini en acte, et permet la possibilité de tous les espaces finis et de l'infini potentiel de la géométrie. Donc l'*infinitum actu a parte cogitantis* n'est pas un mode imaginaire de représentation ; au contraire, l'intuition de l'espace nous est donnée comme effectivement infinie.

IV. La grandeur infiniment petite et la continuité

Les *Premiers principes métaphysiques de la science de la nature* (1786) ne contiennent pas seulement la notion de l'infiniment petit selon un point de vue potentiel ; ils contiennent aussi de nombreuses références à la grandeur infiniment petite en acte, références qu'on ne peut pas considérer seulement comme des *façons de parler*. En effet, lorsque Kant parle d'une vitesse « retardée jusqu'à un degré plus petit que toute vitesse assignable » [2], il propose la définition, correcte sous le rapport de la logique formelle, de la grandeur infiniment petite.

La grandeur (absolue) infiniment petite a été définie, au point de vue leibnizien, comme une grandeur absolue soit non nulle, soit inférieure à toute grandeur ordinaire positive donnée. Cette grandeur appartient à la classe des grandeurs *non archimédiennes* (c'est-à-dire des grandeurs ε telles que, quelle que soit la grandeur ordinaire a donnée, on aura n $\varepsilon < a$, pour chaque nombre naturel n) [3]. Du point de vue newtonien, les grandeurs « variables » sont conçues, en conformité à la vision « fluentiste », comme le résultat du mouvement continu de points, droites, plans, etc. Dans les grandeurs, on pouvait

1. *Rezension von Eberhards Magazin : Über Kästners Abhandlungen*, AK XX, 419-422.
2. PPM, AK, IV 486 ; OP II, 386.
3. En ce qui concerne la grandeur non archimédienne infiniment grande ω, voir *supra*.

déterminer un état évanouissant intermédiaire entre les grandeurs nulles et les grandeurs finies et non nulles, de sorte que le rapport entre deux grandeurs évanouissantes soit déterminé comme la limite du rapport entre deux grandeurs variables. Je remarque deux choses : 1) la grandeur évanouissante est conçue comme une grandeur non nulle et inférieure à toute grandeur ordinaire (voir Leibniz) ; 2) on a une utilisation « intuitive » de la continuité, obtenue avec le mouvement.

Il faut reconnaître que, lorsque Kant, pour exprimer la notion de repos, prend en considération « la représentation d'un mouvement à vitesse infiniment petite pendant un temps fini » [1], il se sert du point de vue leibnizien, selon lequel le repos peut être considéré comme une vitesse infiniment petite, cas limite des vitesses finies, auquel on arrive avec le principe leibnizien de la continuité.

V. La grandeur infiniment petite et la construction des concepts

Dans l'*Essai pour introduire en philosophie le concept de grandeurs négatives* (1763), Kant reconnaît la légitimité du concept de l'infiniment petit, même s'il admet que tous les aspects n'en ont pas été complètement expliqués, et que sa justification est liée à des preuves physiques offertes par la nature.

> Car s'il y a des forces qui agissent d'une manière continue pendant un certain temps pour produire des mouvements, comme c'est le cas, selon toute apparence, de la pesanteur, la force qu'elle exerce au moment initial [ou dans le repos (*oder in Ruhe*)], par rapport à celle qu'elle communique pendant un certain temps, doit être infiniment petite [2].

Kant admet qu'il est difficile de comprendre la nature de ce concept, mais cette difficulté peut seulement justifier la prudence quand on fait des suppositions qui ne sont pas sûres, mais elle ne doit pas justifier un jugement irrévocable d'impossibilité.

Dans les *Premiers principes métaphysiques de la science de la nature*, (« Phoronomie », troisième définition), Kant définit le repos comme « la présence persistante (*praesentia perdurabilis*) en un même lieu », et affirme : « est persistant ce qui existe pendant un certain temps, c'est-à-dire ce qui dure » [3]. Dans cette définition, le repos n'est pas un état où la vitesse est « nulle », mais l'état où la position ne change pas. Grâce à cette définition on peut avoir une compréhension correcte de la conception de l'infinitésimal chez Kant. Conformément à la représentation newtonienne-leibnizienne de l'infiniment petit, la position d'un corps ne change pas si sa vitesse est infiniment petite : si le corps, en mouvement le long d'une ligne droite avec une vitesse v, au moment t se trouve à la distance x de l'origine des abscisses, et à partir de x

1. PPM, AK IV, 486 ; OP II, 387.
2. EGN, AK II, 168-169 ; OP I, 263.
3. PPM, AK IV, 485 ; OP II, 384.

il se déplace avec une vitesse infiniment plus petite v_ε, il parcourra un espace ε tel que $x + \varepsilon = x$ (selon les règles du calcul leibnizien avec les grandeurs infinitésimales).

La raison pour laquelle Kant se sert de cette définition est que la représentation (du repos) comme état où la vitesse est nulle en fait un concept qu'on ne peut pas construire. Au contraire, on peut *construire* le concept de la grandeur absolue, *infiniment petite*, mais *non nulle,* de la vitesse :

> cette absence [de mouvement], étant égale à zéro, n'est aucunement un concept susceptible d'être construit (*der sich als = 0 gar nicht konstruiren läßt*) ;

au contraire, il faut le définir par la présence persistante dans le même lieu :

> en effet, ce dernier concept peut être construit grâce à la représentation d'un mouvement à vitesse infiniment petite pendant un temps fini. Dès lors, ce concept peut être mis à profit pour l'application ultérieure des mathématiques à la science de la nature [1].

Nous avons ainsi une explication importante relativement à la limite de la construction des grandeurs absolues, représentée par la grandeur nulle, un concept qui ne peut pas être construit, à la différence de celui de la grandeur absolue infiniment petite et non nulle, qui lui, au contraire, peut être construit.

Antonio MORETTO
(Università degli Studi di Verona)

1. PPM, AK IV 486 ; OP II, 387.

II
LES SCIENCES DE LA NATURE : COSMOLOGIE, ASTRONOMIE, PHYSIQUE, CHIMIE, GÉOGRAPHIE

COSMOLOGIE ET ASTRONOMIE

LE DEVENIR DE LA *THÉORIE DU CIEL* DANS L'ŒUVRE DE KANT ET SA RÉCEPTION DANS L'ASTRONOMIE DE H. OLBERS

Depuis 1740 environ triomphait dans toute l'Europe savante la science newtonienne. Cependant les œuvres physiques de Newton laissaient pour compte les questions d'ordre proprement cosmologique : qu'il s'agisse de la structure de l'Univers, de sa stabilité, de sa formation ou de son évolution. Lorsque Newton eut à traiter de ces questions (surtout dans sa correspondance), il fit appel à la théologie et aux causes finales, comme aboutissement nécessaire et soutien ultime de ses *Principia*. Le problème cosmologique soulevé latéralement par Newton revint au centre des débats philosophiques européens durant la première moitié du XVIIIe siècle. Les essais de cosmologie propres à cette époque considéraient presque tous unanimement qu'en ce domaine science et théologie étaient intimement liées. C'est ce qui ressort clairement de l'article « Cosmogonie » de l'*Encyclopédie* rédigé par D'Alembert :

> De quelque manière qu'on imagine la formation du Monde, on ne doit jamais s'écarter de deux principes : 1° celui de la création ; car il est clair que la matière ne pouvant se donner l'existence à elle-même, il faut qu'elle l'ait reçue : 2° celui d'une intelligence suprême qui a présidé non seulement à la création, mais encore à l'arrangement des parties de la matière en vertu duquel ce Monde s'est formé. Ces deux principes une fois posés, on peut donner carrière aux conjectures philosophiques, avec cette attention pourtant de ne point s'écarter dans le système qu'on suivra de celui que la *Genèse* nous indique que Dieu a suivi dans la formation des différentes parties du Monde [1].

Que ce texte représente l'intime conviction de son auteur ou bien qu'il soit destiné à tourner la censure, force est de constater que la pensée cosmologique incluait en elle des considérations à la fois scientifiques, métaphysiques et théologiques. Mieux, la cosmologie servait encore très souvent de faire-valoir à la théologie rationnelle. Or, toute l'originalité et l'intérêt philosophique des essais de cosmologie propres à cette époque vient du fait qu'ils s'efforcent de reconfigurer l'image de l'univers à la lumière de la science newtonienne et des

1. D'Alembert, *Encyclopédie*, article « Cosmogonie », 1754, t. IV, p. 292-293.

découvertes astronomiques, tout en l'accordant aux exigences de la métaphysique traditionnelle.

Dans notre investigation, nous tenterons de déterminer l'évolution du statut épistémologique que Kant accordait à son hypothèse cosmologique en passant de sa manière de philosopher précritique à la mise en place de son œuvre critique. La correspondance de Kant atteste qu'il tenait encore fermement à son hypothèse cosmogonique en 1790 et 1791 une fois éditée sa trilogie critique. C'est d'ailleurs la raison pour laquelle il accepta que l'on réédite six fois de son vivant sa *Théorie du ciel* dont il a toujours tenu à souligner l'originalité et l'accord avec les nouvelles découvertes observationnelles effectuées, entre autres, par William Herschel.

I. Science et métaphysique dans la cosmologie précritique

1.1. La physico-théologie de la Théorie du ciel

Au cours de ses neuf années de préceptorat, de 1746 à 1755, le jeune Kant approfondit sa formation scientifique et prépara ses ouvrages consacrés à la mécanique, à la géophysique et à la cosmologie. En 1754, Kant fit l'annonce de la prochaine parution d'un *essai de cosmogonie* à la fin de son opuscule intitulé : *Recherches sur la question : la Terre a-t-elle subi quelques modifications dans son mouvement de rotation axiale depuis son origine* [1]. Dans sa considération finale, après avoir étendu ses réflexions à la formation de la Terre et de la Lune, Kant écrit :

> On peut considérer cette toute dernière remarque comme l'échantillon d'une histoire naturelle du ciel, dans laquelle l'état premier de la Nature, la production des corps célestes et les causes de leurs rapports systématiques, devraient être déterminés à partir des indices ou des marques que font apparaître les relations constitutives de la structure du monde. [...] J'ai consacré à ce sujet une longue suite de méditations et je les ai rassemblées en un système qui va être prochainement publié sous le titre suivant : *Cosmogonie, ou essai pour déduire l'origine de l'Univers, la formation des corps célestes et les causes de leurs mouvements à partir des lois universelles du mouvement de la matière, conformément à la théorie de Newton* [2].

Kant étendait ainsi à l'Univers entier l'ensemble des considérations mécaniques reconnues comme valables pour le système Terre - Lune - Soleil. Ce genre de rapprochement analogique concevant la partie comme une repré-

1. Cet opuscule, publié en 1754 dans une revue de Königsberg (*Wöchentliche Königsbergsche Frag- und Auszugs Nachrichten*), était destiné à l'Académie des Sciences de Berlin dont le président, Maupertuis, avait mis au concours, en 1752, la question suivante : « Le mouvement de la Terre a-t-il été de tout temps de la même vitesse ou non ? Par quels moyens s'en assurer ? Au cas où il aurait quelque inégalité, quelle en est la cause ? ».

2. RT, AK I, 190-191.

sentation en miniature de ce qu'est le Tout à grande échelle, se retrouve constamment dans la *Théorie du ciel*. Ainsi, Kant écrit :

> L'aspect du ciel étoilé est donc dû à une distribution systématique des étoiles, qui reproduit en grand ce qu'est en petit notre système planétaire [1].

Dans sa cosmogonie, le jeune Kant a tenté de résoudre les interrogations cosmologiques laissées pendantes par Newton : il se propose de réconcilier le mécanisme et la finalité d'une façon entièrement nouvelle, mais profondément étrangère aux *Principia*. En partant d'une *origine absolue*, c'est-à-dire de l'instant initial de la Création, Kant déduit la formation des corps célestes à l'aide des seules lois de la mécanique. Avant de reconstituer la genèse de l'ordre cosmique (l'*Histoire générale de la nature*), Kant se livre préalablement à une description systématique de la structure globale de l'Univers (la *Théorie du ciel*). Or, c'est toujours le même schéma qui lui permet de passer sériellement du système saturnien au système solaire, puis à la Galaxie et aux autres galaxies, ainsi qu'à des systèmes d'ordre plus élevé.

1.2. La structure de la Voie lactée

Kant apparaît comme le premier théoricien qui ait découvert, au moins sur le plan *spéculatif*, la structure correcte de la Galaxie. Si Galilée découvrit dès 1609 à l'aide de sa lunette la nature stellaire de la Voie lactée [2], il ne parvint pas à concevoir la forme de son organisation systématique. Kant reconnaît que ses idées sur la structure de la Voie lactée lui ont été inspirées par le compte-rendu en langue allemande [3] des considérations que Thomas Wright of Durham avait développées dans son ouvrage de 1750. Dans son livre, Wright of Durham avait envisagé *deux* dispositions possibles des étoiles permettant de décrire géométriquement l'apparence de la Voie lactée, tout en sauvegardant l'organisation systématique et régulière de celle-ci : soit un modèle possédant une forme rappelant celle du système solaire (disque aplati possédant un noyau central), soit un modèle simplement sphérique. Cependant, Wright affichait une très nette préférence pour le modèle sphérique où les étoiles doivent être uniformément réparties et enserrées à l'intérieur d'une mince couche stellifère concave, animée d'un mouvement de rotation axiale [4].

1. HGN, AK I, 251 (l. 22-25).

2. Galilée, *Sidereus Nuncius*, Venetiis, 1610, trad. fr. par I. Pantin, Paris, Les Belles Lettres, 1992, p. 26.

3. *Freye Urtheile und Nachrichten zum Aufnehmen der Wissenschaften und der Historie überhaupt*, numéro du 1er, 5 et 8 janvier 1751. C'est dans le compte-rendu des Ve et VIIe Lettres que Kant découvrit la conception ingénieuse de la Voie lactée que Wright of Durham avait avancée l'année précédente dans son livre *An Original Theory or new Hypothesis of the Universe founded upon the Laws of Nature and Solving by Mathematical principles the General Phenomena of the Visible Creation and particularly the Via Lactea*, London, 1750 ; *cf.* rééd. et introduction de M. Hoskin, London, éd. Macdonald, 1971.

4. Thomas Wright of Durham, *An Original Theory or new Hypothesis of the Universe*, rééd. par M. Hoskin, *op. cit.*, « Appendix B », « The Seventh Letter », p. 190 : « Il n'y a que deux voies possibles [...]. La première est [...] que toutes les étoiles se meuvent dans le même sens en ne

L'idée fondamentale de Wright of Durham que Kant a parfaitement saisie, c'est qu'il est possible de réduire l'apparence relative de *désordre* dans le monde stellaire à un simple effet de perspective dû à notre situation *locale* d'observateurs dans la Voie lactée, au lieu de l'imputer à sa structure *globale*. Cependant, Kant n'a pas vraiment compris, en lisant ce simple compte-rendu, que Wright proposait une alternative où le modèle sphérique devait s'imposer. Kant adopta le modèle en forme de disque aplati *par analogie* avec la structure du système solaire afin de rester fidèle aux principes newtoniens qu'il considérait comme *universellement* valables. Pour Kant, l'apparence locale de la Voie lactée est assimilable à celle des étoiles dites *nébuleuses* (qu'il considérait sans hésitation comme d'autres *galaxies*), nébuleuses dont l'existence avait été révélée, pensait-il, par de récentes observations télescopiques. Cependant, le principe d'analogie n'a pu s'appliquer en cosmologie qu'en raison de la portée *universelle* attribuée par la science classique aux *lois* de la mécanique qui permet donc de passer sériellement, et par ordre croissant, de la partie au Tout comme l'écrit Kant :

> On peut se représenter le système des étoiles comme un système planétaire énormément agrandi. [...] L'aspect du ciel étoilé [...] reproduit en grand ce qu'est notre système planétaire. [...] La Voie lactée est, pour ainsi dire, le zodiaque de ces étoiles nouvelles [1].

Kant définissait donc la Voie lactée comme un système dynamique où les deux forces universelles d'*attraction* et de *répulsion* se font équilibre [2]. Il a même chiffré, sur le plan strictement cinématique, le temps de rotation axiale de la Voie lactée en se fondant, d'une part, sur la troisième loi de Kepler et, d'autre part, sur la distance moyenne (mesurée par Huygens [3]) de notre Soleil à

déviant guère du même plan, comme le font les planètes autour du corps solaire dans leur mouvement héliocentrique. [...] La seconde méthode, pour résoudre ce phénomène, est la disposition sphérique des étoiles, se déplaçant toutes dans différentes directions autour d'un centre commun, comme le font ensemble les planètes et les comètes autour du Soleil, mais à l'intérieur d'une coque sphérique ou d'une figure concave ».

1. HGN, « Théorie du ciel », Ière partie, AK I, 250, 251, 253.

2. HGN, « Théorie du ciel », Ière partie, AK I, 250 ; trad. fr. par Pierre Kerszberg, Anne-Marie Roviello et Jean Seidengart, Paris, Vrin, 1984, p. 91 (trad. corrigée) : « Cette attraction du Soleil porte à peu près jusqu'à l'étoile fixe la plus proche et les étoiles agissent autour d'elles comme autant de soleils dans le même périmètre, par suite toute la cohorte des étoiles fixes tendent, du fait de l'attraction, à un rapprochement de toutes les autres. Ainsi, tous les systèmes de mondes se trouvent en état de tomber ensemble en une seule masse du fait du rapprochement réciproque qui est incessant et n'est empêché par rien, pour autant que cette ruine n'est pas contrecarrée, comme dans les globes de notre système planétaire, par les forces centrifuges qui, en faisant dévier les corps célestes de la chute en ligne droite, et en liaison avec les forces d'attraction, engendrent des orbites éternelles ; de cette façon l'édifice de la création est assuré contre la destruction et rendu apte à une durée impérissable. Ainsi, tous les soleils du firmament ont des mouvements de révolution soit autour d'un centre commun, soit autour de plusieurs ».

3. Huygens, *Cosmotheoros*, dans *Œuvres Complètes*, t. XXI, p. 812-814.

l'étoile Sirius qu'il prenait pour le centre de notre Galaxie [1]. Ainsi, Kant estimait que la durée de rotation axiale de notre Voie lactée devait être d'environ « *un million et demi d'années* » [2].

1.3. La théorie des Univers-Iles

Kant applique à toutes les nébuleuses (qu'il prenait pour des galaxies) le *principe de l'analogie* qui lui a déjà permis d'expliquer la structure de la Voie lactée. C'est cette théorie que la postérité retiendra sous le nom de « théorie des Univers-Iles » [3] et qui constitue selon lui « *la partie la plus séduisante du système* » [4]. Puisque la Voie lactée est un système constitué de systèmes solaires analogues au nôtre, dans la série des mondes et des systèmes de mondes, on ne saurait trouver de fin. Kant écrit en se référant à la notion mathématique de *série* que Christian Wolff utilisait [5], comme Leibniz [6], pour définir l'idée d'univers :

> Nous voyons les premiers termes d'une progression continue de mondes et de systèmes, et cette première partie d'une progression infinie nous donne déjà à reconnaître ce qu'il faut conjecturer de l'ensemble. Cette série n'a pas de fin, elle s'enfonce dans un abîme véritablement insondable [7].

De là, l'idée que les objets télescopiques très faiblement lumineux, que les observateurs nommaient « étoiles nébuleuses » à l'époque, doivent être des voies lactées (ou galaxies) *analogues* à la nôtre. Selon lui, l'impossibilité matérielle de résoudre à l'aide des télescopes ces « voies lactées » en leurs étoiles constitutives est due à leur extraordinaire éloignement. Bien que plausible, cette argumentation de Kant demeure strictement limitée au seul plan *spéculatif*. En effet, les « *divers observateurs* » allégués allusivement par Kant ne comptent que trois astronomes : Hévélius, Halley et Derham [8]. Or, seuls deux d'entre les cinq objets nébuleux connus à l'époque (M 31, M 22) pouvaient présenter l'apparence des taches elliptiques allongées que Kant et Maupertuis avaient évoquées, ce qui est fort peu. Il est vrai que Kant encourage les

1. HGN, « Théorie du ciel », IIe partie, chap. VII, « Supplément », AK I, 328 : « Il me semble très probable que Sirius est le corps central du système que forment les étoiles de la Voie lactée et qu'il occupe le point vers lequel tendent toutes ces étoiles ».

2. HGN, « Théorie du ciel », Ière partie, AK I, 252.

3. C'est Von Humboldt qui employa pour la première fois le terme de « *Weltinseln* » dans son grand ouvrage intitulé : *Kosmos – Entwurf einer physischen Weltbeschreibung*, Stuttgart und Tübingen, Cotta, 1850, t. 3, p. 178, p. 322.

4. HGN, « Théorie du ciel », Ière partie, AK I, 253.

5. *Cf.* Christian Wolff, dans *Vernünftige Gedancken von Gott, der Welt, der Seele des Menschen*, 1719, § 543 *sq.* : « *Die Welt [...] eine Reihe veränderlicher Dingen, die nebeneinander sind, und auf einander folgen, insgesamt aber mit einander verknüpft sind* ».

6. *Cf.* par exemple, Leibniz, *De rerum originatione radicali*, § 11, GP VII, 306.

7. HGN, « Théorie du ciel », Ière partie, AK I, 256.

8. En réalité, Derham, qui était déjà septuagénaire, n'avait observé que cinq objets nébuleux au moyen d'un réflecteur de huit pieds de focale et dont le miroir commençait à se ternir, selon ses propres dires ! Ces cinq objets nébuleux sont, dans la liste dressée par Messier, M 11, M 31, M 42, M 13, M 22.

observateurs du ciel à redoubler de perspicacité et de persévérance dans leurs recherches empiriques : « il y a là un vaste champ ouvert aux découvertes, dont l'observation doit donner la clef » [1]. Toutefois, cette formule reste programmatique et la confiance de Kant dans les observations à venir ne repose que sur ses propres spéculations. Pour Kant, chaque « nébuleuse » est un système constitué d'une multitude d'étoiles et animé d'une rotation différentielle :

> Il est bien plus naturel et compréhensible de supposer qu'il ne s'agit pas de si grandes étoiles uniques mais de systèmes de nombreuses étoiles que leur distance dispose en un espace si étroit que leur lumière, imperceptible pour chacune prise en particulier, nous parvient grâce à leur foule innombrable en une pâle lueur uniforme. L'analogie avec le système d'étoiles dans lequel nous nous trouvons, leur forme qui est précisément comme elle doit être selon notre conception, la faiblesse de la lumière qui nous oblige à supposer une distance infinie, tout concorde pour que nous considérions ces figures elliptiques comme de tels ordres de mondes et, pour ainsi dire, comme des Voies lactées dont nous venons de développer la constitution [2].

Une fois posée cette théorie des « Univers-Iles », le jeune Kant donne libre cours à ses aperçus infinitistes dont il ne dissimule aucunement les tenants et les aboutissants théologiques. Toutefois, dans cette première partie de la *Théorie du ciel*, il est seulement question de l'*infinité spatiale* et de la *pluralité infinie des mondes*. L'exposition de l'infinité spatiale précède celle de l'infinité *a parte post* du temps, car l'ouvrage n'aborde le problème de la *genèse* de l'Univers qu'une fois résolu celui de sa *structure* actuelle.

2) *La formation du système solaire et l'idée d'une histoire générale de l'Univers*

La seconde partie de la *Théorie du ciel* aborde la question de l'origine *mécanique* de la formation de l'Univers entier [3], alors que dans ses *Principia* Newton s'était volontairement limité aux mouvements des principaux corps célestes du seul système solaire :

> Je cherche à développer la constitution de l'Univers à partir de l'état le plus simple de la nature par les seules lois mécaniques [4].

2.1. L'instant initial de la Création comme singularité

La cosmogonie du jeune Kant commence tout juste après l'instant initial de la Création divine (conformément au livre de la *Genèse*) qui, en lui-même, n'est pas du ressort de la physique, mais de la Révélation. La toute première phase de la cosmogonie est celle du chaos, car comme l'écrit Kant : « Cet état

1. HGN, « Théorie du ciel », Ière partie, AK I, 255.
2. HGN, « Théorie du ciel », Ière partie, AK I, 254-255 ; trad. cit., p. 95-96.
3. HGN, « Théorie du ciel », IIe partie, chap. I et VII.
4. HGN, « Théorie du ciel », « Préface », AK I, 234.

de la nature [...] paraît être le plus simple qui ait pu succéder au néant » [1]. Le chaos primitif est un état initial de décomposition, de dispersion et de repos propre à la matière cosmique, constituant le prélude négatif mais nécessaire à la formation des futurs systèmes organisés sans l'intervention d'une « *main étrangère* » [2]. Il s'agit de passer du repos à un *double* mouvement : 1) un mouvement de *condensation* « *composant diverses masses* » [3], 2) un mouvement de *rotation* « *transformant la chute verticale en mouvement circulaire autour du centre de la chute* » [4]. La matière élémentaire possède en elle-même deux forces essentielles et inhérentes à sa nature : les forces d'attraction et de répulsion [5]. Or, c'est la seule diversité des densités spécifiques (même infinitésimale) qui rend *instable* la distribution totale de la matière cosmique, car les éléments de plus forte densité deviennent centres d'attraction qui attirent de proche en proche les éléments de moindre densité : ce qui vient mettre un terme à l'état initial de dispersion de la matière cosmique. Ainsi, chacun de ces centres de plus forte attraction devient une *fournaise* immense augmentant sa masse aux dépens des particules de moindre densité qui viennent se briser sur elle et transformer leur force vive en *chaleur*. Ce passage du repos au mouvement de rotation est bien le point qui soulève le plus de difficultés, car, comme le souligne Henri Poincaré [6], Kant s'est mis cette fois « *en contradiction absolue avec les lois de la mécanique* » [7], notamment avec le principe de la conservation du moment angulaire. Signalons cependant que ce principe de conservation du moment angulaire, pleinement formulé en 1775 par Euler [8], était encore inconnu à l'époque de la *Théorie du ciel*.

2.2. L'expansion successive de la Création à travers les espaces infinis et le feu évoluteur

Au chapitre VII, Kant expose le *progrès infini* de l'organisation de l'Univers dans une véritable *histoire générale de la Nature* qui doit s'insérer au sein d'un temps cosmique unique et illimité *a parte post*. Ainsi s'accordent dans cette histoire de la Nature la doctrine religieuse de la *création*, qui implique le

1. HGN, « Théorie du ciel », IIe partie, chap. I, AK I, 263.

2. Newton considérait que le Monde avait été façonné et mis en mouvement par « *l'esprit de Dieu ou Ether* ». *Cf.* la lettre à Burnet de janvier 1680 dans *Correspondance of Isaac Newton*, éd. Turnbull, Cambridge University Press, II, 1960, p. 329-335.

3. HGN, « Théorie du ciel », IIe partie, chap. I, AK I, 264.

4. HGN, « Théorie du ciel », IIe partie, chap. I, AK I, 265.

5. Par exemple, *cf.* « Théorie du ciel », « Préface », AK I, p. 230 ; trad. cit., p. 73 : « car si l'on a de la matière douée de la force d'attraction qui est *essentielle* ».

6. Henri Poincaré, *Leçons sur les hypothèses cosmogoniques*, Paris, Hermann, ²1913, p. 3 : « Les affirmations de Kant sont en contradiction avec le principe des aires, d'après lequel le moment de rotation d'un système soustrait à toute action extérieure est constant : ce moment de rotation doit rester toujours nul s'il l'est initialement. [...] Pourquoi Kant n'a-t-il pas supposé, comme le fit plus tard Laplace, une rotation initiale ? ».

7. Henri Poincaré, *op. cit.*, p. 2.

8. *Cf.* Clifford Truesdell dans son article intitulé : « Whence the Law of Moment of Momentum ? » et publié dans *Mélanges Koyré*, Paris, Hermann, 1964, t. 1, p. 588-611.

concept (redoutable en cosmologie) de *commencement absolu*, et la perspective *infinitiste* adoptée par Kant dès la première partie de l'ouvrage. Toutefois, Kant reste très prudent à propos de ces considérations qui restent *conjecturales* :

> Je ne tiens pas aux conséquences que ma théorie propose au point de ne pouvoir reconnaître que la conjecture de l'extension successive de la création à travers les espaces infinis qui contiennent pour cela la matière, ne peut écarter entièrement le reproche du manque de preuves [1].

Kant admet d'emblée l'infinité de l'Univers. Tout d'abord sur le plan spatial, car l'*espace* est le « *contenant infini de la présence divine* » [2]. Cette formule newtonienne revient à maintes reprises [3]. Ensuite, l'infinité *a parte post* du *temps* est posée comme indissociable de l'infinité de l'espace, puisque la formation continue des mondes ne cesse de s'étendre dans l'espace universel illimité. Les convictions créationnistes du jeune Kant le conduisent à rejeter l'infinité *a parte ante* du temps qui hantait les *Principia* de Newton, parce qu'elle risquait de porter gravement atteinte aux enseignements de la Révélation. Le temps cosmique possède donc un commencement absolu, mais point de terme final. Outre l'*infinité spatio-temporelle*, Kant affirme aussi l'existence d'une *quantité infinie de matière* qui est « *une conséquence immédiate de l'existence de Dieu* » [4], en vertu de ce que Lovejoy appelle le « principe de plénitude » [5]. Ainsi l'infinité du contenant est-elle donc coextensive à celle du contenu.

Pour Kant, le jeu des forces *attractive* et *répulsive* permet à lui seul de rendre compte de la construction et de l'organisation progressives des mondes dans l'espace cosmique infini. Pourtant, il affirme que l'Univers infini possède un *centre unique* qui est le véritable point de départ de la formation continue des mondes finis dans un processus isotrope mais divergent [6]. Cette « centration » de l'Univers infini est la simple conséquence métaphysique de l'idée d'un commencement du temps [7]. Ainsi, la sphère d'organisation de la matière cosmique s'étend à partir du point central, aux dépens du chaos originel, et se propage à vitesse *finie* dans l'espace infini pendant une *durée illimitée*, mais elle demeure toujours *finie*. Elle ne fait que *tendre* vers l'infini : « *La création*

1. HGN, « Théorie du ciel », IIe partie, chap. VII, AK I, 315 ; trad. cit., p. 153.
2. HGN, « Théorie du ciel », IIe partie, chap. VII, AK I, 306 : « *diesen unendlichen Umfang der göttlichen Gegenwart* ».
3. *Cf.* par exemple : HGN, « Théorie du ciel », AK I, 312, 313, 314, 329.
4. HGN, « Théorie du ciel », IIe partie, chap. VII, AK I, 310.
5. Lovejoy, *The Great Chain of Being*, Cambridge Mass., 1936, 6e éd., New York, Harper, 1965, p. 52.
6. HGN, « Théorie du ciel », IIe partie, chap. VII, AK I, 312 : « Il est bien vrai que dans un espace infini aucun point ne peut proprement avoir la prérogative de s'appeler centre ».
7. HGN, « Théorie du ciel », IIe partie, chap. VII, AK I, 312 : « Ce point [...] fait du grand Tout un seul et unique système dans la sphère infinie de la Création ».

n'est jamais achevée. Elle a bien commencé un jour, mais elle ne finira jamais »[1].

Selon cette célèbre hypothèse nébulaire, que les Allemands appellent « hypothèse de Kant-Laplace » depuis Helmholtz[2], des tourbillons de particules se forment autour du point central par composition de l'*attraction* et des *impulsions latérales* produites par leurs entrechocs au cours de leur chute commune convergente. Après un formidable entrecroisement de particules en rotation, certaines d'entre elles finissent par tourner suivant des orbites parallèles et de même sens ; les autres, animées d'une vitesse insuffisante pour graviter, viennent grossir la masse du corps central en lui imprimant un mouvement de rotation axiale de même direction. Le théorème des forces centrales permet d'expliquer que les particules en rotation se rassemblent dans un même plan prolongeant l'équateur du corps central. Comme les particules en rotation sont en repos *relatif* les unes par rapport aux autres, la seule attraction suffit à les condenser en noyaux massifs en fonction des densités spécifiques. Ainsi se constituent progressivement les corps célestes tandis que se vide l'espace interplanétaire, interstellaire et intergalactique.

Est-ce à dire que les mondes une fois formés et animés de mouvement de rotation sont éternels ? Pour Kant, comme pour Newton, chaque système particulier de mondes a tendance à se dérégler, à freiner ses mouvements et à sombrer dans un effondrement gravitationnel[3]. En revanche, Kant refuse de faire intervenir « *la main de Dieu* » pour corriger les dérèglements naturels des mondes organisés. Les mondes *finis* passent, mais l'Univers *infini* subsiste : car ses ressources sont inépuisables. Les ruines des mondes détruits sont autant de matériaux pour la formation des mondes à venir : d'où une régénération incessante. Les mondes les plus âgés étant appelés à disparaître en premier, ce sont donc les plus proches du centre cosmique qui seront tout d'abord détruits. La sphère d'ordre cosmique est ainsi limitée entre *deux chaos* : vers sa périphérie par le chaos originel « préorganique » non encore organisé, mais aussi vers son centre par le second chaos « post-organique »[4]. Or, puisque le processus de *régénération* est plus rapide que celui de *destruction*, il y a véritablement une *croissance* de la sphère d'ordre (quoique l'étendue du chaos primitif à organiser demeure toujours *infini*) : d'où un bilan cosmologique *positif*. L'agent naturel de toutes ces métamorphoses, à la fois destructeur et régénérateur, c'est le *feu* : il assure ainsi la *permanence* et la *continuité* de

1. HGN, « Théorie du ciel », IIe partie, chap. VII, AK I, 314 ; trad. citée, p. 153.

2. Helmholtz, dans *Voträge und Reden*, 1896, t. 1, p. 72, c'est-à-dire dans le texte de 1854 intitulé : *Über die Wechselwirkung der Naturkräfte*.

3. HGN, « Théorie du ciel », IIe partie, chap. VII, AK I, 317-318 : « Newton [...], se vit obligé de prédire à la Nature son déclin dû au penchant naturel qu'y a la mécanique des mouvements ».

4. HGN, « Théorie du ciel », IIe partie, chap. VII, AK I, 319 : « En conséquence, le Monde formé se trouve entre les ruines du Monde détruit et le chaos de la Nature non-encore formée ».

l'Univers par delà ses incessantes transformations [1], tout en garantissant la cohérence de ce modèle d'Univers non-statique. D'une part, le *feu* résout en leurs éléments premiers les composés organiques ; mais d'autre part, il produit par sa chaleur la raréfaction qui disperse les éléments en leur imprimant une nouvelle *force répulsive « proportionnée à la chaleur et avec une vitesse qui n'est affaiblie par aucune résistance du milieu spatial* » [2]. Ce « Phénix de la Nature » doit compenser les pertes et promouvoir un accroissement de l'ordre cosmique : la thermodynamique et l'énergétique n'avaient pas encore vu le jour. L'optimisme, au sens post-leibnizien du terme, avait encore quelques beaux jours devant lui.

D'où un double intérêt pour la physico-théologie rénovée de Kant, car le feu débarrasse la cosmologie mécaniste de tout *deus ex machina*, mais elle permet à la théologie de concevoir de façon absolue l'*omnisuffisance* de Dieu : ce « *Phénix de la Nature* » est investi également d'une sorte de fonction de *théodicée*. Dans la *Théorie du ciel*, le Mal ne se trouve qu'au niveau de la partie et non point à celui du Tout. Ainsi, la cosmogonie du jeune Kant a pour effet manifeste de banaliser les catastrophes naturelles :

> Les tremblements de terre, les inondations exterminent de la surface de la terre des peuples entiers ; mais il ne semble pas que la nature ait subi par là quelque désavantage. De la même manière des mondes entiers et des systèmes quittent la scène après avoir joué leur rôle. L'infinité de la création est suffisamment grande pour regarder un monde ou une Voie lactée de mondes par rapport à elle comme on regarde une fleur ou un insecte par rapport à la Terre. Cependant que la nature décore l'éternité d'apparitions changeantes, Dieu demeure occupé en une création incessante à façonner la matière pour la formation de mondes encore plus grands [3].

3) Les remaniements du Beweisgrund *de 1763*

Au début du *Beweisgrund*, Kant annonce (non sans quelques réserves) qu'il allait reprendre de façon abrégée son hypothèse cosmogonique de 1755. Kant reproche à Newton d'avoir suivi la voie de la physico-théologie *ordinaire* qui considère que tout ordre, toute perfection ou toute harmonie sont purement *contingents* dans la nature. Ce qui reviendrait à dire que c'est seulement en *violentant* la nature que Dieu la conduit à produire les effets particuliers qu'il veut y réaliser. Toute l'originalité de la physico-théologie perfectionnée (*verbesserte*) du *Beweisgrund* consiste précisément à montrer que l'ordre de la nature possède une *unité nécessaire* qui seule permet de remonter à l'existence d'un Dieu Créateur. Or, c'est la *cosmogonie* qui permet à Kant de faire ressortir cette

1. Kant a rédigé et soutenu publiquement un petit mémoire sur le feu la même année que la « Théorie du ciel », le 17 avril 1755 : *Brève esquisse de quelques méditations sur le feu*, MF, AK I, 369-385.

2. HGN, « Théorie du ciel », IIe partie, chap. VII, AK I, 320.

3. HGN, « Théorie du ciel », IIe partie, chap. VII, AK I, 318 ; trad. cit., p. 156.

unité nécessaire. Est-ce à dire que tout soit absolument nécessaire dans l'ordre du monde ?

Tout d'abord, Kant admet que l'*existence* même des choses naturelles demeure toujours *contingente*. Il admet aussi que de très nombreuses connexions soumises à des lois différentes à l'intérieur d'un même être relèvent d'une unité *contingente* et particulière, bien que nous ignorions ce qui assure l'unité interne des êtres vivants. En revanche, lorsque c'est un même principe qui commande la conformité de différentes choses à des lois qui impliquent à leur tour l'intervention d'autres lois, il règne une *unité nécessaire*. C'est avant tout entre les lois universelles de la « nature inorganique » que l'on découvre une *unité nécessaire* :

> Ce ne sont pas des causes différentes qui font que la Terre est ronde, que les corps terrestres résistent à la force centrifuge, que la Lune est maintenue sur son orbite. La seule pesanteur est la cause suffisante de la production de ces effets. [...] La nature inorganique apporte [...] des preuves innombrables en faveur d'une unité nécessaire, résultant de la convenance de nombreux effets à un principe simple [1].

Au lieu de recourir, comme Newton, à la théologie et aux causes finales pour rendre raison de la stabilité et de l'ordre cosmique, Kant s'appuyait sur l'*unité* et la *convenance* des lois universelles pour montrer qu'entre le *fiat* créateur de Dieu et l'ordre cosmique que découvre l'astronomie, « les lois mécaniques ont une prédisposition à l'ordre » [2] qui a permis d'organiser l'état originellement chaotique de la matière. Kant pensait avoir ainsi épuré la physico-théologie des scories d'un finalisme incontrôlé, ce qui avait pour effet de réintégrer le problème cosmologique dans le cadre de la mécanique newtonienne :

> Si [Newton] avait pu former une hypothèse bien fondée sur la constitution primitive de la matière, on peut même être certain qu'il eût cherché, selon le procédé requis par la philosophie, les principes de la constitution de l'univers (*die Gründe von der Beschaffenheit des Weltbaues*) dans les lois générales de la mécanique, sans craindre pour cela que cette explication de l'origine du monde fasse passer la création des mains de Dieu à la puissance du hasard [3].

C'est donc seulement la physico-théologie perfectionnée qui permet de comprendre que « la nature elle-même passe, par le jeu des lois générales, du chaos à la régularité (*Regelmäßigkeit*) » [4]. On doit remarquer que ce qui a totalement disparu dans l'édition de 1763, c'est l'étonnante perspective infinitiste entrevue dès la première partie de la *Théorie du ciel* [5] et développée

1. UF, IIe partie, « IIIe considération », AK II, 106-107 ; OP I, 368-369.
2. UF, IIe partie, « VIe considération », AK II, 130 ; OP I, 396.
3. UF, IIe partie, « Ve considération », AK II, 121 ; OP I, 386.
4. UF, IIe partie, « VIIe considération », AK II, 151 ; OP I, 422.
5. *Cf.* par exemple HGN, « Théorie du ciel », Ière partie, AK I, 256 : « Nous voyons les premiers termes d'une progression continue de mondes et de systèmes, et cette première partie d'une progression infinie (*unendliche Progression*) nous donne déjà à reconnaître ce qu'il faut

longuement dans la deuxième partie sous le titre révélateur : « De la création dans toute l'étendue de son infinité aussi bien selon l'espace que selon le temps » [1]. Dans la « Huitième Considération » du *Beweisgrund* qui fait suite à l'exposé de sa *Cosmogonie*, Kant revient sur l'idée d'infini, et notamment sur l'infinité divine, afin de prendre ses distances avec ce terme, dont il nous dit qu'en plus de ses déterminations conceptuelles propres, il possède une charge émotionnelle :

> Certes le terme infini est beau et proprement esthétique. Ce qui dépasse tous les concepts du nombre émeut et met l'âme dans un état d'étonnement, en la troublant en quelque sorte [2].

Malgré son profond attachement à l'idée d'infini, Kant la chasse du domaine de la cosmologie et lui donne même momentanément congé dans la mesure où il considère que le terme d' « omnisuffisance (*Allgenugsamkeit*) » de Dieu « *fournit, pour désigner la plus grande perfection de cet Être, un terme beaucoup plus juste que celui de l'*Infini *dont on se sert ordinairement* » [3]. Il précise que l'emploi du terme infini, qui s'applique aussi bien aux mathématiques qu'à Dieu et aux choses créées, risque d'introduire toutes sortes d'équivoques et de confusions dont la pire serait sans doute de constituer « entre de telles déterminations de Dieu et celles des choses créées, une analogie bien difficile à établir » [4]. Selon Kant, le plus grand danger qui menace l'infinitisme cosmologique, c'est une éventuelle collusion entre l' infinité divine et l'infinité cosmique dans une sorte de monisme réducteur. On sent ici, dans le *Beweisgrund*, le souci d'éviter toute déviance possible vers ce qui pourrait être taxé de panthéisme, voire de matérialisme ou d'athéisme, et surtout de *spinozisme*. Il lui faut montrer au contraire que son unique fondement possible d'une preuve de l'existence de Dieu débouche sur un Dieu transcendant, immatériel et « *allgenugsam* ». C'est pourquoi il écrit dans le *Beweisgrund,* afin de laver son traité de toute accusation possible de spinozisme [5] :

> Le monde n'est pas un accident de la divinité, puisqu'on y trouve des conflits, des manques et des changements, déterminations contraires à celles de la divinité. Dieu n'est pas la substance unique qui existe ; et toutes les autres choses sont aussi des substances, mais des substances dépendantes [6].

Malgré ses réserves, Kant fut aussitôt attaqué, dès la publication de son *Beweisgrund*, pour son spinozisme larvé par un jeune philosophe allemand,

conjecturer de l'ensemble. Cette série n'a pas de fin, elle s'enfonce dans un abîme véritablement insondable ».

1. HGN, « Théorie du ciel », IIe partie, chap. VII, AK I, 306 : « *Von der Schöpfung im ganzen Umfange ihrer Unendlichkeit sowohl dem Raume, als der Zeit nach* ».

2. UF, 1763, AK II, 154 ; OP I, 426.

3. UF, IIe partie, « VIIIe considération », AK II, 154 ; OP I, 426, nous soulignons.

4. *Ibid.*

5. UF, Ière partie, « Ière considération », AK II, 74 ; OP I, 328 : « Le Dieu de Spinoza est soumis à de perpétuels changements ».

6. UF, Ière partie, « IVe considération », AK II, 90-91 ; OP I, 349.

Daniel Weymann, auteur d'une plaquette intitulée *Bedenklichkeiten über den einzig möglichen Beweisgrund des Herrn I. Kants zu einer Demonstration des Daseyns Gottes* [1]. Weymann reproche à la démonstration alléguée par Kant d'aboutir à un Dieu tout à fait semblable à celui de la substance unique de Spinoza. Contre cette accusation de spinozisme, Kant ne répondit qu'après la mort de son ami M. Mendelssohn en 1786 à l'occasion du déchaînement du *Pantheismusstreit.* Remarquons justement que ce qui permit à Jacobi d'accuser Kant de spinozisme, c'est sa conception de l'espace infini dans la première *Critique.* Du reste, les difficultés de l'infini furent le pivot central des deux premières « antinomies de la raison pure », mais cette fois au profit de l'entreprise critique de Kant.

II. L'ARTICLE *SUR LES VOLCANS LUNAIRES* (1785) À L'ÉPREUVE DE LA PHILOSOPHIE CRITIQUE

Le 4 mai 1783, W. Herschel crut découvrir par l'observation télescopique un volcan en pleine activité sur la Lune. Le Conseiller d'État russe Franz Aepinus [2] vit dans la découverte de Herschel une confirmation de son hypothèse sur « *l'origine volcanique des aspérités de la surface lunaire* » formulée dès 1778, mais qu'il ne publia qu'en 1781.

De son côté, Kant considérait que la découverte de Herschel établissait seulement quelques ressemblances entre la Terre et la Lune, sans constituer pour autant une véritable confirmation de l'hypothèse d'Aepinus. Contrairement à ce dernier, Kant comparait les cirques lunaires aux chaînes circulaires de montagnes que possède notre globe, mais nullement à des cratères volcaniques. Il se tournait plutôt vers une « *autre hypothèse de la formation des corps célestes* ». Globalement, il était favorable à une origine *éruptive* des cirques lunaires, mais *non volcanique.* Toute la force de l'argumentation kantienne repose sur la comparaison entre les mesures terrestres et lunaires des cirques et des cratères volcaniques. D'où cette nouvelle théorie kantienne de la formation de la Terre assez différente de celle de Buffon, comme le montre son article de 1785 que nous présentons ici brièvement.

Initialement, la Terre n'était qu'un magma chaotique en fusion où se mélangeaient l'air et l'eau. Sous l'effet de la chaleur, l'air s'est échappé du magma en ébullition, puis il entoura la Terre en formation. À leur tour, les montagnes circulaires formant les bassins actuels furent constituées par une *éruption* due à l'*ébullition du magma.* Le ruissellement des eaux sur les bords

1. Daniel Weymann, *Bedenklichkeiten über den einzig möglichen Beweisgrund des Herrn M. Kants zu einer Demonstration des Daseyns Gottes*, Königsberg, 1763, chez J. J. Kanter, le même éditeur que Kant.

2. Franz Ulrich Theodosius Aepinus (Rostock, 1724 / Dorpat, 1802) avait été directeur de l'observatoire de Berlin en 1755 et devint membre de l'Académie des Sciences de Berlin la même année.

des crêtes montagneuses leur conféra une forme dentelée, puis les éléments se déposèrent graduellement suivant leur pesanteur spécifique. Le fond des mers apparut là où l'ébullition fut la moins violente, tandis que là où elle fut plus violente, elle fit émerger la terre ferme avec ses montagnes. L'érosion par ruissellement brisa ensuite certains des bassins ; puis, en descendant des bassins élevés vers ceux qui sont de plus en plus bas, les eaux allèrent se jeter finalement dans les mers. Ainsi se termina la formation de la croûte terrestre dont le support inférieur est fait de granit, puis de couches stratifiées déposées successivement par les alluvions pélagiques. Les éruptions volcaniques sont apparues beaucoup plus tardivement et remontent à l'époque de la solidification de la surface du globe terrestre. Toutefois, celles-ci ne produisirent que quelques sommets montagneux peu nombreux par rapport au reste du relief terrestre.

L'état initial des corps célestes a dû être fluide, comme le laisse penser leur forme sphérique. Or, la cause de la fluidité, c'est la chaleur. Alors, la question se pose de savoir d'où provient la chaleur initiale. C'est ce que Buffon n'est pas parvenu à expliquer, car il se contentait de partir de la chaleur du Soleil dans sa célèbre hypothèse. Kant pensait pour sa part disposer d'une explication plus approfondie de la formation des corps célestes que dans sa *cosmogonie* de 1755 et de 1763. En effet, il s'est proposé ici de compléter et d'enrichir son hypothèse cosmologique à la lumière des nouvelles découvertes scientifiques de son temps. Kant reprit à Adair Crawford [1] l'idée que les corps à l'état vaporeux ou gazeux ont une plus grande chaleur élémentaire que lorsqu'ils passent à l'état solide, d'où il suit que le *calorique*, emprisonné dans les matières fluido-chaotiques en train de se solidifier et de se conglober sous l'effet de l'attraction moléculaire (chimique) puis cosmologique (physique), produit une élévation de température considérable qui peut expliquer, par exemple, l'incandescence du Soleil. Cette double attraction produit la condensation des corps célestes en un temps extrêmement bref. Donc plus un corps est massif, plus il est chaud : le Soleil est bien plus chaud que les planètes et, parmi celles-ci, Jupiter et Saturne sont plus chaudes que Mercure, Vénus, la Terre et la Lune ! Mais ces dernières bénéficient d'une plus grande proximité du Soleil, d'où un nouvel équilibre thermique retrouvé. Enfin, cette théorie de la chaleur, développée par Crawford, permettrait d'expliquer aussi bien, sinon mieux, les éruptions atmosphériques initiales qui constituèrent les reliefs des surfaces

1. Adair Crawford (1748-1795), célèbre chirurgien anglais qui suivit en 1776 les conférences de William Irvine en Écosse. Ainsi, Crawford se rattache à l'École Écossaise qui regroupait au XVIIIe siècle des chercheurs comme William Cullen, Joseph Black et James Watt. Après maintes expériences, Adair Crawford établit que la chaleur spécifique de l'air « fixé » (c'est-à-dire où le phlogiston a été fixé) est très inférieure à celle de l'air ordinaire dans des proportions de 1 à 67. Donc, il serait peut-être possible d'expliquer ce qu'est la chaleur animale en suivant ce fil conducteur comme le montre son premier ouvrage sur la question : *Experiments and Observations on Animal Heat, and the inflammation of combustible bodies*, London, 1779, [2]1789. La chaleur animale doit s'expliquer par la respiration, phénomène au cours duquel l'air ordinaire est inspiré et l'air « fixé » (dont la capacité calorifique est très réduite) est exhalé. Cette réduction de la capacité calorifique est due à l'émission de chaleur qui entretient la chaleur animale. À la fin de son ouvrage, Crawford généralise sa découverte et étend ses vues aux planètes, au système solaire et à l'Univers.

planétaires (Terre, Lune, Vénus) qu'en invoquant les rares éruptions volcaniques, d'apparition beaucoup plus récente.

Kant termine son article en critiquant l'idée cosmogonique mise en avant par Buffon : l'idée d'une *première époque de la Nature*. À ce niveau très délicat de la cosmologie, Kant met en application les acquis de la première *Critique*. En effet, il s'interdit de poser à l'intérieur de la série du conditionné phénoménal un tout premier état de la Nature qui prétendrait véritablement relever de la connaissance scientifique. Poser une première époque de la Nature (comme Buffon), cela reviendrait à transgresser le principe de causalité selon lequel « tous les changements arrivent suivant la loi de la cause et de l'effet » [1]. D'où une contradiction inadmissible de la part du naturaliste qui poserait, d'un côté, que tout effet doit avoir une cause dans le temps, tout en admettant, d'un autre côté, qu'il pourrait bien y avoir une première époque de la Nature qui ne serait pas elle-même l'effet d'une cause physique. D'où un illégitime usage *transcendant* du principe de causalité si le naturaliste se hasardait à affirmer que cette cause première est transcendante et suprasensible, comme le souligne Kant dans sa première *Critique* :

> L'empiriste ne permettra donc jamais de recevoir aucune époque de la Nature comme la première absolument, ni de regarder aucune limite imposée à sa vue dans l'étendue de la Nature comme la dernière. [...] Il ne permettra pas enfin qu'on cherche en dehors de la Nature la cause de quoi que ce soit (un être premier), puisque nous ne connaissons rien de plus qu'elle, du fait qu'elle est la seule chose qui puisse nous fournir des objets et nous instruire de ses lois [2].

Cette réserve, qui ne relevait que du seul point de vue de « *l'empirisme pur* » dans le conflit de la raison avec elle-même, ne prend tout son sens que comme « principe régulateur de l'unité systématique du divers de la connaissance empirique en général » [3]. D'ailleurs, en revenant au problème proprement cosmologique, Kant précise dans sa première *Critique* :

> *En second lieu* (dans la cosmologie) nous devons aller à la poursuite des conditions des phénomènes tant internes qu'externes, dans une recherche qui ne doit jamais être achevée, comme si elle était infinie en soi et comme si elle n'avait pas de terme premier ou suprême, sans nier pour cela qu'en dehors de tous les phénomènes il n'y ait des fondements premiers, purement intelligibles, de ces phénomènes, mais aussi sans jamais nous permettre de les introduire dans l'enchaînement des explications naturelles, puisque nous ne les connaissons pas du tout [4].

1. CRP, B 232, AK III, 166 ; OP I, 925 : « *Alle Veränderungen geschehen nach dem Gesetze der Verknüpfung der Ursache und Wirkung* ».

2. CRP, « L'antinomie de la raison pure », IIIe section, A 469 / B 497, AK III, 326 ; OP I, 1122.

3. CRP, « Du but final de la dialectique naturelle de la raison humaine », A 671 / B 699, AK III, 443 ; OP I, 1268.

4. CRP, « Du but final de la dialectique naturelle de la raison humaine », A 672 / B 700, AK III, 444 ; OP I, 1268.

Dans son article sur les volcans lunaires, Kant ne transgresse nullement les limitations strictes du champ de la connaissance, telles qu'elles avaient été définies dans sa première *Critique*. En revanche, il nous rappelle que les enseignements de « L'antinomie de la raison pure » sont loin de l'avoir détourné des recherches cosmologiques. Bien au contraire, si le monde ou l'univers pris comme *chose en soi* est inconnaissable pour Kant, il concède cependant à l'Idée transcendantale de monde un *usage régulateur* (c'est-à-dire à la fois heuristique et présomptif) qui, comme tout principe régulateur de la raison, « va sans doute beaucoup trop loin pour que l'expérience et l'observation puissent lui être adéquates, mais qui, sans rien déterminer, leur trace cependant la voie de l'unité systématique » [1]. Or, dès l'instant que de nouvelles découvertes permettent d'étendre le contenu de nos connaissances, il est non seulement légitime, mais aussi indispensable que tout chercheur avance dans la régression empirique d'un conditionné à sa condition et remonte vers un membre encore plus éloigné dans la série du conditionné.

Kant comprend clairement que le problème cosmogonique s'étend désormais aux phénomènes calorifiques et chimiques. Malheureusement, la science des phénomènes calorifiques était encore en voie de constitution, et ce n'est que vers la deuxième moitié du XIXe siècle que la thermodynamique atteignit véritablement sa maturité scientifique. Toutefois, bien que Kant ait montré son vif attachement à l'avancement des connaissances, on regrette qu'il n'ait pas donné de plus amples indications sur la façon dont il concevait le rapport entre les découvertes de Crawford et l'hypothèse cosmogonique de la *Théorie du ciel*. En tout cas, on ne saurait lui reprocher à notre tour « de chercher parmi les causes universelles, aussi loin que possible, et de suivre leur enchaînement selon des lois connues aussi longtemps qu'il reste cohérent » [2], suivant ainsi ses propres préceptes. À cet égard, l'opuscule sur les volcans lunaires reste en lui-même exemplaire, car il participe à l'élaboration des hypothèses scientifiques tout en respectant rigoureusement les limitations du criticisme. Ainsi, la *Cosmogonie* de 1755 qui se présentait initialement comme une théorie, ou un *essai* théorique, devint par la suite une *hypothèse* scientifique, dont le statut et les limites sont clairement déterminés dans la *Critique de la raison pure* :

1. CRP, « De l'usage régulateur des idées de la raison pure », A 668 / B 696, AK III, 442 ; OP I, 1266.

2. Kant écrit en ce sens, dans *Über die Vulkane im Monde*, AK VIII, 76 : « Si l'on me retournait ici le reproche que je faisais plus haut à l'explication de Buffon en m'interrogeant sur la cause du premier mouvement de ces atomes dans l'espace universel, je répondrais que je ne me suis pas fait fort d'indiquer le premier de tous les changements naturels, ce qui est en fait impossible. Cependant, je n'admets pas que l'on s'arrête à un état naturel comme la chaleur du Soleil, qui offre des analogies avec des phénomènes dont on peut au moins présumer la cause d'après des lois connues, pour invoquer d'une manière désespérée l'ordre divin en guise d'explication. Il est vrai que ce dernier doit inévitablement clore nos recherches quand il s'agit de la Nature dans son ensemble ; mais, puisqu'aucune époque de la Nature ne peut être présentée simplement comme la première dans un monde sensible, nous sommes obligés pour chacune de ces époques de chercher parmi les causes universelles, aussi loin que possible, et de suivre leur enchaînement selon des lois connues aussi longtemps qu'il reste cohérent » (notre traduction).

> Pour expliquer des phénomènes donnés, on ne peut employer d'autres choses et d'autres principes d'explication que ceux qui ont été mis en liaison avec les choses et les fondements donnés, suivant les lois déjà connues des phénomènes. [...] L'ordre et la finalité dans la nature doivent être expliqués à leur tour par des raisons naturelles et suivant des lois de la nature, et ici les hypothèses même les plus grossières, pourvu qu'elles soient physiques, sont plus supportables qu'une hypothèse hyperphysique, c'est-à-dire que l'appel à un auteur divin que l'on suppose tout exprès. Ce serait en effet un principe de la raison paresseuse (*ignava ratio*) que de laisser de côté tout d'un coup toutes les causes dont les progrès de l'expérience peuvent encore nous apprendre à connaître la réalité objective. [...] Mais pour ce qui est de l'absolue totalité du principe d'explication dans la série des causes, cela ne peut faire aucun obstacle eu égard aux objets du monde, puisque, ces objets n'étant rien que des phénomènes, on n'y peut jamais espérer quelque chose d'achevé dans la synthèse des séries de conditions [1].

C'est sûrement en cela que consiste la spécificité de la cosmologie, car si l'Idée transcendantale de monde est inconnaissable (en tant que produit de la raison au sens restreint), en revanche le monde en tant qu'il désigne « l'objet de toute expérience possible (*der Gegenstand aller möglichen Erfahrung Welt heißt*) » [2] ne relève pas du suprasensible, contrairement aux Idées d'âme ou de Dieu. Seulement, c'est la synthèse achevée de cet objet d'expérience qui est ineffectuable pour nous. Le monde comme *totalité* est seulement pensable, mais inconnaissable. En revanche, l'*unité* du monde ou de l'univers est proprement une proposition fondamentale (*Grundsatz*) tacite de l'entendement pur, comme l'énonce Kant dans une note très importante de l' « Analytique transcendantale » :

> L'unité de l'univers, dans lequel tous les phénomènes doivent être liés, est manifestement une conséquence du principe tacitement admis (*des insgeheim angenommenen Grundsatzes*) de la communauté de toutes les substances existant simultanément : en effet, si elles étaient isolées, elles ne constitueraient pas un tout à titre de parties, et si leur liaison (l'action réciproque du divers) n'était pas déjà nécessaire en raison de la simultanéité, on ne pourrait conclure de celle-ci, à titre de rapport purement idéal, à celle-là, à titre de rapport réel [3].

En ce sens, l'*unité* de l'univers est bien un réquisit de l'*entendement* en tant qu'il s'applique à l'ensemble des phénomènes, tandis que l'univers posé comme *totalité inconditionnée* est une hypothèse spéculative de la *raison*. L'hypothèse cosmogonique de Kant, comme *hypothèse physique* se situe entre l'Idée transcendantale de monde et les acquis de la physique newtonienne : elle fait seulement appel aux recherches observationnelles futures. Or, non seulement l'hypothèse nébulaire (dite de Kant-Laplace) conserve encore à présent tout son intérêt épistémologique pour expliquer la formation du système

1. CRP, A 772 / B 800, AK III, 503-504 ; OP I, 1341-1342.
2. CRP, A 605 / B 633, AK III, 405 ; OP I, 1219.
3. CRP, A 218 / B 265, AK III, 185 ; OP I, 948.

solaire, mais il fallut attendre 1924 pour obtenir une confirmation au moins partielle de la théorie des Univers-îles. Entre-temps, le cadre de l'astrophysique et de la cosmologie contemporaines n'est plus celui de la science newtonienne, mais celui de la relativité générale einsteinienne et celui de la mécanique quantique. Il n'en demeure pas moins que Kant reste le premier théoricien qui ait correctement conçu la structure de la Voie lactée. Là est la force de son hypothèse cosmologique qui a bien partie liée avec la connaissance scientifique.

III. LA RÉCEPTION DE LA *THÉORIE DU CIEL* DANS L'ASTRONOMIE DE H. OLBERS

C'est un hasard historique qui fait de l'astronome allemand de Brême, Heinrich Wilhelm Olbers [1], l'auteur du paradoxe célèbre qui porte actuellement son nom. En effet, d'une part, le « Mémoire » qu'il publia en 1823 et qui contient le fameux paradoxe serait passé presque totalement inaperçu de son temps, s'il n'y avait eu les remarques sur ledit Mémoire faites par John Herschel (le fils de William Herschel) à l'occasion du compte-rendu qu'il publia sur l'ouvrage *Kosmos* d'Alexandre von Humboldt dans *The Edinburg Review* de 1848. Or, John Herschel a compris que la solution proposée par Olbers (à savoir l'extinction de la lumière due à un milieu cosmique partiellement transparent) résout le problème de la brillance du ciel, mais au prix d'un paradoxe thermique, car si l'opacité du milieu interstellaire absorbe la lumière, elle absorbe aussi la chaleur qu'elle restitue en élevant (à l'infini) la température de l'Univers. D'où un paradoxe thermique qui va à l'encontre des apparences et de la conception d'un univers infini, homogène, peuplé d'une infinité d'étoiles. Enfin, il faut signaler que l'idée de ce paradoxe avait déjà été formulée par Kepler, puis rediscutée par E. Halley en 1720 et par Chéseaux en 1743. Kepler s'était servi de cet argument pour combattre et réfuter la cosmologie infinitiste de Giordano Bruno.

Le cas du bref Mémoire d'Olbers représente l'intervention d'une recherche scientifique pour maintenir une certaine vision métaphysique du monde, car ce dernier voulait défendre à tout prix la cosmologie infinitiste du Kant précritique en faisant appel à une théologie de la toute-puissance divine. Ce qui peut sûrement paraître le plus paradoxal, c'est qu'Olbers ait soulevé ce paradoxe, qui est une arme anti-infinitiste redoutable, alors qu'il voulait établir au contraire l'infinité de l'univers. En effet, Olbers était partisan de la cosmologie infinitiste du jeune Kant, dont il cite même avec enthousiasme un passage de la *Théorie du ciel*. Or, il savait pertinemment qu'un univers infini, contenant une infinité d'étoiles, devrait présenter un aspect aussi lumineux que le ciel en plein jour, alors que la nuit étoilée apparaît manifestement noire. D'où le paradoxe qui porte son nom et qu'il formulait ainsi :

1. Heinrich Wilhelm Matthias Olbers (1758-1840).

> S'il y a réellement des soleils dans tout l'espace infini, qu'ils soient séparés par des distances à peu près égales, ou répartis dans des systèmes de Voies lactées, leur ensemble est infini et alors, le ciel tout entier devrait être aussi brillant que le Soleil. Car toute ligne que j'imagine tirée à partir de nos yeux rencontrera nécessairement une étoile fixe quelconque et par conséquent tout point du ciel devrait nous envoyer de la lumière stellaire, donc de la lumière solaire. À quel point cela contredit l'expérience, il n'est pas besoin de le dire [1].

Bien que cette question scientifique implique nécessairement une réponse scientifique, on peut se demander sur quels fondements repose l'infinitisme cosmologique d'Olbers. En fait, son origine est purement spéculative, c'est-à-dire métaphysique et théologique, comme on peut le constater ici :

> L'espace n'est-il pas infini ? Ses bornes se laissent-elles elles-mêmes penser ? Est-il concevable que la toute-puissance infinie ait laissé vide cet espace infini ? Je veux laisser le grand Kant parler à ma place : "Où s'arrêtera la création elle-même ? demande Kant. Il est bien clair que, pour se la figurer en rapport avec la puissance de l'Être infini, il faut la supposer sans limite. [...] Le champ de la manifestation de ces propriétés divines doit être tout aussi infini qu'elles. L'éternité ne suffit pas à englober les manifestations de l'Être suprême, si elle n'est pas liée à l'infinité de l'espace". Ainsi parle Kant. Il reste donc au plus haut point vraisemblable que [...] c'est l'espace infini tout entier qui est peuplé de Soleils, avec leurs suites de planètes et de comètes [2].

Outre cette métaphysique infinitiste, Olbers évoque avec de sérieuses réserves un argument scientifique avancé par Edmund Halley, à savoir que si l'univers n'était pas infini et peuplé d'une infinité de soleils « tous les corps de l'univers devraient tomber vers son centre de gravité d'un mouvement sans cesse accéléré » [3]. L'infinité de l'univers permet de repousser à l'infini tous risques d'effondrement gravitationnel. Cependant, Olbers reproche à Halley de ne prendre en compte que la force gravitationnelle dans son argumentation en laissant de côté la force d'impulsion. Ainsi n'est-il pas surprenant que la solution d'Olbers (malheureusement erronée), qui est d'ordre scientifique, soit au service d'une certaine métaphysique. Cette solution scientifique consiste justement à donner une estimation de la transparence relative de l'espace cosmique qui soit telle qu'elle *absorbe* en partie la lumière des étoiles pour que l'éclat lumineux de la sphère étoilée apparente ne cache pas aux observateurs le spectacle de l'univers :

> C'est donc avec une bienveillante sagesse que la toute-puissance créatrice a rendu l'espace cosmique transparent certes à un très haut degré, mais pourtant non absolument, et ainsi borné notre vision à une région déterminée de l'espace infini : car nous sommes ainsi placés en situation d'apprendre

1. Olbers, « Über die Durchsichtigkeit des Weltraumes » (1823), *Astronomisches Jahrbuch für das Jahr 1826*, p. 110 *sq.* ; trad. fr. par J. Merleau-Ponty, « Mémoire sur la transparence de l'espace cosmique », dans *La science de l'univers à l'âge du positivisme*, Paris, Vrin, 1983, p. 321.

2. Olbers, *op. cit.*, p. 320.

3. La citation a été extraite par Olbers d'un mémoire de Halley intitulé « On the infinity of the fixed stars », *Philosophical Transactions*, vol. XXXI, 1720, p. 22-24.

> quelque chose de la construction et de l'organisation de l'Univers, dont nous ne saurions que peu, si même les soleils les plus éloignés pouvaient nous envoyer leur lumière sans aucune extinction [1].

Le Mémoire d'Olbers comportait quelques calculs qui reposaient sur l'idée que le nombre d'étoiles distribuées uniformément dans une sphère dont le rayon s'accroît progressivement est proportionnel au cube du rayon de la sphère (r^3), tandis que l'éclat d'une étoile décroît en raison inverse du carré de sa distance à l'observateur ($1/r^2$). Donc, la brillance des étoiles croît comme le rayon de la sphère. Alors, si l'univers est infini et comporte une infinité d'étoiles réparties uniformément, le ciel nocturne devrait être aussi lumineux que le ciel diurne. Ce qui n'est pas le cas.

De nos jours, on peut aisément lever le paradoxe d'Olbers à partir d'une première raison essentielle : dans le cadre d'un univers relativiste en expansion et dont l'âge est fini, le fait que la vitesse de la lumière est *finie* impose un horizon à l'univers observable. D'autre part, on invoque actuellement l'organisation hiérarchisée des étoiles en amas, galaxies, amas de galaxies, amas d'amas galactiques, etc.

Cet intéressant « Mémoire » d'Olbers contient encore une argumentation métaphysique, théologique et téléologique, d'origine assez ancienne, qui repose en définitive sur la toute-puissance créatrice de Dieu (*die schaffende Allmacht*), expression qu'il emploie à plusieurs reprises. Il porte en lui des traces importantes de la métaphysique classique et de la philosophie précritique de Kant qui continuent de hanter la cosmologie et l'astronomie au début du XIXe siècle. Cependant, Olbers ne considérait pas que son « Mémoire » avait atteint une certitude totale, mais seulement une grande vraisemblance, comme il le confia la même année dans une lettre à Bessel, l'astronome de Königsberg :

> Récemment, j'ai envoyé à Bode, pour l'annuaire, un petit mémoire sur la transparence de l'espace cosmique dans lequel, selon mon opinion, j'ai sinon démontré, du moins rendu très vraisemblable que l'espace cosmique n'est pas absolument transparent, et que c'est justement à cause de ce manque de transparence absolue que l'observation astronomique est devenue possible pour nous [2].

Jean SEIDENGART
(Université Paris-Ouest-Nanterre)

1. Olbers, *op. cit.*, p. 326.

2. Olbers, lettre du 22 juin 1823 à l'astronome allemand Friedrich Wilhelm Bessel, citée dans J. Merleau-Ponty, *La science de l'univers à l'âge du positivisme*, Paris, Vrin, 1983, p. 135.

KANT ET LA PREMIÈRE IDÉE DE COPERNIC

Kant annonce une grande décision inaugurale, communément mais improprement appelée « révolution copernicienne » : la priorité absolue de l'*a priori*, auquel tout est subordonné, et dont le détenteur est le sujet. Décision inaugurale car, avant l'intellect, elle concerne les formes de l'intuition :

> Si l'intuition devait se régler sur la nature des objets, je ne vois pas comment on en pourrait savoir quelque chose *a priori* ; que si, au contraire, l'objet (comme objet des sens) se règle sur la nature de notre faculté d'intuition, je puis très bien alors me représenter cette possibilité [1].

Mais c'est une décision qui n'a de raison d'être que si elle se marque deux fois. En effet, comme pour l'intuition, le rapport du concept à l'objet se prête à ces deux hypothèses : soit le concept se règle sur l'objet, soit inversement l'objet se règle sur le concept. Dans le premier cas, l'*a priori* acquis au niveau de l'intuition a déjà fait tout son travail et se retire ; dans le deuxième cas, l'intuition commande au concept de le suivre sur la voie de l'*a priori*. Kant retient ce dernier cas comme la solution à son problème. Pourquoi l'*a priori* au niveau intuitif impose-t-il ainsi sa marque à l'*a priori* au niveau du concept ? L'*a priori* intuitif serait-il porteur d'un sens éminent qui se transmet pour ainsi dire au concept, et que celui-ci recueille ? Cette réponse paraît aller de soi, et pourtant elle perd en plausibilité à la lumière de ce que Kant nous dira par la suite de ces intuitions qui, selon l'expression célèbre, sont aveugles lorsqu'elles sont privées des concepts [2]. Aveugles, c'est-à-dire privées de sens, au contraire des concepts qui, privés de leurs intuitions, sont simplement vidés de leur contenu. Tout se passe comme si l'extension de l'*a priori* intuitif au concept faisait basculer le sens au profit de ce dernier.

Du reste, il en va ainsi comme de la « première idée » de Copernic : la révolution de la Terre sur son axe en vingt-quatre heures. Cette idée annonce la révolution annuelle de la Terre autour du Soleil dans le système héliocentrique, dont on pourrait dire qu'elle est la deuxième idée de Copernic. Pourquoi ce couplage ? La première idée de Copernic n'est pas vraiment la sienne :

1. CRP, B XVII, AK III, 12 ; OP I, 740.
2. CRP, A 51 / B 75, AK III, 75 ; OP I, 812.

l'équivalence cinématique entre deux systèmes, l'un dans lequel la Terre au repos est entourée d'étoiles en rotation autour d'elle, et l'autre où la Terre en rotation sur son axe est plongée dans un univers d'étoiles au repos, était connue dans l'Antiquité ; mais il s'agissait d'une équivalence simplement constatée, dont les Anciens n'ont rien tiré pour le reste des phénomènes dont s'occupe la théorie astronomique. Par contre, la nécessaire articulation du système héliocentrique à la rotation axiale de la Terre est la théorie copernicienne au sens plein. La première hypothèse copernicienne est certes « contraire aux sens », comme dit Kant [1], mais elle n'est encore qu'un jeu avec les sens ; le système héliocentrique annonce la prise du pouvoir par le concept, qui n'est autre que la loi newtonienne de l'attraction universelle. La loi rend inoffensif le jeu de l'intuition sensible avec son contraire, puisque la force qui relie toutes les parties de l'univers l'une à l'autre est désormais « invisible ». De même, Kant affirme qu'il ne peut s'en tenir à l'intuition : si elle doit devenir une connaissance, l'intuition ne se limite pas à forcer l'objet à se régler sur elle, il faut en plus qu'elle se rapporte à un « quelque chose » propre à cet objet (tout comme la rotation axiale ne se rapporte à rien de déterminé, on ne peut pas en tirer quelque chose de significatif, tant qu'elle n'est pas complétée par la rotation annuelle) ; le concept (la loi) lui fournit de quoi déterminer ce quelque chose.

La première idée de Copernic est donc finalement ce dont tout dépend, car passée des Anciens à Copernic, elle fait surgir au niveau de l'intuition un ordre d'enchaînement plutôt qu'une simple équivalence. Dire que l'intuition se règle sur l'objet, ce n'est pas tout d'abord une hypothèse, mais la traduction de la première intuition absolument écrasante des étoiles en mouvement autour de nous ; une intuition sensible si exemplaire et dédaigneuse d'une alternative que le but de l'astronomie, selon l'expression de Simplicius, ne vise tout au plus qu'à « sauver les phénomènes » que sont les mouvements singuliers (« errants ») des planètes, pour les intégrer tant bien que mal comme un enchaînement qui n'apparaît pas (combinaison de mouvements circulaires uniformes) dans le seul enchaînement qui apparaît (le mouvement circulaire uniforme). Or ce sauvetage des phénomènes est un travail du concept au service de l'intuition, et il aboutit à un mélange d'enchaînement qui apparaît et d'enchaînement qui n'apparaît pas. De ce travail, les astronomes jusqu'à Copernic n'ont jamais pu tirer une intuition déterminée, car plusieurs constructions intellectuelles différentes restaient compatibles avec les phénomènes observés. La révolution copernicienne découvre que, avant le travail du concept, l'intuition induit déjà un enchaînement de phénomènes au service exclusif de ce qui apparaît : si le mouvement de la Terre n'est pas perçu, il devrait l'être ou pourrait l'être, si du moins l'objet se règle sur une intuition qui n'apparaît pas tout en assurant la possibilité d'apparaître. Lorsqu'ils s'opposent de cette manière, chacun des deux points de vue devient une hypo-

1. CRP, B XXII, AK III, 14 note ; OP I, 743.

thèse qui s'oppose contradictoirement à l'autre. Mais comme le deuxième point de vue fait appel à une intuition sensible qui ne sent rien, n'annonce-t-il pas à son tour une nouvelle contradiction, non plus cette fois-ci sur l'objet de l'intuition, mais sur sa nature même ? Par la double décision inaugurale, Kant donne à l'entendement la prérogative insigne de soulager l'intuition non sensible de sa contradiction, qui n'est plus qu'une apparence de contradiction. Exiger l'entendement pour rendre compte de l'expérience et la penser, c'est en effet « présupposer la règle en moi-même » [1] avant toute expérience. La règle est le mouvement de notre esprit qui permet d'enchaîner des perceptions (énoncer une loi) avant qu'elles ne s'enchaînent d'elles-mêmes à partir de notre station en repos. Je ne sens pas la Terre en mouvement sur son axe, je ne la vois pas se déplacer autour du Soleil, mais ce repos ne peut pas servir de règle pour ordonner les mouvements célestes. Seules des règles en mouvement pour l'entendement (concepts *a priori* schématisés) sont conformes aux règles du mouvement pour les objets de l'expérience. À ces règles correspondent donc des intuitions elles-mêmes *a priori*, ultimes garantes de leur validité. Les formes de la sensibilité qui ne sont pas elles-mêmes senties, mais qui donnent aux concepts la possibilité de se rapporter à une intuition déterminée, ce sont l'espace et le temps.

Pour donner raison à Copernic, Kant ne choisit pas vraiment entre les deux hypothèses. L'hypothèse de Ptolémée ne peut pas être invalidée absolument, on pourra toujours la sauver au prix de complications énormes. Au prix de l'intuition elle-même *a priori*, Kant fait seulement agir sa double décision inaugurale pour lever les doutes de l'intuition sur l'hypothèse de Copernic. Or, en délégant le pouvoir du sens au concept, l'*a priori* intuitif n'a affirmé sa priorité que pour consentir à une perte. Il s'agit d'une sorte de transfert de capital, la « nature », qui ne laisse pas le capital intact. En effet les hypothèses ne sont pas symétriques. Est d'abord rejetée l'hypothèse selon laquelle l'intuition se règle sur la nature de l'objet, est validée ensuite l'autre hypothèse selon laquelle l'objet comme objet de sens se règle sur la nature de la faculté d'intuition. Il n'est donc pas question à proprement parler de la même chose dans les deux hypothèses : d'abord la nature de l'objet, ensuite l'objet pour une faculté d'intuition dont la nature le convertit en objet des sens, comme s'il n'avait lui-même plus de « nature ». Et au niveau de l'*a priori* cognitif, il n'est même plus du tout question de « nature », comme si l'affaire était entendue au profit des facultés cognitives. Cela signifie-t-il que, sous l'effet de la révolution scientifique (Galilée, Torricelli, Stahl, etc.), la grande et mystérieuse « Nature » (au sens de l'ancienne *physis*) s'est réfugiée dans ce qu'il faut bien appeler la « nature humaine » ?

La question se pose donc de savoir si Kant se fait simplement l'écho de la manière scientifique de penser, lui qui prétend s'inspirer de la « révolution de la manière de penser » en science pour mettre la métaphysique sur la voie sûre

1. CRP, B XVII, AK III, 12 ; OP I, 740.

d'une science [1]. Dans le sillage de Copernic, Galilée déclare lui-même qu'il n'a pas vraiment démontré le mouvement de la Terre, mais seulement que l'hypothèse de ce mouvement n'est pas en contradiction avec la nature des choses. Kant ne fait-il pas quelque chose de similaire, lorsqu'il affirme que les formes pures de la sensibilité, sur la possibilité desquelles repose la double décision inaugurale de la raison critique, ne sont pas en contradiction avec l'expérience sensible ?

Galilée commence par brouiller le rapport de l'intuition au concept : il s'agit de prendre l'ordre spontané de l'expérience à rebours. Pour décrire la trajectoire accélérée d'un corps en chute libre, il faut d'abord s'abstraire des circonstances de l'expérience concrète (la résistance de l'air). Galilée démontre les lois en supprimant cette résistance, et

> après avoir découvert et démontré les lois en supprimant toute résistance, [il convient de les compléter], au moment de les utiliser concrètement, par ces limitations que l'expérience nous enseignera [2].

Il a bien fallu commencer avec l'expérience concrète, mais la loi de Galilée a ceci de particulier, qu'elle s'affranchit d'abord de l'expérience pour la retrouver ensuite candidement comme une limitation du concept. Ce que nous enseigne effectivement l'intuition pour commencer est laissé de côté, comme si son évidence la rendait transparente. L'intuition est retrouvée en fin de parcours, au moment de refaire contact avec le concret, à la manière d'un matériau disponible et malléable à volonté. Qu'est-ce qui garantit que le matériau du début n'agit qu'au bout d'une opération qui a commencé par idéaliser l'objet au moyen d'un concept approprié ? La première ouverture au phénomène ne fournit-elle qu'une impulsion au concept pour lui permettre de se lancer tout seul à la conquête de la loi de la nature ? Ce brouillage de la place de l'intuition va devenir si embarrassant que Newton préférera commencer avec un tout à la fois idéal et sensible, d'où les principes nécessaires à la physique mathématique sortent pour ainsi dire spontanément : la géométrie ayant toujours déjà prise sur le monde naturel (elle est une branche de la mécanique qui traite de l'art pratique de la mesure), elle peut s'enorgueillir de produire tant de choses avec si peu de principes qui viennent d'ailleurs (« *brought from without* » comme dit Newton dans la « Préface » des *Principia*). La spontanéité des principes pourrait n'être qu'une commodité de la raison, mais même à ce titre elle reste une œuvre de la raison : le succès pratique de la physique, à savoir le fait qu'elle a effectivement une prise sur le monde empirique, justifie, dit Kant, que la science de la nature soit une connaissance rationnelle appliquée [3]. Comment libérer la raison scientifique de sa timidité

1. Voir la mise au point de F. Capeillères, *Kant philosophe newtonien*, Paris, Éditions du Cerf, 2004.

2. Galilée, *Discours concernant deux sciences nouvelles*, IVème Journée, trad. M. Clavelin, Paris, Presses Universitaires de France, 1995, p. 212.

3. PPM, AK IV, 468 ; OP II, 364.

philosophique, et comment tirer les conséquences de cette libération pour une métaphysique de la science de la nature ? Puisque le point de départ de la science est une sorte de point zéro qui est cependant chargé de toutes les déterminations qui font d'une chose ce qu'elle est comme chose naturelle, Kant demande d'abord de réfléchir à la « nature » comme simple « mot » : une manière de désigner ce à quoi la physique s'intéresse, à savoir l'intérieur d'une chose d'où dérive par principe « tout le divers qui appartient à l'existence de cette chose ». La science de la nature est certes incapable d'entrer immédiatement dans la compréhension de l'existence d'une chose selon ce principe intérieur. Néanmoins elle s'approche du principe par l'intermédiaire de lois qui règlent la connexion entre choses, grâce auxquelles toutes les déterminations d'une chose sont comprises dans le cadre d'une nécessité qui la relie à d'autres choses. Bien que la loi fixe des rapports externes entre choses, il faut se demander dans quelle mesure cette nécessité apportée par le concept de loi ne tombe pas dans le vide, et procède tout de même du principe à l'intérieur des choses. Dans les termes de Kant : comment et à quelle condition une science de la nature, en tant que connaissance rationnelle appliquée, tire-t-elle sa légitimité d'une science « proprement dite » [1], c'est-à-dire d'une connaissance rationnelle pure dont la certitude apodictique est telle que toutes les autres explications possibles de la nature dérivent de principes *a priori* de la raison ? De la même façon que Galilée prend à rebours l'ordre spontané de l'intuition et du concept, il s'agit de prendre à rebours la connaissance scientifique déjà établie, pour la ramener au point où apparaît une correspondance entre le principe intérieur d'une chose et le principe propre à la raison.

L'*a priori* à l'œuvre dans une théorie scientifique est, d'après Kant, un « projet », un « plan tracé d'avance » [2]. La raison scientifique interpelle la nature au moyen de ses propres principes, qui sont d'abord pensés problématiquement, avant d'être pensés apodictiquement au moyen d'une expérimentation qui vient valider les hypothèses. En science la raison dispose de principes et d'une méthode expérimentale planifiée à partir d'une anticipation rationnelle de l'expérience ; elle se donne ainsi les moyens d'apprendre de la nature tout ce qu'elle cherche conformément à ce qu'elle-même y a mis [3]. Sans mettre ce processus en doute, la réflexion critique sur la raison à l'œuvre en science déploie en deux phases un processus encore ramassé sur soi : on s'interroge sur le *moment* à partir duquel la raison livrée à elle-même doit s'appuyer sur la mise en ordre rationnelle de l'expérience (l'expérimentation). Poser cette question, c'est déjà reconnaître à l'expérience un rôle plus fort que celui d'un matériau brut entièrement soumis au plan de la raison : c'est accorder à l'expérience que des principes viennent d'elle aussi, à côté des principes issus de la raison pure. La rencontre de ces principes issus de deux sources différentes est ce moment où la pensée problématique bascule en pensée apodictique.

1. PPM, AK IV, 469 ; OP II, 365-366.
2. CRP, B XIII, AK III, 10 ; OP I, 737.
3. CRP, B XIV, AK III, 10 ; OP I, 738.

Qu'advient-il d'abord à la Nature qui, faute d'être connaissable en soi, est d'abord abordée dans sa puissance cachée comme simple mot ? Kant distingue au moins trois sens de nature. 1) Au sens formel, la nature désigne l'unité nécessaire et universelle dans l'enchaînement des phénomènes [1] ; telle est la conformité des choses aux conditions *a priori* de l'entendement dans son usage empirique. C'est la nature telle qu'elle est comprise par et dans les sciences mathématiques de la nature, à savoir la totalité des règles sous lesquelles les phénomènes doivent être subsumés pour être pensés. 2) Bien que toujours formel, il y a un autre sens de la nature qui n'est plus transcendantal, mais métaphysique : « le principe premier et intérieur de tout ce qui appartient à l'existence d'une chose » [2]. Il n'y a plus de règle universelle, mais autant de sciences de la nature qu'il y a de choses spécifiquement différentes. 3) La nature au sens matériel : non plus la totalité des règles, mais « la totalité des choses pour autant qu'elles peuvent être objets de nos sens » ; c'est la totalité des phénomènes du monde sensible. Les sens (1) et (3) sont rassemblés au § 17 des *Prolégomènes*, où règles et choses sont pensées ensemble sous l'égide de la totalité : « la conformité de tous les objets de l'expérience à des lois ». Autrement dit, sous l'égide de la visée de totalité, la science mathématique de la nature a pour vocation de faire coïncider l'élément formel et l'élément matériel de la nature.

La définition (2) de la nature répond à l'incomplétude de la première (1), puisque personne ne peut dire *a priori* que la conformité des choses à notre entendement épuise le sens de la nature totale. Il ne peut pas être vrai *a priori* que toute expérience conduit à un enchaînement de phénomènes reconnaissable en elle. Si le sens total de la nature est définissable *a priori*, rien ne garantira jamais qu'il recouvre parfaitement le sens de la nature totale. La définition de la nature selon le principe intérieur à l'existence d'une chose prévoit justement une réserve pour cet excès. Or, toujours dans la « Préface » des *Premiers principes*, Kant observe finalement que le premier principe intérieur d'une chose ne renvoie pas exclusivement à son existence (sa nature) ; il peut aussi renvoyer à son essence, comme dans le cas des figures géométriques qui ont une essence, mais non une nature. Une science mathématique de la nature est donc révélatrice de la possibilité d'une nature. Elle y arrive en faisant basculer le principe premier de l'existence sur l'essence. Ce basculement capte la *forme* de ce moment qui intéresse la raison critique par-dessus tout, à savoir le moment où le principe *a priori* de la raison, bien qu'il force la nature à répondre à ses questions, s'appuie à son tour sur la force de l'expérience sensible.

On comprend pourquoi la mathématique jouit depuis toujours du prestige de modèle pour toute connaissance, y compris la métaphysique, qui part à la recherche de l'inconditionné pour la raison dépassant toute expérience possible. Alors qu'une connaissance d'objet appartenant à la nature exige, pour

1. PMF, AK IV, 318 ; OP II, 94-95.
2. PPM, AK IV, 467 ; OP II, 363.

qu'elle soit possible, que l'élément objectif de nos représentations soit *substituable* à l'élément subjectif, l'objet mathématique n'est autre que le sujet considéré comme forme de l'intuition sensible. Il est ainsi dans la nature de la mathématique de *confondre* les conditions subjectives de la pensée avec les conditions de l'objet (la forme et la matière). Cette confusion, lorsqu'elle est réalisée effectivement, est la construction du concept dans l'intuition pure. Néanmoins, bien qu'il soit construit dans et au moyen des formes pures de l'expérience sensible, et même s'il en a l'apparence, l'objet mathématique n'est pas encore l'inconditionné recherché par la raison. Il n'est même pas un véritable objet, puisqu'il est pensé arbitrairement :

> le concept de l'objet a été donné originairement par [sa] définition, c'est-à-dire sans que cette définition fût dérivée de quelque part ailleurs [1].

Malgré cet avertissement critique, la science de la nature s'en remet toujours plus à la fiabilité des mathématiques pour découvrir l'être ultime des choses. Ignorant les limites assignées à la raison par la critique, la mathématique telle qu'elle est pratiquée par le mathématicien s'interprète comme un réalisme transcendantal. La critique ne peut rien y faire : un jugement intuitif ne se déduit pas. Quelles en sont les conséquences pour un examen critique de la science ?

Partant des lois newtoniennes du mouvement, Kant sépare radicalement le domaine géométrique (cinématique ou phoronomique) du domaine dynamique. En ce qui concerne le premier domaine, Kant cherche le principe de l'application de la catégorie de quantité à la matière en mouvement. On se demande à quelles conditions la matière en mouvement répond aux exigences de la grandeur extensive, selon laquelle les parties d'un tout donné peuvent être juxtaposées bout à bout pour former ce tout. La juxtaposition est le principe synthétique de l'entendement pur qui définit la grandeur extensive dans les «Axiomes de l'intuition ». Le procédé qui permet une représentation de la grandeur extensive est le même pour l'espace et le temps. Ainsi, la ligne que je tire par la pensée produit toutes les parties, à partir d'un point, selon la succession de l'une après l'autre, tandis que l'intuition du temps est produite quand je pense en lui la progression successive d'un moment à l'autre [2]. À titre de quantité, le mouvement inclut le concept de direction, qui est spatial, et celui de vitesse, qui est à la fois spatial et temporel. Mais Kant dit qu'il va utiliser dans la « Phoronomie » le concept de vitesse essentiellement dans sa signification spatiale [3]. Tel est le premier moment où la raison critique bascule en raison scientifique.

Toute matière en mouvement devra être composée d'autres mouvements qui sont homogènes les uns aux autres. D'une manière plus générale : quelles sont les conditions de possibilité pour la composition de deux mouvements ?

1. CRP, A 730 / B 758, AK III, 478 ; OP I, 1309.
2. CRP, A 162-163 / B 203, AK III, 149 ; OP I, 902-903.
3. PPM, AK IV, 484 ; OP II, 383-384.

Pour résoudre cette question, Kant s'appuie sur le principe (*Grundsatz*) suivant lequel le mouvement d'un corps dans l'espace est toujours interchangeable avec un mouvement de l'espace (*i.e.* le système de référence) dans la direction opposée [1]. (C'est seulement si le mouvement est incurvé qu'on distingue le corps de l'espace environnant). Il s'agit du principe classique de relativité, interprété comme condition de possibilité pour l'exprience de la matière en mouvement. Dès l'instant où l'objet a été spécifié comme corps matériel en mouvement, l'espace empirique ou matériel adjoint à ce corps (« relatif » au corps) lui permet de devenir un objet d'expérience possible.

Mais si l'espace empirique est la condition pour que la matière en mouvement devienne objet d'expérience, d'où vient l'espace empirique lui-même ? De quoi est-il une spécification ? Kant pose la question dans sa plus grande généralité : quelle est la condition de pensée qui nous permet de poser un système de référence pour la description du mouvement d'un corps ? À propos de l'espace relatif il écrit :

> cet espace, étant matériel, est lui-même mobile. Or un espace mobile suppose à son tour, si son mouvement doit pouvoir être perçu, un autre espace matériel plus étendu, dans lequel il est mobile ; ce nouvel espace en suppose de même un autre, et ainsi de suite à l'infini [2].

L'échange du mouvement d'un corps matériel pour celui de l'espace qui lui est relatif n'institue pas une sorte de mobilité universelle, comme si le principe de relativité impliquait que l'idée même d'un emplacement primaire pour les choses n'avait finalement aucune raison d'être. Au contraire, les espaces relatifs tendent d'autant plus vers le repos qu'ils sont étendus et englobants les uns vis-à-vis des autres. À la limite, ces espaces de plus en plus étendus correspondent à l'espace absolu dont Newton se sert pour distinguer les mouvements apparents des mouvements vrais. Mais puisque formellement rien n'empêche cependant l'espace absolu, ou des portions de celui-ci, d'être en mouvement, il faut que comme limite l'espace absolu soit un néant pour l'expérience possible, à proprement parler ni en mouvement ni en repos. Tout comme le mouvement inertial, que Galilée considérait comme s'il était rien, l'espace est lui aussi « comme rien ». En termes kantiens : il est une Idée de la raison.

Or, lorsqu'il s'agit d'utiliser le principe de relativité pour effectuer des constructions (compositions) de mouvement pour un seul point, l'espace absolu n'est plus un néant pour l'expérience possible. Moyennant certaines conditions sur cette expérience, il peut passer pour un espace relatif. Ainsi, la composition de deux mouvements pour un même point est possible intuitivement grâce à *deux espaces* équivalents, l'un représenté dans l'espace absolu et l'autre dans l'espace relatif, qui se meuvent dans des directions opposées. Tel est le théorème (*Lehrsatz*) de la « Phoronomie » [3]. C'est ainsi que

1. PPM, AK IV, 487 ; OP II, 388.
2. PPM, AK IV, 481 ; OP II, 379.
3. PPM, AK IV, 490 ; OP II, 392.

l'adjonction de l'espace matériel à l'espace *a priori* produit *une équivoque de l'intuition* : qu'un corps se meuve dans un espace au repos ou que ce corps soit au repos dans un espace qui se meut dans la direction opposée avec une vitesse égale, il s'agit là de deux concepts équivalents qu'aucune intuition ne pourrait départager. Lequel des deux espaces est relatif et lequel est absolu, cela reste arbitraire car la construction ne dépend pas de cette spécification. Comme Idée, l'espace absolu est certes une hypostase de la raison, mais comme cette hypostase est toujours contrebalancée par une intuition qui la rappelle à son origine dans l'expérience, elle rend compte de l'opérativité de la physique à partir d'un « néant » pour l'expérience possible.

La solidarité du mouvement et de l'espace quant à leurs conditions de possibilité était nécessaire pour permettre d'identifier ce moment où la raison, munie de son plan *a priori*, s'en remet à l'épaisseur empirique propre à la matière en mouvement. Devenant principe métaphysique, le principe de relativité ne sort plus des limites de l'expérience où le mouvement est solidaire de son espace. Il se trouve doté à la fois d'un contenu (espace matériel) et d'un sens (libre choix du système de référence). La « Phoronomie » est ainsi la première étape dans la solution au problème de la rencontre de l'*a priori* et de l'empirique. Elle transforme le principe de relativité en principe métaphysique en énonçant les conditions sous lesquelles le mouvement est librement échangé avec le repos.

Or, ce principe métaphysique de la « Phoronomie » est finalement le seul principe métaphysique dans toute la science de la nature. Passant à la « Dynamique » et à la « Mécanique » (où la physique n'est plus strictement géométrique), on s'aperçoit que leurs fondements sont présentés comme des théorèmes. Il est remarquable que le seul principe métaphysique avec lequel commence toute la science de la nature correspond au cas singulier où il est fait abstraction pour les objets physiques de leurs qualités dynamiques, de telle sorte que leurs trajectoires sont étudiées à la façon du déplacement de points inétendus dans l'espace géométrique. C'est le cas où il y a transparence absolue de la physique et de la mathématique, qui est aussi (selon un processus de pensée que l'histoire de la physique moderne et contemporaine n'a fait qu'accentuer) celui qui correspond à l'accomplissement idéal d'une physique mathématique arrivée au terme de son parcours : tout est mathématisé, le réel est entièrement subordonné aux moyens qui permettent à un objet de devenir objet d'expérience mathématisable. Comme dira Hertz à la fin du XIXe siècle, les principes de la physique ne sont rien d'autre que ses équations. Mais la raison critique nous avertit que, tout comme le mouvement est solidaire de l'espace, la synthèse mathématique se juxtapose à la synthèse métaphysique sans l'absorber.

Pierre KERSZBERG
(Université de Toulouse)

À PROPOS DE L' « ASTROPHYSIQUE » KANTIENNE

Le lecteur qui a sous les yeux pour la première fois les lignes du début de la « Conclusion » de la *Critique de la raison pratique* de Kant, aux termes de laquelle

> Deux choses remplissent le cœur d'une admiration et d'une vénération toujours nouvelles et toujours croissantes, à mesure que la réflexion s'y applique : le ciel étoilé au-dessus de moi et la loi morale en moi [...] ; je les vois devant moi, et je les rattache immédiatement à mon existence [1],

se doute à peine que cette phrase n'est pas l'effet d'un éclair soudain, mais le produit d'une longue méditation qui, pour sa première partie, tout au moins, prend ses racines dans deux des écrits kantiens les plus anciens, respectivement l'*Histoire générale de la nature et théorie du ciel*, datant de 1755, et *L'unique fondement possible d'une démonstration de l'existence de Dieu*, datant, lui, de 1763, notamment dans la « Septième considération » de cet ouvrage, sans oublier les quelques allusions au monde céleste contenues dans la *Dissertation de 1770* [2]. La théorie de Kant a été rapprochée de celle émise beaucoup plus tard par Laplace [3], puis reprise *mutandis mutatis* respectivement par Schopenhauer [4], Helmholtz [5] et Marx [6], et communément citée, peut-être à tort, comme « théorie de Kant-Laplace » [7], mais également en raison, si l'on tient compte (à part le parallélisme des explications du philosophe allemand et du savant français sur la structure de l'univers, qui, toutes les deux dérivent de

1. CRPr, AK V, 161-162 ; OP II, 801-802.

2. Par exemple : DSI, AK II, 405 ; OP I, 656 : « l'espace constitue le principe de *l'Ensemble*, c'est-à-dire de tout ce qui ne peut être la partie d'un autre tout », qui semble contredire DSI, AK II, 403 ; OP I, 659 : « L'espace n'est pas quelque chose d'objectif et de réel [...], mais il est *subjectif* et *idéal* ».

3. *Cf.* P. Laplace, *Exposition du système du monde*, Paris, 1796.

4. *Cf.* A. Schopenhauer, *Parerga und Paralipomena*, *Sämtliche Werke*, t. 6, 1947, p. 142 *sq.*

5. H. von Helmholtz, *Reden* (3e eU), t. 2, 1903, p. 55 *sq.*, p. 77.

6. *Cf.* K. Marx, *Marx und Engels Werke*, t. 20, 1968, p. 316 *sq.*, p. 466 ; *cf.* F. Engels, *Anti-Dühring*, p. 52 *sq.*

7. *Cf.* C. F. von Weizsäcker, *Die Tragweite der Wissenschaft(en)*, t. 1, 1964, p. 131 *sq.* ; p. 156 *sq.* ; *cf.* U. W. Bargwenda, s. v : *Kant-Laplacesche Theorie*, 3, J. Ritter - K. Gründer (éd.), *Historisches Wörterbuch der Philosophie*, t. 4, Darmstadt, 693 b-694 a.

la théorie de Newton) de l'idée commune, chez l'un et l'autre, d'une cause nécessaire que Kant appelle Dieu, pour sa part, alors qu'il est convenu de l'appeler, par opposition, « le démon de Laplace », à savoir une intelligence, ne serait-ce qu'*immanente* aux lois de l'univers réduites aux seules lois de la mécanique. C'est d'ailleurs à une pareille réduction qu'à la suite de Newton, Kant s'était déjà livré. « Après avoir ramené le monde au chaos le plus simple », écrit-il,

> je n'ai pas appliqué pour le développement du grand ordre de la nature d'autres forces que celles de l'attraction et de la répulsion, deux forces qui sont toutes deux également certaines, également simples et en même temps également originaires et universelles [1].

D'une manière générale, Kant suppose que la matière était à l'origine dispersée dans l'espace cosmique et que, par la suite, elle se mit en mouvement par l'effet de la gravitation pour, finalement, former le Soleil. En conséquence d'une perturbation opposée d'autres particules, qui s'y serait ajoutée, des mouvements secondaires en résultèrent ; ils s'unirent en une rotation commune. Les parties de la matière dont le mouvement secondaire aurait atteint un degré d'équilibre suffisant pour leur permettre de graviter autour du Soleil s'en seraient détachées sous forme de cercles concentriques pour constituer ensuite les planètes.

Kant semble contester, en soutenant cette hypothèse, fondée, comme il le prétend, sur la pure mécanique, qu'on ait affaire, lors de cette cosmogonie, à une intervention divine, ne serait-ce qu'indirecte. Il ne manque tout de même pas de remarquer que son explication des faits est « compatible avec la foi en un Dieu sage » [2]. Il suffit de se hisser jusqu'au niveau de la transcendance à travers la grandeur de la nature pour communiquer pleinement avec le divin :

> Toute la nature, qui comporte une relation générale d'harmonie afin de pouvoir être l'objet de complaisance pour la divinité, ne peut que remplir d'une satisfaction sans fin cette source originelle de toute perfection [3].

De même, au début du huitième chapitre de l'*Histoire générale de la nature*, qui traite de la « preuve générale de l'exactitude d'une théorie mécanique de l'organisation de l'univers », on lit ce qui annonce très précisément la première image du début de la « Conclusion » de la deuxième *Critique* [4] :

> On ne peut pas regarder l'univers sans reconnaître l'ordonnance excellente de son organisation, et les marques sûres de la main de Dieu dans la perfection de ses relations. La raison, après avoir considéré et admiré tant de beauté, tant d'excellence, s'indigne à bon droit de la folie téméraire qui a le front

1. *Cf.* HGN, AK I, 234-235 ; OP I, 51-52.
2. UFE, AK II, 147 *sq.* ; OP I, 417-419 ; HGN, AK I, 333-335 ; OP I, 92-95.
3. HGN, AK I, 322 ; OP I, 90.
4. Cf. *supra* et la note 1, p. 151.

> d'attribuer tout cela au hasard et à l'heureux accident. Il faut que la sagesse suprême en ait fait le projet et qu'une puissance infinie l'ait exécuté [1].

Tout ceci confirme l'acceptation d'une finalité universelle.

> Il ne s'agit plus que de décider si le projet de l'organisation de l'univers est déjà déposé par l'entendement suprême dans les déterminations essentielles, et inséré dans les lois générales du mouvement [...], ou bien si les propriétés générales des parties constitutives du monde sont dans la complète incapacité de s'accorder [...] et ont eu besoin absolument d'une main étrangère pour parvenir à cette [...] perfection et beauté [2].

En effet,

> il faut reconnaître que les essences de toutes les choses ont une origine commune [...] parce que leurs propriétés ont leur source dans un unique entendement suprême [3] ;

en revanche, il eût été insensé de prétendre que l'ordre de l'univers aurait résulté à partir d'un désordre initial, grâce à l'intervention directe d'un *deus ex machina*, ce qui équivaudrait à un « miracle » [4]. À part la référence expresse aux « épicuriens » [5], on devine ici des allusions respectives au *Noûs* anaxagoréen [6], qui impose par le mouvement l'ordre à un désordre inerte, et au *démiurge* du *Timée* de Platon [7], qui impose à un mouvant désordonné un mouvement ordonné, l'ayant jugé préférable à l'état précédent [8]. Tout au contraire, les lois de l'univers témoignent non d'une intervention après coup, mais d'un plan préétabli, et les propriétés essentielles de la nature « ne peuvent avoir de nécessité indépendante, mais doivent trouver leur origine dans un entendement unique » [9]. Dès lors, « on ne peut plus attaquer la capacité de la nature comme si elle portait tort à l'existence d'un Être suprême » [10].

Il n'en va certes pas différemment au sujet de l'autre opuscule kantien, sur le fondement de l'existence de Dieu, qui fait le pendant au précédent et dont le titre même annonce les positions. En somme, s'appuyant sur la théorie de

1. HGN, AK I, 331-332 ; OP I, 91. *Cf.* UFE, AK I, 148 ; OP I, 419.
2. HGN, AK I, 332 ; OP I, 91-92.
3. *Ibid.*
4. HGN, AK I, 332-333 ; OP I, 92-93.
5. *Cf.* Épicure, *Lettre à Hérodote*, 43, p. 8, 4 (Usener) : τη περιπλοκη κεκλιμέναι ; *apud* Aétius, t. 12, 5, p. 31 a D (Plut., I, 12, 3 ; Stob, *Ecl. phys.*, 14, 1 : κατα παρέγκλισιν ; 19, 1 ; *cf.* Usener, p. 199, 280). *Cf.* E. Bignone, « La dottrina epicurea del "clinamen" », *Atene e Roma*, 8, 1940, p. 159-198 ; *cf.* E. Moutsopoulos, « Le *clinamen*, source d'erreur ? », dans *Actes du VHF Congres G. Budé*, Paris, 1968, p. 175-182.
6. *Cf.* E. Moutsopoulos, « La critique d'Anaxagore chez Moréri et Bayle », *Annales de la Faculté des Lettres et Sciences Humaines d'Aix* 34, 1960, p. 19-32 ; Anaxagore, fr. 13 et 14 (*apud* Simplicius, 300, 27 et 157, 5) D.-K.[16], II, 39,13-17 et 39, 21-40, 2.
7. *Cf.* Platon, *Timée*, 37 c ; *cf.* E. Moutsopoulos, *La musique dans l'œuvre de Platon*, 2e éd., Paris, 1989, p. 354-363.
8. *Cf.* Platon, *Timée*, 30.
9. HGN, AK I, 333-334 ; OP I, 93-94
10. HGN, AK I, 334 ; OP I, 94.

Newton, Kant avance qu'à la faveur des lois de la mécanique la matière, originairement diffuse dans l'univers, a pu se condenser sous l'effet de la gravitation pour former le Soleil, en rotation autour de son axe et que, sous l'effet de mouvements secondaires, tangentiels, des anneaux concentriques dans le prolongement de son plan équatorial auraient été formés, donnant par la suite naissance aux planètes, en rotation dans le même sens que le Soleil et en mouvement circulaire autour de lui [1], ce qui invalide la thèse selon laquelle la disposition des planètes serait le résultat immédiat de la création divine de l'univers, et non celui d'une évolution qui ne s'oppose toutefois nullement à l'idée de création [2].

En rejetant l'hypothèse des tourbillons à partir desquels les planètes auraient été formées [3], et en s'alignant sur les dernières découvertes de la mécanique céleste de son temps, Kant réussit à contourner les difficultés qu'aurait entraînées l'adoption pure et simple, de sa part, de théories théistes traditionnelles. Agissant de la sorte, il prend ses distances par rapport à celles-ci, tout comme à celles du matérialisme classique [4]. « Être à la page » le met à l'abri de toute critique éventuelle et permet à sa théorie, « en suscitant la confiance dans la régularité et dans l'ordre pouvant découler des lois générales de la nature », d'ouvrir « un champ plus libre à la philosophie naturelle » et de « considérer une explication de ce genre, ou toute autre semblable, comme possible et compatible avec la foi en un Dieu sage » [5]. Du coup, tous les atomismes anciens fondés sur la notion de hasard sont magistralement dénoncés [6]. Pour finir, Kant oppose à la preuve ontologique la preuve cosmologique de l'existence de Dieu, qu'il privilégie en alléguant qu'elle est plus tangible parce que conforme aux connaissances scientifiques de son temps [7]. Alors que la preuve ontologique conduit a l'idée d'un Être parfait [8], la preuve cosmologique, elle, conduit à l'idée d'un Être nécessaire [9]. On ne saurait omettre de rapprocher cette attitude cosmologique, pourtant évolutionniste, contraire à l'attitude aristotélicienne qui soutient la pérennité de l'univers [10], de cette dernière qui, toutefois, fait entrer en jeu l'idée de premier moteur [11].

1. *Cf.* UFE, AK II, 144-145 ; OP I, 414-415.
2. *Cf.* UFE, AK II, 144 ; OP I, 414.
3. Selon Dortous de Mairan, *Dissertation sur la mesure des forces motrices des corps*, Paris, 1741.
4. Cf. *supra* et la note 5, p. 153. *Cf.* UFE, AK II, 148 ; OP I, 419.
5. *Cf.* UFE, AK II, 148 ; OP I, 419.
6. Cf. *ibid.*
7. *Cf.* UFE, AK II, 159-162 ; OP I, 432-434.
8. *Cf.* E. Moutsopoulos, « L'argument ontologique », dans P. Braïlas-Arménis, *Die Wirkungsgeschichte Anselms von Canterbury. Internationale Anselm-Tagung*, Bad Wimpfen, 1970, p. 303-307.
9. *Cf.* UFE, AK II, 162-163 ; OP I, 434-435.
10. *Cf.* E. Moutsopoulos, « L'espace cosmique selon Aristote », *Platon* 52, 2001-2002, p. 42-46.
11. *Cf.* Aristote, *Métaphysique*, Δ 8, 1012 b 24 ; Λ 6, 1072 a 1 ; Λ 7 ; Λ 8, 1074 a 37 ; *Physique*, Θ 3, 253 b 10 ; 8, 265 a 4.

D'ailleurs, la notion de transcendance est pertinente dans l'ensemble de l'œuvre de Kant [1].

Il ressort de ce qui précède que Kant innove en matière de cosmologie en assimilant les découvertes de la science de ses contemporains, notamment celles de Newton, tout en demeurant extrêmement prudent, voire critique, quant aux thèses qu'il se croit autorisé à avancer, d'autant plus qu'il les applique à des problèmes métaphysiques et, plus particulièrement, théologiques. Ce faisant, il laisse présager la première phrase de la « Conclusion » qui termine la *Critique de la raison pratique*, citée au début de ce texte, et qui marque bien la continuité du fil conducteur de sa pensée [2], même quand celle-ci s'attaque à des sujets apparemment différents.

Evanghélos MOUTSOPOULOS
(Athènes)

1. *Cf.* CRP, « Théorie transcendantale de la méthode », chap. II, AK III, 517-535. *Cf.* PMF, § 58, AK IV, 358-360 ; OP II, 143-146 et *cf.* CRPr, « Dialectique V », AK V, 124-132 ; OP II, 759-768.

2. Voir, par exemple, A. Kojève, *Kant*, Paris, 1973, où, d'un bout à l'autre de l'ouvrage, l'auteur souligne cette continuité à propos de la transcendance.

PHYSIQUE ET CHIMIE

POURQUOI LA CHIMIE NE PEUT-ELLE ASPIRER AU TITRE DE SCIENCE PROPREMENT DITE ?

En 1786, exactement cent ans après la parution des *Principia* de Newton, Kant publie ses *Metaphysische Anfangsgründe der Naturwissenschaft* [1]. Dans la « Préface », il soutient que la chimie ne saurait porter le titre de « science proprement dite », et qu'elle doit plutôt s'appeler « art systématique » ou « doctrine expérimentale ». Mais pourquoi Kant est-il tellement pessimiste quant au statut de la chimie ? C'est à cette question que tente de répondre ce texte.

I. LA CHIMIE PHLOGISTIQUE

La doctrine visée par Kant est la chimie phlogistique, fondée par Johann Joachim Becher (1635–1685) et popularisée par son élève Georg Ernst Stahl (1660–1734).

Becher proposa de faire en chimie la distinction entre cinq substances fondamentales : l'air, l'eau et trois « terres », notamment une *terra pinguis* (la terre « grasse » ou le soufre), une *terra lapidia* (principe des sables, pierres et métaux) et une *terra mercurialis* (un principe « fluide » qui, par sa présence, distingue les métaux des pierres). Becher enseigna que, lors d'un processus de combustion, la *terra pinguis* fut expulsée par le feu. C'est cette *terra pinguis* que Stahl rebaptise ensuite du nom de phlogistique, terme dérivé du verbe grec φλογίξειν, qui signifie "enflammer". Il réussit à procurer un appui expérimental pour l'existence de son phlogistique en transformant des métaux en chaux et *vice versa*. Stahl explique ce phénomène de transformation réversible lors de la combustion des métaux par l'intermédiaire du phlogistique : lorsqu'un métal est chauffé intensément et se transforme en chaux métallique, le phlogistique qui était lié au métal est expulsé. C'est pourquoi, en introduisant

1. "Principe" ou "premier principe" sont des traductions un peu trop approximatives pour traduire l'allemand *Anfangsgrund*. Fabien Capeillères m'a proposé de traduire par "principe inaugural", ce qui est certes plus approprié, mais comme cette traduction n'a pas encore été adoptée, je me vois mal référer ici à un texte qui s'appelle "Principes métaphysiques inauguraux de la science de la nature". Par la suite, j'écarterai le problème en parlant simplement des *Anfangsgründe*.

de nouveau du phlogistique dans la chaux (en la chauffant avec du charbon, de l'huile ou d'autres matières « riches en phlogistique »), le métal réapparaît. Pendant le processus de combustion, l'air « reçoit » le phlogistique expulsé ; il l'absorbe mais il ne peut pas se lier à lui. Toutefois, l'air ne peut absorber qu'une quantité limitée de phlogistique, et lorsque cette limite est atteinte, une combustion n'est plus possible.

Comme on le sait, dans la « Préface » à la deuxième édition de la *Critique de la raison pure*, publiée un an après les *Anfangsgründe*, Kant se réfère à Stahl et à cette transformation réversible des métaux en chaux. C'est notamment en illustrant la révolution de la façon de penser que provoqua « l'ingénieux Bacon » dans le domaine de la physique empirique que Kant mentionne les expériences fameuses qui furent exécutées par Galilée, Torricelli et Stahl. Les résultats auxquels étaient parvenus ces illustres physiciens avaient été perçus par la communauté scientifique comme démonstration ultime du succès de la méthode expérimentale :

> Lorsque *Galilée* fit dévaler ses boules d'un plan incliné avec une pesanteur choisie par lui-même, ou que *Torricelli* fit porter à l'air un poids qu'il avait d'avance pensé égal à une colonne d'eau à lui connue ou que dans un temps encore plus ultérieur *Stahl* transformait des métaux en chaux et celle-ci de nouveau en métal, en ce qu'il leur retirait et restituait quelque chose, ce fut une illumination pour tous les physiciens [1].

Les expériences de Stahl furent en effet un succès dans cette partie de la connaissance expérimentale qu'on appelait la chimie. Or, expérimenter, c'est l'activité de contraindre l'expérience à livrer des données que l'expérimentateur pourra mettre à profit de tel ou tel domaine empirique à l'intérieur de notre connaissance. Cela vaut pour tout genre de doctrine expérimentale. Mais pourquoi alors Kant compte-t-il la physique parmi les sciences au sens propre, alors qu'il refuse ce titre à la chimie phlogistique ?

II. La science proprement dite

Récapitulons d'abord ce que Kant dit au sujet de la science au sens propre. À quelle condition une doctrine sur tel ou tel domaine de notre connaissance peut-elle être correctement qualifiée de scientifique ? Kant nomme deux conditions interdépendantes : la systématicité et l'apodicticité.

D'abord, la doctrine en question doit être articulée sous forme de système. Or, on trouve chez Kant une utilisation stricte et une utilisation plus large de la notion de système. Au sens strict du terme, le concept d'un système empirique est une contradiction – ce que Kant ne cessera de répéter dans l'*Opus postumum* – et la systématicité est alors l'expression d'une *condition nécessaire et suffisante* pour qu'une doctrine soit une science au sens propre. Mais

1. CRP, B XII-XIII, AK III, 10 ; OP I, 737 (trad. modifiée).

cette compréhension stricte du terme est propre à Kant, et ses contemporains utilisaient le concept de système également pour désigner toute présentation bien ordonnée de connaissances (fussent-elles empiriques ou non), comme par exemple la classification de Linné. Dans les *Anfangsgründe*, on trouve également cette utilisation plus répandue, notamment lorsque Kant parle de la doctrine historique de la nature, qui ne contient que des « faits des choses de la nature, systématiquement ordonnés » [1]. Dans ce contexte, la propriété de systématicité n'est qu'une *condition nécessaire* pour qu'une doctrine soit une science au sens propre. Que la systématicité au sens strict du terme soit le signe d'une science de la nature proprement dite s'explique par le fait que l'objet d'une théorie de la nature a ceci de particulier, qu'il désigne non pas une chose empirique, mais *une dérivation, à partir du principe intérieur d'une chose, de tout le divers qui appartient à l'existence de cette chose.* C'est pourquoi une théorie de la nature ne pourra être systématique (au sens strict) que si la connexion des choses dans ce système est connue *a priori* par la raison.

Autre condition de la scientificité au sens propre : la certitude des assertions qu'on trouve à l'intérieur d'une doctrine de la nature doit être apodictique. Cette condition fait que toute science proprement dite doit ou bien être tout à fait pure, ou bien *au moins comporter une partie pure, sur laquelle l'apodicticité peut être fondée.*

Quant à la géométrie, la pureté de cette discipline est garantie par son recours à l'intuition pure de l'espace. En effet, comme la géométrie cherche des lois de ce qui appartient à l'essence des concepts qui sont construits *a priori* dans l'intuition pure, elle peut procéder de façon tout à fait *a priori*.

Maintenant, à la différence de la géométrie, la science de la nature ne cherche pas des lois de ce qui appartient à *l'essence d'une chose conceptuelle*, mais des lois de ce qui appartient à *l'existence d'une chose réelle*. Or, la *Critique* a fait voir – contre les prétentions de la métaphysique dogmatique – que l'*existence* d'une chose ne peut jamais être présentée dans une intuition *a priori*. Pour que la science de la nature puisse porter le titre de science au sens propre, elle doit par conséquent contenir une partie pure qui nous donne *a priori* des concepts de ce qui appartient à l'existence de son objet en général. Ces concepts fondamentaux qui spécifieront *a priori* l'objet de la science de la nature ne pourront dépendre d'une construction *a priori*, mais ils devront cependant bien *être aptes à* une telle construction. Cette partie pure de la science de la nature au sens propre sera procurée par une métaphysique de la nature.

III. LA MÉTAPHYSIQUE PARTICULIÈRE DES *ANFANGSGRÜNDE*

Le concept d'une "métaphysique de la nature" nécessite d'être spécifié. Il est clair que, pour l'auteur de la *Critique*, il ne peut s'agir d'une métaphysique

1. PPM, AK IV, 468 ; OP II, 364 (trad. modifiée).

dogmatique dans le style de Wolff. Il s'agit en effet de ce qu'on doit appeler plutôt une "métaphysique *critique* de la nature". Mais cette désignation n'est pas univoque.

Pour autant qu'on prenne le mot "nature" dans son sens purement formel, où il signifie le premier principe de tout ce qui appartient à *l'existence d'une chose en général*, la métaphysique de la nature fait partie du système de la philosophie transcendantale. En effet, la philosophie transcendantale traite des lois *a priori* qui rendent possible le concept d'une chose en général, et ce concept est le seul qui peut exprimer *a priori* un contenu empirique tout à fait indéterminé des apparitions [1]. Une telle métaphysique de la nature fut livrée par la première *Critique*.

Si l'on prend le mot "nature" au sens matériel, où il signifie la totalité des choses qui forment l'objet de nos sens (externe et interne), cette métaphysique est une *métaphysique particulière*. Selon l' « Architectonique », la partie spécifique de la métaphysique de la nature compte deux subdivisions, à savoir une métaphysique de la nature corporelle et une métaphysique de la nature pensante. Mais comme la *Critique* a montré qu'une métaphysique de la nature pensante, autrement dit une psychologie rationnelle, est une discipline fictive, il ne reste que la métaphysique de la nature corporelle comme seule science métaphysique particulière de la nature. Elle fera l'objet des *Anfangsgründe*.

La tâche d'une telle métaphysique des corps est de livrer *a priori* des concepts, aptes à une construction mathématique, qui sont en même temps des déterminations synthétiques *a priori* du concept de matière. Ainsi, la métaphysique particulière des *Anfangsgründe* devra isoler le concept empirique de matière pour en présenter toutes les déterminations qui le spécifient *a priori*. Or, une présentation complète de tous les concepts déterminant *a priori* la nature corporelle (et pouvant être construits dans l'intuition) pourra être générée en ce que la métaphysique particulière des *Anfangsgründe* va élucider comment le contenu du concept de matière (à savoir l'objet du sens externe) et l'intension des concepts élémentaires de la philosophie transcendantale (métaphysique de la nature au sens formel du terme) vont se déterminer et se spécifier mutuellement.

IV. Pourquoi faut-il une détermination fondamentale de la matière et comment la trouver ?

Dans le § 15 de la « Préface » des *Anfangsgründe* [2], Kant mentionne ce qu'il considère être la « détermination fondamentale » de la matière. Mais si Kant explique très brièvement pourquoi on peut considérer la détermination conceptuelle en question comme caractérisant fondamentalement la matière,

1. Voir CRP, A 729 / B 748, AK III, 473 ; OP I, 1303.

2. Pour une numérotation des paragraphes de la « Préface », ne pas se fier à la traduction des *Anfangsgründe* dans l'édition de la Pléiade, qui ne respecte pas la structure du texte d'origine.

on ne trouve aucune justification ni du besoin ni de la possibilité d'une telle détermination fondamentale. En effet, dans le paragraphe précédent, Kant vient de déclarer que « le schéma en vue de la complétude d'un système métaphysique, concerne-t-il la nature en général ou la nature corporelle en particulier, c'est la table des catégories ». Et d'ajouter explicitement :

> Puisqu'il n'y a pas plus de concepts purs de l'entendement qui peuvent concerner la nature des choses [1].

On sait que la structure des *Anfangsgründe* sera en effet calquée sur celle de la table des catégories, comme l'explique d'ailleurs Kant lui-même dans le § 15. Mais d'où vient alors le besoin d'une détermination fondamentale, qui doit en quelque sorte précéder les déterminations selon la division catégorique en quantité, qualité, relation et modalité ? C'est un problème qui, à ce qui me semble, n'a pas encore été résolu de façon convaincante [2]. Voici ce que je propose comme solution. Que la matière soit un concept empirique signifie que la question de sa réalité objective ne peut être décidée *a priori* : elle doit être attestée par l'intuition empirique. Maintenant, pour que les *Anfangsgründe* restent sur le plan d'une *métaphysique* de la nature corporelle et que puisse être exclu tout recours à l'expérience, *le fait de l'empiricité du concept de matière (empiricité relative à l'attestation de sa réalité objective) doit à son tour être intégré – et cela en tant que détermination fondamentale – dans la présentation complète des caractéristiques synthétiques a priori* qui spécifient et déterminent de façon cumulative le contenu analytique du concept de matière. Or, pour que les *Anfangsgründe* puissent garantir la scientificité (au sens propre) de la physique, ces caractéristiques doivent en outre pouvoir être construites dans l'intuition *a priori*, c'est-à-dire qu'elles doivent être aptes à l'application des mathématiques, qui seule fera que la métaphysique particulière puisse se porter garant du statut scientifique de la physique. Ainsi, l'on comprend que le premier pas décisif – et c'est d'ailleurs pourquoi il sera entamé déjà dans la « Préface » – pour l'entreprise des *Anfangsgründe* est de trouver une caractéristique fondamentale, appartenant synthétiquement *a priori* au concept de matière, qui, d'une part, est l'expression de l'empiricité de ce concept et qui, d'autre part, se prête à la construction mathématique.

Comment trouver une telle caractéristique ? Pour expliciter le contenu analytique du concept de matière – contenu qui ne présuppose ni la réalité objective, ni une vraie connaissance du concept –, on peut utiliser la formule "objet des sens externes *en général*". Ainsi aussi la proposition "un corps est un objet des sens externes" est-elle analytique [3]. Maintenant, un des résultats

1. PPM, AK IV, 474 ; OP II, 371-372 (trad. modifiée).

2. Les meilleurs travaux (parmi lesquels je compte surtout ceux de Peter Plaaß, Hansgeorg Hoppe, Konrad Cramer et Konstantin Pollok) donnent beaucoup d'indications utiles, mais n'arrivent pas à poser clairement le problème en question.

3. Il s'agit ici bien sûr des sens externes physiologiques (d'où le pluriel). En effet, s'agissant de la matière et des corps, on ne peut pas utiliser le singulier ("objet *du* sens externe") puisque cette désignation inclurait toujours les « objets » géométriques.

de la première *Critique* était de montrer que la connaissance de tout objet des sens externes, du fait de son empiricité, doit s'appuyer en dernière instance sur une intuition *qui doit être livrée par une perception*. C'est pourquoi on nomme une telle connaissance "empirique", nonobstant le fait qu'également tous les concepts élémentaires *a priori* de l'entendement (les catégories) se retrouvent dans le système de la connaissance empirique. Or, pour avoir une perception de l'objet empirique – objet des sens externes – il faut que cet objet *affecte* au moins un de ces sens externes (vue, toucher, etc.). C'est en faisant une analyse de ce que signifie l'affection empirique que Kant trouvera une caractéristique qui non seulement exprime *a priori* l'empiricité du concept de matière, mais qui, de plus, est apte à la construction mathématique. Voyons comment on peut présenter cette analyse de façon plus explicite que ne le fait Kant.

V. Une analyse de l'affection empirique

La matière ne peut être sentie immédiatement en tant que telle : ce qui est senti immédiatement, ce ne sont que certains effets externes sur notre corps, et ce n'est que la pensée qui détermine ce qu'on appelle une substance comme le perdurable dans l'apparition. Autrement dit : par rapport à la sensibilité, tout corps matériel, ainsi que la matière comme substance globale du sens externe, doit être reconduit à l'affection empirique. Maintenant, pour que l'affection empirique puisse engendrer une perception (et ensuite une connaissance) il faut bien sûr qu'elle soit la cause d'états réceptifs changeants chez le sujet percevant. Ainsi, les objets externes ne sauraient être connus s'ils n'étaient que la cause d'un effet tout à fait invariable sur nos sens, tout comme une qualité qui caractériserait chaque objet perçu ne saurait être connue empiriquement. Que la matière ne puisse être sentie immédiatement signifie que le contenu de ce concept peut être exprimé *a priori*, mais que sa réalité objective doive nécessairement reposer sur ce qui est attesté par les sens signifie que ce concept est néanmoins empirique. Comme le concept de matière est ainsi à rapporter à l'affection d'un objet *des sens externes*, le changement des états réceptifs que nous désignons par affection empirique peut seulement signifier un changement des rapports externes. Maintenant, tout changement réel se produit dans le temps et tout rapport externe est un rapport dans l'espace. L'affection empirique ne pourra donc signifier autre chose qu'un changement (dans le temps) de rapports externes (dans l'espace). Or, le seul concept qui exprime *a priori* le changement de rapports externes et qui se prête à la construction mathématique est celui du mouvement. C'est ainsi que Kant peut dire :

> La détermination fondamentale d'un quelque chose qui doit être l'objet des sens externes doit être le mouvement ; car seulement par celui-ci les sens peuvent être affectés [1].

1. PPM, AK IV, 476 ; OP II, 374-375 (trad. modifiée).

Le mouvement est le seul concept qui peut pour ainsi dire schématiser *a priori* l'affection empirique et donc l'empiricité du concept de matière, *tout en se prêtant à une construction mathématique*. Répétons le raisonnement en d'autres termes. *Primo*, l'empiricité du concept de matière signifie que sa réalité objective doit être attestée par l'expérience, ce qui revient à dire qu'elle repose sur une perception et donc sur une affection empirique. *Secundo*, le fait d'être affecté présuppose un changement, notamment un changement des états réceptifs. *Tertio*, l'analyse de l'affection montre qu'il doit s'agir ici d'un changement, dans le temps, des rapports spatiaux. *Quarto*, « changement du rapport spatial dans le temps » est justement ce qui définit le contenu analytique du concept de mouvement.

VI. LE PRÉDICABLE DU CHANGEMENT ; DESCRIPTION SPATIALE ET MOUVEMENT PHYSIQUE

Remarquons que, selon Kant, le contenu logique du concept de mouvement peut effectivement être dérivé *a priori* du prédicable de changement, si l'on pense ce dernier ensemble avec les concepts élémentaires de la sensibilité (espace et temps), et que, toujours selon Kant, inversement, il n'est pas du tout nécessaire de recourir aux concepts d'espace et de temps afin d'exprimer le contenu logique du concept de changement [1].

L'homme ne peut comprendre la possibilité du changement si ce dernier ne se réalise dans le temps. En effet, dans la logique formelle, où le temps ne joue aucun rôle, le concept du changement ne pourra qu'entraîner la contradiction, et c'est pourquoi il n'y peut pas à proprement parler être "réalisé". Logiquement parlant, la conjonction des *opposita* ne peut qu'engendrer un *nihil negativum* : le concept qui est même irreprésentable en tant qu'un quelque chose, et dont l'éventuelle compréhension doit nécessairement se situer en dehors du domaine de la connaissance humaine. Fidèle donc à la formule bien connue de Kant – le concept sans intuition est vide –, le contenu conceptuel du prédicable du changement reste tout à fait vide s'il est considéré à part de toute donnée de l'intuition. Le temps, qui est la forme dans laquelle toute représentation doit nécessairement se présenter pour être objet du sens interne, est ainsi la condition absolue de la réalisation objective du concept de changement. Lorsque nous parlons d'un changement de notre état interne, cela implique que nous attribuons à notre âme (substantivée) des prédicats mutuellement exclusifs, et

1. S'il en était autrement, le raisonnement exposé sous le numéro V n'aurait aucun sens. En effet, pour Kant, le prédicable (concept dérivé de l'entendement pur) du changement jaillit de la conjonction des couples catégoriaux « substance – accident » (sous le titre de la relation) et « existence – non-existence » (sous le titre de la modalité). Une subtilité qui a généré une grande confusion dans les recherches kantiennes spécialisées est que, d'une part, le prédicable du changement *peut être défini* sans référence au temps, alors que, d'autre part, l'homme n'est pas capable de comprendre *la possibilité réelle du changement* sans la représentation du temps (*cf.* CRP, B 48-49, AK III, 59 ; OP I, 793).

une telle attribution n'est possible que sous la condition de disposer d'un divers pur du sens interne, livré par sa forme *a priori* : le temps.

Or, comme nous l'avons vu, en ce qui concerne la compréhension de l'affection empirique, par laquelle seule un objet des sens externes peut devenir connaissance, il s'agit de comprendre le changement comme changement non seulement dans le temps, mais aussi dans l'espace. Maintenant, lorsqu'on fait la liaison entre le prédicable du changement en tant que prédicable réalisé (pensé par rapport à la représentation *a priori* de la forme du sens interne) et l'espace comme forme *a priori* du sens externe, on arrive au concept de mouvement en tant que prédicable (et donc concept *a priori*). Mais le prédicable du mouvement peut à son tour être réalisé objectivement en tant que mouvement *a priori* ou en tant que mouvement empirique.

D'abord, le mouvement peut être réalisé à l'intérieur du divers *a priori* livré par les formes pures de notre sensibilité, sans aucun recours à l'expérience. Ainsi, on réalise le prédicable du mouvement lors d'une construction géométrique, notamment en ce qu'on fait par exemple mouvoir un point dans un espace géométrique (un espace objectivé comme intuition formelle) pour en faire une ligne ; il est alors réalisé comme description géométrique. Puis, le mouvement peut trouver des réalisations objectives à l'intérieur du divers empirique livré par l'expérience ; il est alors réalisé comme mouvement physique.

Il est évident que le contenu logique du prédicable de mouvement ne change pas en fonction de sa réalisation comme mouvement *a priori* – lorsque le concept n'est réalisé *que* dans un espace pur, par exemple comme description géométrique – ou comme mouvement empirique – lorsqu'il est réalisé *aussi* dans l'espace empirique –. En effet, ce contenu logique est indifféremment caractérisé par la formule « changement réel de rapports externes » (l'ajout “réel” excluant ici tout changement qui ne serait pas changement *dans le temps*). Ainsi, tout changement dans le monde empirique des corps, comme tout changement dans l'espace géométrique, s'il doit être saisi par l'entendement, ne peut signifier autre chose que “mouvement”.

VII. EXPLICATION PHORONOMIQUE ET EXPLICATION DYNAMIQUE

Comme on vient de le voir, lorsque Kant affirme que le concept du mouvement caractérise le plus fondamentalement celui de la matière, il faut comprendre “mouvement” dans la plus grande indétermination de ce concept, c'est-à-dire : d'après cette définition minimale par laquelle on a exprimé son contenu en tant que prédicable (“changement réel de rapports externes”). Dans la « Phoronomie », après avoir défini la matière comme le mobile dans l'espace, Kant va en élucider la détermination fondamentale en construisant *a priori* les propriétés qui lui reviennent en tant que grandeur extensive, notamment la vitesse et la direction. Le mouvement du mobile dans l'espace (et dans le temps) y est étudié sans présupposer quelque qualité de ce mobile.

Du fait de la *précédence fondamentale de la caractérisation phoronomique de la matière* dans la métaphysique de la nature corporelle des *Anfangsgründe*, la chimie ne pourra devenir une vraie science de la nature aussi longtemps que les réactions chimiques ne peuvent être représentées *a priori* comme des mouvements : ce n'est qu'ainsi que les mathématiques pourraient y être appliquées et que les principes empiriques de la chimie pourraient faire place à une partie pure sur laquelle la nécessité de vraies lois chimiques pourrait alors être fondée.

En effet, à l'époque des *Anfangsgründe*, Kant est encore d'avis *que la condition de la présentation d'une force est toujours empruntée à l'expérience*. Par conséquent, dans un système métaphysique de la nature corporelle, le concept de mouvement doit toujours précéder celui de force, parce qu'il est présupposé par ce dernier :

> Les règles de la connexion des mouvements par des causes physiques, c'est-à-dire des forces, ne se laissent jamais exposer à fond, avant qu'on leur ait posé d'abord pour base, sur un mode purement mathématique, les principes de la composition des mouvements en général [1].

Or, que les réactions chimiques des matières l'une sur l'autre puissent devenir, par le truchement du concept de mouvement, objets d'une représentation *a priori* est, selon Kant, « une exigence qu'il sera difficile de jamais satisfaire » [2]. En effet, ce qui caractérise les réactions chimiques est justement qu'elles se produisent indépendamment de tout mouvement dans l'espace. Par conséquent, même si nous pouvons découvrir certaines régularités dans le domaine des réactions chimiques, pour notre entendement ces régularités resteront toujours contingentes : du fait que les réactions chimiques ne sont pas présentables comme mouvements dans l'espace, elles ne peuvent être reconduites aux principes métaphysiques que nous livrent les *Anfangsgründe* sur la base de la caractérisation fondamentale de la matière comme le mobile dans l'espace. Or, seule une telle réduction aux principes de la métaphysique de la matière aurait pu garantir la nécessité des régularités chimiques et ainsi la scientificité de cette sous-division de la physique empirique qu'est la chimie.

Comme on le sait, dans la « Dynamique » (le deuxième chapitre des *Anfangsgründe*), la qualité du "mobile" est prise en compte, et la matière y est définie comme le mobile *en tant qu'il remplit un espace*. Kant y fait ressurgir les deux forces qu'il avait déjà reconnues dans la *Monadologie physique* comme caractérisant fondamentalement la matière : force répulsive et force attractive. Or, de même que la « Dynamique » reconduit le fait que la matière remplit l'espace avec un degré déterminé au jeu de ces deux forces, on peut se demander si l'on ne pourrait pas également donner une explication dynamique de l'affection empirique. On pourrait en effet essayer de comprendre l'affection non pas d'après sa réalité physico-mathématique (c'est-à-dire : un

1. PPM, AK IV, 487 ; OP II, 388 (trad. modifiée).
2. PPM, AK IV, 471 ; OP II, 368.

changement de rapports externes qui ne peut que signifier “mouvement”), mais, plus originairement, comme événement énergétique qu'on pourrait schématiser par le concept de force. La matière, entendue cette fois comme totalité non distributive de tous les corps, ne devrait alors plus être caractérisée fondamentalement comme “mobile”, mais comme “moteur”. Et peut-être pourrait-on arriver ainsi à une détermination de la matière qui est apte à saisir *a priori* la nécessité des réactions chimiques, même si ces dernières ne sont pas reconductibles au prédicable de mouvement.

C'est effectivement une des voies dont Kant examinera la possibilité dans l'*Opus postumum*, une fois que, poussée surtout par des découvertes de chimistes français et anglais, la chimie “empirique” (ou phlogistique) de Stahl sera rendue caduque par la chimie “scientifique” (ou anti-phlogistique) de Lavoisier.

Henny BLOMME
(Université de Paris IV-Sorbonne / Bergische Universität Wuppertal)

GÉOGRAPHIE PHYSIQUE

LA GÉOGRAPHIE PHYSIQUE D'IMMANUEL KANT – AVEC UNE PERSPECTIVE SUR LES AUTEURS FRANÇAIS [1]

La contribution suivante se propose de présenter le cours de « géographie physique » de manière plus précise que cela n'a été fait dans le tome IX des *Kant's gesammelte Schriften* et dans les travaux plus anciens d'Erich Adickes. En outre, la perspective adoptée ici est différente de celle prise dans l'introduction au tome XXVI-1 récemment paru de l'édition des œuvres complètes de Kant [2], dans la mesure où cette dernière est presque exclusivement centrée sur le concept de géographie physique que Kant a lui-même forgé dans les années 1757-1759 en vue du cours.

Je m'intéresse aujourd'hui au cours comme tout ainsi qu'au développement interne de ce tout. Lorsqu'on se tourne vers la France, c'est dire vers la langue française, il apparaît que Kant n'a pas lu de textes rédigés en français, du moins, de textes longs ou scientifiques. Il semble s'en être tenu exclusivement aux traductions. Ce fait n'est pas sans conséquences pour le sujet qui nous occupe ici ni non plus pour la conception originelle et le développement du contenu du cours de Kant.

C'est sans aucun doute à Buffon que renvoie la manière dont Kant parle de « *Varietäten* » (variétés). Dans son programme de cours pour l'été 1775, Kant se rapporte expressément à

> La règle de Buffon, que les animaux qui produisent par accouplement des petits féconds (quelle que soit leur différence d'aspect) appartiennent pourtant à une même espèce physique [3].

Au sein d'une même espèce naturelle déterminée, on distingue, d'une part, les « races », d'autre part, les « variétés » [4]. On retrouve cette distinction conceptuelle dans des notes d'étudiants quasi contemporaines [5]. On ignore,

1. Traduction : Sophie Grapotte à partir des propos en français de Véronique Stentenbach.
2. Stark, « Einleitung », AK XXVI.1, p. I-LXXX, voir également p. LX-LXIV pour d'autres indications relatives aux manuscrits.
3. DRH, AK II, 429, l. 10.
4. *Ibid.* l. 17.
5. Ms Kaehler (1774), p. 355 *sq.* : « Einige lebende Wesen die verschieden sind, können durch Begattung andere hervorbringen, die sich weiter fortpflantzen können, und so viel ähnliches von

cependant, quand cette terminologie est apparue et comment elle a été transmise. Il est notoire que dans la traduction de l'*Histoire naturelle générale* en plusieurs volumes, publiée de 1750 à 1782, que Kant a utilisée, on ne parle pas, dans les passages pertinents de « variétés » *(Varietäten)*, mais simplement de « diversités » *(Verschiedenheiten)*. Au XVIIIe siècle, un traducteur de langue maternelle allemande recourt naturellement à un mot d'origine allemande lorsqu'il veut traduire les « variétés » françaises. Ce pourquoi le terme de « *Varietaeten* » n'apparaît ni dans la traduction allemande de Buffon ni dans le brouillon du cours de Kant. Cela étant dit, de nombreux emprunts aux volumes 1.1 et 2.1 de l'*Allgemeine Historie der Natur* sont avérés. – La trace la plus ancienne, dont nous disposons, de l'usage du terme « *Varietaeten* » se trouve dans une note marginale rédigée par l'étudiant Wilhelm Albert Ferdinand Philippi :

> Zufällige Erzeügungen bey den Menschen so erblich sind, sind Abartungen, die nicht erblich sind, heißen Varietaeten [1].

Philippi [2], qui avait une très bonne connaissance de la langue française, a consigné cette note lorsqu'il était auditeur du cours de géographie physique (au semestre d'été 1773 ou, en tous les cas, en 1772). Au pur niveau du langage, les « *Varietäten* » dérivent de la « *varietas, varietatis* » latine. Même si cela était familier à Kant depuis sa scolarité, il ramène cette manière de parler – en tant que « *terminus technicus* » – à Buffon.

I. DÉBUTS

Nous ne pouvons assurément pas connaître les motifs qui ont conduit Kant à concevoir son cours de géographie physique. En tant que lecteur, nous pouvons simplement exploiter les raisons que l'auteur a indiquées dans les textes – brefs – d'annonce entre 1757 et 1775 ainsi que celles qu'il a fournies, rétrospectivement, dans la Préface à son *Anthropologie du point de vue pragmatique* à partir de 1798. Certes, en tant qu'historien et lecteur d'œuvres philosophiques, nous pouvons et devons faire davantage et d'une autre manière – par exemple, considérer le contexte biographique et intellectuel de l'auteur : est-ce un hasard si Kant, à l'époque de sa plus haute reconnaissance publique, s'est fait faire le portrait de la manière suivante ? (illustration n° 1)

dem einen als dem andern Theile der Zeugenden an sich haben, und diese werden Racen genannt. Bey andern lebenden Wesen beobachtet man, daß wenn sie gleich verschieden sind, dennoch solche Producte hervorbringen die sich selbst fortpflantzen und entweder dem einen oder dem andern von den Zeugenden gantz vollkommen ähnlich sind, und diese werden von Buffon Varietaeten genannt, weil der Unterschied der Thiere keinen Einfluß auf die Zeugungskraft alsdenn hat ».

1. Ms Philippi (1772 ?), p. 97.

2. Sur sa personne, voir Stark, « Neue Kant-Logiken. Zu gedruckten und ungedruckten Kollegheften nach Kants Vorlesung über Logik », *Kant-Forschungen* I (Hamburg), 1987, p. 123-164 ; p. 133 *sq*.

Illustration n° 1: Gemälde von Döbler 1791

Quelle pertinence le globe esquissé en arrière-plan a-t-il pour la personne représentée ? Serait-il même possible qu'un homme de Lettres, au milieu du XXe siècle, ait vu juste en attribuant le projet professionnel d'un géographe à un « Emmanuel » encore enfant ? (illustration n° 2)

Lorsque nous considérons l'environnement personnel du jeune Emmanuel Kant dans la perspective de la *Géographie*, nous devons diriger notre attention sur deux personnes : d'une part, sur Christian Schiffert, l'inspecteur du « Collegium Fridericianum ». Comme l'a montré depuis longtemps Heiner Klemme, Schiffert doit être identifié comme l'auteur anonyme du manuel de géographie (illustration n° 3) utilisé dès 1736 à l'école que fréquentait Kant ; d'autre part, sur Johann Georg Hamann, dont nous devons considérer le témoignage si nous voulons apprendre quelque chose au sujet des professeurs universitaires 'intellectuellement stimulants' dès 1740. Au printemps 1758 paraît une esquisse autobiographique dans laquelle Hamann décrit l'époque à laquelle il était étudiant (à partir de 1746), et qui contient une brève description du professeur extraordinaire qui enseignait la physique à l'Albertine depuis 1733, Karl Heinrich Rappolt. Selon Hamann :

> Die Erinnerung eines nicht so berühmten Lehrers ist mir angenehmer [als an Martin Knutzen, W-St]. Gott ließ ihn in unterdrückten kümmerl. v. dunkeln Umständen leben ; er war eines besseren Schicksals werth, er besaß Eigenschaften, die die Welt nicht achtet und daher auch nicht belohnt. Sein Ende war wie sein Leben ; unvermerkt, ich zweifle nicht, daß es seelig ist. Sein Nahme war Rappolt ; ein Mann, der eine besondere Scharfsinnigkeit besaß natürliche Dinge zu beurtheilen mit der Andacht und Einfalt v Bescheidenheit eines Christlichen Weltweisen, und eine ungemeine Stärke den Geist der römischen Schriftsteller v. ihrer Sprache nachzuahmen [1].

Le fait que d'autres contemporains ont tenu des propos tout à fait similaires nous incite à voir en Rappolt (1702-1753) un professeur digne d'intérêt aux yeux de Kant. Cette conjecture est renforcée par la mise en parallèle entre le tableau des cours dispensés par Rappolt, d'une part, et les thèmes développés par Kant dans ses cours de géographie physique, d'autre part : il appert ainsi que Rappolt a (entre autres) aussi bien enseigné la théorie de la nature selon Pline l'Ancien que selon Carl Linné. Pour l'été 1750, nous avons l'annonce suivante :

> Geographiam Physicam, Varenio, Woodwardo, Scheuchzero ac Jurino ducibus [2].

Bien que, selon une hypothèse généralement admise, Kant n'ait pas passé l'été 1750 à Königsberg, puisqu'il avait été engagé comme précepteur à la campagne, je pense que l'on peut admettre un lien interne entre ce cours et le cours de géographie physique que Kant a annoncé, pour la première fois, au printemps 1756. En effet, le cours de Kant se situe également manifestement dans la même tradition que l'œuvre inachevée, souvent rééditée, de Bernhard Varenius (1622-1650), qui, en 1650, marque le début de la géographie scientifique moderne orientée vers la mathématique : *Geographia generalis, in qua affectiones generales telluris explicantur* (illustration n° 4).

1. Hamann, Bayer & Weissenborn (éd.), Londoner Schriften. Historisch-kritische Neuedition, München, 1993, p. 322 ; déjà cité par Bujack, « Über preußische Naturforscher des 16ten, 17ten und 18ten Jahrhunderts. Biographisch-literärische Skizzen », *Archiv für vaterländische Interessen oder Preußische Provinzialblätter* (Königsberg), 1840, t. 23, p. 5-26, 193-209, 344-359, 481-498 ; t. 24, p. 3-13, p. 22.

2. Michael Oberhausen et Ricardo Pozzo (éd.), *Vorlesungsverzeichnisse der Universität Königsberg (1720-1804)*. Mit einer Einleitung und Registern herausgegeben, Stuttgart-Bad Cannstatt, Forschungen und Materialien zur Universitätsgeschichte FUM, Abt. 1: Quellen zur Universitätsgeschichte, Band 1 (1/2), 1999, p. 185.

2 Illustrations n° 2-5 3

M. Immanuel Kants
Entwurf und Ankündigung
eines Collegii
der physischen Geographie,
nebst dem Anhange
einer kurzen Betrachtung
über die Frage:
Ob die Westwinde in unsern Gegenden
darum feucht seyn, weil sie über ein grosses Meer streichen.

Der vernünftige Geschmack unserer aufgeklärten Zeiten ist vermuthlich so allgemein geworden, daß man voraus setzen kan, es werden nur wenige gefunden werden denen es gleichgültig wäre diejenigen Merkwürdigkeiten der Natur zu kennen, die die Erdkugel auch in andern Gegenden in sich fasset, welche sich ausser ihrem Geschichtskreise befinden. Es ist auch vor keinen gringern Vorzug anzusehen, daß die leichtgläubige Bewunderung, die Pflegerinn unendlicher Hirngespinste, der behutsamen Prüfung Platz gemacht hat, wodurch wir in den Stand gesetzt werden, aus beglaubigten Zeugnissen sichere Kenntnisse einzuziehen, ohne in Gefahr zu seyn, statt der Erlangung einer richtigen Wissenschaft der natürlichen Merkwürdigkeiten, uns in einer Welt von Fabeln zu veritren.

Die Betrachtung der Erde ist vornemlich dreyfach. Die mathematische siehet die Erde als einen beynahe Kugelförmigen und von Geschöpfen leeren Weltkörper an, dessen Grösse, Figur und Cirkel, die auf ihm müssen gedacht werden, sie erweget. Die politische lehrt die Völkerschaften, die Gemeinschaft, die die Menschen unter einander durch die Regierungsform, Handlung und gegenseitiges Interesse haben, die Religion, Gebräuche u. s. w. kennen, die physische Geographie erwegt bloß die Naturbeschaffenheit der Erdkugel und was auf ihr befindlich ist: Die Meere, das feste Land, die Gebirge, Flüsse, den Lustkreis, den Menschen, die Thiere, Pflanzen und Mineralien. Alles dieses aber nicht mit derje-

4 5

II. LE BROUILLON DU COURS (1757/1759)

Au printemps 1757, Kant publie un bref abrégé du cours (illustration n° 5) : la première partie « générale » sera suivie d'une seconde partie « particulière ». La partie générale est explicitement divisée en sept chapitres. Concernant la deuxième partie, Kant prévoit de présenter les soi-disant trois règnes de la nature ; il procédera alors en deux temps : il présentera « tout d'abord l'ordre naturel des classes » et « enfin le mode d'enseignement géographique ». Le « Ms Holstein » contient une copie contemporaine du texte que Kant a rédigée en préparation au cours, qui permet d'en saisir la structure fondamentale et les objets individuels. Nous savons donc très précisément ce que Kant, sous le titre d'une « géographie physique », a *voulu* exposer à ses auditeurs estudiantins. Le brouillon du cours, que Kant a rédigé dans les années 1757/1759, se compose de trois parties : (1) la géographie physique au sens strict, (2) l'histoire naturelle et (3) les états dans les quatre parties de la terre. Le brouillon associe des modèles anciens et modernes : Pline l'Ancien et Bernhard Varenius. Le texte du brouillon est constitué à plus de 80 % d'extraits de traités et de descriptions de voyages ; ce que met en évidence la sixième illustration :

Modèles littéraires *(Folien)* dans le « Ms Holstein »				
Partie 1 : **Géographie physique**	**« Traité »** **Kant 1757** : => Varenius 1650, Buffon 1750, Lulofs 1755.	[**Appendice** : dernier chapitre] Varenius 1650.		
Partie 2 : **Histoire naturelle**	**Homme** [sans modèle direct]	**Animaux** Pontoppidan 1753-54. Halle 1757.	**Plantes** [structure propre]	**Minéraux** Justi 1757.
Partie 3 : **Géographie**	**Asie** Salmon 1732 et suiv., **SnmR** : (Gmelin 1751-52)	**Afrique** Ludolf 1684-94, Colbe 1745, Salmon 1748, **AHR** (1749-51) : T. 2-5 & 8.	**Europe** Keyßler 1740-41; Büsching 1754.	**Amérique** / Eismeer **AHR** (1751-59) : T. 9, 12, 13, 16 & 17 / Müller 1758.

Les colonnes de droite mentionnent les œuvres littéraires dont Kant a utilisé des extraits pour son texte. Dans la colonne gauche, j'attribue aux trois parties du cours des dénominations brèves qui me semblent appropriées : géographie physique, histoire naturelle et géographie. Si on les met en parallèle avec Varenius (1650) et Schiffert (1736), il appert que :

(1) la première partie du cours est déjà présente chez Varenius. La manière de procéder kantienne est très proche de celle que l'on trouve dans deux œuvres alors actuelles : celle de Buffon (1750) et dans la traduction allemande d'un manuel néerlandais de Johann Lulofs (1755) (illustration n° 7).

Johann Lulofs
Prof. der Math. Astr. und Philos. rc. rc. in Leiden
Einleitung
zu der
mathematischen und physikalischen
Kenntniß
der
Erdkugel
aus dem Holländischen übersetzet
von
Abraham Gotthelf Kästner,
Mathem. P. P. E.
Mit Churf. Sächsischer und Churf. Hannöverischer allergnädigster Freyheit.
Göttingen und Leipzig
in Elias Luzac des jüngern Verlage. 1755.

(2) Le manuel de Schiffert, qui n'a rien d'étonnant dans cette perspective, sépare un « avant-propos général » et la géographie des quatre parties de la terre ou continents que l'on connaissait alors.

Vue ainsi, « l'histoire naturelle » *(Naturkunde* ou *Naturgeschichte)*, qui apparaît en deuxième position dans le « Ms Holstein », semble ajoutée et requérir une explication, et ce, d'autant plus que l'homme doit être, en tant que tel, traité à son sommet. Le modèle de cette manière de faire peut être – à mon sens – clairement déterminé : c'est la théorie de la nature de Pline l'Ancien, que l'on peut présenter de manière schématique (illustration n° 8). Il apparaît, en comparaison, que Kant met la géographie à la troisième place, laquelle constitue chez Pline le second pas du traité. – Dans les explicitations substantielles du tome XXVI-1, ainsi que dans la documentation électronique qui y est liée, on peut suivre en détail cette manière de faire. – Or, que ressort-il de ce concept ? Comment Kant a-t-il procédé lors de son exposé ? Sur quels objets a-t-il effectivement enseigné ? Afin de pouvoir répondre à ces questions de manière pertinente, il est nécessaire de se concentrer sur la transmission et l'étude du manuscrit de géographie physique.

Illustration n° 8

Structure du système du savoir : Kant / Plinius

Kant : géographie physique	**Plinius : naturalis historia**
Avant-propos	1. Livre **[pas de correspondance]**
I. partie : **Géographie physique**	2. Livre
II. partie : **Histoire naturelle** [**0.** Général] (**1**) Homme / (**2**) Animaux / (**3**) Plantes (**4**) Minéraux	3.-6. Livre Europe, Asie, Afrique
III. partie : **Géographie** (**1**) Asie, (**2**) Afrique, (**3**) Europe, (**4**) Amérique	7. - 37. Livre (**1**) 7. Livre / (**2**) 8.-11. Livre / (**3**) 12.-32. Livre / (**4**) 33.-37. Livre

Illustration n° 9

Vue d'ensemble de la transmission des textes
Manuscrits

Σ (ensemble)	Date	Adickes (1911/13)	Perdus (1945 : Königsberg)	Suppl.	Σ (découverts 2007)	Type (Stark)
6	1758/59	5 (Groupe B)	2 (C E)	1 (Phi)	4 (**B** D F, Phi)	A_0 /X_1
1	1763	1 (Herder)	--	--	1 (**A**)	A_1
1	1770	-	--	1 (**Hes**)	1 (Hes)	A_2
5	1772/85	5 (Groupe G)	3 (G K L)	--	2 (H I)	A_0 /X_2
2	1774 (?)	1 (Wer [1913])	--	1 (**Kae**)	2 (Wer, Kae)	B_0
5	1776 (?)	5 (M N O Z, **Mes**)	1 (N)	--	4 (M O Z, Bes)	B_1
4	1780...	3 (P Q R)	2 (**Q** R)	1 (**Doe**)	2 (Doe, P)	C
3	1790...	2 (S T)	2 (S **T**)	1 (**Doh**)	1 (Doh)	D
27		**22**	10	5	**17**	

III. LA TRADITION ET L'EXPLORATION

Je commence par un tableau (illustration n° 9). Il me semble suffisant d'expliciter (brièvement) simplement quelques-uns des chiffres et quelques-unes des lettres présentes dans les colonnes et les lignes (on peut facilement déduire les autres chiffres et lettres). Prenons, d'abord, la ligne qui se trouve tout en bas : elle commence avec le nombre 27. Cela signifie que nous disposons d'informations provenant de 27 manuscrits ; Erich Adickes connaissait 22 manuscrits lorsqu'il a conçu ses *Untersuchungen* il y a une centaine d'années. Dix de ces manuscrits ont disparu depuis 1945 avec la plus grande partie des manuscrits de la bibliothèque de Königsberg ; 5 ont été découverts après qu'Adickes ait achevé son travail d'édition dans les années 1920. Nous disposons aujourd'hui de 17 manuscrits. – À la différence d'Adickes, qui désignait les manuscrits par des majuscules, j'utilise des abréviations conformément aux trois premières lettres du nom propre lié à la découverte ou à la tradition du manuscrit. « Doe » désigne ainsi la famille des comtes de Dönhoff et « Phi » est l'abréviation du nom de l'étudiant Philippi dont j'ai déjà parlé. J'ai conservé les dénominations des manuscrits qu'Adickes connaissait : je désigne ainsi, par exemple, le manuscrit de l'étudiant Nathanael Christian Fehlhauer, conservé à Strasbourg, par la lettre « M ».

Illustration n° 10

A_0. **Concept** (1757/59)
1. Holstein (copie de MS **Kant**)

A_1. 2. Herder (manuscrit 1763-64)

A_2. 3. Hesse (manuscrit 1770)

B_0. **Leçon** (1774 ?) [avec §]
4. Kaehler / Werner / **B**-Rink

B_1. **Leçon** (1776 ?) [sans §]
5. Messina [Fehlhauer / Busolt / Wolter]

Compilations

X_1. 1772... : [Philippi] [Friedländer] [Powalski]

X_2. 1780... : [Barth] [Pillau] [**A**-Rink]

C. **Leçon** des annés 1780
6. Dönhoff (1782 ?)
Volckmann (1785 ?)

D. **Leçon** des annés 1790
7. anonyme-Bergk (1791 ?)
8. Dohna (1792)

Prenons maintenant la colonne de droite : la première ligne mentionne « Stark » (mon nom) ainsi que le mot « Type ». Cette colonne met en évidence que j'utilise, moi aussi, des lettres comme dénomination, mais d'une autre manière qu'Adickes. Dans son système, les lettres latines désignent des manuscrits particuliers ; la suite chronologique de leur production se reflète dans la suite qui va de A à Z. Pour ma part, je n'utilise que cinq lettres, précisément : les quatre premières lettres de l'alphabet « A, B, C, D » indiquent les types de cours magistral. « A » signifie que l'on retrouve la structure du premier brouillon, composé de trois parties. « B » désigne la structure liée à la mise en place du cours d'anthropologie à l'hiver 1772/1773. « C » et « D » font référence à deux types ou modèles ultérieurs datant des années 1780 ou 1790, comme l'illustration n° 10 le met en évidence. La lettre « X » est une dénomination mnémotechnique voisine pour tous les cas où un manuscrit rassemble des textes associant différents modèles de cours. Les chiffres désignent la différence chronologique.

Le tableau précédent (illustration n° 9) offre davantage d'informations sur lesquelles nous ne pouvons malheureusement pas nous arrêter ici. Ce qui importe à mes yeux, c'est de susciter un intérêt pour le lien essentiel qui existe entre les recherches d'Adickes et mes propres recherches. La plupart des méthodes historico-philologiques élémentaires sont identiques. Mais des différences frappantes sont perceptibles dans la présentation et dans l'évaluation : tandis qu'Adickes fait presque exclusivement référence à des descriptions linguistiques, je me sers de différentes méthodes électroniques, dont nous disposons aujourd'hui, pour l'analyse et la présentation. Adickes a, néanmoins, jugé utile d'offrir une présentation graphique des résultats de ses *Untersuchungen* à deux reprises (en 1911 et 1913). À l'aide de ces schémas, j'aimerais expliquer les différences importantes qui existent entre ma manière de procéder et celle d'Adickes, lesquelles sont aussi le résultat de questions scientifiques différentes.

L'arbre généalogique des manuscrits (illustration n° 11a) qu'il a établi en 1911 permet de saisir ce qu'Adickes comprenait par groupe B, groupe G ou groupe M. Il est parvenu à la conclusion que Kant a rédigé au début des années 1770 une deuxième version de son « Diktat-Text », lequel est traduit dans les cahiers du groupe G. Je ne partage absolument pas cette conclusion d'Adickes, et ce, pour plusieurs raisons : déjà la désignation « Diktat-Text » m'apparaît équivoque : elle suggère que Kant a dicté, puis, ensuite, commenté le même texte de façon répétitive. Il n'existe aucune preuve que Kant ait procédé ainsi. Les notes des leçons de Herder et de Georg Hesse, les seules qui soient chronologiquement importantes, montrent plutôt que cette double manière de procéder n'était pas la manière de faire de Kant. La structure du cours peut être demeurée identique sans que le discours ait été dicté, et cela, même si le sujet n'a été récité que partiellement ou de façon actualisée. Le groupe M, situé à droite, n'a pas de relation avec le texte dicté ou le brouillon qui, comme nous l'avons dit, a été entièrement transmis dans le « Ms Holstein ». Il existe, cependant, un rapport étroit avec l'édition de la *Kant's physische Geographie* rédigée par Friedrich Theodor Rink en 1802 : le premier volume (de U) contient en majorité le texte du groupe M. Le deuxième schéma (n° 11b) montre que (et de quelle façon) la découverte d'un nouveau cahier en 1913 a simplifié le « stemma » pour le groupe M : les deux cahiers hypothétiquement antérieurs, psi (ψ) et oméga (Ω), peuvent être ignorés, car leurs textes sont contenus dans un seul cahier : les notes de cours nommées (W) contenant un cours magistral du milieu des années 1770.

Illustration n° 11a

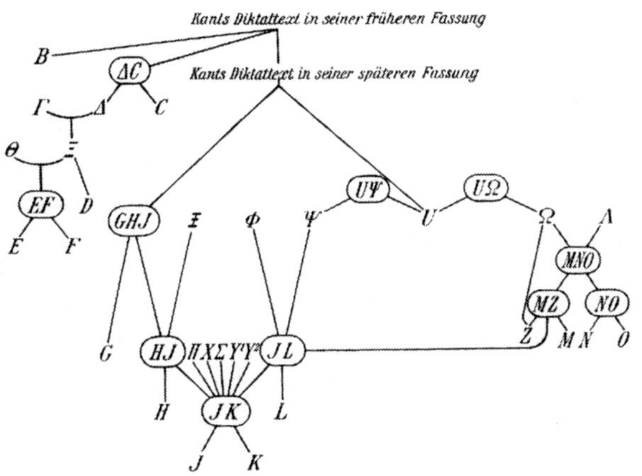

[Première version
et
version ultérieure
du texte dicté de Kant]

Illustration n° 11b

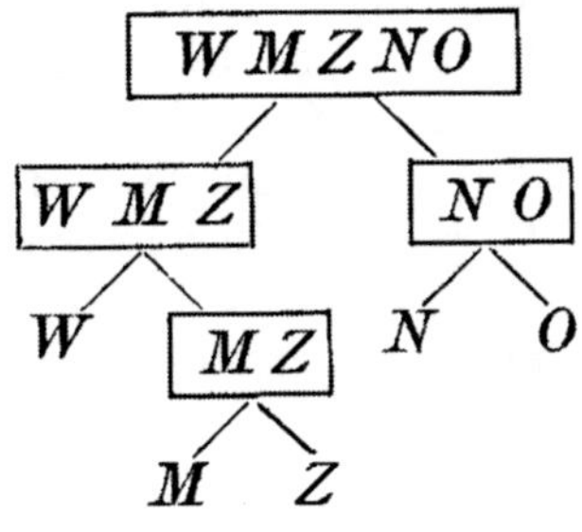

Il y a six autres cahiers (A et P, Q, R, S, T) qu'Adickes n'a pas intégrés dans son tableau. Pourquoi ? Parce que ces textes n'ont (comme les quatre cahiers du groupe M) aucun lien avec le premier brouillon. Il s'agit, à chaque fois, de notes de cours qui ont été recopiées indépendamment par des étudiants. Autrement dit : La « stemmatisation » ne concerne que les différentes versions du texte nommé « Diktat-Text » : les *Untersuchungen zu Kants physischer Geographie*, publiées en 1911, ne contiennent pas de présentation du cours lui-même, qui a été dispensé pendant quarante ans, mais servent avant tout à expliquer les filiations du « Diktat-Text ». Deux groupes nommés B ou

G, constitués chacun de cinq membres, ont été déterminés. – Cette diagnose est en accord avec le résumé qu'a offert Adickes de ses connaissances de la genèse d'une partie du cours dans une étude particulière : *Kants Ansichten über Geschichte und Bau der Erde* (1911). Les *Untersuchungen* devaient, de plus, expliquer les relations entre le texte de Rink, publié en 1802, et les diverses traditions manuscrites – objectif révélé par la découverte d'un « *neues Heft* » en 1913 [1].

Le procédé de spécification que j'ai mis en œuvre s'étend, en revanche, à l'ensemble des notes portant sur et se rapportant aux cours de géographie physique. Il remplace le procédé, essentiellement développé dans la philologie ancienne, d'une « stemmatisation » ou d'une « analyse généalogique » : à partir des différences trouvées dans le détail (le plus souvent des fautes de recopiage), on se concentre sur l'origine et la diffusion, ce qui permet de dégager les liens de parenté entre les textes. On accorde, en principe, la même importance à chaque détail. Un tel procédé présuppose implicitement, au départ, une « simple » copie ou, du moins, une copie de copies (qui ont toutes une relation étroite au manuscrit d'origine). Des notes d'auditeurs d'exposés de cours thématiquement ou structurellement très semblables, qui se répètent chaque semestre, ne remplissent une telle condition que de manière très limitée. Prenant en considération cette différence caractéristique, l'analyse typologique procède à une évaluation qui permet de classer *in concreto* les différences ou les identités comme non pertinentes. L'efficacité analytique de la typologie ne se manifeste pas finalement parce qu'elle est appropriée à la conversion immédiate, dans une présentation html, de l'ensemble des témoins textuels. Une telle typologie n'est pas un simple procédé de dénomination.

Pour comprendre comment je procède, on peut penser à un biologiste en terrain inconnu : des organismes réels (des plantes ou des animaux, c'est-à-dire des textes) sont compris, décrits et présentés comme des modèles exemplaires. D'autres organismes peuvent être classés au moyen de tels types exemplaires d'un genre ou d'une espèce. On peut ainsi établir une systématique complexe (taxonomie). La structure externe des membres et les proportions internes du texte sont les *premiers* caractères permettant de déterminer un type de cours. *En second lieu*, la subdivision, une terminologie « caractéristique », les références littéraires et, *enfin*, l'ensemble du texte. Il en résulte – de soi – un plan d'édition pour le volume XXVI des *Kant's gesammelte Schriften* (illustration n° 12). Je clos, avec ce schéma, les considérations que je souhaitais formuler sur la tradition et l'état actuel de la recherche portant sur les manuscrits.

1. Adickes, *Ein neu aufgefundenes Kollegheft nach Kants Vorlesung über physische Geographie*, *op. cit.*, p. 2 : « Die Ausgabe Rinks ist aus Materialien von ganz verschiedener Herkunft zusammengesetzt. Von § 53 an bis zum Schluß hat Rink sich eng an den Text angeschlossen, den Kant in der frühesten Zeit seiner Dozententätigkeit (etwa bis zum Jahre 1759) für die Diktate, die er im Kolleg über physische Geographie zu geben pflegte, entworfen und nachher nur verhältnismäßig wenig umgestaltet und verbessert hat. Dieser Text findet sich, sei es ganz, sei es in größeren Ausschnitten, in nicht weniger als neun von den erhaltenen Kollegheften, teilweise verbunden mit Aufzeichnungen nach Kants freiem Vortrag ».

Illustration n° 12 : Immanuel Kant : Leçons de géographie physique

	t. 26.1			t. 26.2-1		t. 26.2-2		
	Holstein (1757/59)	**Herder (1763/64)**	**Hesse (1770)**	**Kaehler (1774 ?)**	**Messina (1776 ?)**	**Dönhoff (1782 ?)**	**Bergk (1791)**	**Dohna (1792)**
Géographie physique	p. 3-113 Neuf chapitres	In-octavo: p. 1-52 / **In-quarto:** p. 12	p. 3-81	Prolegomena p. 1-49 / [éléments] p. 49-353	Prolegomena p. 1-16 / p. 17-185	Prolegomena f. 2-6' / f. 6'-78	p. 262-275	Prolegomena p. 1-6 / p. 6-97
Histoire de la nature	p. 114-228 Trois règnes de la nature	In-octavo: p. 53-71 Hommes, animaux terrestres / **In-quarto:** --	p. 81-184	[produits] p. 354-50	p. 186-369	2e partie f. 79-168	p. 275-283	p. 98-206
Géographie	p. 228-344 Quatre parties du monde	In-octavo: p. 72-79 Asie / **In-quarto:** --	p. 184-256		[comme Kaehler]	3e partie f. 169-196'		p. 207-243

IV. L'ÉVOLUTION THÉMATIQUE

Il faut, tout d'abord, avoir à l'esprit que Kant a annoncé son cours grâce à quatre brèves invitations. Les deux premiers programmes datent du début de sa carrière académique, en 1756 et 1757. Le deuxième annonce exactement la structure du cours, qui nous est accessible sous la forme développée du « Ms Holstein ». Le quatrième programme date du printemps de l'année 1775 et traite *Des différentes races humaines* (*Von den verschiedenen Racen der Menschen*). J'ai déjà parlé de ce programme ci-dessus lorsque j'ai évoqué le rapport à Buffon. Reste le troisième programme de l'automne 1765. Il annonce une modification considérable pour la géographie physique en ce qui concerne la pondération de ses différentes parties (AK II, 312 *sqq.*) : le sujet « *physische Merkwürdigkeiten der Erde* » doit être comprimé en faveur d'une double considération de l'homme : (1) les « *natürliche Eigenschaften und Unterschiede desjenigen, was an ihm moralisch ist* », (2) *der gesamte* « *Zustand der Staaten und Völkerschaften auf der Erde* ». Il semble que Kant avait, au milieu des années 1760, l'intention de faire passer les phénomènes physiques au second plan en faveur d'un ambitieux programme ethnologique ou anthropologique [1].

Erich Adickes soutient, dans ses *Untersuchungen* [2], que nous ne savons « pas à ce sujet si Kant a finalement accompli son plan ». Bien que j'approuve cette affirmation – et ce, en dépit du fait que la connaissance des sources soit désormais meilleure –, je ne peux pas partager son opinion selon laquelle « tous les cahiers des notes de cours conservés se rattachent aussi étroitement au brouillon de 1757 qu'ils s'écartent du plan du semestre d'hiver 1765/1766 ». Cette dernière conclusion est contraire à la distinction entre quatre types ou modèles de cours que j'ai explicitée dans la partie précédente. Cette affirmation d'Adickes nie, en effet, l'existence de quelque chose qui est fondamentalement différent du type A. Le « *neue Heft* », présenté en 1913 de

1. À cette époque (1768) est apparu un portrait (peinture à l'huile) de Kant, souvent reproduit, actuellement conservé au Schiller-National Museum de Marbach / Neckar. Il a été créé, à l'origine, par le portraitiste de Königsberg, Heinrich Becker, en vue d'une présentation publique à la librairie Kanter. L'historien de l'art, Karl-Heinz Clasen, a présenté en 1924 une étude préparatoire au pastel, réalisée antérieurement et aujourd'hui perdue ; il écrit (p. 12) : « Das Buch in Kants Hand weist hier noch eine deutlich lesbare Schrift auf, die bei dem Gemälde im Sinne einer natürlicheren Wirkung malerisch verschwimmt. Sie wird irgendwie mit dem Zeitpunkt der Porträtsitzung zusammenhängen. Die Worte : Anthropologie oder Naturkenntnis des Menschen – das dritte Wort ist nicht mehr ganz deutlich –, wie die Inschrift lautet, sei sie nun als Buchtitel oder sonstwie zu verstehen, deutet auf Kants Beschäftigung mit der Anthropologie hin ». Voir Clasen, *Kant-Bildnisse*. Mit Unterstützung der Stadt Königsberg herausgegeben von der Königsberger Ortsgruppe der Kant-Gesellschaft, Königsberg, Gräfe & Unzer, 1924 ; Walter Scheffler, « Von Königsberg nach Marbach. Ein Porträt Immanuel Kants », *Jahrbuch der deutschen Schillergesellschaft* 31, 1987, p. 513-518 ; Stark, « Erläuterungen zum Kant-Bildnis », dans Rischmüller (éd.) 1991, p. 291-294 ; « Wo lehrte Kant ? Recherchen zu Kants Königsberger Wohnungen », dans Kohnen (éd.) 1994, p. 81-110.

2. Adickes, *Untersuchungen*, *op. cit.*, p. 29.

façon détaillée par Adickes [1], et le manuscrit de l'étudiant Johann Sigismund Kaehler, qui sera seulement présenté brièvement au milieu des années 1980 par Rudolf Malter [2], sont les deux seuls exemplaires prouvés du type B_0, tel que je le nomme. À l'aide du tableau suivant (illustration n° 13), on peut facilement voir que et comment les deux types mentionnés diffèrent : en bref, ils semblent avoir la même structure, mais la partie consacrée à l'Europe disparaît de la troisième partie. Lorsqu'on examine les deux structures plus attentivement, on aperçoit des différences relativement importantes dans les trois parties, différences que l'on ne peut pas expliciter ici, mais qui peuvent toutes être vérifiées dans la documentation électronique relative aux cours présente sur internet [3]. Tous les textes qu'Adickes ajoute au groupe M appartiennent entièrement au type B, lequel comprend deux sous-parties.

Illustration n° 13 : Comparaison de la structure des types A et B

I. Disposition générale	
Type A « concept 1757/59 » **§ seulement dans la 1ère partie de chaque chapitre**	**Type B « Vorlesung 1775 »** **§ dans l'ensemble du texte**
0. Avant-propos / **traité**	0. Prolegomena / **Tractatio**
1. Partie générale : 1.-8. Chapitre principal / 9. Chapitre principal : Construction navale et navigation	**Sectio 1 : Partie générale [Eléments]** Articles 1-4 : Eau, terre, air, Géogonie [feu] / 5 : Construction navale et navigation
2. partie : [trois règnes naturels] **I.** 1-4 : (Homme) Animaux **II.** 1-2 : Plantes **III.** 1-6 : Minéraux	**Sectio 2 : Parties particulières [produites** en 5 articles] 1-4 : L'homme, les animaux, les plantes, les minéraux
3. partie : Spécificités naturelles ..., suivant l'ordre géographique. 1-4 : Asie, Afrique, Europe, Amérique	5 : Populations des trois parties du monde (Asie, Afrique, Amérique)

Lorsqu'on s'interroge sur les motifs de la disparition de l'Europe, en 1775, de l'exposé de géographie physique, la réponse est simple : c'est la conséquence

1. Il est conservé depuis le début des années 1980 à la Marburger Kant-Archiv.

2. Rudolf Malter, « Physische Geographie Kähler [Hinweis auf eine Handschrift] », *Kant-Studien* 78, 1987, p. 259 : Le Ms a été découvert en 1983 par Thomas M. Seebohm aux USA (Philadelphia, Pennsylvania State University Library).

3. URL: http://kant.bbaw.de/base.htm/

de la mise en place d'un cours supplémentaire dans le programme du professeur Emmanuel Kant. Un cours, intitulé « Anthropologie », est dispensé annuellement à partir de l'hiver 1772/1773. Dans la deuxième partie de ce cours, un paragraphe spécifique est consacré aux peuples européens. Les notes de cours sur l'anthropologie complètent déjà une grande partie des sujets que Kant a annoncés à l'automne 1765 dans son « Annonce » concernant la géographie physique. Grâce au cahier de l'étudiant Georg Hesse, qui nous informe du contenu du cours de géographie physique de l'été 1770, nous pouvons assurément affirmer que le cours fait entièrement partie du type A.

Compte tenu de l'intention volontairement restreinte de mon propos, je ne vais pas plus avant dans la présentation des réflexions liées au tournant anthropologique du philosophe de Königsberg au milieu des années 1760. Je souhaite, néanmoins, donner une double indication, qui est à cet égard peut-être plus importante :

(1) Jean-Jacques Rousseau est l'auteur qui se trouve au centre d'une très grande partie des leçons sur l'*Anthropologie* ;

(2) son œuvre ne joue, en revanche, aucun rôle dans la *Physische Geographie*.

J'aimerais recourir une dernière fois à un argument formel pour illustrer le déroulement du cours magistral. Le tableau suivant (illustration n° 14) récapitule la proportion de chacune des parties dans les manuscrits actuellement disponibles (nous avons ajouté l'édition de Rink conformément au tome IX des *Kant's gesammelte Schriften*). Les différences entre le type A, qui se compose de trois parties équilibrées, et les trois autres types, B, C et D, dont les proportions changent, sont claires. Dans le type B, on peut, en outre, remarquer une accentuation frappante des passages introductifs. Lorsqu'on lit le texte – y compris dans la version modifiée de l'édition de Rink –, on n'est pas surpris que (1) le sujet principal de cette introduction soit la détermination du rapport entre l'anthropologie et la géographie physique et que (2) Kant se soit visiblement donné la peine de marquer la limite entre ces deux domaines académiques, dont il est le créateur. En ce qui concerne la *Physische Geographie*, l'évolution s'est faite à l'inverse de ce qu'il avait annoncé en 1765 : il accorde désormais plus d'importance aux sujets concernant la physique de la terre, comme le programme de l'année 1765 le laissait supposer. La longueur des paragraphes de la troisième partie, qui traitent des différents lieux de la terre, est sensiblement réduite. Par ailleurs, Kant, au début de la branche moyenne de l'histoire naturelle, accorde davantage d'attention à l'homme en tant qu'être naturel qu'auparavant – comme on pouvait s'y attendre avec l'introduction publique d'une esquisse des « *verschiedene Rassen der Menschen* ».

La partie médiane, l'histoire de la nature a beaucoup changé, y compris qualitativement. L'extrait de faible contenu, initialement tiré des manuels, gagne progressivement en extension grâce à la communication de nouvelles connaissances dans l'histoire de la nature, concernant notamment les animaux, qui font partie de la science que nous nommons depuis un peu plus de deux siècles « biologie ». On sait que Kant, dans les années 1760, a pris connaissance [1] des essais sur les polypes d'Abraham Trembley, or, à cette époque, toutes les choses naturelles sont distinguées selon les deux grandes catégories de l'organique et de l'inorganique [2]. Le monde sensible n'est plus divisé en trois domaines strictement séparés, à savoir : les animaux, les plantes et les minéraux. En dépit de cette modernisation, le cours de géographie physique suit l'ancien découpage tripartite. Cette forme de présentation ressemble en quelque sorte au « vin nouveau dans de vieilles outres » et n'est pas spécifique à la géographie physique. Kant a, en effet, toujours conservé les mêmes manuels une fois choisis – à l'exception de la physique – et a utilisé leur structure comme base de ses cours.

Illustration n° 14 : Proportion des différentes parties (en %)

	Prolégomènes	**Géographie physique**	**Histoire naturelle (Homme)**		**Géographie**	**Type**
Holstein (1757/59)	0,9	31,9	33,3	(5,3)	33,9	A
Kaehler (1775 ?)	9	**58**	23	(6)	10	B
Dönhoff (1782 ?)	2	37	47	(11)	14	C
Dohna (1792)	2,5	37,5	45	(9,5)	15	D
Edition Rink (1802)	10	46	23	(3,4)	21	X

Ce n'est évidemment pas un hasard si Kant nomme non seulement Buffon, mais aussi Pierre Louis Moreau de Maupertuis [3] et Charles Bonnet [4] eu rélativement à la notion d'organisme. Il ne fait, cependant, aucune mention de René Antoine Réaumur ni d'Henri Louis Duhamel de Monceau. Mais il n'est pas impossible – dans l'état actuel de la recherche – que l'on puisse prouver que Kant en ait eu une connaissance ponctuelle ou, du moins, indirecte.

1. RV, AK II, 331, l. 22 ; Ms Hesse (1770), p. 137.
2. UA, AK II, 118, l. 29 ; Ms Hesse (1770), p. 149, 183 *sq.*; Ms Philippi (1773 ?), p. 7, 98 ; Ms Kaehler (1774), p. 354, 405, 420 ; Ms Dönhoff (1782 ?), p. 48, Ms Dohna (1792), p. 98.
3. UA, AK II, 115, l. 07 ; Ms Herder 8° (1763/1764), p. 55, 59.
4. Ms Hesse (1770), p. 122, 149.

Pour finir, j'aimerais donner une indication – que je vais illustrer à l'aide du « Ms Dönhoff » (manuscrit que je ne connais de manière plus précise que depuis le début de l'été 2007). – Si l'on examine les rapports entre Kant et les sciences de son époque, comme nous y invite le sujet de ce congrès, il est clair, dans le contexte de la géographie physique, que Kant a dû – au moins en ce qui concerne ce cours – s'intéresser au progrès réalisé dans de nombreuses disciplines. Même s'il ne circule pas de manière « indépendante » dans ces domaines, il ne faut pas le considérer simplement comme « récipiendaire » relativement aux nouveautés : il ne fournit pas de compte-rendu propre, il n'entretient pas non plus un réseau propre de correspondants, comme le font par exemple Anton Friedrich Büsching, Albrecht von Haller, Carl von Linné et d'autres scientifiques qui travaillent empiriquement ; il circule presque seulement à titre de lecteur. La matière de ses cours de géographie physique et d'anthropologie, qui sont orientés vers l'ensemble du monde que l'on peut appréhender, est presque entièrement transmise de façon littéraire. Dans la mesure où le mode de présentation ainsi que l'adaptation des notions, des questions ou des théories sont liés à ses propres objectifs et intérêts, il est possible que les traces attestées de ses lectures reflètent ses propres intérêts.

En 1755, Kant espérait parvenir à une spéculation cosmologique résultant de la poursuite de la discussion présente dans la littérature anglo-saxonne sur le thème de la physico-théologie [1]. La première partie de la géographie physique implique, dès le début [2] et sous le titre de « théorie de la terre », une réflexion brève, tournée vers la formation de la terre. À partir du milieu des années 1770, cette réflexion est explicitement nommée « Géogonie » [3]. Au XVIIIe siècle, l'université de Königsberg continue assurément d'entretenir des rapports à la fois positifs et intacts avec la tradition chrétienne et biblique et avec la présentation de la formation de la terre et du monde contenue dans les Écritures révélées. Concernant l'ensemble du monde, l'une des questions importantes porte sur la relation entre une « théorie » des êtres humains, d'un côté, et les « vérités révélées », de l'autre côté. Cette question – si je ne me trompe – a peu marqué le texte du brouillon de 1757/1759 [4]. Mais les cahiers des étudiants procèdent plus ouvertement : en commençant par Herder dans les années 1760 et en terminant par le « Ms Dönhoff » [5] au début des années 1780,

1. Hans-Joachim Waschkies, *Physik und Physikotheologie des jungen Kant. Die Vorgeschichte seiner Allgemeinen Naturgeschichte und Theorie des Himmels,* Amsterdam, Grüner, 1987.

2. Kant, titre AK II, 08, l. 21 ; Ms Holstein (1757/1759), p. 96 ; Ms Hesse (1770), p. 79 ; Ms Volckmann (1785), p. 57 ; Ms Dönhoff (1782 ?), p. 67′ ; Ms Barth (1784 ?), p. 103 ; Ms Pillau (1784 ?), p. 184.

3. Ms Kaehler (1774), p. 301, 303 ; Il n'y a pas de justificatif pour les tomes I-IX de la *Kant-Ausgabe* ; une seule fois dans le *Nachlaß* : AK XIV, 604, l. 05 (R 97) datée des années 1780.

4. Le mot-clé correspondant est « Sündfluth » (Ms Holstein, p. 96, 99, 105, 107).

5. Ms Herder 8° (1763/1764), p. 48 ; Ms Kaehler (1774), p. 200, 326 ; Ms Messina (1776 ?), p. 164 ; Ms Dönhoff (1782 ?), p. 68′; Ms Pillau (1784 ?), p. 175 ; Ms Dohna (1792), p. 88. La mention explicite d'une description « mosaïque » ou d'un récit est caractéristique.

où il est affirmé, de façon critique, contre l'exigence des textes bibliques et en faveur des intérêts de la recherche de la nature :

> Mais le physicien doit aussi discerner les forces de la nature de la manière dont la terre s'est peu à peu formée. Car si les naturalistes coupent ce chemin et recourent directement à la révélation divine, ceci engendre bien un chemin plus court, mais produit une raison malsaine. C'est pourquoi il faut également étudier l'archéologie naturelle [1].

Il n'est donc pas étonnant que Kant discute de manière détaillée l'œuvre de Buffon, laquelle se rapporte de manière « actuelle » à cette problématique et est traduite en allemand en 1781 : *Epochen der Natur* [2]. Deux autres textes sont également présents dans leur version traduite : le *Discours sur l'état actuel des montagnes des Pyrénées et sur les causes de leur dégradation* [*Abhandlung über die Pyrenäischen Gebirge und über die Ursachen ihrer abnehmenden Höhe*] (1779) de Jean d'Arcet [3] et – si mon hypothèse est correcte [4] – la conférence pionnière de Peter Simon Pallas, donnée à Saint Petersbourg en juin 1777: « Observations sur la formation des montagnes et les changements arrivés au Globe », dont des traductions allemandes ont été offertes au public en 1778.

En guise de conclusion, j'aimerais simplement ajouter que, dans son cours de géographie physique, Kant a été le témoin d'une véritable transformation scientifique. Il a assisté à la transformation progressive d'une théorie spéculative en science de la « géologie », fondée empiriquement et qui s'est accrue de manière continue [5]. Cette connaissance est un procédé développé lors de son cours magistral sur la géographie physique, qu'il a dispensé pendant quarante ans.

Werner STARK
(Université de Marbourg / Kant-Ausgabe Potsdam)

Liste des illustrations :

1. Immanuel Kant : Ölportrait (Halbfigur sitzend) / (28,5x33 cm), Fundort bis 1945 : Königsberg Totenkopfloge; Reproduktion auf der Grundlage des 1924 erschienenen Verzeichnisses der « Kant-Bildnisse » de Karl-Heinz Clasen (1893-1979) ; exemplaire : Universitätsbibliothek Marburg : VIIn B 724ag.
2. Erich Schönebeck : *Immanuel. Eine Erzählung um den jungen Kant*, Lorch / Stuttgart, 1946 ; Exemplaire de Werner Stark.
3. Titelblatt zu Christian Schiffert [anonyme] : *Vollständige Einleitung zur Geographischen Wissenschaft*, Königsberg, 1736 ; exemplaire de la Staatsbibliothek Preußischer Kulturbesitz Berlin : 1A 42548 [Kart LS HM].

1. P. 68.
2. Ms Dönhoff (1782 ?), p. 24, 58, 68′, 71, 73 et 100′.
3. Ms Dönhoff (1782 ?), p. 61; également Ms Puttlich, p. 87 – selon Adickes (*Kants Ansichten über Geschichte und Bau der Erde*, Tübingen, 1911, p. 114).
4. Stark, « Das Manuskript Dönhoff – eine unverhoffte Quelle zu Kants Vorlesungen über Physische Geographie », *Kant-Studien* 100, 2009, p. 107-109.
5. Kant, CFJ, AK V, 428, l. 35.

4. Bernhard Varenius : *Geographia generalis,* Amsterdam, 1650, Titelkupfer ; Exemplaire de la Niedersächsische Staats- und Universitätsbibliothek Göttingen : 8 GEOGR PHYS 256.

5. Immanuel Kant : *Entwurf und Ankündigung eines Collegii der physischen Geographie,* Königsberg, 1757 ; exemplaire : Stadtbibliothek Worms : Kant E 4.

6. « Tableau I », Werner Stark.

7. Johann Lulofs : *Einleitung zu der mathematischen und physikalischen Kenntniß der Erdkugel,* Göttingen / Leipzig, 1755, Titelblatt ; exemplaire : Universitätsbibliothek Marburg : XIII d B 133.

8. « Tableau II », Werner Stark.

9. « Tableau III », Werner Stark.

10. « Tableau IV », Werner Stark.

11. À partir de : a) Erich Adickes : *Untersuchungen zu Kants physischer Geographie,* Tübingen 1911, p. 282. b) Erich Adickes : *Ein neu aufgefundenes Kollegheft nach Kants Vorlesung über physische Geographie*, Tübingen, 1913, p. 55.

12. Graphique, Werner Stark.

13. « Tableau V »,Werner Stark.

14. « Tableau VI », Werner Stark.

« LA TERRE EST UNE SPHÈRE » : LA « GLOBALITÉ » ET LES SCIENCES DE LA TERRE CHEZ KANT

En 1922, dans *La réification et la conscience du prolétariat* (*Die Verdinglichung und das Bewusstsein des Proletariats*), Georg Lukács analyse l'aliénation psychologique et relationnelle propre au système capitaliste, et la philosophie qui, selon lui, l'accompagne et vient le renforcer. Il écrit :

> L'attitude contemplative adoptée face à un processus mécaniquement conforme à des lois fixes, indépendant de la conscience de soi et indifférent aux interventions humaines, qui donc se présente comme un système achevé et clos, transforme aussi les catégories fondamentales du rapport immédiat de l'homme au monde : elle réduit l'espace et le temps à un dénominateur commun ; elle nivelle le temps pour le dégrader à la dimension de l'espace [...]. Ainsi, le temps perd son caractère qualitatif, changeant et fluide. Il se rigidifie en un *continuum* précisément délimité, mesurable, quantifiable, remplie de "choses" elles aussi mesurables, quantifiables, réifiées, mécaniquement objectivées, détachées des "accomplissements" du travailleur en tant que personnalité entière : bref, le temps devient l'espace [1].

Cette analyse de Lukács correspond à un mouvement de la pensée occidentale que Foucault repère dans *Questions sur la géographie* (1976) et qui, depuis le XIXe siècle au moins, tend à privilégier le temps aux dépens de l'espace : selon cette pensée, affirme Foucault,

> l'espace, c'est ce qui était mort, figé, non dialectique, immobile. En revanche, le temps, c'était riche, fécond, vivant, dialectique [2].

De fait, pour Lukács, la spatialisation du temps, incarnée par l'horloge qui contrôle les mouvements du travailleur par son tempo régulier et normalisant, est contre-révolutionnaire ; en imposant inexorablement un schéma abstrait auquel l'humain doit se plier et par une rationalisation dénuée de rapports réels

1. Lukács, *Histoire et conscience de classe*, trad. par K. Axelos & J. Bois, Paris, Les Éditions de Minuit, 1960, p. 117 (trad. modifiée) ; *Über die Vernunft in der Kultur*, Leipzig, Verlag Philipp Reclam, 1985, p. 218-219.

2. Foucault, *Dits et écrits II, 1976-1988*, Paris, Gallimard, 2001, p. 34.

avec le monde, il est coupé court à la possibilité d'une prise de conscience de soi-même et de son sort.

Pour Lukács, les transformations sociopolitiques menées par le système capitaliste sont accompagnées et renforcées par la pensée « bourgeoise » dont Kant certes n'est pas la source, mais dont il est pourtant la figure emblématique. Lukács vise, en effet, la philosophie de Kant comme l'exemple même d'un système de pensée qui transforme notre expérience du monde en un mode de « connaissance rationaliste et formaliste » [1]. Nous limitant à une pensée aliénée par son instauration des antinomies indissolubles et sa compréhension réduite à ce qu'elle a elle-même engendré, elle est censée nous avoir enfermés dans un solipsisme fataliste et sans issue. Selon Lukács, « la posture contemplative » kantienne mène à une construction formelle sans qualité, indifférente à tout contenu, ne s'intéressant qu'à l'expansion homogénéisante de son mode de pensée et d'action [2].

Un autre texte de Foucault nous aide à mieux comprendre ce parti pris de Lukács contre l'espace et nous invite à repenser notre rapport avec lui – et par suite avec Kant – comme un engagement avec la réalité actuelle. En 1984, avec la publication tardive de son discours *Des espaces autres* (1967), il situe historiquement le dénigrement de l'espace comme appartenant à une époque – à laquelle se rattachait Lukács – désormais en voie d'être dépassée :

> La grande hantise qui a obsédé le XIXe siècle a été, on le sait, l'histoire : thèmes du développement et de l'arrêt, thèmes de la crise et du cycle, thèmes de l'accumulation du passé, grande surcharge des morts, refroidissement menaçant des morts [3].

Frayant un chemin pour une nouvelle génération de géographes, il annonce que « l'époque actuelle serait peut-être plutôt l'époque de l'espace », car

> [nous] sommes à l'époque du simultané, nous sommes à l'époque de la juxtaposition, à l'époque du proche et du lointain, du côte à côte, du dispersé. Nous sommes à un moment où le monde s'éprouve, je crois, moins comme une grande vie qui se développerait à travers le temps que comme un réseau qui relie des points et qui entrecroise son écheveau [4].

Suivant les pas de Foucault, Edward Soja annonce lui aussi, dans *Les géographies postmodernes*, la fin de la subordination de la spatialité et accorde à la discipline de la géographie humaine une « perspective critique nouvelle » capable de répondre aux effets produits par la mondialisation [5]. Reprenant à son propre compte un propos de John Berger (« c'est l'espace et non pas le

1. Lukács, *Histoire et conscience de classe*, *op. cit.*, p. 155 ; *Über die Vernunft in der Kultur*, *op. cit.*, p. 257.

2. Lukács, *Histoire et conscience de classe*, *op. cit.*, p. 160 ; *Über die Vernunft in der Kultur*, *op. cit.*, p. 261-262.

3. Foucault, *Dits et écrits II*, *op. cit.*, p. 1571.

4. *Ibid.*

5. Soja, *Postmodern Geographies : The Reassertion of Space in Critical Social Theory*, London, Verso, 1989, p. 34. Nous traduisons le texte d'Edward Soja.

temps qui nous cache les conséquences »), il affirme comme David Harvey que les vrais enjeux politiques, sociaux et culturels se trouvent dans les « simultanéités », dans le « développement géographiquement inégal » [1]. Harvey lui-même a récemment souligné le rôle crucial d'une telle reconsidération de l'espace :

> Il faut prendre bien plus sérieusement qu'à l'habitude toute la question de l'enracinement anthropologique et géographique de la philosophie politique [2].

Enfin reconnus comme la réalité (visiblement apparente et effectivement vécue) des effets économiques et comme le terrain véritable, parce que spécifique, qui peut mettre à l'épreuve les projets « cosmopolitiques », tel que celui de Kant visant à répandre des droits universels et à assurer autant de paix et de bonheur que possible au monde, l'espace et ceux qu'il implique étroitement, les géographes, sont mis en avant.

Dans cette affirmation de la géographie comme discipline, la figure de Kant joue un rôle ambigu. Reconnaissant, grâce à May (1970), que Kant était à l'avant-garde dans le développement de la géographie, l'ayant enseigné durant quarante années, et ce, près de cent ans avant son institutionnalisation officielle, Soja et Harvey portent néanmoins des critiques sévères à son encontre. Soja suggère que Kant avait « emballé [la géographie] dans un cocon de légitimité intellectuelle » en la cantonnant à fournir des descriptifs techniques et mathématisés de la surface de la Terre [3]. Le résultat en fut, selon lui, que

> la spatialité concrète de la vie sociale était transpercée par une illusion hypermétropique de la transparence en projetant sa production dans un domaine d'idéalisme imbibé de finalité et de pensée réflexive dématérialisée [4].

Harvey aussi associe « les formulations traditionnellement kantiennes » avec la dichotomie creusée entre « une géographie statique [...], fixe, morte, non dialectique » et des institutions sociales dynamiques [5]. Dans cette vision, le monde physique est présenté comme s'il n'était qu'une toile de fond devant laquelle défilent les événements historiques, eux seuls réellement capables de changer les choses.

Une telle présentation de la pensée de Kant sur l'espace est loin d'être suffisante [6]. Il semble que Soja tire sa connaissance de Kant principalement du

1. Soja, *op. cit.*, p. 4-5, p. 22.
2. Harvey, *Cosmopolitanism and the Geographies of Freedom*, New York, Columbia University Press, 2009, p. 28.
3. Soja, *op. cit.*, p. 36.
4. Soja, *op. cit.*, p. 124.
5. Harvey, *op. cit.*, p. 212. Nous traduisons le texte d'Harvey. Pour une autre présentation de la géographie de Kant, bien plus « fluide » (mais pas pour autant non problématique), voir mon article « "The camel (ship of the desert)" : "Fluid geography", "Globality", Cosmopolitics in the Work of Immanuel Kant », *Journal of the Utopian Studies Society*, à paraître en 2011.
6. Je renvoie le lecteur à l'article très utile et concis de Stuart Elden sur les différentes conceptions de l'espace de Kant, « Reassessing Kant's Geography », *Journal of Historical Geography* 35/1, p. 3-25. Dans son compte rendu, Elden dit clairement que sa demande faite aux

du « néo-kantien » Robert Sack, auteur de *Conceptions of Space in Social Thought* (1980). Celui-ci préconise un « zonage cognitif » (*cognitive mapping*) et analyse les « structures élémentales des modes de pensée » détachées de toute considération des conditions socio-matérielles [1]. Les idées de Kant sur l'espace sont ainsi réduites à une seule : une conception absolue de l'espace dite newtonienne comme contenant (vide) des choses [2]. À l'instar de Soja, Harvey rattache Kant à la notion d'« espace absolu » à l'exclusion de toute notion relationnelle dans sa pensée de la spatialité [3]. Ce que l'on perd dans une telle lecture, c'est la conception relationnelle de l'espace, associée au nom de Leibniz, comme production de relations entre les choses [4]. C'est-à-dire, pour citer Harvey : « l'espace comme matériellement éprouvé (*sensed*), conceptualisé et vécu » [5].

Cependant, dans *Concepts of Space,* Max Jammer nous montre comment Kant a bien exploré, à plusieurs reprises, une telle conception spatiale en conjonction avec le concept d'« espace absolu » comme « simple fiction conceptuelle » et a même parfois tenté de réconcilier ces deux théories conflictuelles [6]. Dans la *Critique de la raison pure,* on peut lire, par exemple, une analyse de l'espace bien plus complexe et suggestive que la notion abstraite que Soja et Harvey associent à Kant. Ainsi, Kant écrit :

> Or que sont l'espace et le temps ? Sont-ils des êtres réels ? Sont-ils seulement des déterminations ou même des rapports des choses, mais des rapports de

géographes, comme Harvey, de regarder les écrits de Kant de plus près avant de le classer trop facilement comme adhérant aux idées « newtoniennes » de l'espace absolu, ne devrait pas être prise comme une défense à tout prix de ses idées, surtout en ce qui concerne son discours sur les « différences raciales ». De telles opinions, qui sont parfois franchement racistes, se réclament d'un fondement véritable puisque « géographique ». Elles posent gravement problème pour une politique qui se veut « cosmopolite ».

1. Soja, *op. cit.*, p. 125.

2. Dans l'édition publiée aux Presses Universitaires de France de la *Critique de la raison pure*, A. Tremesaygues et B. Pacaud traduisent cette phrase « der Raum ist eine notwendige Vorstellung, *a priori*, die allen äußeren Anschauungen zum Grunde liegt » par « l'espace est une représentation nécessaire *a priori qui sert de fondement* à toutes les intuitions extérieures » (CRP, B 38, Paris, Presses Universitaires de France, 2004, p. 56). Ce qui en allemand s'entend comme une locution verbale « *zum Grunde liegen* » se trouve pétrifié dans la traduction française par la prédominance d'un nom : « *sert de fondement* ». Tel que je l'entends, ce choix diminue le côté plus actif, mobile et innovateur de « représentation » (*Vorstellung*) et renforce ainsi l'impression évoquée ci-dessus que l'espace est une « toile de fond » statique. Par contre, dans sa traduction anglaise, Kemp Smith garde bien l'aspect verbal de cette phrase. Il opte pour la traduction suivante : « Space is a necessary *a priori* representation, which underlies all outer intuition » (*Critique of Pure Reason*, trad. N. K. Smith, London & Basingstoke, Macmillan, 1983, p. 68).

3. Harvey, *op. cit.*, p. 134-141.

4. L'idée de "la production de l'espace" nous fait penser évidemment à Henri Lefebvre, dont le travail est très important pour Harvey.

5. Harvey, *op. cit.*, p. 134.

6. Jammer, *Concepts of Space*, New York, Dover Publications, 1993, p. 131-139, p. 176-177. Je renvoie de nouveau le lecteur à Elden (*op. cit.*, p. 9) pour un bon résumé du travail de Jammer sur le développement de la pensée de Kant eu égard à l'histoire des idées de l'espace. Elden a coédité avec E. Mendieta un recueil d'articles intitulé *Reassessing Kant's Geography* à paraître en 2011 chez Suny.

> telle espèce qu'ils ne cesseraient pas de subsister entre les choses, même s'ils n'étaient pas intuitionnés ? Ou bien sont-ils tels qu'ils ne tiennent qu'à la forme de l'intuition et par conséquent à la constitution subjective de notre esprit sans laquelle ces prédicats ne pourraient être attribués à aucune chose [1] ?
>
> L'espace n'est rien autre chose que la forme de tous les phénomènes des sens extérieurs, c'est-à-dire la condition subjective de la sensibilité sous laquelle seule nous est possible une intuition extérieure [...]. Nous ne pouvons donc parler de l'espace, de l'être "étendu", etc., qu'au point de vue de l'homme. Si nous sortons de la condition subjective sans laquelle nous ne saurions recevoir d'intuitions extérieures, c'est-à-dire être d'affectés par les objets, la représentation de l'espace ne signifie plus rien [2].

Ce genre de réflexions kantiennes mèneront plus tard le biologiste Jacob von Uexküll à percevoir l'espace (et le temps) comme des structurations (*frameworks*) flexibles propres à chaque espèce et ainsi à comprendre le monde comme une variété de milieux différenciés, produite par des processus créatifs d' « ingénierie subjective » [3]. Thure von Uexküll explique que la philosophie de Kant a ouvert à son père ce champ de recherche très peu familier :

> Kant lui avait appris que le temps et l'espace ne sont pas des objets qui peuvent être détachés de la masse des autres objets propres à être examinés et touchés en eux-mêmes, mais qu'ils sont des formes de notre perception. À partir du moment où nous prêtons notre attention à l'étude de la nature, nous incluons nécessairement l'espace et le temps dans notre observation comme une structuration flexible (*flexible framework*) qui englobe tous les phénomènes présents dans toute instance et dans laquelle toutes choses – grandes et petites, éloignées et proches, passées et futures – sont prises (*set*) [...]. Les qualités de toutes choses, comme Kant continue à le démontrer, ne sont pas les leurs, mais appartiennent à notre propre perception projetée [...].
>
> La tâche de la biologie est de développer le résultat de la recherche de Kant selon deux pistes : 1) examiner le rôle de notre corps, particulièrement de nos organes perceptifs et du système nerveux central et 2) étudier le rapport d'autres sujets (animaux) à leurs objets [4].

C'est ainsi que nous pouvons comprendre l'anecdote suivante, amusante mais importante dans ses implications, tirée de l'*Histoire générale de la nature et théorie du ciel* (1755) : Kant se réfère au cas d'un pou pour lequel la tête d'un mendiant constitue le monde jusqu'au jour où il aperçoit la tête d'un aristocrate. Tout excité, il rassemble ses confrères et leur annonce la grande

1. Kant, CRP, B 37-38, AK III, 52 ; trad. citée, p. 55.
2. CRP, B 42, AK III, 55 ; trad. citée, p. 58.
3. Voir Jacob von Uexküll (*Milieu animal et milieu humain*, trad. C. Martin-Freville, Paris, Bibliothèque Rivages, p. 45-46) : « sans un sujet vivant, il ne peut y avoir ni espace ni temps. La biologie a gagné en cela le raccord définitif à la doctrine de Kant qu'elle veut exploiter scientifiquement dans la doctrine du milieu (*Umwelt*), en mettant l'accent sur le rôle décisif du sujet ».
4. Uexküll, « A stroll through the worlds of animals and men : A picture book of invisible worlds », *Semiotica Journal of the International Association for Semiotic Studies* 89/4, p. 319-391 ; ici p. 287.

nouvelle : « nous ne sommes pas les seuls êtres animés de toute la nature ; vous voyez ici un nouveau pays, *ici habitent davantage de poux* » [1]. Ici, Kant nous oblige à adopter un point de vue autre qu'humain et à complexifier notre notion des perspectives possibles sur le « monde » en prenant en compte le fait que chaque espèce doit produire son propre *Umwelt* (son monde spatio-temporel subjectif). Tout en cultivant notre conscience de la pluralité de mondes spécifiquement différents, il souligne aussi l'importance de chaque être vivant, malgré son insignifiance apparente pour l'humain, du fait de l'interdépendance de la nature en tant qu'écosystème. Il décrit

> toute l'étendue de la nature (*der ganze Umfang der Natur*), en une suite ininterrompue de degrés, de par l'harmonie éternelle qui met tous les membres en rapport les uns avec les autres (*die alle Glieder auf einander beziehend macht*) [2].

La prise de conscience d'un monde qui est à la fois un tout et une pluralité va de pair avec la conviction kantienne que l'univers lui-même est complexe et dynamique (non-achevé). Kant écrit :

> Quoique nous ayons, depuis le lieu même où nous séjournons dans l'univers, une vue sur un monde selon toute apparence parfaitement achevé (*ob wir gleich von dem Orte unseres Aufenthaltes in der Universo eine Aufsicht in eine, wie es scheinet, völlig vollendete Welt*) et, pour ainsi dire, sur une foule infinie d'ordres de mondes qui sont reliés systématiquement, mais c'est alors que nous nous trouvons à vrai dire seulement à proximité du point central de la nature entière, en un lieu où celle-ci s'est dégagée (*ausgewickelt*) du chaos et a atteint la perfection qui lui convient.
>
> Si nous pouvions dépasser une certaine sphère, nous verrions le chaos et la dispersion des éléments qui, suivant leur proximité à ce point central, ont en partie abandonné leur état brut et sont plus proches de la perfection de la formation mais, suivant les degrés de leur distance, se perdent petit à petit dans une dispersion totale [3].

Cette immensité envoûtante que l'espace universel nous propose est une vision poétique, mais aussi une réalité physique, trop facilement occultée par notre absorption quotidienne dans un environnement idéologiquement préétabli auquel nous nous sentons obligés de nous soumettre. Notre ancrage dans le *hic et nunc* nous fait perdre de vue le fait que :

> la création n'est jamais accomplie. Elle a bien commencé une fois, mais elle ne finira jamais. Elle est toujours occupée à amener la nature à faire de nouveaux pas, à engendrer de nouvelles choses et de nouveaux mondes (*Die Schöpfung ist niemals vollendet. Sie hat zwar einmal angefangen, aber sie*

1. Kant, HGN, AK I, 353 ; trad. Fr. par P. Kerszberg, A.-M. Roviello, J. Seidengart, Paris, Vrin, p. 189.
2. HGN, AK I, 365 ; trad. cit., p. 200.
3. HGN, AK I, 313 ; trad. cit. modifiée, p. 151-152.

> *wird niemals aufhören. Sie ist immer geschäftig, mehr Auftritte der Natur, neue Dinge und neue Welten hervor zu bringen*) [1].

Cette « perspective interplanétaire », d'une part, nous projette bien au-delà des limites de nos préoccupations quotidiennes et de notre perception réduite du monde qui nous entoure, et, d'autre part, renvoie en retour un autre regard sur notre expérience terrestre, enrichissant notre sens de ce que cela veut dire de vivre sur cette planète-ci [2]. Situé sur un globe si relatif en importance et changeant de nature, au milieu d'une spatialité également relative et changeante, il est impossible que l'humain lui-même soit conçu comme une essence prédéterminée, donnée d'avance : lui aussi évolue, se dépasse, se réoriente, peut-être en tant qu'individu, mais surtout en tant qu'espèce. S'ouvrent ainsi devant nous des perspectives nouvelles et des champs d'action qui restaient jusqu'ici virtuels. Kant alimente notre désir de nous actualiser encore plus et de nous auto-définir plus précisément :

> Nous ne savons pas même bien ce qu'est l'homme aujourd'hui réellement, quoique la conscience et les sens devraient nous instruire sur ce point ; combien moins pourrions-nous deviner ce qu'il doit devenir un jour ! Et pourtant le désir de savoir de l'âme humaine poursuit très avidement cet objet si éloigné d'elle, et aspire à recevoir quelque lumière dans cette connaissance obscure (*Es ist uns nicht einmal recht bekannt, was der Mensch anjetzt wirklich ist, ob uns gleich das Bewusstsein uns die Sinne hievon belehren sollten, wie vielweniger werden wir erraten können, was er dereinst werden soll. Dennoch schnappet die Wißbegierde der menschlichen Seele sehr begierig nach diesem von ihr so entfernten Gegenstande, und strebet, in solchem dunkeln Erkenntnisse, einiges Licht zu bekommen*) [3].

Ainsi, on voit comment un engagement scientifique mais aussi spéculatif, portant sur les évolutions géographiques et cosmologiques, nous mène forcément à des considérations sur l'existence humaine à venir.

Cette compréhension de la composition complexe du monde, qui suggère une notion géographique, loin d'être « statique » (comme jugeait Harvey) est, au contraire, très « fluide » [4] et apparaît clairement aussi dans *La question de savoir si la Terre vieillit, considérée d'un point de vue physique* [5]. Dans ce

1. HNG, AK I, 314 ; trad. cit., p. 153.

2. L'expression de « perspective interplanétaire » est de Susan Shell (*The Embodiment of Reason : Kant on Spirit and Community*, Chicago & London, University of Chicago Press, 1996, p. 66). J'explore cette idée dans « Kant, Cosmogony and the "Interplanetary Perspective" », premier chapitre de *Kant, Cosmopolitics and Globality* (à paraître en 2012/2013).

3. HGN, AK I, 366 ; trad. cit., p. 202.

4. L'expression de « géographie fluide » est empruntée à Buckminster Fuller (*Buckminster Fuller Reader*, éd. J Meller, London, Cape Books, 1970, p. 128-147). Dans un article éponyme, Fuller présente d'une façon inspirante la *Weltanschauung* d'un marin qui s'oriente agilement sur la surface de la planète en se référant aux astres. Pour Fuller, cette prise de position dynamique, parce qu'impliquant une interprétation à plusieurs dimensions du monde, contraste avec l'enracinement monolinguistique du terrien.

5. Voir Engels (*Dialektik der Natur*, dans *Marx / Engels Werke*, Bd. 20, Berlin, Diez Verlag, 1990, p. 243) lorsqu'il reconnaît que Kant a introduit « le déclin futur de la Terre dans les sciences

texte publié un an avant l'*Histoire générale de la nature et théorie du ciel,* nous sommes tout de suite confrontés à l'obligation de ne pas juger la durée de vie des choses et des êtres selon nos propres expériences humaines, trop humaines de la temporalité. Le temps est une relation relative à l'espérance de vie spécifique d'une espèce (par exemple des arbres), elle-même divisée en variétés (les chênes, les sapins) dont les longévités se différencient les unes des autres. La suite du texte nous donne une lecture exquise de la manière par laquelle les éléments fluides (la pluie, les fleuves, la mer) travaillent inexorablement au fil du temps la surface et les profondeurs de la planète en conjonction avec notre propre industrie agricole. Les limites géographiques sont décrites comme mouvantes à la fois dans l'axe horizontal – où, par exemple, le dégel saisonnier provoque des inondations qui, chaque année, redessinent peu à peu les contours d'une rivière – et dans l'axe vertical – où, par exemple, l'architecture souterraine de voûtes et de passages communicants permet aux tremblements de terre la transmission à longue distance de leurs secousses plus au moins dévastatrices mais toujours restructurantes. Kant délibère sur la question de savoir ce qu'il résulte de ces processus transformatifs de l'espace en tant que conséquences pour l'espérance de vie de la Terre [1].

Si on ne prend pas en compte la complexité des idées kantiennes sur l'espace, on passe nécessairement à côté de l'importance que Kant accorde à notre situation sur une planète composée d'une variété de surfaces, de profondeurs, de matériaux et de textures ainsi qu'à notre position sur une sphère tournante plongée parmi d'autres corps célestes dans un univers dynamique. Toutes ces perspectives, informées par les découvertes scientifiques d'alors, alimentent son idée d'une histoire générale de la nature et nous poussent à nous poser les questions pertinentes : *qui sommes-nous* ? Et : *vers quoi devrions-nous nous orienter* ? En effet, les questions anthropologique (*was ist der Mensch ?*) et morale (*was soll ich tun ?*) sont intimement liées aux réflexions géographiques de Kant. Combinées, elles forment une pensée cosmopolitique qui se veut une intervention *pragmatique* dans le monde réel et actuel.

Pour approcher cette notion de « cosmopolitique », je voudrais me référer à l'essai *Des différentes races humaines* (1775), où Kant fait la publicité pour ses cours sur la géographie physique comme « une préparation à une connaissance du monde » (*eine Vorübung in der Kenntniß der Welt*) [2]. Selon lui, pour pouvoir agir dans le monde, il faut penser la nature et l'homme d'une façon cosmologique :

> c'est-à-dire [eu égard] non à ce que les objets (de la géographie physique et de l'anthropologie) contiennent de remarquable en particulier (la physique et la

naturelles ; Fourier en a fait de même pour le déclin futur de l'humanité pour les considérations historiques ».

1. TVP, AK I, 195-213.
2. DRH, AK II, 443.

> psychologie empirique), mais plutôt par ce que leur rapport à la totalité dans laquelle ils se trouvent et dans laquelle chaque individu doit lui-même prendre position nous donne à prendre en compte (*sondern was ihr Verhältniß im Ganzen, worin sie stehen und darin ein jeder selbst seine Stelle einnimmt, uns anzumerken giebt*) [1].

Notre « rapport à la totalité », à laquelle nous appartenons également, implique une prise de position politiquement responsabilisante, qui est bien différente de la « posture contemplative » associée par Lukacs à la philosophie kantienne. L'insertion vive, cruciale, actuelle de l'être humain dans le monde naturel est perdue si, en tant que lecteur de la pensée kantienne, on néglige ses propos de type géographique sur les surfaces différenciées de cette planète sphérique.

Ceci implique qu'il ne suffit pas de décrire l'actualité de ce monde [2]. Comme le signale May dans *Kant's Concept of Geography*, Kant souligne que la géographie est, certes, *ontologiquement* antérieure à l'histoire, « car il faut bien que les événements se rapportent à quelque chose » (*die Begebenheiten müssen sich doch auf etwas beziehen*), à savoir à la surface de la Terre (c'est-à-dire au sujet de la géographie), mais l'histoire, par contre, est *épistémologiquement* antérieure à la géographie dès lors que la géographie prétend être une discipline qui apporte des connaissances pertinentes sur l'état de notre planète [3] ; l'état actuel du monde n'est compréhensible qu'à travers une étude du passé qui révèle les processus informant et donnant forme à son devenir toujours en cours. Lukács refusait de le reconnaître, mais Engels l'a bien vu : Kant présentait la Terre et tout le système solaire « *als etwas im Verlauf der Zeit Gewordenes* ». Engels souligne l'importance des processus d'évolution, ainsi reconnus par Kant, pour toutes démarches scientifiques à venir :

> Si la Terre est quelque chose qui est devenu, son état géologique, géographique, climatique actuel doit, aussi bien que ses animaux et plantes le doivent, avoir une histoire pas seulement dans la juxtaposition (dans le *nebeneinander* [qui est bien sûr le sujet de la géographie]), mais dans le temps (dans le *nacheinander*) [4].

Effectivement Kant nous rappelle souvent qu'au travers du temps, nous, les humains, nous trouvons placés dans une grande variété de circonstances historiquement changeantes et synchroniquement contrastées, sur une planète sphérique dont la surface est recouverte par des océans qui prédominent sur la masse continentale réduite, elle-même découpée en zones plus ou moins

1. DRH, AK II, 443.

2. Je prends ici position contre une certaine tentative kantienne de réduire la géographie à une simple description de l'espace que Harvey reproche à Kant, à juste titre, car elle produirait une analyse du monde qui serait, en fin de compte, forcément superficielle, étant séparée de toute considération temporelle, c'est-à-dire historique et ainsi politique. Voir GP, AK IX, 160-161 ; trad. fr. par M. Cohen-Halimi, M. Marcuzzi et V. Seroussi, Paris, Aubier, 1999, p. 70-72 ; Harvey, *op. cit.*, p. 31-32.

3. GP, AK IX, 163 ; trad. cit., p. 72. Voir aussi May, *Kant's Concept of Geography and its Relation to Geographical Thought*, Toronto, University of Toronto Press, 1970, p. 120-125.

4. Engels, *op. cit.*, p. 316.

propices à la vie, humaine ou autre [1]. L'attention qu'il porte ainsi à cette situation précise, mais précaire, devrait remettre en question nos acquis en tant que propriétaires individuels au profit d'une notion plus temporaire et plus modeste de la possession des ressources naturelles comme d'un bien commun. Pour prendre l'exemple le plus évident, dans *Le projet de paix perpétuelle* (1795/1796), Kant écrit

> En vertu du droit de commune possession de la surface de la Terre, sur laquelle, parce qu'elle est sphérique (*eine Kugelfläche*), ils ne peuvent se disperser à l'infini, mais sont finalement obligés quand même de se supporter les uns à côté des autres, nul n'ayant originellement plus qu'un autre le droit de se trouver en un lieu de la Terre [2].

Cette vision de la planète comme « monde-entier » (*Weltganze*) sphérique est rendue possible par les avancées technologiques et les découvertes scientifiques qui s'ensuivent [3]. Elle nous invite à nous dégager de préoccupations trop enracinées dans une conception plate de la Terre.

Comme le remarque également Kant dans *L'idée d'une histoire universelle au point de vue cosmopolitique* (1784), en découvrant, grâce aux télescopes, l'importance toute relative de la Terre par rapport aux autres corps célestes, et étant donné que celle-ci est soumise aux effets transversaux de la loi de gravité, nous apprenons à concevoir notre planète comme vue de l'extérieur, d'une position non localisable dans un espace qui n'est habituellement pas le nôtre [4]. À nos yeux, deviennent de plus en plus discernables, à des échelles variées, des similarités et des différences changeantes qui signalent que ce qui se passe autour de nous résulte d'un faisceau de processus dynamiques et d'une série d'événements qui inter-réagissent d'une façon complexe. Cette approche fluide de notre espace diffère de celle du terrien "pur et dur" qui colle trop à une vie sur terre lue à travers un plan unique. Ainsi, nous devrions pouvoir apprendre à adopter « une échelle plus large », plus « globale », à partir d' « un autre point de vue » pour comprendre le « grand drame du monde » qui, dans l'immédiateté de l'ici-bas, nous touche de si près [5].

Cette vue du haut vers le bas ouvre la perspective évoquée dans les *Nouvelles remarques pour l'explicitation de la théorie des vents* (1756) :

1. Pour une analyse des processus divers d' « hospitalité » qui ont été adoptés et qui devraient être adoptés dans l'avenir par les êtres humains, voir Morgan, « Trading Hospitality : Kant, Cosmopolitics and Commercium », dans *Paragraph : A Journal of Modern Critical Theory* 32/1, « Extending Hospitality : Giving Space, Taking Time », éd. M. Dikeç, N. Clark & C. Barnett, 2009, p. 105-122.

2. PPP, AK VIII, 358 ; trad. M. Marcuzzi, Paris, Vrin, 2007, p. 33.

3. Pour une analyse de l'importance des découvertes scientifiques grâce aux inventions technologiques dans la pensée cosmopolitique de Kant, voir « Kant, Cosmopolitics, Multi-persepctival Thinking and Technology », dans Angelaki, tome 12, numéro 2, août 2007, sous la direction de Forbes Morlock (Routlefge/Taylor & Francis), p. 35-46.

4. Dans ce contexte, Kant évoque le travail de Newton et Kepler (IHU, AK VIII, 18 ; trad. fr. par G. Leroy, introd. de M. Castillo, Paris, Vrin, 1999, p. 88).

5. IHU, AK VIII 17, 27, 30 ; trad. cit., p. 87, 88, 96, 100.

> On devrait penser l'atmosphère comme un océan de matériau élastique et liquide, en quelque sorte composé de couches de densités différentes décroissant avec la hauteur [1].

Les êtres humains et autres vivent au fond de cet « océan d'air » et cette atmosphère, de laquelle nous dépendons tous, est à son tour largement dépendante, nous le savons trop bien aujourd'hui, de l'océan maritime. La conceptualisation virtuelle d'un point de vue cosmologique par Kant peut nous servir dans nos préoccupations écologiques actuelles concernant les ressources naturelles, leur usage et leur répartition.

Cependant, même si les technologies spatiales permettent aujourd'hui une délocalisation effective de l'être terrestre dans l'espace intersidéral, le Monde-Entier demeure un concept que nous ne pouvons atteindre empiriquement [2]. De la Lune on ne voit qu'une face, même en la contournant à l'aide d'un vaisseau spatial. Kant est conscient que nous percevons la Terre autour de nous sous un angle prosaïque et quotidien, « comme une assiette » (*wie einen Teller*) qui se balade avec et autour de nous. Il ajoute pourtant :

> l'expérience m'apprend que où que j'aille, je vois toujours autour de moi un espace où je pourrais encore m'avancer ; je reconnais, par conséquent, les bornes (*Schranken*) de ma connaissance toujours réelles de la Terre, mais non pas les limites (*Grenzen*) de toute description possible de la Terre. Que si je suis arrivé assez loin, cependant, pour savoir que la Terre est un globe et que sa surface est une surface sphérique, je puis alors connaître, d'une manière déterminée et suivant des principes *a priori* [mathématiques et géométriques] sa surface entière [3].

D*as Weltganze* reste un « concept rationnel de la totalité inconditionnée et [...] il est impossible d'y arriver empiriquement », c'est-à-dire de dépasser « l'effet plan qui a son horizon apparent » [4]. Cependant, Kant nous dit qu'il ne faut pas pour autant se résoudre à être un mauvais « géographe », comme Hume qui « crut avoir suffisamment répondu à l'ensemble de ces questions, en les reléguant au-delà de cet horizon de la raison que cependant il ne put pas déterminer » [5]. Avec ce geste sceptique, Hume risque de renforcer notre ignorance si, bien que plus prudent parce qu'averti par lui des dangers d'un dogmatisme trop assuré, on ne le dépasse pas dans ses pensées. Kant insiste sur le fait qu'il faut surmonter nos « bornes » ou « limitations » (*Schranken*) tout en prenant en compte nos limites (*Grenzen*) [6]. Cette conviction fonde la

1. NRV, AK I, 491.
2. Voir Smith, *Moon Dust : In Search of the Men who Fell to Earth*, London, Bloomsbury Publishing, 2005, pour un compte rendu évocateur et amusant, mais aussi triste, de la manière dont l'expérience du monde-entier restait élusive même pour ceux – les astronautes d'Apollo – qui en se déplaçant « véritablement » sur la Lune pouvaient l'observer presque entièrement *là*, devant leurs yeux.
3. CRP, B 787, AK III, 495-496 ; trad. cit., p. 518.
4. CRP, B 713, AK III, 451 ; trad. cit., p. 475.
5. CRP, B 788, AK III, 496 ; trad. cit., p. 519.
6. CRP, B 787, AK III, 497 ; trad. cit., p. 518.

conclusion affirmative de la *Critique de la raison pratique* que la pensée scientifique, « poursuivie d'une façon critique et dirigée méthodiquement », est « la porte étroite qui conduit à la doctrine de la sagesse » [1]. Non seulement elle nous indique ce que nous devons faire (*was man tun soll*), mais elle montre également aux enseignants comment apprendre aux jeunes, qui ont tout à comprendre mais aussi beaucoup à perdre, à se frayer un chemin dans ce monde qui, malgré ses limites géométriques, nous restera à jamais, pour une grande partie, inconnu et insaisissable. Avec cet engagement au nom de l'avenir, Kant anticipe l'avis d'Harvey qu'il faut reconnaître le rôle critique qu'une éducation en anthropologie, en géographie et dans les sciences environnementales peut éventuellement jouer pour la « moralité cosmopolite » [2]. Cela démontre aussi que Deleuze et Guattari ont bien raison de souligner l'aspect relationnel de la pensée de Kant quand ils affirment que

> Kant est moins prisonnier qu'on ne croit des catégories d'objet et de sujet, puisque son idée de révolution copernicienne met directement la pensée *en rapport avec la Terre* [3].

Diane MORGAN
(Université de Leeds)

1. CRPr, AK V, 163 ; trad. fr. par F. Picavet, avec une introduction de F. Alquié, Paris, Presses Universitaires de France, 2007, p. 175.
2. Harvey, *op. cit.*, p. 11.
3. Deleuze et Guattari, *Qu'est-ce que c'est la philosophie ?,* Paris, les Éditions de Minuit, 1991, p. 82.

L'ÉROSION ET LA BOULE DE FEU : DIFFICULTÉS ET TÂCHES D'UNE SCIENCE DE LA TERRE SELON KANT (1754-1764)

Les premières publications de Kant portent sur des objets de la physique de la Terre et du Ciel. Elles témoignent au premier abord d'une véritable érudition en physique à tel point qu'on peut légitimement les qualifier de « miroir de la science de son temps » [1], mais l'on refuse souvent de les considérer comme des contributions scientifiques réelles au motif que Kant y présenterait des hypothèses ou des interprétations des phénomènes qui ne peuvent être vérifiées. En somme, Kant ne serait qu'un "savant théorique". La réception kantienne s'accorde ainsi très largement avec le jugement d'Adickes qui voyait en Kant un philosophe newtonien, mais non un physicien newtonien [2]. Autrement dit : il y aurait bien une philosophie de la nature chez Kant, mais non une physique ou une science de la nature.

Il est vrai que les phénomènes physiques auxquels Kant consacre au final une dizaine d'articles échappent à toute vérification expérimentale, soit qu'ils ne peuvent être directement observés ou constitués dans l'expérience (comme la rotation terrestre, le vieillissement de la Terre, la déviation des vents), soit qu'ils concernent des observations si singulières qu'ils ne peuvent être là non plus reconduits à l'ordre et à la régularité de la nature (comme les tremblements de terre, l'apparition d'une boule de feu dans le ciel, les phénomènes lunaires transitoires). Kant semble donc précisément s'intéresser à des phénomènes qui, par leur objet et dans leur situation historique, ne trouvent pas encore d'explication dans la science de la nature et témoignent donc des difficultés à constituer une science de la Terre proprement dite. À cette première difficulté touchant les phénomènes mêmes s'ajoute une seconde difficulté concernant leur interprétation par Kant : il expose des hypothèses explicatives d'apparence invraisemblable d'un point de vue physique. Les deux cas les plus frappants, qui sont souvent cités à charge contre la valeur scientifique des

1. Wolfgang Lefèvre et Falk Wunderlich, « The concepts of Immanuel Kant's natural philosophy (1747–1780) », dans W. Lefèvre (éd.), *Between Leibniz, Newton and Kant*, Dordrecht, Kluwer, 2001, p. 269.

2. Erich Adickes, *Kant als Naturforscher*, Berlin, 1925.

travaux physiques de Kant, se trouvent, d'une part, dans l'article sur le vieillissement de la Terre de 1754, où il soutient la vraisemblance de l'hypothèse explicative d'une matière subtile partout active ou esprit du monde (*Weltgeist*) [1] ; et, d'autre part, dans la recension d'un traité sur la boule de feu de 1764, où il fait grand cas de l'explication de la nature des éléments en termes monadologistes de sphère d'activité (*Sphäre der Wirksamkeit*) [2]. L'objet de notre étude se limitera à comprendre successivement la fonction précise et les conditions de formulation de ces deux énoncés, afin de comprendre de quelle manière ils relèvent explicitement d'un travail de physicien (*Naturkündiger*) attentif avant tout aux difficultés et aux tâches d'une constitution d'une science de la Terre.

I. L'ÉROSION DE LA TERRE ET L'ESPRIT DU MONDE

Les circonstances exactes de la rédaction d'un article sur le *Vieillissement de la Terre, considéré d'un point de vue physique*, publié en août et septembre 1754 dans l'hebdomadaire de Königsberg, ne sont pas connues. La question ne fut pas mise au concours de l'Académie des Sciences de Berlin ; elle n'apparaît pas non plus sous cette forme dans l'*Histoire générale de la nature et théorie du ciel* de 1755. On peut ainsi supposer soit qu'une dispute savante interne à Königsberg est à l'origine de l'article, soit que Kant reprend une question de son maître Knutzen qui s'était opposé dix ans auparavant à l'interprétation catastrophiste du dépérissement de la Terre avancée par William Whiston dans sa *Theory of the Earth* [3]. Toujours est-il que l'objet de l'article est « de déterminer plus précisément le concept que l'on doit se faire [du vieillissement de la Terre] » [4]. Avant de décider de la *question* du vieillissement, il faut en constituer préalablement le *concept* et ainsi constituer les phénomènes physiques qui pourraient lui correspondre.

Premièrement : le concept de vieillissement d'un point de vue physique. L'usage du terme de vieillissement semble imposer de le comprendre d'abord, par analogie avec le règne animal et végétal, comme le « déclin progressif des forces de la Terre » ou encore « l'épuisement des forces de la nature » [5] – dont le signe visible serait le processus de transformation successive de la surface de la Terre. Kant ne se contente cependant pas de cette analogie entre la Terre et un vivant, et s'en démarque par deux médiations successives.

La première médiation est qu'un tel vieillissement ne peut être saisi qu'au moyen de la série historique des changements de la surface terrestre – et la

1. AK VIII, 450. Sauf mention, les traductions suivantes sont d'Arnaud Pelletier.

2. RS, AK II, 272.

3. *Cf.* Martin Knutzen, *Vernünftige Gedanken von den Cometen*, Frankfurt et Leipzig, 1744, p. 75. Kant y fait allusion à la fin de l'article (TVP, AK I, 213).

4. TVP, AK I, 213.

5. TVP, AK I, 196.

tâche est alors de rapporter cette série superficielle à une même loi de transformation de la Terre dans son ensemble. Kant *semble* reprendre ici la vieille analogie des *Météorologiques*, où Aristote établissait l'identité du rapport entre les changements de surface et l'épuisement des forces internes – pour la Terre comme pour les vivants. Leur différence, qui justifie précisément le recours à l'analogie, est que les transformations – en surface comme en profondeur – suivent des périodes cycliques de vigueur et de dépérissement, et sont ainsi à la fois partielles et réversibles, au contraire des corps vivants [1]. Kant, lui, ne se contente pas d'une simple analogie entre le vieillissement de la Terre et du vivant, mais veut les comprendre tous les deux, de manière globale et irréversible, sous *un même concept* de « vieillissement d'un corps qui parvient à sa perfection par des forces naturelles et qui se modifie par la force des éléments » [2]. Autrement dit, si l'on peut, au niveau des phénomènes, penser une analogie entre les mécanismes d'épuisement des forces qui s'exercent de manière différente sur la Terre et dans les vivants, ce n'est qu'en supposant une même loi naturelle du vieillissement – dont l'expression est simplement plus visible dans le vivant :

> Toutes les choses de la nature sont soumises à la loi selon laquelle le même mécanisme qui contribuait au début à leur perfection contribue en fin de compte à leur perte de manière imperceptible, puisqu'il continue de les modifier, et les éloigne donc peu à peu des conditions de leur bonne constitution. Ce processus de la nature se laisse clairement voir dans l'économie du règne animal et végétal. Car le même facteur qui fait pousser l'arbre le fait ensuite mourir quand il a fini sa croissance [3].

La médiation imposée par la série historique des transformations de la surface de la Terre – dans le sens d'une croissance puis d'un dépérissement – indique aussi une première tâche : rapporter cette série à un seul et même mécanisme.

Le problème est que l'on ne dispose précisément pas de données historiques suffisantes ou fiables permettant de reconstruire l'histoire des transformations de la surface. La nature des phénomènes impose ainsi au physicien, et c'est la seconde médiation, d'abandonner l'histoire naturelle pour se contenter d'une théorie physique de la Terre. Or la question des transformations de sa surface recouvre trois niveaux différents de la théorie de la Terre. Elle peut renvoyer à la géomorphologie générale de la Terre, et plus précisément à la détermination de sa forme sphéroïde d'équilibre, qui remonte aux *Principia mathematica* de Newton [4]. Elle peut renvoyer à la forme des reliefs particuliers de la Terre – ou orographie – pour lesquels l'action de l'érosion fluviale a été établie par Leibniz dans sa *Protogaea*, puis par Buffon dans son *Histoire*

1. *Cf.* Aristote, *Météorologiques*, I, 14, 351a.
2. Kant, TVP, AK I, 197-198.
3. TVP, AK I, 198.
4. Newton, *Philosophiae naturalis principia mathematica* (troisième édition, 1726), livre III, prop. XIX et XX.

naturelle, toutes deux publiées en 1749 [1]. Enfin, à un niveau encore plus particulier, la question peut renvoyer aux changements de la constitution et de la fertilité du sol sous l'effet principal de l'érosion fluviale [2]. Ces trois niveaux sont trois manières de comprendre la Terre comme soumise à un système de forces : masse globale soumise aux forces de la mécanique céleste ; surface terrestre comme lieu d'exercice de contraintes physiques à la fois internes et externes ; modifications de la constitution physico-chimique du sol. Ces trois niveaux représentent surtout trois étapes d'une théorie de l'histoire de la Terre dont seule la dernière n'est pas achevée : comme la Terre a déjà atteint son équilibre du point de vue géomorphologique, comme l'érosion fluviale est un effet « sûr et certain » qui doit conduire progressivement à l'aplanissement de tous les reliefs [3], il ne reste plus, conclut Kant, qu'à poser la question de la perte de fertilité ou du dépérissement du sol.

Au terme de ces deux médiations, le concept de vieillissement peut être déterminé de manière à recevoir un usage possible dans une théorie physique : il désigne les mécanismes de la dégradation irréversible de la fertilité du sol terrestre dans sa totalité. Seulement, si le concept se précise, il semble s'éloigner des conditions de sa décidabilité physique : quel peut alors être le sens de son traitement physique ?

Deuxièmement : la question du vieillissement d'un point de vue physique. La nature du sujet semble devoir limiter l'enquête à la détermination d'une hypothèse qui ne soit pas contraire à la saine physique ni aux observations connues, sans prétendre parvenir à des conclusions définitives ni exclure la possibilité d'autres causes explicatives [4]. Kant distingue en effet deux manières de sauver les phénomènes : la physique dogmatique et téméraire qui cherche à trancher ou à décider des questions (*entscheidend*), et la physique propre à la nature de chaque sujet qui cherche à examiner (*prüfend*) différentes hypothèses et à les évaluer selon leur vraisemblance et leur concordance aux faits et aux lois [5]. Ce programme minimal de sélection d'énoncés sauvant avec le plus de vraisemblance les phénomènes peut sembler décevant dans sa formulation explicite, mais sa mise en œuvre révèle cependant la tâche implicite que doit poursuivre une théorie de la Terre.

La seconde partie de l'article est ainsi consacrée à l'examen de quatre hypothèses explicatives de l'épuisement global des ressources terrestres avancées par les théoriciens de la Terre : 1) la perte de fertilité suite à l'évacuation du sel terrestre ; 2) l'immersion progressive des terres sous la mer suite à l'érosion fluviale, qui remplit la mer à mesure qu'elle abaisse les reliefs ;

1. Leibniz, *Protogaea* (publiée en 1749), § XXII et XXXIX ; Buffon, *Histoire naturelle, générale et particulière, avec la description du cabinet du roy*, t. 1, Paris, Imprimerie Royale, 1749, p. 569 *sq.*

2. Pour des travaux contemporains sur le sujet, voir Paolo Grillenzoni, *Kant e la scienza. Volume I (1747–1755)*, Milan, Vita e Pensiero, 1998, p. 459.

3. TVP, AK I, 196.

4. TVP, AK I, 213.

5. *Ibid.*

3) la disparition progressive des mers au profit des terres ; 4) l'épuisement progressif de « l'esprit du monde » ou principe actif de toute vie sur Terre (*sic*). Les trois premières sont rejetées par Kant qui leur oppose des *observations contraires* – c'est-à-dire des phénomènes qu'elles ne sauvent pas – prises dans les relevés du chimiste suédois J. Gottschalk Wallerius, du botaniste hollandais Nicholaus Hartsöcker, et dans les expériences minéralogiques du médecin hollandais Hermann Boerhaave. Dans l'examen critique des hypothèses, les observations ne jouent pas un rôle d'expérience cruciale, mais affectent chaque hypothèse d'un coefficient de vraisemblance. Et c'est ainsi que seule la quatrième hypothèse, l'épuisement d'un *Weltgeist* ou esprit du monde, qui peut sembler la plus déroutante, passe sans contradiction empirique ce critère d'acceptabilité. Elle s'énonce :

> Si la force continûment active de la Terre – qui donne en quelque sorte vie à la nature et qui, quoiqu'elle ne tombe pas sous les yeux, est impliquée dans toute génération et dans l'économie des trois règnes de la nature – ne s'épuise pas peu à peu provoquant ainsi son vieillissement, ceux qui supposent en ce sens l'existence d'un esprit du monde universel entendent par là non pas une force immatérielle, non pas une âme du monde ou des natures plastiques, créations d'une imagination débridée, mais une matière subtile et partout active qui constitue le principe actif de toutes les formations de la nature et qui est prêt, tel un vrai Protée, à prendre toutes les formes et toutes les figures. Une telle conception n'est pas si contraire aux observations et à la saine physique qu'on voudrait bien le penser [1].

Kant reste ici allusif sur l'identification de la matière subtile en question ; mais ce passage reprend en réalité l'hypothèse et des formules très exactes de la *Statique des végétaux* du botaniste anglais Stephen Hales, à laquelle il vient de renvoyer (en AK I, 208) et dont il possédait la traduction allemande de 1748. Hales a mis en évidence la présence de gaz solidifiés dans tous les végétaux ainsi que le rôle des échanges gazeux dans la croissance des végétaux et animaux :

> L'air est le principe actif qui met toute la nature en mouvement [...] sans lequel le monde serait une masse en repos et inerte. Il faudrait compter ce Protée qui prend toutes les formes, ce principe actif dans tous les corps, parmi les principes chimiques [2].

L'élucidation de la source du texte apporte des précisions déterminantes. Loin d'un obscur "esprit du monde", il est ici question de l'appauvrissement progressif des échanges gazeux dans la nature. En même temps, l'usage d'un texte de botanique, qui expose un principe chimique, pour traiter d'une question de physique de la Terre pourrait faire resurgir le soupçon selon lequel Kant se contenterait d'une analogie entre la Terre et le vivant. Il faut cependant rappeler le statut et le projet de la *Statique des végétaux* : parue en 1727 sous les

1. TVP, AK I, 211.

2. Stephan Hales, *Statick der Gewächse oder angestellte Versuche mit dem Saft in Pflanzen und ihren Wachsthum*, Halle, Renger, 1748, p. 176-179.

auspices de la Royal London Society que présidait encore Isaac Newton, elle se comprend explicitement comme la mise en œuvre du programme newtonien de dérivation de tous les phénomènes naturels (et en particulier chimiques et physiologiques) à partir des forces d'attraction et surtout de répulsion. Le projet d'intégration de la chimie à la physique remonte ainsi à la fameuse question 31 de l'*Optique* [1]. Avec Stephen Hales, il s'agit de comprendre les processus physiologiques des végétaux (force de pompage de l'eau, pression de la circulation des sucs, etc.) selon les forces attractives et répulsives des éléments (souffre, air, etc.) [2]. Autrement dit, lorsque Kant évoque en filigrane l'hypothèse du botaniste, il ne renvoie pas à une vague analogie entre la Terre et le vivant, mais à la tentative de comprendre la nature vivante dans les termes de la mécanique des corps.

Si une lecture inattentive pouvait douter du sérieux tant de la question du "vieillissement" que du recours à un "esprit du monde", l'article de 1754 souligne au contraire les difficultés à accorder la question de l'épuisement des ressources naturelles aux devoirs du physicien, et suggère – sans doute de manière trop rapide mais non sans fondement – le rôle primordial que pourraient remplir les échanges gazeux dans le cadre non seulement d'une théorie de la Terre, mais d'une théorie unifiée de la nature. Le cas du deuxième article est bien différent.

II. La boule de feu et les sphères d'activité

Dix ans plus tard, en 1764, Kant rédige une courte recension d'un ouvrage de Johann Esaias Silberschlag intitulé *Théorie de la boule de feu qui est apparue le 23 juillet 1762*. Il s'agissait d'une boule de feu de près d'un kilomètre de diamètre qui est apparue cette nuit là avec une lumière supérieure à celle de la pleine lune et qui a parcouru le ciel allemand sur plus de 150 kilomètres, entre Leipzig et Potsdam, avant d'exploser. Silberschlag propose une théorie de la composition des différentes couches atmosphériques qui puisse expliquer un tel embrasement aux confins de l'atmosphère [3]. Cette théorie, largement soustraite à toute vérification expérimentale, s'appuie sur une reconstruction de l'observation la plus fidèle du phénomène puisque l'auteur rassemble six compte-rendus du phénomène sur plus de 20 pages [4]. En apparence, nous retrouvons le « point de vue du physicien » adopté par Kant dans l'article

1. *Cf.* Isaac Newton, *Opticks*, livre III, query 31. Hales (*op. cit.*, p. 100) cite précisément les questions 30 et 31 de Newton.

2. *Cf.* Hans-Joachim Waschkies, *Physik und Physikotheologie des jungen Kant*, Amsterdam, Brüner, 1987, § 20.

3. La question de l'origine extra-terrestre du phénomène ne se pose pas puisque tous les météores relèvent encore au XVIIIe siècle de l'atmosphère terrestre (*cf.* Aristote, *Météorologiques*, I, 1, 338b20-339a et I, 4, 341b).

4. *Cf.* Silberschlag, *Theorie der am 23 Julii, 1762. erschienenen Feuer-Kugel*, Magdeburg, 1764, p. 116-135.

de 1754 : déterminer les limites du traitement physique de la question imposées par la nature même de l'objet, et examiner les hypothèses alternatives qui peuvent au mieux sauver les phénomènes. La théorie de Silberschlag a cependant une autre ambition : appuyer la vraisemblance de la physique sur la certitude de la métaphysique elle-même. Ainsi écrit-il dans sa « Préface » :

> J'ai longtemps été surpris de ce qu'en raison de certaines hypothèses on a creusé un fossé infini entre la physique et la métaphysique de sorte que l'on ne puisse plus passer de cette science à celle-ci et de celle-ci à celle-là. [...] Le physicien se sent toujours contraint d'en rester pour l'explication des phénomènes de la nature à l'intérieur de détestables limites et n'est jamais en état de remonter jusqu'aux premières sources des forces de la nature. Il se voit donc à regret obligé de s'appuyer sur l'ombre de la vraisemblance là où la certitude lui serait hautement nécessaire. [...] J'ai donc risqué un passage de la physique vers la métaphysique [1].

De fait, si l'on veut expliquer les phénomènes lumineux de l'atmosphère à partir des vapeurs, il faut d'abord expliquer la nature de l'air pur et simple – ce qui n'est pas encore établi par la saine physique. La certitude d'une hypothèse métaphysique sur la nature des corps de l'atmosphère esquisse alors le cadre théorique à l'intérieur duquel un « point de vue physique » peut être formulé. Une telle entreprise ne pouvait que retenir l'attention de Kant :

> Monsieur le savant pasteur, n'étant pas satisfait de la théorie commune de l'atmosphère, avance ses propres réflexions à ce sujet et se voit obligé de s'élancer jusqu'aux hauteurs de la métaphysique, ce qui n'est pas habituel chez les physiciens. Il cherche à expliquer, par des raisons qui semblent tout à fait pertinentes mais qui sont insuffisamment développées, que la présence des substances corporelles dans l'espace correspond en fait à une sphère d'activité, avec un centre et un périmètre dynamiques. Il déduit de la différence des sphères et des forces qui s'y exercent selon la diversité des substances, l'élasticité, la condensation, la vibration de l'air et de l'éther, la sonorité, le timbre, la lumière, les couleurs, la chaleur et même l'attraction des matières [2].

Kant ne rend pratiquement pas compte de l'explication physique de la composition des différentes couches de l'atmosphère – qui constitue la quasi-totalité du traité – pour ne s'intéresser qu'à l'*hypotheses fingo* de Silberschlag, c'est-à-dire au cadre assigné à la physique dans les cinq premières pages. Kant en retient deux caractères.

D'une part, Silberschlag s'avance en métaphysicien et, sans promettre un *Übergang*, un passage de la métaphysique à la physique, il effectue tout de même un *Schwung*, un saut, de la physique à la métaphysique. Dans la préface à sa *Théorie*, il se présente en partisan « monadologiste » opposé aux « matérialistes ». Par matérialiste, il faut sans doute entendre les philosophies atomistes et corpusculaires, mais aussi les monadologies physiques matérielles qui se rattachent à celles-ci : il rejette en effet la version matérielle de la

1. Silberschlag, *op. cit.*, p. 1-3.
2. RS, AK VIII, 450.

monadologie physique de Wolff pour soutenir une monadologie d'apparence beaucoup plus leibnizienne qui reprend à la fois l'identité de la substance et de la force au sens strict [1], et qui fait des forces matérielles des phénomènes dérivés des substances ou forces substantielles :

> L'espace est un milieu dépourvu de matière, et n'est qu'une conséquence de l'activité des substances. On comprend alors mieux comment s'accordent entre elles les trois propositions que la métaphysique a laissées jusqu'ici pénétrer par la foi et la croyance. Toute substance est une monade, celle-ci est la plus petite partie (et suivant Leibniz une partie infiniment petite) de l'espace, Dieu est une monade et est omniprésent [2].

Nous voyons ce qui sépare cependant cette hypothèse de la monadologie leibnizienne : les monades y sont en réalité étendues, ou du moins associées à une étendue dynamique par l'intermédiaire de leur sphère d'action [3]. Plus que d'un "saut métaphysique", il s'agit d'un véritable vice de subreption ou d'une amphibologie de la force matérielle à la force substantielle. Mais Kant retient surtout le concept de sphère d'activité, qui lui permettait dès la proposition 6 de la *Monadologie physique* de 1756 de concilier la divisibilité de l'espace et la simplicité de la monade qui, bien qu'inétendue, est associée à une étendue dynamique :

> La monade définit le petit espace de sa présence, non par la pluralité de ses parties substantielles, mais par la sphère de son activité, par laquelle elle empêche les choses externes présentes autour d'elle de se rapprocher d'elle-même au-delà d'une certaine limite [4].

Faut-il alors comprendre que Kant reprenne à son compte ce saut des phénomènes aux causes dont ils dérivent, c'est-à-dire aussi l'abandon de la légalité phénoménale de la physique pour une métaphysique du réalisme causal ? N'est-ce pas une manière encore plus invraisemblable de sauver les phénomènes ? En réalité, ce qui retient l'attention de Kant dans ce compte-rendu, n'est pas la certitude métaphysique d'une explication causale des phénomènes (la déduction dogmatique des couches atmosphériques à partir des sphères d'activité), mais la possibilité de formuler des hypothèses physiques en l'absence de théorie physique.

Le deuxième caractère que retient Kant est en effet que l'hypothèse *physique* de Silberschlag relève du même processus critique de sélection des énoncés, et tient sa vraisemblance non de la vraisemblance théorique de l'hypothèse *métaphysique*, mais bien de sa concordance aux observations. Silberschlag sait bien que son hypothèse physique ne dépasse pas le stade de la

1. *Cf.* Silberschlag, *Theorie*, § 6, p. 7 : « La proposition *omnis substantia est vis* n'est pas inconnue des professeurs de métaphysique, mais il est à regretter qu'ils n'aient pas construit plus avant sur ce fondement. Qu'on lise la métaphysique de Monsieur le Professeur Baumgarten ».

2. *Ibid.*

3. *Cf.* Silberschlag, *Theorie*, § 5 : « Nous voulons appeler le périmètre d'action sa sphère dynamique et l'origine de l'action le centre dynamique ».

4. MP, AK I, 480.

vraisemblance [1]. Mais tel est précisément son mérite selon Kant, et cela justifie qu'elle relève d'un travail de physicien :

> On trouve à chaque page des hypothèses nouvelles et très vraisemblables qui méritent d'être comparées plus d'une fois aux phénomènes qui sont déjà connus ou qui doivent encore être observés [2].

Les énoncés d'une théorie de la Terre sont pris dans deux types de difficultés mises en lumière par les articles de 1754 et 1764. D'un côté, ils tentent de sauver au mieux des phénomènes naturels (la nature étant prise ici au sens matériel d'ensemble des phénomènes), mais sans pouvoir prétendre instituer leur ordre et leur régularité dans des lois naturelles (la nature étant ici prise au sens formel d'ensemble de lois). De l'autre, ils ne peuvent prendre sens que dans un cadre plus fondamental, et qui les rend possible : dans un cas, la possibilité, entrouverte par Newton, d'une théorie unifiée de la légalité phénoménale ; dans l'autre, le recours à une thèse métaphysique censée dépasser la simple vraisemblance des phénomènes – celle du réalisme causal des monades. L'apparence d'énoncés rétrospectivement déroutants ne peut suffire à elle seule à rejeter la compétence de Kant en tant que physicien, et l'explicitation des difficultés d'une science de la Terre n'est pas, historiquement, insignifiante de sorte qu'il faille sauver Kant lui-même de ses apparences.

Arnaud PELLETIER
(Fondation Thiers – CNRS)

1. Silberschlag, *op. cit.*, § 32, remarque.
2. RS, AK VIII, 450.

LA THÉORIE DES VENTS DE 1756 : ENTRE HISTOIRE DESCRIPTIVE ET PHYSIQUE MATHÉMATIQUE

I. LE CONTEXTE

Théoricien du savoir et des sciences, Kant est aussi *Naturforscher*, scientifique, physicien, savant en sciences de la nature, comme l'attestent ses écrits de météorologie, notamment les 4 textes qu'il consacre à la question des vents : les *Nouvelles remarques en vue de l'explication de la théorie des vents* [1] (1756), l'*Esquisse et annonce du cours de géographie physique* (1757), la *Géographie physique* (leçons professées durant toute sa carrière universitaire, éditées par Rink en 1802) et les Réflexions du *Handschriftlicher Nachlass* de géographie physique s'étalant tous deux de 1755 à 1796.

Le débat moderne sur les vents (premières théories de météorologie-climatologie sur la circulation des masses d'air) naît au XVIIe siècle (avec Galilée, Kepler, Halley, Hooke, Mariotte), mais connaît au XVIIIe siècle (avec Hadley, D'Alembert, Mac Laurin, Euler, Bernoulli, Buffon) un renouveau, auquel Kant contribue. Pour Galilée, le vent alizé, manifestation mécanique du *frein réciproque* (frottement) entre la Terre et l'air qui l'entoure, est dû à l'incapacité de l'atmosphère [2] à conserver la vitesse de rotation terrestre, comme si l'air immobile freinait cette rotation ou si la Terre freinait l'air (principe newtonien des mouvements relatifs [3]). Fin XVIIe siècle, de nouvelles thèses surgissent. Dans l'Angleterre des années 1680, le débat sur la circulation atmosphérique s'amplifie autour de la Société royale de Londres. Mariotte lie les alizés à la variation de la course solaire entre les équinoxes, Hooke à la

1. *Neue Anmerkungen zur Erlaüterung der Theorie der Winde*, AK XI, 1, 491-503. Dans la suite nous donnons notre propre traduction de ce texte [cité désormais TV] et indiquons la référence en AK, puis dans Kant, *Geographische und andere naturwissenschaftlichen Schriften*, hrsg. von J. Zehbe, Hamburg, Meiner, 1985, p. 91-105.

2. Sur les théories des alizés au début du XVIIIe siècle, voir A. O. Persson, « Hadley's Principle : Understanding and Misunderstanding the Trade Winds », *History of meteorology*, Journal of the International Commission on *History of Meteorology*, 2006, 3, p. 17-23.

3. On peut voir *ou* la Terre comme un corps solide se mouvant dans un fluide atmosphérique au repos, *ou* l'atmosphère comme s'écoulant autour d'une Terre immobile.

force centrifuge de la rotation terrestre. Halley surtout publie en 1686 sa *Description historique des vents alizés et des moussons observables en mer entre ou à proximité des Tropiques, avec un essai pour déterminer la cause physique de ces vents* [1], que Buffon, source principale de Kant, cite encore 60 ans plus tard. Si Kant cite Halley [2] en chimie des gaz (densité, élasticité, pression de l'air) [3] et en pluviométrie (cycle de l'eau : évaporation, condensation, précipitation) [4], il connaît aussi *via* Buffon son traité de 1686, assignant au vent une cause physique générale et principale : l'*échauffement* de l'air, dont le lieu géographique suit le mouvement apparent du Soleil autour de la Terre. Par ce modèle thermique, Halley explique une des deux composantes directionnelles des alizés, à savoir leur convergence vers l'équateur. Dans tous ses textes, Kant (après Buffon) fait sien ce facteur thermique, expliquant les alizés universels et constants par l'échauffement solaire qui produit à l'équateur une raréfaction (dépression) de l'air en surface suivant la course diurne et annuelle du Soleil (liée à la rotation de la Terre sur son axe et à sa révolution autour du Soleil). Mais Halley n'explique pas la *déviation* graduelle d'Est en Ouest des alizés à l'approche de l'équateur. Se fondant sur la course de la Terre par rapport au Soleil et le déplacement induit de la zone échauffée, il n'intègre pas la *force de déviation* que la rotation de la Terre exerce sur tout corps en mouvement à sa surface. Si, dit Kant, Halley avait raison, les alizés souffleraient tantôt d'Est, tantôt d'Ouest, avec une accalmie à midi et minuit, ce que contredit l'expérience [5]. Dès 1756 Kant apporte donc des compléments correctifs aux

1. *An Historical Account of the trade Winds and Monsoons, observable in the Seas between and near the Tropics, with an attempt to assign the Physical Cause of the said Winds*, dans *Philosophical Transactions* de la Royal Society de Londres, vol. 16 (1686-1687), Londres, J. Streater, 1688, n° 183. Ce traité offre l'un des premiers modèles de circulation atmosphérique fondés sur la distribution de la chaleur solaire à la surface du globe et l'une des premières cartes des climats (représentant alizés et moussons par des vecteurs directionnels).

2. Edmund Halley, astronome, mathématicien, physicien, géographe anglais (1656-1742), publie aussi en 1686, dans les *Philosophical Transactions*, un mémoire *Discourse on the rule of the decrease of the height of the mercury in the barometer, according as places are elevated above surface of the earth*, qui, après Pascal, Torricelli, Huygens, Roberval, Mariotte ou Boyle, confirme que les basses couches de l'atmosphère sont plus lourdes et denses que les couches supérieures.

3. Voir GP (1802), AK IX, 248 ; Kant, *Géographie*, Paris, Aubier, 1999, p. 158.

4. Voir GP, AK IX, 202 ; p. 111 et AK IX 274 ; p. 183.

5. Si Kant ignore bien sûr la démonstration par le calcul que Gaspard Coriolis (ingénieur et mathématicien français, 1792-1843) fera en 1836, devant l'Académie des Sciences de Paris, du théorème portant son nom (selon lequel l'accélération du mouvement relatif d'un corps à la surface de la Terre est la somme géométrique de l'accélération d'entraînement, de l'accélération relative et d'une accélération complémentaire, dite de Coriolis, liée à la rotation terrestre), s'il ignore que le vent dévie vers la droite dans l'hémisphère Nord et vers la gauche dans l'hémisphère Sud du fait de la rotation terrestre, ainsi que la loi (dite de Buys-Ballot), selon laquelle le vent tourne autour des dépressions et des anticyclones en sens inverse selon l'hémisphère, il pressent du moins que la déviation des alizés résulte de la rotation terrestre. Voir A. O Persson, « The Coriolis Effect : four centuries of conflict between common sense and mathematics », *History of meteorology*, Journal of the International Commission on *History of Meteorology*, 2005, 2, p. 1-24 et S. Malardel, *Les fondamentaux de météorologie*, Toulouse, Cépadues, 2005, p. 185 *sq*.

thèses de Galilée et de Halley, en ajoutant au facteur *échauffement* la force de *déviation* liée à la rotation terrestre et le *devenir de l'air chaud en altitude*.

Mais sa *Théorie des vents* se réfère surtout implicitement à D'Alembert et Buffon. D'Alembert, situant la cause principale des vents dans l'attraction solaire et lunaire, intègre à ses calculs la rotation terrestre, mais néglige le facteur thermique, difficile à calculer. Buffon (après Halley) majore le rôle de l'échauffement solaire, mais sous-estime la force de déviation liée à la rotation terrestre. Afin d'expliquer la *genèse* des vents et la *déviation* progressive des alizés à mesure qu'ils s'approchent de l'équateur, Kant ouvre en 1756 une troisième voie, jouant la *méthode* de Buffon contre celle de D'Alembert [1].

D'Alembert [2] donne un nouvel élan au débat sur les vents à l'occasion du Concours de l'Académie des sciences de Berlin qui, en 1745, propose de

> déterminer l'ordre et la loi que le vent devrait suivre si la terre était environnée de tous côtés par l'océan, en sorte qu'on puisse prédire en tout temps la vitesse et la direction du vent pour chaque endroit [3].

Sa dissertation de 1746, *Meditationes de generali ventorum causa*, qu'il traduit en français en 1747, remporte le Prix. D'Alembert y situe la cause principale des vents, non dans le facteur thermique, mal quantifié, mais dans l'attraction conjuguée, et calculable, que Soleil, Lune et Terre exercent sur l'atmosphère. Sans nier le facteur échauffement, il choisit de le minimiser du fait de son caractère incalculable. Kant connaît le mémoire de D'Alembert, dont il possède dans sa bibliothèque un exemplaire en français de 1747 [4], mais ne retient rien de sa méthode mathématico-analytique. Les *Réflexions sur la cause générale des vents* de D'Alembert appartiennent à la série d'écrits de

1. On ignore si Kant connaissait la théorie de George Hadley (physicien anglais, 1685-1768), protagoniste essentiel, quoique tardif, du débat sur les alizés. Du fait de plusieurs convergences entre sa théorie et celle de Hadley, il est possible qu'il en ait eu au moins une connaissance de seconde main, *via* la *Meteorologia. Deutliche Exempel und richtige Regeln von der Witterung, als eine Enleitung zu der längsgewünschten Wissenschaft von der Sonnen- und des Mondes-Wirkung*, manuel anonyme de 1744, dont Kant possède un exemplaire dans sa bibliothèque personnelle. En 1735, Hadley, devenu membre de la Société royale de Londres chargé des questions de météorologie, publie dans les *Philosophical Transactions* un traité *On the Cause of the General Trade Winds*, qui propose un modèle fermé de circulation atmosphérique (dit des « cellules de Hadley ») liant deux séries de causes : échauffement-convection-raréfaction de l'air équatorial (dépression de surface) *et* force de déviation liée à la rotation terrestre. Mais sa théorie des cellules intertropicales de vents (dont la branche basse, au niveau du sol ou de la mer, correspond à un alizé du Nord-Est dans l'hémisphère Nord, du Sud-Est dans l'hémisphère Sud, et dont la branche haute, en altitude, correspond à un vent du Sud-Ouest dans l'hémisphère Nord, du Nord-Ouest dans l'hémisphère Sud) ne sera validée que cent ans plus tard.

2. Après le traité de dynamique de Mac Laurin *Sur la cause du flux et du reflux de la mer* (*De causa physica fluxus et reflexus maris*, 1740), qui étend l'influence de la rotation terrestre, des marées aux vents.

3. *Réflexions sur la cause générale des vents*, Paris, David L'Aîné, 1747, Analyse de l'ouvrage, p. 1.

4. Voir A. Warda, *Immanuel Kants Bücher*, Berlin, Breslauer, 1922, p. 31.

physique mathématique rédigés entre 1740 et 1754 [1], traitant de dynamique générale et de mécanique des fluides (hydrostatique [2] et hydrodynamique [3]). Si ce texte fit progresser la mécanique des fluides [4] et le projet newtonien de *mathématiser la physique* [5], Kant, comme la postérité [6], resta sourd à sa principale avancée, à savoir l'application de l'outil analytique (équations aux dérivées partielles) au problème physico-météorologique du vent (écoulement du fluide atmosphérique). Son silence sur D'Alembert s'explique. Pour Kant,

1. Les deux *Mémoires* sur le calcul différentiel en mécanique (1740, 1741) ; les deux écrits de 1742 sur le mouvement des solides dans un fluide ; le *Traité de dynamique* (1743) ; le *Traité de l'équilibre et du mouvement des fluides* (1744) ; les *Recherches sur la précession des équinoxes* (1749) ; l'*Essai d'une nouvelle théorie de la résistance des fluides* (1749-1752) ; les *Recherches sur différents points importants du système du monde* (1754).

2. L'*hydrostatique* étudie les *fluides* (liquides ou gazeux) au *repos* (densité, élasticité, pression). Kant donne deux définitions du fluide : 1) « Une matière dont les parties [...] peuvent être déplacées par une force motrice aussi petite qu'on voudra est dite fluide » ; 2) « On peut définir comme fluides les matières dont chaque point tend à se mouvoir dans toutes les directions avec une force égale à la pression qu'il subit dans une seule direction. C'est sur cette propriété que repose la première loi de l'hydrodynamique » (PPM, AK IV, 528 ; OP II, 444-445). Voir Newton, *Principes mathématiques de la philosophie naturelle*, L. II, Sect. 5 « De la densité et de la compression des fluides et de l'hydrostatique », Sceaux, J. Gabay, 1990, t. I, p. 300 : « Les corps fluides sont ceux dont les parties cèdent à toute espèce de force qui agit sur eux ».

3. L'*hydrodynamique* étudie les *fluides* en *mouvement* : propagation des ondes créées par la pénétration d'un solide dans un liquide, écoulement de liquides dans des tuyaux, mouvement d'un gaz enveloppant un solide, etc. Pour Kant, l'hydrodynamique repose sur l'hydrostatique et sur sa définition du fluide au repos.

4. Viscosité, gradient de pression, phénomènes de sillage, approximation des trajectoires de courant par tranches parallèles, distinction entre phases stationnaire et transitoire dans l'écoulement d'un fluide, attraction exercée sur un fluide homogène sphéroïdal en rotation (comme la mer ou l'air atmosphérique), mode d'oscillation autour d'un état d'équilibre de l'atmosphère en rotation, paradoxe dit « de D'Alembert », « savoir qu'il y a des cas où le fluide [l'air], mû par la force de l'attraction de l'astre [Soleil], doit s'abaisser sous cet astre, au lieu de s'élever » (*Réflexions*, Analyse de l'ouvrage, p. 5). « On rendra aisément raison de ce paradoxe si on considère que le fluide, étant une fois mis en mouvement, s'élève non seulement par l'action de l'astre, mais encore par la force d'inertie et par l'action mutuelle de ses parties » (*ibid.*, « Introduction », p. xxij-xxiij).

5. En permettant à Lagrange de développer ses équations sur le mouvement des fluides.

6. Tous les commentateurs notent l'obscurité, la technicité, l'abstraction mathématique des *Réflexions* de D'Alembert et leur postérité quasi nulle. En effet ce texte n'a été ni repris, ni amendé, comme l'ont été les autres textes de dynamique ou de mécanique de D'Alembert. Euler loue ses avancées. « L'auteur de la dissertation [...] a aplani la voie vers une véritable théorie des vents. Pour cette raison, on a jugé qu'il devait ravir la palme à tous les autres qui ont communiqué à l'Académie leurs méditations sur ce sujet [...]. Cette dissertation éminente sur les vents est remplie des calculs les plus ardus et des problèmes les plus profonds de l'analyse supérieure et de la mécanique [...]. L'auteur utilise pour cela une méthode entièrement nouvelle, qui peut trouver un grand usage aussi bien en mécanique qu'en hydrodynamique » (G. Eneström, « Verzeichnis der Schriften Leonhard Eulers », *Jahresbericht der deutschen Mathematiker-Vereinigung*, Ergänzungsbände IV, 1910-1913, *Opera, series secunda*, vol. 31, *Recensio dissertationis de ventiis*, p. 365-371). Mais Euler déplorant l'aspect purement mathématique du texte et ses multiples digressions (sur les nombres complexes ou imaginaires) l'éloignant de la question de l'Académie, justifie par avance le peu d'influence qu'il aura sur les physiciens. Si D'Alembert voit dans son écrit le dernier volet d'une série de trois problèmes physiques posés par Newton, Bernoulli et Euler (figure du globe terrestre, marées, vents), son succès s'avère ici moindre que pour les deux premiers problèmes.

le modèle mathématique pur de D'Alembert n'est qu'une *approximation* des cas physiques réels [1]. D'Alembert suppose par exemple l'air un fluide homogène parfait, ce qu'il n'est pas. Kant méconnaît l'originalité des *Réflexions*, qui est de ramener les vents, leurs direction et vitesse, à des principes fondamentaux, à des lois constantes de la mécanique des fluides [2], et d'expliquer les alizés par une *cause principale générale* : la différence entre les attractions qu'exercent le Soleil, la Lune et la Terre sur l'atmosphère terrestre. Dans un cadre newtonien, intégrant à son calcul (sous l'angle de la pesanteur) la rotation et la révolution de la Terre, D'Alembert entend soumettre le cours en apparence imprévisible des vents aux mêmes lois mathématiques que celles qui régissent l'attraction des astres en mécanique céleste. Alors que Kant, inspiré par Buffon et ses sources (Halley, Jurin, Varenius), majore le rôle de l'échauffement de l'air dans l'origine des vents, D'Alembert néglige sciemment ce facteur (et l'évaporation associée), au prétexte qu'il n'est pas mesurable, et *a fortiori* les facteurs locaux accidentels (relief).

> *Quelque inconstant que paraisse le cours des vents, il est cependant assujetti à certaines lois* [...]. *Parmi les différentes causes des vents, il y en a au moins une dont l'action suit un ordre uniforme et invariable* [...]. Ainsi, *le premier objet qu'un philosophe doive avoir en vue lorsqu'il se propose d'approfondir la théorie des vents, c'est d'examiner quelle peut être cette cause générale et de déterminer, s'il est possible, par le calcul, sa quantité, son action et ses effets* [...]. *Nous pouvons donc regarder l'action du Soleil et de la Lune*, sinon comme l'unique cause des vents, au moins comme *une des causes générales que nous cherchons* [...]. *La plupart des physiciens, n'ayant point pensé à cette cause* [...], *en ont imaginé d'autres*. Les uns ont prétendu que l'air qui se meut avec la Terre d'Occident en Orient devait sous l'équateur tourner moins vite que la Terre, et c'est par là qu'ils ont expliqué le vent d'Est continuel qui souffle entre les Tropiques. Mais cette hypothèse est sans aucun fondement [...]. D'autres auteurs ont attribué les vents à la chaleur que le Soleil produit dans l'atmosphère [...]. J'avoue que la différente chaleur que le Soleil répand dans les parties de l'atmosphère doit y exciter des mouvements ; je veux bien même accorder qu'il en résulte un vent général qui souffle toujours dans le même sens [...]. Mais *si on se propose de déterminer la vitesse de ce vent général et sa direction dans chaque endroit de la Terre*, on verra facilement qu'*un pareil problème ne peut être résolu que par un calcul exact* [...]. [Or] *Nous ignorons et la loi suivant laquelle la chaleur agit, et la dilatation qu'elle*

1. D'Alembert l'admet. « Je n'ai pu en déduire que par approximation les principales lois d'où dépend la théorie des vents » (*Réflexions*, Analyse de l'ouvrage, p. 5).

2. Sur l'application par D'Alembert de l'outil mathématique (calcul intégral) en mécanique des fluides (hydrostatique, hydrodynamique), voir M. Paty, *Jean D'Alembert. La raison physico-mathématique au siècle des Lumières*, Paris, Belles lettres, 1998, p. 69-78 ; *Analyse et dynamique. Études sur l'œuvre de D'Alembert*, Québec, Presses de l'Université Laval, 2002, p. 14-34 ; M. Emery et P. Monzani dir., *Jean D'Alembert, savant et philosophe*, Paris, Archives contemporaines, 1989 ; R. Taton, « D'Alembert, Euler et l'Académie de Berlin » et M. Paty, « Rapport des mathématiques et de la physique dans la pensée de D'Alembert », *Dix-huitième siècle*, « D'Alembert et les sciences de son temps », Paris, Presses Universitaires de France, n° 16, 1984.

produit dans les parties de l'air. Cette dernière raison est plus que suffisante pour nous déterminer à *faire ici abstraction de la chaleur solaire* ; car, comme il n'est pas possible de calculer avec quelque exactitude les mouvements qu'elle peut occasionner dans l'atmosphère [...], *la théorie des vents n'est presque susceptible d'aucun degré de perfection de ce côté-là.* Si nous ne pouvons soumettre au calcul les vents que la chaleur du Soleil fait naître, quoique réguliers et constants en eux-mêmes, *à plus forte raison ne devons-nous point entreprendre de chercher quels dérangements peuvent exciter dans l'air les variations accidentelles du chaud et du froid* produites ou par l'élévation des vapeurs [d'eau] et des nuages, ou par d'autres causes inconnues [1], qui n'ont aucune loi certaine. À l'égard des irrégularités des vents occasionnées par les montagnes [...], quand on fera attention aux calculs impraticables dans lesquels une pareille considération doit jeter [...], on reconnaîtra sans peine que les recherches les plus profondes sur cette matière doivent aboutir tout au plus à des résultats fort vagues et fort imparfaits. Par conséquent, [...] le seul [objet] qu'on puisse espérer de remplir, c'est de *déterminer les mouvements de l'air, dans l'hypothèse que la surface du globe soit entièrement régulière et que l'agitation de l'atmosphère provienne de l'attraction seule de la Lune et du Soleil* [2].

D'Alembert en hydrodynamicien définit ainsi le vent comme un *mouvement oscillatoire du fluide atmosphérique, causé par les attractions conjuguées du Soleil, de la Lune et de la Terre* [3], indépendamment de l'échauffement de certaines masses d'air, à certains moments du jour et de l'année, en certains lieux du globe. Pour lui, l'alizé suit bien la course du Soleil, mais en un sens autre que celui indiqué par Halley. S'il y a alternance des alizés, c'est non dans leur *direction*, mais dans leur *oscillation* verticale et horizontale. D'Alembert interprète les vents comme des marées atmosphériques, analogues aux marées océaniques, comme les étirements ou compressions du fluide atmosphérique, oscillant tel un *pendule* autour d'un point d'*équilibre* [4]. Négligeant à dessein les variations de pression atmosphérique

1. Voir aussi *Réflexions*, Analyse de l'ouvrage, p. 9.

2. *Réflexions*, « Introduction », p. j-viij ; n. s. Voir aussi *ibid.*, Analyse de l'ouvrage, p. 7-9.

3. Pour D'Alembert appliquant la loi de l'attraction de Newton, l'air de l'hémisphère supérieur (le plus proche du Soleil), plus attiré par le Soleil que par le centre de la Terre, s'élève, et l'air de l'hémisphère inférieur (le plus éloigné du Soleil), plus attiré par le centre de la Terre que par le Soleil, s'abaisse. Ce jeu d'attractions concurrentes crée, aux lieux successifs correspondant à la ligne Terre-Soleil, un flux, appel ou courant d'air que D'Alembert nomme *vent*. « Les mouvements de l'air [...] proviennent [...] de la différence qu'il y a entre l'action de ces astres sur le centre de la Terre » (*Réflexions*, « Introduction », p. x-xj).

4. Si D'Alembert puise le parallèle vent-oscillation pendulaire chez Newton (*Principes*, L. II, Sect. 8, Prop. 47, Théorème 37, t. I, p. 403), en revanche le parallèle vent-marée est absent des Prop. 24-25 et 36-37 du L. III des *Principes* traitant des marées. Si pour Newton l'atmosphère subit un flux et reflux à la manière de la mer, ce mouvement est si faible qu'il n'en peut résulter aucun vent sensible. D'Alembert considère les oscillations du fluide atmosphérique à un *niveau d'intégration global*, non comme une somme de points isolés formant chacun un oscillateur indépendant, et suppose *par approximation* que toutes les particules d'une même tranche d'écoulement d'air (tuyau horizontal, tube de vent parallèle au sol) avancent à même vitesse. En revanche, dans l'*Essai* de 1749 sur la résistance des fluides, il montrera de façon plus réaliste que les particules du fluide mû ont des vitesses différentes selon leur degré de viscosité et l'état de la surface au contact

dues aux variations d'échauffement de l'air, il voit dans les alizés la « conséquence immédiate des calculs », l'application d'une « formule géométrique » [1] et d' « équations analytiques » [2].

Kant au contraire, fidèle à Buffon, tient l'*échauffement-raréfaction* de l'air équatorial pour la cause principale des vents. Son silence de 1756 trahit son peu d'intérêt pour (voire son rejet de) la « méthode nouvelle » [3] de D'Alembert et sa théorie mathématique des vents fondée sur une cause physique entièrement *calculable*. La divergence Kant-D'Alembert au sujet des vents doit être resituée dans le cadre du débat méthodologique et épistémologique entre mathématique et physique au XVIIIe siècle. Dans le « Discours préliminaire » de l'*Encyclopédie* (1751) et l'*Essai sur les éléments de philosophie* (1759), D'Alembert assigne dans la hiérarchie des sciences une place fondamentale aux mathématiques, car c'est par elles que toute science acquiert sa scientificité [4]. Contre la physique intégralement mathématique de D'Alembert, Buffon prône un usage limité des mathématiques, simple outil au service des sciences de la nature. La question des vents illustre ainsi le débat qui vers 1750 oppose la *mécanique mathématisée* de D'Alembert à l'*histoire naturelle* de Buffon, dont Kant hérite.

Kant ne nie pas le projet newtonien, prolongé par D'Alembert, de mathématiser la physique. Selon les *Premiers principes métaphysiques de la science de la nature* de 1786,

> dans toute théorie particulière de la nature, on ne peut trouver de science *à proprement parler* que dans l'exacte mesure où il peut s'y trouver de mathématique [5].

Mais ce que Kant entend par mathématique (construction synthétique *a priori* de concepts dans l'*intuition* pure de l'espace et du temps) diffère de la mathématique analytique abstraite de D'Alembert. Par mathématisation de la physique, Kant n'entend pas que la physique doive emprunter ses principes-fondements objectifs à la mathématique, qui lui est hétérogène, mais que l'instrument mathématique (par exemple géométrique) permet parfois de construire certains concepts physiques. *Le* mathématique de Kant (simple *organon* pour la physique) n'est pas *la* mathématique de D'Alembert (*canon* ou principe de la physique théorique). Si Kant loue dès la *Théorie du ciel* de 1755 la physique mathématique de Newton, notamment sa mécanique céleste, il rejette son réductionnisme qui dénature les objets propres de la physique. La

de laquelle elles s'écoulent. Ainsi, les particules d'air en contact avec le sol sont freinées par rapport aux particules éloignées du sol.

1. *Réflexions*, « Introduction », p. xix.

2. *Ibid.*, p. xx.

3. *Ibid.*, p. xiv.

4. Voir F. de Gandt, « The limits of intelligibility : the status of physical science in D'Alembert's philosophy », dans W. Lefève dir., *Between Leibniz, Newton and Kant*, Dordrecht, Kluwer, 2001, p. 47-61.

5. PPM, « Préface », AK IV, 470 ; OP II, 367-368.

première *Critique* sépare nettement *mathématique* (connaissance par construction de concepts dans l'intuition), *philosophie* (*métaphysique*) de la nature (connaissance par concepts) et *physique* expérimentale (seule apte à utiliser l'outil mathématique). L'*Opus postumum* enfin dénoncera le réductionnisme mathématico-physique de Newton, comparant ses *Philosophiae naturalis principia mathematica* à un « syderoxylon », mélange hybride, contre-nature de fer et de bois. Dès 1756 Kant refuse implicitement (par son silence) la mathématisation totale de la physique incarnée par Newton et par les *Réflexions* de D'Alembert, et revendique après Buffon, non une physique libre de tout outil mathématique, mais une épistémologie non réductionniste. La mathématique n'est pas l'unique modèle ontologique. Si l'épistémologie de D'Alembert (marquée par sa solide et précoce formation mathématique) exclut de la science proprement dite les sciences expérimentales non démonstratives (dont les preuves sont conjecturales), celle de Kant réhabilite, *via* les sciences et la philosophie de la nature, à côté du modèle newtonien, un type de scientificité irréductible aux mathématiques faisant droit aux hypothèses. Au-delà de la question des vents posée par le Concours de 1745 se jouent donc deux stratégies du savoir : d'un côté, Newton et D'Alembert résorbent les concepts physiques dans le calcul mathématique ; de l'autre, Buffon et Kant *via* la géographie émancipent la physique des mathématiques. Contre D'Alembert (qui mathématise les *concepts* plus que les *phénomènes* physiques), Kant fait sienne, en l'infléchissant, la méthode *descriptive* de l'*histoire naturelle* de Buffon. Dès 1756, il vise en physicien-géographe (géophysicien) à décrire (comme Buffon) et expliquer des vents précis, observés à tel moment, en tel lieu, et en cherche les causes physiques, constantes *ou* aléatoires, mathématisables *ou* non. Conséquence de ce choix de méthode, Kant redonne son plein rôle à l'échauffement de l'air (minoré par D'Alembert). Valorisant le facteur thermique *a posteriori*, il s'écarte *de facto* du modèle mathématique *a priori* de D'Alembert et réaffirme, après son *Histoire générale de la nature et théorie du ciel*, son ancrage dans la tradition de l'histoire naturelle de Buffon, dont s'inspirent aussi les trois écrits de 1756 sur le séisme de Lisbonne, la *Géographie physique* et les deux opuscules sur les races humaines de 1775 et 1785 (où Kant appelle de ses vœux, à partir et au-delà de Buffon, un nouveau type d'histoire naturelle, comme archéologie génétique des espèces à partir d'un genre originaire). Buffon permet à Kant de récuser l'épistémologie mathématique réductionniste de D'Alembert, qui rattache *le* vent (mouvement oscillatoire de l'air) à l'hydrodynamique [1] et à la physique des milieux continus. Kant, lui, rattache *les* vents à la météorologie-climatologie, à la physique de la Terre (géographie physique), elle-même section de l'histoire naturelle. Sa *Théorie des vents* reprend en effet directement les articles XIV et XV de

1. L'hydrodynamique s'unifie au plan théorique avec Mac Laurin, Bernoulli (dont l'*Hydrodynamica* de 1738, souvent citée par D'Alembert, figure dans la bibliothèque de Kant) et D'Alembert, qui unit dynamique et mécanique *via* l'outil mathématique des équations aux dérivées partielles.

l'*Histoire naturelle générale et particulière* (1744-1749) de Buffon [1]. Le vent dépend de la géographie et de l'histoire de la Terre aussi en ce qu'il contribue à sculpter le relief terrestre sur la longue durée (dizaines, voire centaines de milliers d'années) [2]. La *Géographie physique* fera du vent un agent de transformation de la figure du globe, à côté des séismes, des rivières, des pluies, de la mer ou du gel [3].

Pourtant Kant en 1756 ne se borne pas à recopier l'histoire des vents de Buffon, fondée sur les observations de voyageurs, géographes, physiciens (Le Gentil, Lister, Varénius, Halley, Bellarmin, Thévenot, Shaw, Andoque). S'il y puise un catalogue de faits, il refuse d'en rester à une simple description. Comme le titre l'annonce, Kant entend donner, si ce n'est une théorie des vents qui en livre les principales causes, du moins, des remarques et confirmations nouvelles tirées de l'expérience, en vue d'expliciter et de parfaire l'ancienne théorie des vents. Il discute, corrige Galilée, Halley, D'Alembert en convoquant les faits collectés par Buffon dans son histoire descriptive des vents, qui sert ici de matériau à sa démonstration. Ses remarques nouvelles (*neue Anmerkungen*) sont à la fois *récentes* (citant les thèses de Buffon et D'Alembert), *supplémentaires* ou *complémentaires* (venant rectifier d'anciennes thèses) et, pour certaines, *originales*, *novatrices* pour la météorologie d'alors. De plus, elles illustrent une épistémologie-méthodologie propre, dépassant et le réductionnisme mathématique de D'Alembert et l'empirisme descriptif de Buffon. Conférant aux descriptions de Buffon une fonction *explicative* de portée *théorique* et la valeur de *preuves-confirmations* de ses propres *hypothèses*, ainsi converties en thèses, Kant entend dépasser Buffon, qui, embarrassé par la diversité des causes de vents et par leurs combinaisons en droit infinies (thème de la contingence imprévisible du vent), se contentait d'en donner une histoire factuelle, au lieu d'en théoriser les principes.

> Chacune de ces causes se combinant de différentes façons produit des effets différents ; il me paraît donc qu'*on tenterait vainement de donner une théorie des vents* et qu'*il faut se borner à travailler à en faire l'histoire*, c'est dans cette vue que j'ai rassemblé des faits qui pourront y servir. Si nous avions une suite d'observations sur la direction, la force et la variation des vents dans les différents climats, *si cette suite d'observations était exacte et assez étendue pour qu'on pût voir d'un coup d'oeil le résultat de ces vicissitudes de l'air dans chaque pays*, je ne doute pas qu'on arrivât à ce degré de connaissance dont nous sommes encore si fort éloignés, à une méthode par laquelle nous pourrions prévoir et prédire les différents états du ciel [...] ; mais il n'y a pas

1. Que Kant lit dans sa première traduction allemande, *Allgemeine Historie der Natur*, Hamburg, Grund und Holle, 1752 (qui s'étale jusqu'en 1766). Sur l'influence de Buffon sur la pensée scientifique de Kant, voir J. Ferrari, « Kant, lecteur de Buffon », dans *Buffon 88*, J. Gayon dir., Paris, Vrin, 1992.

2. Voir C. Bouton, « Kant et le problème du temps profond », dans *Kant et la science*, M. Lequan et M. Ruffing dir., Paris, Vrin, 2011.

3. « Le vent déplace souvent le sable des hautes montagnes vers les contrées les plus basses [...]. Dans d'autres pays, le vent dépose le sable dans la mer, créant ainsi des hauts-fonds, voire un pays neuf » (GP, I, 4, § 74, AK IX, 298 ; p. 208).

> assez longtemps qu'on fait des observations météorologiques, il y en a beaucoup moins qu'on les fait avec soin, et il s'en écoulera peut-être beaucoup avant qu'on sache en employer les résultats, qui sont cependant les seuls moyens que nous ayons pour arriver à quelque connaissance positive sur ce sujet [1].

Pour Buffon, la météorologie est une discipline jeune, incapable de prévoir les vents et d'énoncer des lois fondées sur des mesures systématiques (barométriques, hygrométriques, thermométriques). Mais pour préparer la future théorie des vents et la future science météorologique, explicative et prédictive, il faut d'abord, dit-il, en faire l'*histoire descriptive* factuelle, propédeutique fondée sur l'*expérience* et l'*induction* [2]. Il est vain de chercher d'emblée la théorie-science du vent : il faut d'abord tirer des faits observés une « histoire des vents » [3], au sein d'une histoire de la Terre [4]. Si les deux Discours introductifs à l'*Histoire naturelle* visent un large public, la partie du tome I intitulée « Preuves de la théorie de la Terre » fournit aux spécialistes 19 articles emplis de faits précis. Le Second Discours de 1744, remanié en 1749, cite deux ouvrages parus entre temps : l'*Histoire générale des voyages* [5] de Prévost et les *Réflexions sur la cause générale des vents* de D'Alembert.

Toutefois Buffon ne juxtapose pas les faits de façon simplement rhapsodique : il les lie en un catalogue *raisonné*, esquissant par là déjà une *explication causale*, une théorie des vents. Le style inductif des articles XIV et XV vise à *ordonner* les faits pour en dégager les éléments de *régularité* [6]. Ainsi, les méthodes de Buffon et D'Alembert diffèrent plus par le degré que par nature. Si D'Alembert recourt surtout au calcul mathématique, il cite aussi l'expérience pour confirmation. Et si Buffon ne procède pas lui-même ici à des calculs, de peur de dérouter le lecteur, il n'exclut pas que les causes générales de vents (parmi lesquelles il place, contre D'Alembert, l'échauffement de l'air) puissent être formulées mathématiquement. En fait, chez D'Alembert comme chez Buffon, les vents prouvent que la mathématique ne recoupe *qu'en partie* la physique, car seules certaines causes physiques des vents (attractions lunaire, solaire, terrestre pour l'un ; échauffement de l'air pour l'autre) peuvent se mathématiser. Méthode mathématique ou descriptive, tous deux

1. *Histoire naturelle générale et particulière avec la description du roy*, art. XIV, Paris, Imprimerie royale, 1749, t. I, p. 467 ; rééd. dans Buffon, *Œuvres complètes*, Paris, Champion, 2007, t. I, p. 695 ; n. s. Nous donnons dans la suite la double référence à l'édition originale, puis à la réédition.

2. Voir *Histoire*, p. 472 ; p. 698 ; n. s.

3. *Histoire*, p. 477 ; p. 704 ; n. s.

4. Que Buffon n'achève qu'en 1779 avec l'ajout du chapitre « Epoques de la nature » (traduit en allemand en 1781). Voir Buffon, *Œuvres complètes*, t. I, « Introduction » par S. Schmitt, p. 11-13, et « Introduction au Second Discours *Histoire et théorie de la Terre* et aux *Preuves de la théorie de la Terre* », § 1, p. 70-74.

5. Paris, Didoy, 1746 (première édition).

6. Que résume la formule « Tout cela posé, raisonnons » (*Histoire*, 1749, Premier Discours « De la manière d'étudier et de traiter l'histoire naturelle », t. I, p. 77). Théoriser, expliquer un phénomène par ses causes ne peut venir qu'après la collecte ordonnée des faits.

conviennent qu'on ne peut prévoir tous les vents, vu le nombre et la variation des paramètres locaux. Même la physique de Newton dont se réclame D'Alembert inclut un volet expérimental inductif [1]. Toutefois, l'induction de Newton n'est pas celle de Buffon : c'est un *raisonnement par extrapolation*, que Kant appellera « extension arbitraire de valeur » [2], où le physicien confère à une règle générale tirée de l'expérience le statut de loi universelle nécessaire [3]. Sa fonction est de confirmer une théorie par le fait, de la vérifier par l'expérience. En revanche, l'induction de Buffon est simple *lien* entre des *faits* et leurs *causes* générales en vue d'en élaborer la théorie.

Buffon propose ainsi une typologie sommaire des vents, distinguant vents *réguliers*, permanents (alizés) ou alternants (moussons saisonnières, brises côtières) (article XIV), et vents *irréguliers* (article XV : tempêtes, ouragans, cyclones, typhons), se bornant à émettre pour chacun des *hypothèses* vraisemblables, non une *théorie* [4]. Selon la *région* (polaire, tempérée ou intertropicale) où ils règnent (et accessoirement la direction dont ils soufflent), Buffon distingue quatre vents réglés : 1) l'*alizé* intertropical d'Est, « qui s'étend à environ 25 ou 30° de chaque côté de l'équateur [...] exerçant son action tout autour du globe dans la zone torride » ; 2) le *vent du Nord* quasi constant « dans la zone froide » polaire ; 3) le *vent du Nord-Est*, mixte des deux précédents dans la zone tempérée et 4) les *vents d'Ouest* marins « qui règnent souvent dans la zone tempérée, soit dans la Mer Pacifique, soit dans l'Océan Atlantique » [5]. Dans sa *Géographie physique*, Kant ajoutera à sa « classification » ou « division des vents », issue de Buffon, trois autres critères du vent : 1) ses *qualités* chimiques (humidité, température, salubrité), 2) sa *force* ou *vitesse* et 3) son *instabilité directionnelle* (vents tourbillonnants).

1. « Dans la philosophie expérimentale, les propositions tirées par induction des phénomènes doivent être regardées [...] comme exactement ou à peu près vraies, jusqu'à ce que quelques autres phénomènes les confirment entièrement ou fassent voir qu'elles sont sujettes à des exceptions » (*Principes*, L. III, t. II, p. 3).

2. « L'expérience ne donne jamais à ses jugements une *universalité* [...] vraie ou rigoureuse, mais seulement supposée ou comparative (par induction), si bien que cette universalité doit proprement signifier : pour autant que nous l'ayons perçu jusqu'ici, il ne se trouve pas d'exception à telle ou telle règle [...]. La généralité [...] empirique n'est donc qu'une extension arbitraire de valeur qui concerne la plupart des cas » (CRP, « Introduction », § II, AK III, 29 ; OP I, 759, trad. modifiée).

3. Dans sa *Doctrine du droit*, Kant cite l'exemple du principe newtonien d'égalité action-réaction. Pour Newton (« L'action est toujours et égale et opposée à la réaction, c'est-à-dire que les actions de deux corps l'un sur l'autre sont toujours égales et dans des directions contraires », *Principes*, t. I, p. 18), c'est là un *axiome* (principe universel, nécessaire, *a priori*, valant avant vérification par l'expérience). Pour Kant en revanche, c'est une simple loi *induite*, généralisant des cas particuliers. « Newton accepta comme fondé sur l'expérience le principe de l'égalité de l'action et de la réaction dans l'influence réciproque des corps et [...] néanmoins il l'étendit à l'ensemble de la nature matérielle » (DD, AK VI, 215 ; OP II, 459).

4. « Comme nous manquons d'observations suivies sur la variation des vents [...], nous ne prétendons pas expliquer toutes les causes de ces différences, et nous nous bornerons à indiquer celles qui nous paraîtront les plus naturelles et les plus probables » (*Histoire*, art. XV, p. 478-479 ; p. 705).

5. *Histoire*, art. XIV, p. 471-472 ; p. 699.

Dans les interstices de la typologie générale, Buffon géographe-météorologue se borne provisoirement à *décrire* les facteurs locaux, multiples et variables, capables de dévier les vents de leur direction initiale. La règle même des alizés du Nord-Est au Nord et du Sud-Est au Sud, censés souffler constamment dans la zone de convergence intertropicale, rencontre, dit-il, des exceptions et résiste à la mathématisation [1]. Selon lui, nulle théorie mathématique générale ne saurait *prévoir* avec exactitude et certitude en un lieu et à un instant donné l'orientation et la vitesse du vent. Kant en revanche proposera dans le *Nachlass* [2] (Réflexion 90) un schéma mathématique mêlant géométrie du sphéroïde terrestre et mécanique des fluides, et censé *prévoir* la déviation des alizés à mesure qu'ils s'approchent de l'équateur, en intégrant la force de déviation liée à la rotation terrestre.

Alors que la *Géographie physique* fera de la rotation terrestre une cause *seconde*, derrière la cause première des vents qu'est l'échauffement de l'air par le Soleil [3], Kant accorde en 1756 (comme dans le *Nachlass*) un rôle important à cette force de déviation. Pour le reste, il reste fidèle à la description des alizés par Buffon :

> Dans l'Océan Atlantique et Ethiopique, il y a un vent d'Est général entre les Tropiques, qui dure toute l'année sans aucune variation considérable, à l'exception de quelques petits endroits où il change suivant les circonstances et la position des côtes ; auprès de la côte d'Afrique, aussitôt que vous avez passé les îles Canaries, vous êtes sûr de trouver un vent frais de Nord-Est à environ 28° de latitude Nord [...] ; ceux qui vont aux îles Caraïbes trouvent, en approchant de l'Amérique, que ce même vent de Nord-Est tourne de plus en plus à l'Est, à mesure qu'on approche davantage [4].

Buffon évoque trois hypothèses pour expliquer les alizés. Il écarte la première, nuance la deuxième, accrédite la troisième. 1) Selon l'hypothèse de

1. « Quoique nous ayions dit que, *généralement parlant*, le vent d'Est règne tout autour du globe à environ 25 ou 30° de chaque côté de l'équateur, il est *cependant* vrai que, *dans quelques endroits*, il s'étend à une bien moindre distance et que sa direction n'est pas partout de l'Est à l'Ouest » (*Histoire*, art. XV, p. 472 ; p. 699 ; n. s.).

2. Trois des Réflexions du *Nachlass* de géographie physique (AK XIV 541-633) portent sur les vents : la Réflexion 90 « Une loi des *alizés* tirée de la rotation de la Terre » (AK XIV, 555-558) ; la Réflexion 91 « La loi des *moussons* par les mêmes causes » (AK XIV, 558-560) et la *Réflexion* 92 « Quelques remarques mêlées sur les lois régissant les vents » (AK XIV, 560-563), regroupées sous le titre « Des vents » et traduites dans Kant, *Géographie*, Paris, Aubier, 1999, « Supplément à la *Géographie physique* d'après le *Nachlass* kantien », p. 352-358.

3. « Un vent qui parcourt une même région toute l'année de part et d'autre s'appelle un *alizé*. Entre les Tropiques souffle presque toujours un vent d'Est autour de la Terre, lorsque l'on s'éloigne de la terre ferme. Ce vent ne résulte pas des restes d'air laissé par le mouvement de rotation de la Terre […], mais de l'échauffement progressif de la Terre par le Soleil, qui augmente d'Est en Ouest [...]. L'air vient toujours de la région la plus échauffée par le Soleil. Il suit donc toujours le mouvement apparent du Soleil » (GP, I, 3, § 67 « Des alizés », AK IX, 289 ; p. 198-199, trad. modifiée).

4. *Histoire*, art. XIV, p. 464 ; p. 690.

Lister, qu'il juge « ridicule imagination » [1], « le vent d'Est général qui se fait sentir entre les Tropiques pendant toute l'année » serait dû à « la respiration de la plante appelée *lentille de mer*, qui est extrêmement abondante dans ces climats ». 2) Hypothèse plus plausible, mais que Buffon juge « spécieuse », car contraire aux lois de la mécanique [2] : une cause des alizés serait « le mouvement de la Terre sur son axe » [3]. 3) Selon l'hypothèse de Halley, seule vraie pour Buffon : la cause majeure des alizés est l'échauffement, l'ascension-convection et la raréfaction-dépression de l'air sous l'effet du Soleil.

> La principale cause de ce mouvement constant est [...] la chaleur du Soleil ; on peut voir sur cela le traité de Halley dans les *Transactions philosophiques* ; et en général toutes les causes qui produisent dans l'air une raréfaction ou une condensation considérable produiront des vents dont les directions seront toujours directes ou opposées aux lieux où sera la plus grande raréfaction ou la plus grande condensation [4].

Raréfaction signifie *dépression* (basse pression atmosphérique) et *condensation* signifie densification, compression, *anticyclone* (haute pression atmosphérique), et non condensation-précipitation de vapeurs d'eau. D'après ce principe général d'équilibre barométrique et thermique, le vent va des hautes vers les basses pressions, des anticyclones vers les dépressions.

Ainsi pour Kant en 1756, deux facteurs déterminent la déviation des alizés : le facteur *thermique* et *géographique* (proximité de l'équateur ou d'une vaste terre) et le facteur *mécanique* (force de déviation liée à la rotation terrestre), dont le *Nachlass* fera une loi :

> Autrefois, pour expliquer l'origine des vents d'Est qui soufflent constamment sur les mers des Tropiques, on se contentait de présenter ces vents comme un reste d'air produit par la *vitesse de rotation de la Terre d'Ouest en Est, autrefois supérieure*. On sait aujourd'hui [par D'Alembert] que si l'atmosphère n'avait pas suivi cette rotation dès l'origine, cette force puissante et constante se serait depuis longtemps transmise à elle, la soumettant au même mouvement que la Terre elle-même. On [Halley ?] explique donc maintenant

1. *Histoire*, art. XIV, p. 465-466 ; p. 692. Pour Martin Lister, médecin et naturaliste anglais (1638-1711), membre de la Royal Society de Londres, « les alizés ou vents tropicaux proviennent en grande partie de la respiration constante et quotidienne de cette plante [l'algue *lenticula marina*], car la matière de ce vent provenant [...] de la respiration de cette seule plante, elle doit nécessairement le rendre constant et uniforme » (Lister, *Philosophical Transactions*, vol. 14, année 1684, Londres, M. Pitt and M. Smith, n° 156, p. 494-495). Dans *De l'âme du monde* (1798), Schelling reprendra en partie l'hypothèse de Lister (liant l'alternance des alizés à la croissance saisonnière d'une algue) en lien avec sa propre hypothèse, selon laquelle les phénomènes météorologiques illustrent l'effort de la nature pour maintenir toujours égal le mélange oxygène-azote de l'air.

2. Selon lesquelles « l'atmosphère ne peut avoir d'autre mouvement que celui de [la] rotation [de la Terre], et que, tout tournant ensemble et à la fois, ce mouvement de rotation est aussi insensible dans l'atmosphère qu'il l'est à la surface de la Terre » (*Histoire*, p. 466 ; p. 694). Jugeant l'atmosphère solidaire de la Terre, Buffon renonce de fait à expliquer la *déviation graduelle* des vents du Nord et du Sud des deux hémisphères en vents d'Est à l'équateur.

3. *Histoire*, p. 466 ; p. 694.

4. *Ibid.*, p. 466 ; p. 695.

> ce phénomène, ou du moins croit-on l'expliquer, en considérant que la cause s'en trouve dans la transformation permanente de l'air tropical venant de l'Est, sous l'effet de la chaleur du Soleil. Cette explication est très mal choisie, car elle justifierait plutôt une alternance quotidienne de vents (vent d'Ouest le matin et vent d'Est le soir, et calme plat comme compromis pour midi et minuit) [1]. *Je suis donc plutôt d'avis de reprendre l'ancienne théorie* [de Galilée et Halley], *en lui ajoutant une condition, qui, seule, la rend mécaniquement possible* [2].

En fait, cette condition hydrodynamique est double : déviation due à la rotation terrestre et convection-dépression due à l'échauffement solaire. Le *Nachlass* montre que les sens de rotation des alizés et de la Terre s'opposent constamment, et non en alternance, et ce en quatre temps. 1) D'après le schéma géométrique du sphéroïde terrestre (que Kant emprunte *via* Maupertuis à Clairaut), dans l'hémisphère Nord, un vent du Nord dévie du Nord-Est (alizé), les mouvements contraires de la Terre (d'Ouest en Est) et des alizés (d'Est en Ouest) résultant de l'axiome phoronomique des mouvements relatifs (il est indifférent de considérer un corps en mouvement dans un espace immobile *ou* l'espace comme se mouvant autour du corps immobile). 2) Corrélativement :

> Tout vent du Sud tend, dans notre hémisphère [Nord], à se transformer en un vent de Sud-Ouest [...]. Cette direction secondaire doit l'emporter de plus en plus lors de sa progression vers le Nord [...] jusqu'au moment où le vent, qui venait d'abord du Sud, devient complètement d'Ouest [...]. Tout se passe de façon symétrique sur l'autre hémisphère, de sorte qu' [...] un vent du Nord devient du Nord-Ouest [3].

Par ces deux propositions Kant explique et les alizés d'Est allant vers l'équateur et leurs corrélats d'Ouest allant vers les pôles (comme Hadley, qui y voit les branches haute et basse d'une même cellule) par la force de déviation liée à la rotation terrestre et par les facteurs thermique et barométrique associés à la course du Soleil. 3) L'échauffement explique l'orientation primitive de l'alizé et la rotation terrestre explique sa déviation progressive.

> Au milieu de l'océan, loin de toutes côtes [4] et près de l'équateur doit souffler un vent d'Est assez constant et régulier [...]. La raison physique de ces vents réside dans la *raréfaction de l'air entre les Tropiques, due à la grande chaleur de cette zone. L'air, qui est à cet endroit presque toujours plus chaud que partout ailleurs, s'élève continument* et cède face au poids supérieur de l'air de la zone tempérée des deux hémisphères [...]. *L'air tropical ascendant doit donc s'écouler vers les deux pôles* [5] [...]. D'où il résulte que *l'air des deux hé-*

1. Kant semble ici proche de D'Alembert, mais à la différence de celui-ci, il récuse une *certaine lecture* de la thèse thermique (alternance des alizés tantôt d'Est, tantôt d'Ouest), non toute thèse thermique.

2. *Nachlass*, Réflexion 90, AK XIV, 555-558, dans GP, p. 352-353 ; n. s., trad. modifiée.

3. *Ibid.*, p. 353-354.

4. Et donc de toute terre ferme susceptible d'être échauffée.

5. Branche haute d'une cellule de Hadley.

misphères tend vers ce lieu de raréfaction, dont l'équateur est le centre, avec une distorsion vers le Nord d'un côté, vers le Sud de l'autre. Cependant, comme l'un et l'autre vents reçoivent une direction secondaire venant d'Est [1], d'un côté de l'équateur (dans la zone chaude), il souffle des vents de Nord-Est, de l'autre, des vents de Sud-Est, et sur la ligne de l'équateur des vents d'Est [2].

4) De l'échauffement de l'air équatorial résulte une raréfaction (dépression) de surface, qui attire l'air environnant, en vertu de la *loi d'équilibre thermique et barométrique* :

> il souffle ainsi des vents du Nord-Est dans un hémisphère et des vents du Sud-Est dans l'autre, parce que, selon les lois de l'équilibre, ils chassent l'air raréfié de la zone chaude et prennent sa place [3].

Le *Nachlass* ajoute enfin aux deux précédentes une troisième cause, absente en 1756, non-accidentelle (comme le sont le relief, la proximité d'une terre ou les exhalaisons sulfureuses, huileuses, salpétreuses du sous-sol) : *l'attraction lunaire*. Comme Newton, D'Alembert, Mariotte, voire Buffon [4], Kant admet l'influence de la Lune sur les marées et sur le climat [5]. « La *force de la Lune* [...] s'étend aussi sur l'air marin » et explique en partie le « jeu changeant » [6] des vents de mer. Mais pour Kant comme pour D'Alembert [7], « les forces lunaires [...], en comparaison de la force solaire, sont plutôt réduites » [8]. Des quatre textes sur les vents, le *Nachlass* est le plus proche de D'Alembert, reconnaissant qu'un modèle mathématique (ici géométrique, synthétique *a priori*), idéal, simplifié, ne vaut que s'il renonce à calculer certains facteurs et donc à valoir comme théorie de *tous* les vents [9]. Si le *Nachlass* ne retient que trois *causes générales et principales* (lois, principes) des vents (échauffement de l'air, rotation terrestre, attraction lunaire), Kant en 1756 intègre, fût-ce de façon indéterminée, des causes accidentelles, aléatoires,

1. Du fait de la déviation qu'exerce sur eux la rotation terrestre.
2. *Nachlass*, Réflexion 91, AK XIV, 558, dans GP, p. 354, trad. modifiée.
3. *Ibid.*, p. 354-355, trad. modifiée.
4. Voir *Histoire*, art. XIV, p. 468 ; p. 696.
5. Dans *De l'influence de la Lune sur le temps* (1794) et dans l'*Opus postumum*.
6. *Nachlass*, Réflexion 92, AK XIV, 560-561, dans GP, p. 356-357 ; n. s.
7. Pour Buffon en revanche, les attractions et de la Lune et du Soleil sont négligeables dans la genèse des vents. « *Le mouvement que l'attraction des astres peut causer dans l'atmosphère n'est pas assez considérable pour produire une grande agitation.* L'effet de cette cause a été déterminé géométriquement [...] et calculé par M. D'Alembert. Voyez *Réflexions sur la cause générale des vents*, Paris, 1747. Et quoiqu'elle doive causer un léger mouvement de l'air d'Orient en Occident, ce mouvement est tout à fait insensible en comparaison de celui que la chaleur du Soleil doit produire en raréfiant l'air » (*Histoire*, art. XIV, p. 459 ; p. 686-687).
8. *Nachlass*, Réflexion 92, AK XIV, 561, dans GP, p. 357. De même, Kant minimise l'influence des marées sur l'atmosphère (*ibid.*, p. 358).
9. « Si l'on considère la surface du globe *de manière mathématique* et *sans prendre en compte les particularités physiques*, les vents du Sud et du Nord ainsi que ceux de la zone tropicale [les alizés] présentent beaucoup plus de clarté que les vents d'Est et d'Ouest » (*ibid.*, p. 357 ; n. s.).

non calculables (relief, exhalaisons du sous-sol, différences d'échauffement et d'évaporation entre airs océanique et continental [1]).

II. Le texte

La *Théorie des vents* [2] se compose d'une brève « Introduction » et de cinq « Remarques », chacune accompagnée d'une « Confirmation par l'expérience ». L' « Introduction » s'ouvre sur la comparaison, courante en mécanique des fluides au XVIIIe siècle, entre océan et atmosphère (*Atmosphere, Luftkreis, Luftmeer*), marquant par là sa fidélité à Buffon contre D'Alembert. Car si Buffon et D'Alembert comparent tous deux eau et air, océan et atmosphère, ils diffèrent par le sens conféré à cette comparaison. D'Alembert y voit une *analogie* (au sens kantien d'identité de rapports) entre vents et *marées* (liées au cycle lunaire), entre les flux, réguliers et calculables, de deux fluides (liquide et gazeux) soumis à des *mouvements oscillatoires* par l'action solaire et lunaire. Buffon, lui, y voit une simple *métaphore* descriptive entre vents et

1. Buffon notait déjà l'influence du *relief* et de sa *forme* sur le vent. « Sur la mer, les vents sont plus réguliers que sur la terre, parce que la mer est un espace libre, et dans lequel rien ne s'oppose à la direction du vent ; sur la terre au contraire, les montagnes, les forêts, les villes, etc. forment des obstacles qui font changer la direction des vents [...]. Les vents réfléchis par les montagnes [...] sont aussi très irréguliers, parce que leur direction dépend du contour, de la hauteur et de la situation des montagnes qui les réfléchissent » (*Histoire*, art. XIV, p. 467-468 ; p. 695-696). Par exemple au niveau des cols, le vent est accéléré et refroidi. La météorologie actuelle lie cet *effet Venturi* (accélération-refroidissement d'un flux d'air par rétrécissement du volume de passage) au *théorème de Bernoulli* (la *vitesse* relative d'un flux d'air au contact d'une surface et la *pression* que celui-ci exerce sur cette surface varient en sens inverse ; quand l'une diminue, l'autre augmente, car la somme de la pression P que l'air exerce sur une surface et de la vitesse d'écoulement V de cet air $(P + 1/2\, \rho\, V^2)$ = constante, ρ désignant la masse volumique de l'air. « Un courant d'air augmente de vitesse comme un courant d'eau lorsque l'espace de son passage se rétrécit ; le même vent, qui ne se fait sentir que médiocrement dans une plaine large et découverte, devient violent en passant par une gorge de montagne [...] ; l'air étant comprimé par la résistance de ces obstacles a plus de masse, plus de densité, et la même vitesse subsistant, l'effort ou le coup de vent, le *momentum* en devient beaucoup plus fort » (*Histoire*, p. 470 ; p. 697). En mécanique, le *moment* ou *impetus* désigne la *quantité de mouvement* (produit de la masse par la vitesse) du mobile, ici de l'air mû. Voir Newton, *Principes*, « Définitions », Déf. III, t. I, p. 2 et *Encyclopédie*, art. « Moment », vol. 10, 1765, p. 633. Buffon notait aussi l'influence de l'*altitude* sur la *vitesse du vent*. « Les vents sont plus violents dans les lieux les plus élevés que dans les plaines, et plus on monte dans les hautes montagnes, plus la force du vent augmente » (*Histoire*, p. 469 ; p. 697). On estime aujourd'hui que par tranche de 3000ft d'altitude, la vitesse du vent augmente de 50% par rapport à sa vitesse au sol à un instant donné. Enfin, aux facteurs aléatoires géographiques Buffon ajoute un dernier facteur aléatoire, *chimique*. « La pression des nuages, les exhalaisons de la terre, l'inflammation des météores, la résolution [précipitation] des vapeurs en pluies etc. sont aussi des causes qui toutes produisent des agitations considérables dans l'atmosphère » (*Histoire*, p. 466-467 ; p. 695) influant sur le vent. Ces facteurs, liés pour certains au cycle de l'eau (évaporation, congélation dans le nuage, condensation, précipitation), ne seront étudiés en détail que dans la seconde moitié du XVIIIe siècle avec la naissance de l'hygrométrie, et surtout dans les années 1780-1700, avec Saussure, De Luc et Pictet (souvent cités par Schelling dans *De l'âme du monde*).

2. Paru à Königsberg le 25 avril 1756 (imprimerie royale Driest).

courants marins [1]. Kant après lui fait du vent un déplacement d'air non nécessairement *oscillatoire*, régulier ou calculable.

> On doit se représenter l'atmosphère comme une mer de matière fluide, élastique, qui est pour ainsi dire composée de couches de différente densité, laquelle diminue toujours aux altitudes supérieures [2].

La *Géographie physique* prolongera ce parallèle buffonien : « *Le vent est à l'air ce que le courant est à la mer* » [3]. Si en 1756 Kant ne donne aucune mesure barométrique précise, les notions de *haute* et *basse pressions* (anticyclone, dépression) jouent un rôle central dans sa théorie des vents, en lien avec le facteur thermique (échauffement de l'air). Le parallèle atmosphère-océan est ici doublement justifié : l'air atmosphérique et les océans sont agités de courants (flux, reflux) similaires, et ils se composent de couches dont la pression (densité) croît ou décroît avec la profondeur ou l'altitude. Comme Buffon, Kant distingue dans l'atmosphère trois régions selon l'altitude [4], et rappelle la loi bien connue de la diminution avec l'altitude de la pression (*Druck*) de l'air, ici identifiée à sa densité (*Dichtigkeit*), pesanteur (*Last* [5]) ou au poids (*Gewicht*) d'une colonne d'air mesuré au baromètre à mercure. Autrement dit, la force expansive (répulsive), l'élasticité de l'air décroît [6] avec l'altitude [7]. La *Géographie physique* reprendra cette structure verticale ternaire de l'atmosphère.

> *On divise l'atmosphère en régions* : *la région inférieure* s'étend du niveau de la mer jusqu'à l'altitude où la neige ne fond plus l'été. Cette première région

1. Comparaison non simplement métaphorique encore en vigueur aujourd'hui. Voir D. Parrochia, *L'homme volant. Philosophie de l'aéronautique et des techniques de navigation*, Seyssel, Champ Vallon, 2003, II, 6, § 1 « De la dynamique des fluides à l'aérodynamique », p. 149-154.

2. TV, « Introduction-rappel » (*Vorerinnerung*), § 1, AK XI, 491 ; p. 91. On sait aujourd'hui que la diminution de la pression atmosphérique est une fonction *continue*, mais non *linéaire*, de l'altitude. Elle s'attenue à mesure qu'on s'élève (la pression diminue de 1hPa par tranche de 28ft au niveau de la mer, par tranche de 73ft à 30 000ft d'altitude).

3. GP, I, 3, § 64 « Des vents en général », AK IX, 284 ; p. 194, trad. modifiée.

4. Howard (*Classification des nuages*, 1794), puis Goethe (*La forme des nuages d'après Howard*, 1820 et *Essai de théorie météorologique*, 1825) lieront cette tripartition de l'atmosphère à une typologie des nuages. « L'atmosphère englobant le globe terrestre perd [...] en densité, en pesanteur, en élasticité, comme le montre le baromètre, de façon continue à mesure que l'on s'élève au-dessus du niveau de la mer, pour gagner au contraire à mesure que l'on descend [...]. Les différents étages de l'atmosphère ont une relation [...] avec la formation et la suppression de l'eau, avec la figure que prennent les nuages » (*Essai de théorie météorologique*, Charenton, Éditions Premières pierres, 1999, p. 44-45).

5. À distinguer de *Schwere*, qui désigne en général pour Kant, depuis la *Théorie du ciel* de 1755, la pesanteur universelle de Newton.

6. « On nomme aussi élasticité la force expansive d'une matière » (PPM, AK IV, 500 ; OP II, 404).

7. Goethe fera du baromètre l'instrument central et de la pression atmosphérique le phénomène clé en météorologie. « Dans toutes les observations météorologiques, le niveau barométrique est considéré comme le phénomène essentiel, comme le fondement de toutes nos considérations sur le temps » (*Essai de théorie météorologique*, p. 39).

n'est pas également haute dans les différentes contrées de la Terre [1] [...]. *La deuxième région* commence où s'arrête la première et s'étend jusqu'à l'altitude où se trouvent les nuages. Cette altitude n'est nulle part déterminée de façon précise. Les nuages sont parfois hauts, parfois bas [...]. *La dernière région* commence là où s'achève la deuxième et s'étend jusqu'à la limite de l'atmosphère. On détermine cette altitude par celle de l'obscurité, que l'on peut estimer à 9,5 milles allemands [2] [3].

Après le parallèle océan-atmosphère et la structure verticale de celle-ci (fonction de l'altitude-pression), l'« Introduction » rappelle le principe général en mécanique des fluides : *un fluide s'écoule d'une haute vers une basse pression*, préparant une théorie de la circulation des masses d'air fondée sur la loi de l'équilibre. Pour Buffon déjà, que Kant reprend ici, les alizés de la zone intertropicale, soufflant toute l'année dans l'hémisphère Nord, du Nord-Est et, dans l'hémisphère Sud, du Sud-Est, vont vers les régions où l'air échauffé devient rare, léger, peu dense et fuient celles où l'air est abondant, pesant, dense.

Quoique les mouvements de l'air dépendent d'un grand nombre de causes, il y en a cependant de principales dont on peut estimer les effets [...]. *La plus puissante de toutes ces causes est la chaleur du Soleil*, laquelle produit successivement une raréfaction considérable dans les différentes parties de l'atmosphère, ce qui fait le vent d'Est qui souffle constamment entre les tropiques, où la raréfaction de l'air est la plus grande [...]. Et comme la raréfaction sera toujours plus grande dans les endroits où le Soleil est au zénith, il est clair que le courant d'air doit suivre le Soleil et former un vent constant et général d'Orient en Occident [4].

Mais Kant précise et complète la thèse de Buffon-Halley sur la *circulation horizontale* des masses d'air (le vent va d'un anticyclone vers une dépression), par une théorie, beaucoup plus originale et novatrice, de la *modification verticale conjointe* de la *température* et de l'*élasticité* (force expansive) d'une masse d'air, en fonction de la pression qu'elle rencontre lors de ses mouvements ascendants ou descendants. Sa théorie de l'*instabilité verticale* de l'air constitue une véritable avancée pour la météorologie d'alors.

Les causes qui peuvent supprimer l'équilibre sont soit la *diminution de la force expansive* [5] sous l'effet du froid et des vapeurs, qui affaiblissent l'élasticité de l'air, soit la *diminution de la pesanteur* sous le seul effet de la chaleur, par laquelle une certaine région de l'air a une expansivité plus forte qu'une autre, et, en ce qu'elle est contrainte par là de s'élever au-dessus du ni-

1. On étend aujourd'hui ce constat aux deux autres régions et donc à la troposphère tout entière (englobant les trois régions de Kant) : l'altitude de la tropopause (limite entre troposphère et stratosphère) varie avec la latitude. Elle est de 7km aux pôles et de 17km à l'équateur.

2. Soit environ 17 594 m.

3. GP, I, 3, § 63, AK IX, 282-284 ; p. 192-194 ; n. s., trad. modifiée.

4. *Histoire*, art. XIV, p. 458-459 ; p. 685-686 ; n. s.

5. *Ausspannende* Kraft désigne la force d'extension, de répulsion, d'expansion, de détente ou la force élastique d'un fluide (gaz), fonction de la pression atmosphérique ambiante.

veau des autres, s'écoule [vers le haut] et forme une colonne d'air plus légère [1].

Kant annonce ici la théorie actuelle de la stabilité (et de l'instabilité) verticale d'une masse d'air par *transformation* (détente ou compression) *adiabatique* (due à la seule pression ambiante subie, *sans échange de chaleur avec le milieu extérieur*). Selon cette théorie, une masse d'air verticale est *stable* (en équilibre) quand ses particules, s'élevant en altitude, subissent (du fait de la baisse de pression atmosphérique ambiante) une détente qui les refroidit jusqu'à une température inférieure à celle de l'air ambiant. Étant alors plus lourdes que l'air ambiant (ayant une masse volumique – que Kant identifie à la densité – supérieure à celle de l'air ambiant), elles redescendent finalement à leur niveau initial. Cet air stable est défavorable à la formation de nuages. Au contraire, une masse d'air verticale est *instable* (en déséquilibre), quand ses particules au contact de la terre, sollicitées vers le haut par la chaleur solaire, s'élèvent sans cesse en altitude, dans un air ambiant plus froid et plus lourd qu'elles, en un mouvement convectif continu, sans échange thermique avec l'air qu'elles traversent. Malgré la détente et le refroidissement qu'elles subissent, ces particules restant plus chaudes et plus légères que l'air ambiant poursuivent leur ascension et produisent des nuages convectifs cumuliformes pouvant aller jusqu'à la tropopause [2]. L'air est d'autant plus instable, convectif et propice aux *cumulus* qu'il est plus échauffé.

Kant établit en effet qu'une particule d'air peut se transformer du fait des seules compressions ou détentes qu'elle subit en *perdant* ou *gagnant de l'altitude*, indépendamment de la température du milieu qu'elle traverse. Il note que, la pression diminuant avec l'altitude, un air chauffé par le Soleil en s'élevant subit une *expansion* (détente) et un *refroidissement*, pouvant aller jusqu'à *condenser* (sous forme de nuage) la vapeur d'eau qu'il contient, voire jusqu'à faire *précipiter* cette vapeur (sous forme de pluie), si la température extérieure est assez basse (inférieure à la température dite « de point de rosée »). Dès 1756 il pose donc les 4 éléments du futur concept de *transformation adiabatique* : 1) élévation en altitude, 2) baisse de pression atmosphérique, 3) augmentation de l'élasticité (force expansive) et 4) refroidissement-alourdissement de l'air ascendant. En isolant deux causes de déséquilibre d'une masse d'air – la classique *variation* horizontale *de pesanteur* de l'air (dépression de surface) sous l'effet du rayonnement solaire (Buffon-Halley) en un lieu et la *variation* verticale *de la force expansive* de l'air qui, d'abord ascendant, redescend *in fine*, acquérant une masse volumique supérieure à celle de l'air ambiant) – Kant confirme le cycle de l'eau (étudié par Halley : évaporation, condensation de la vapeur d'eau en nuage, précipitation pluvieuse), annonce les travaux sur les nuages des années 1790-1820 (Howard, Pictet,

1. TV, « Introduction », § 1, AK XI, 491 ; p. 91.

2. Limite supérieure de l'atmosphère instable (*troposphère*) et limite inférieure de l'atmosphère stable (*stratosphère*), caractérisée par une isothermie (température constante de –56°C).

Saussure, De Luc, Schelling, Goethe), et, fait plus original, prépare la théorie actuelle des transformations adiabatiques (modifications de l'élasticité de l'air avec l'altitude), où l'instabilité d'une tranche verticale d'air dépend du fait qu'en elle les mouvements convectifs s'y poursuivent sans limite (autre que la tropopause).

Mais Kant réaffirme surtout son principe théorique général : *le vent* (flux d'air horizontal) *va des hautes vers les basses pressions*, où l'air est peu pesant, peu dense, peu élastique. Le vent « se dirige vers la région où l'air a perdu de sa force d'expansion (*Ausdehnungskraft*) ou de sa pesanteur (*Schwere*) » [1], la première cause des vents restant pour lui comme pour Buffon l'échauffement. L'air chauffé par le Soleil *à la fois* subit une *ascendance-convection* (et les transformations qui s'ensuivent selon l'altitude-pression et selon la température du milieu qu'il traverse) et crée *en surface une dépression* (baisse de densité et d'élasticité de l'air). Le lien entre ces deux phénomènes (devenir de l'air chaud en altitude et dépression au sol) est « une source très puissante de vents continus, parce que cette cause peut perdurer toujours » [2]. Kant y voit la *loi* de l'*équilibre* barométrique et thermique d'échelle planétaire, qui lie échauffement-convection-raréfaction de l'air équatorial *et* refroidissement-subsidence-compression de l'air en zone tempérée (anticyclone de surface et dilution nuageuse). Sans le savoir, il rejoint la théorie des cellules de vents de Hadley, pour qui l'air chaud équatorial s'élève, puis circule en altitude (courant subtropical [3]) vers les latitudes moyennes, où il se refroidit, se densifie et redescend, créant un anticyclone de surface défavorable à la formation de nuages.

Après l' « Introduction » viennent cinq « Remarques », suivie chacune de sa « Confirmation par l'expérience » puisée dans l'histoire naturelle descriptive des vents de Buffon. Ces remarques, dont certaines énoncent des lois-principes, forment le corps du texte et la théorie des vents de 1756. Kant y explicite ses propres thèses en réfutant certaines thèses antérieures.

1) « *Remarque 1* » : *la principale* cause des vents est l'*échauffement*, l'*élévation* (convection) de l'air et la *raréfaction* (dépression) induite de l'air en surface. L'air chauffé par le Soleil s'élève, laissant au sol un air moins dense, moins pesant. L'air chaud s'écoulant vers le haut est remplacé au sol par l'air des régions voisines, plus dense, plus pesant, plus froid. La « Confirmation par l'expérience » de la « Remarque 1 », n'évoque ni *loi* ni *principe*, mais une simple *règle générale*, issue de l'*expérience a posteriori* (*induction*, sommation de cas empiriques). Toutefois, cette règle de l'échauffement-convection-raréfaction est « *si souvent* confirmée par toutes les expériences

1. TV, « Introduction », § 1, AK XI, 491 ; p. 91.

2. *Ibid.*, AK XI, 492 ; p. 92.

3. Appelé aujourd'hui *jet* (en anglais) d'altitude, soufflant à une vitesse d'environ 40 m/s au niveau de la tropopause, soit à environ 12km d'altitude aux latitudes moyennes. Voir S. Malardel, *op. cit.*, p. 93 *sq*.

qu'on ne peut pas même lui opposer une seule exception » [1]. Cette règle générale *a posteriori* ne rencontrant aucun contre-exemple de fait vaut donc pour nous en droit *comme si* (*als ob*) c'était une loi universelle *a priori*. Que le vent aille vers des lieux où l'air est échauffé-convectif-raréfié est bien au départ une *règle générale*, mais qui, confirmée par l'expérience, vaut *in fine* pour *loi universelle* et *principe* fondamental d'une théorie des vents. Ce principe de l'*équilibre thermique* et *barométrique*, qui forme, pour Kant comme pour Buffon et Halley, le premier et plus important énoncé d'une théorie des vents, est *confirmé* par l'expérience de deux types de vents : les *alizés* constants et universels d'Est (cités dès l' « Introduction ») et les *brises côtières*.

Comme la première confirmation par les alizés [2], la seconde confirmation par les brises de terre nocturnes et brises de mer diurnes consiste pour Kant à reprendre les sources de Buffon : Varénius, Jurin, Muschenbroek. Ces brises côtières sont dues à la différence de vitesses d'échauffement (et de refroidissement) de l'eau et de la terre. Sous l'effet du Soleil, l'air terrestre, plus vite échauffé que l'air marin, s'élève plus vite que lui et crée une dépression au sol qui aspire l'air marin de basse couche, plus dense et plus froid. Cet appel d'air forme une brise (vent faible et continu) soufflant de la mer vers la terre, tant que dure l'ensoleillement. La nuit à l'inverse, l'air marin (auquel la mer restitue une part de sa chaleur accumulée le jour) s'élève, créant une dépression (appel d'air) en surface de l'eau et une brise soufflant de la terre vers la mer. Buffon décrivait parmi les vents réguliers ces brises côtières [3] comme

> des vents qui viennent de terre pendant la nuit et de la mer pendant le jour, comme sur les côtes de la Nouvelle Espagne, sur celles du Congo, à la Havane, etc. [...]. Dans la Mer Méditerranée, le vent souffle de la terre vers la mer au coucher du Soleil, et au contraire de la mer vers la terre au lever [4].

Kant souligne en outre le bénéfice qu'en tirent les habitants, les brises de mer rafraîchissant ces pays et facilitant la navigation entre les îles. La *Géographie physique* reprendra ces deux exemples des alizés (vents constants de grande échelle spatio-temporelle) [5] et des brises côtières (vents alternants de petite échelle spatio-temporelle) [6].

1. TV, AK XI, 493 ; p. 93.

2. Voir Buffon, *Histoire*, art. XIV, p. 462 ; p. 689.

3. Voir S. Malardel, *op. cit.*, chap. 21, § 5, 1 « La brise de mer et la brise de terre », p. 536-539. La brise de mer (vent de 10 à 15kt) atteint son intensité maximale en début d'après-midi, quand le Soleil passe le zénith. La nuit, la brise de terre varie de 5 à 10kt. La mer, dont le rayonnement thermique est supérieur à celui de la terre, a une faible *amplitude thermique* et une grande *capacité (inertie) thermique*, alors que la terre a une grande *amplitude thermique* et une faible *capacité (inertie) thermique*.

4. *Histoire*, art. XIV, p. 464-465 ; p. 690-691. « Sur la côte de la Nouvelle-Espagne en Amérique et sur celle de Congo en Afrique, il règne des vents de terre pendant la nuit et des vents de mer pendant le jour [...]. A Saint-Domingue, il y a deux vents [...], l'un, qui est un vent de mer [...], commence à 10h du matin, l'autre, qui est un vent de terre [...], s'élève à 6 ou 7h du soir et dure toute la nuit » (*ibid.*, p. 476-477 ; p. 702-703).

5. « Les principales causes des vents permanents sont les suivantes. 1) Lorsqu'une région est plus chaude qu'une autre, par exemple la terre par rapport à la mer. *L'air chaud le cède à l'air*

2) « *Remarque 2* » : « *Une région de l'air qui se refroidit plus qu'une autre réussit à engendrer un vent qui souffle vers le lieu du refroidissement. La cause en est* [...] *la diminution de la force expansive* » [1] de l'air. Ce n'est pas là un principe nouveau : un écart thermique *et donc barométrique* horizontal entre deux lieux, au même moment, cause un vent. Les deux premières « Remarques » (échauffement-convection-raréfaction de l'air et écart thermique horizontal) découlent du principe général posé dès l' « Introduction », selon lequel le vent est un déplacement horizontal d'air d'une haute vers une basse pression. La « Confirmation par l'expérience » de la « Remarque 2 » est donc la même que celle de la « Remarque 1 ». Kant y cite derechef les alizés et brises côtières, empruntant à Buffon [2] une autre de ses sources : le *Traité du mouvement des eaux et des autres corps fluides* [3] de Mariotte. Mais concernant les alizés, il note ici (comme Hadley), non leur direction de surface (branche basse), mais leur direction d'altitude (branche haute), inverse de la précédente. Par exemple, à un alizé du Nord-Est en surface correspond un vent d'altitude du Sud-Ouest aux latitudes moyennes de l'hémisphère Nord.

3) « *Remarque 3* » : « *Un vent qui souffle de l'équateur vers le pôle soufflera toujours d'autant plus longtemps qu'il sera plus d'Ouest, et un vent qui va du pôle vers l'équateur altère sa direction en un mouvement latéral d'Est* » [4]. Cette loi de mécanique des fluides (hydrodynamique) exprime la force de *déviation* (d'accélération dite plus tard « de Coriolis ») *due à la rotation axiale de la Terre* qui infléchit la direction des vents d'échelle planétaire. Cette force latérale dévie d'Est en Ouest l'air allant des pôles vers l'équateur. Ainsi, le vent, qui, du fait de l'échauffement-raréfaction de l'air équatorial, devrait être du Nord dans l'hémisphère Nord devient du Nord-Est et tend à devenir parallèle à l'équateur aux basses latitudes. De même, le vent

froid, parce qu'il est plus léger que l'air froid, et cela produit un vent vers l'endroit chaud, et ce vent persiste tant que dure l'échauffement. 2) Lorsqu'une région se refroidit progressivement, *l'air s'y rétracte, perd de son expansion* et permet à de l'air plus chaud de prendre place » (GP, I, 3, § 64 « Des vents en général », AK IX, 284-285 ; p. 194 ; n. s.).

6. « Tous les pays de la zone chaude présentent sur leurs côtes une alternance de vents : le jour souffle un vent de mer, et la nuit un vent de terre. Le jour en effet le Soleil réchauffe la terre plus que l'eau, et l'air marin qui n'est pas aussi chaud, mais qui est plus dense que l'air terrestre, prend la place de ce dernier. La force du vent de mer augmente jusqu'à midi ou une heure de l'après-midi, pour décroître ensuite et disparaître totalement le soir. C'est alors que l'air de la mer se refroidit plus vite que l'air de la terre, qui se trouve sur un sol échauffé ; le premier se rétracte donc et fait place au second, d'où un vent de terre. On rencontre ces vents dans toutes les îles de l'équateur, dans le golfe du Mexique, au Brésil et sur les côtes africaines et américaines » (GP, I, 3, § 68 « Des vents de terre et des vents de mer », AK IX, 290 ; p. 200). La première Section de la GP, consacrée à l'eau et à la mer, note déjà la différence d'amplitude thermique entre eau et terre, le rôle rafraîchissant des brises de mer et en général l'action modératrice de la mer sur le climat. « La température de l'eau de mer [...] est incomparablement plus constante que celle de l'atmosphère sur la terre ferme » (GP, I, 1, § 27, Rem., AK IX, 210 ; p. 119).

1. TV, « Remarque 2 », AK XI, 494 ; p. 94.
2. Voir *Histoire*, art. XIV, p. 465 ; p. 692.
3. Paris, Michallet, 1686, édité par La Hire deux ans après la mort de Mariotte.
4. TV, « Remarque 3 », AK XI, 494 ; p. 95.

du Sud dans l'hémisphère Sud devient du Sud-Est et tend à devenir parallèle à l'équateur en s'en approchant. Curieusement, Kant note que cette règle n'a encore jamais été remarquée. Du moins n'a-t-elle jamais été *expliquée de façon satisfaisante* (par Galilée, Halley, D'Alembert, Buffon). Kant y voit pourtant une « clef pour une théorie générale des vents » [1]. Soulignant l'influence de cette force de déviation, Kant se démarque de Buffon, pour qui, « l'atmosphère n'ayant d'autre mouvement que celui de cette Terre [...], tout tournant ensemble et à la fois » [2], la force de déviation liée à la rotation terrestre est une cause de vents triplement seconde : 1) elle vient après l'échauffement (cause première des vents) ; 2) son effet est mineur ; 3) elle n'affecte qu'une des propriétés du vent (sa direction). Buffon y voit une force non *productrice*, mais seulement *déviatrice* de vents existant par ailleurs. En faisant de cette force une des clefs de sa théorie, Kant ne revendique pas d'originalité, mais une accentuation nouvelle d'un phénomène connu. Si Buffon en minimise le rôle, Kant la place au centre de sa théorie, censée expliquer à la fois la genèse, la direction initiale et les changements de direction des vents. Tout se passe comme si chez Buffon la direction n'était qu'une *propriété accidentelle* (attribut contingent) du vent, alors que pour Kant, la direction spatiale et ses modifications (en fonction de la *latitude* et du *temps* écoulé, plus encore que de la *distance* parcourue) deviennent une *propriété définitionnelle* (attribut essentiel) du vent. La direction d'où vient un vent est une qualité essentielle qui le distingue de tout autre. C'est pourquoi Kant classe les vents non plus selon la région où ils règnent, comme Buffon, mais par leur *direction* (provenance). La « Remarque 3 » de 1756 détermine l'influence sur le vent de cette force de déviation par des calculs trigonométriques (à partir des sinus et cosinus de la longitude [3]), que le *Nachlass* complètera d'un schéma géométrique appliqué au sphéroïde terrestre. Cette force devient une cause réelle, bien fondée, première, *essentielle*, non de la genèse du vent (dont la cause première reste l'échauffement-convection-raréfaction de l'air), mais de l'*inflexion* de sa direction dans l'*espace* et le *temps*, d'où l'insistance de la « Remarque 3 » sur les notions de *vitesse*, *frein*, *résistance* ou *retard*. Kant en effet entend *prouver* l'*hypothèse* de l'influence de la rotation terrestre sur la déviation progressive des alizés et en faire par là une *thèse*, voire un *principe-loi*. Sa démonstration, qui prépare celle de Coriolis, suppose qu'aux latitudes moyennes l'air tourne plus lentement que la Terre, alors qu'à l'équateur il tourne aussi vite qu'elle, quoiqu'en sens opposé.

> La Terre tourne autour de son axe d'Ouest en Est. Chaque point de sa surface a d'autant plus de *vitesse* qu'il est plus proche de l'équateur et a d'autant moins de *vitesse* qu'il en est plus éloigné. L'air qui se dirige vers l'équateur rencontre donc toujours sur son chemin des points qui se meuvent d'Ouest en Est plus [vite] que lui-même. Il opposera donc à ces points une *résistance* de

1. *Histoire*, art. XIV, p. 466 ; p. 694.
2. *Histoire*, art. XIV, p. 466 ; p. 694.
3. Voir TV, « Remarque 3 », AK XI, 495-496 ; p. 96-97.

> direction opposée, à savoir d'Est en Ouest, et c'est pourquoi le vent s'écartera vers cette direction latérale. Car *cela revient au même que le sol cède sous une substance fluide, qui n'est pas mue avec la même vitesse et dans la même direction, ou que la substance fluide au-dessus du sol soit mue dans une direction opposée*. Au contraire, quand le vent souffle de l'équateur vers le pôle, il survole toujours des points terrestres qui se meuvent d'Est en Ouest moins [vite] que l'air que ce vent amène avec lui ; car cet air a un mouvement qui est égal à la *vitesse* du lieu à partir duquel il s'est étendu. Le vent se déplacera donc d'Ouest en Est [...] et son mouvement vers le pôle sera lié au mouvement latéral d'Ouest [1].

La loi de l'équilibre des températures et pressions (le vent va des zones froides de haute pression vers les zones chaudes de basse pression) ne suffit donc pas à déterminer la direction du vent. Il faut aussi prendre en compte la force de déviation liée à la rotation terrestre et les vitesses de rotation propres des lieux que croise un vent (qu'il y ajoute ou retranche sa propre vitesse). Selon les calculs de Kant, plus un vent s'approche d'un pôle, plus sa composante méridienne croît et sa composante zonale (parallèle aux parallèles) diminue, et plus un vent s'approche de l'équateur, plus sa composante zonale croît et sa composante méridienne diminue. Le *Nachlass* de même liera la déviation latérale de l'alizé à la *vitesse* de rotation des points du globe qu'il croise, soulignant le *temps* mis par un vent, par exemple du Nord, pour parcourir une portion de méridien ou de parallèle ou de composante des deux. En 1756, Kant l'illustre d'une image : tout se passe comme si le vent (par exemple du Nord) *freinait, ralentissait, retardait* la rotation terrestre de plus en plus à mesure qu'il gagne les basses latitudes. L'image du *retard* ou *frein* qu'exerce, par frottement, le vent sur la Terre (ou la Terre sur le vent) cèdera la place dans le *Nachlass* au concept de *vitesse* (rapport distance spatiale / temps). Kant l'utilise en 1756 comme un schème esquissant, préfigurant le concept complet de vent, incluant sa direction (et les modifications de celle-ci dans l'espace-temps) et sa vitesse relative. D'après ce schème, selon la latitude la rotation terrestre *ralentit plus ou moins* un vent originairement orienté par les champs de pression liés à l'échauffement solaire. Le schème du retard par frottement réciproque entre le corps solide de la Terre et le fluide atmosphérique complète le premier principe d'échauffement de l'air, et en livre une lecture à l'échelle spatio-temporelle *synoptique* (de la planète et des saisons) et à l'échelle *moyenne* (locale et diurne, fonction de la course du Soleil). La « Remarque 3 » (la plus proche de D'Alembert), que parachèvera le schéma géométrique du *Nachlass*, pose donc par le calcul trigonométrique deux lois de mécanique : 1) un point situé à l'équateur se meut plus vite qu'un point situé à une latitude élevée ; 2) la *déviation* latérale des vents du Nord et du Sud liée à la rotation terrestre peut être lue en termes de *vitesse* ou schématiquement de *retard*. Kant ne donne aucune « Confirmation par l'expérience » de cette troisième loi, jugeant (comme D'Alembert) que la démonstration mathématique (trigonomé-

1. TV, « Remarque 3 », AK XI, 495 ; p. 95-96 ; n. s.

trique ici, géométrique dans le *Nachlass*) suffit, ou à défaut le schème du retard (qu'exercent l'une sur l'autre la Terre et l'atmosphère), issu du principe newtonien selon lequel il est équivalent de juger un solide en mouvement dans un fluide au repos, *ou* ce fluide comme se mouvant en sens opposé à même vitesse autour du solide, *ou* le fluide et le solide comme ayant chacun leur vitesse propre.

4) « *Remarque 4* » : « *Le vent d'Est universel qui règne sur tout l'océan entre les Tropiques n'a pas d'autre cause que celle qui a été élucidée dans la première remarque, en lien avec la troisième remarque* » [1]. Kant résume ici les trois principes précédents : échauffement-convection-raréfaction de l'air, écart thermique et barométrique horizontal entre deux lieux à un instant *t*, déviation (comprise en termes de vitesse) latérale d'Est des vents du Nord et du Sud liée à la rotation terrestre. Cette « Remarque », qui vise les alizés, précise que le schème du retard ne vaut *que* pour les vents du Nord dans l'hémisphère Nord, du Sud dans l'hémisphère Sud *allant vers l'équateur* (dont le mouvement est plus rapide que le leur) et subissant *par là* un frein. Si la Terre était immobile, ces vents gagneraient l'équateur plus vite et sans dévier latéralement. Kant confère ici à la notion de retard un sens autre que celui de Galilée.

> L'opinion qui attribue le vent d'Est universel au fait que l'atmosphère soit *retardée* lors la rotation de la Terre d'Ouest en Est a été condamnée avec raison par les scientifiques [...]. Mais *j'ai établi cette idée d'une manière plus avantageuse et plus juste*, en *prouvant qu'elle vaut* quand l'air se dirige des parallèles plus lointains vers l'équateur ; car alors, l'air n'a assurément pas la même *vitesse* que le mouvement de ce grand cercle [2], et il doit sans aucun doute être *retardé* [3].

Kant réfute ici la thèse qui lie la déviation des alizés intertropicaux à la *distance* supplémentaire qu'ils ont à parcourir pour atteindre l'équateur. Il préfère raisonner en termes de *vitesse* (schème du retard). Par exemple, la déviation du vent du Nord en alizé du Nord-Est dans l'hémisphère Nord n'est pas due tant à la distance que ce vent doit parcourir, qu'au retard-frein qu'il subit en frottant contre des points de diverse latitude ayant chacun une vitesse propre et formant un angle déterminé avec lui. La « Confirmation par l'expérience » rappelle que la raréfaction de l'air est maximale à l'équateur, « ceinture brûlante de la Terre ».

> D'après toutes les observations convergentes, le niveau du baromètre est, près de l'équateur, inférieur d'un pouce [de mercure] à ce qu'il est dans les zones tempérées [4].

1. TV, « Remarque 4 », AK XI, 496-497 ; p. 97.
2. Un *grand cercle* est une ligne d'intersection entre la surface terrestre et tout plan passant par le centre de la sphère terrestre. L'équateur est un grand cercle parmi d'autres.
3. TV, « Remarque 4 », AK XI, 497 ; p. 99 ; n. s.
4. *Ibid.*

L'air y est plus léger qu'ailleurs du fait du fort échauffement qui y alimente constamment la convection.

Entre les « Remarques » 4 et 5, Kant intercale un bref paragraphe intitulé « Explication des vents d'Ouest, qui règnent la plupart du temps sur l'océan entre 28° et 40° » de latitude Nord, digression visant à expliquer un phénomène sans lien apparent avec les précédents : l'humidité des vents d'Ouest d'Europe occidentale. Ce paragraphe annonce l'*Esquisse et annonce du cours de géographie physique, avec en annexe une brève considération sur la question de savoir si les vents d'Ouest dans nos régions sont humides parce qu'ils passent au-dessus d'une grande mer* de 1757 [1].

> Comme l'air qui se presse des deux hémisphères vers l'équateur s'écoule constamment vers le haut à cet endroit et s'étend vers la région supérieure de notre hémisphère, vers le Nord, et comme il provient de l'équateur [...], il doit continuer à se déplacer selon un mouvement latéral d'Ouest en Est, au-dessus de l'air inférieur [...], mais cet air ne produira son effet que [...] là où lui-même descend dans la région inférieure. Mais ceci doit se produire à une distance assez notable de l'équateur, et à cet endroit, ce sont les vents d'Ouest [...] qui règneront [2].

Kant réfute ici l'opinion qui veut que les vents d'Ouest de la zone tempérée de l'hémisphère Nord tirent leur humidité *du seul fait* d'avoir longtemps survolé l'Océan Atlantique et d'être chargés de vapeurs d'eau dues à l'*évaporation de l'océan*. Il en propose une tout autre explication, proche de celle de Hadley. Ces vents d'Ouest correspondent en partie au courant de haute altitude (branche haute d'une cellule de Hadley) qui se termine par une *subsidence* (descente de l'air froid aux latitudes tempérées d'Europe de l'Ouest). Par exemple dans l'hémisphère Nord, le vent du Sud-Ouest est le pendant de l'alizé du Nord-Est dû à la *convection* de l'air chaud équatorial. Le vent d'Ouest européen est humide non pas tant parce qu'il a survolé l'océan, que parce que le *jet* d'altitude qui le porte subit un double refroidissement : 1) allant vers le Nord, il subit un moindre échauffement solaire et 2) perdant de l'altitude aux latitudes moyennes, il subit un second refroidissement (noté par Hadley), lié non aux transformations adiabatiques, mais aux échanges thermiques avec l'air ambiant. Ces deux causes de refroidissement font que ce vent d'Ouest voie sa vapeur d'eau se condenser, et, s'il se refroidit en-deçà d'un certain seuil (température de point de rosée), la vapeur d'eau qu'il contient précipite en pluie. À mesure que l'air gagne des latitudes plus septentrionales et perd de l'altitude, étant davantage comprimé par la pression atmosphérique ambiante, il devient plus lourd, dense et froid, perd de son élasticité (force expansive) et se *charge d'humidité relative* jusqu'à saturation. Toutefois, pour qu'ait lieu la saturation-condensation-précipitation des vapeurs d'eau portées

1. Dans Kant, *Geographische und andere naturwissenschaftlichen Schriften*, hrsg. von J. Zehbe, *op. cit.*, p. 115-117. Voir *Kant's gesammelte Schriften*, AK XXVI-1 (Vorlesungen 3-1), Berlin, De Gruyter, 2009, p. LXV.

2. TV, « Remarque 4 », AK XI, 497 ; p. 99.

par ce vent d'Ouest, il faut que ce vent soit initialement chargé d'humidité, laquelle provient, vu la géographie de l'Europe occidentale, de l'évaporation de l'Océan Atlantique. Kant explique donc en fait l'humidité du vent d'Ouest européen par deux causes : ce vent est chargé de vapeurs d'eau ayant survolé l'océan *et* il correspond en partie à la branche haute subsidente d'une cellule de Hadley qui se refroidit en traversant un air plus septentrional et donc plus froid (par échange thermique avec le milieu extérieur). Cette seconde cause de l'humidité du vent d'Ouest d'Europe occidentale est aussi une des causes des alizés, puisque (maillon manquant du raisonnement, que nous permet de reconstituer la théorie des cellules de Hadley) aux latitudes tempérées de l'hémisphère Nord, le vent d'Ouest forme la branche haute et descendante d'une cellule dont l'alizé du Nord-Est forme la branche complémentaire (basse et montante).

Les 4 « Remarques » précédentes expliquaient les vents réguliers, constants, de directions stables : alizés d'Est, brises côtières, vents d'Ouest humides européens. Il reste à Kant à décrire et expliquer les vents saisonniers alternants que sont les *moussons*. C'est l'objet de la dernière « Remarque ».

5) « *Remarque 5* » : « *Les moussons ou les vents périodiques qui règnent sur les Océans Arabique, Persique et Indien, s'expliquent tout naturellement par la loi démontrée dans la troisième remarque* » [1]. Concernant l'alternance saisonnière des moussons et la période de transition où elles changent de direction, Kant reprend ici encore Buffon (et sa source Varénius, *Géographie générale*, 1715), pour qui,

> dans l'Océan Indien, entre l'Afrique et l'Inde et jusqu'aux îles Moluques, les vents moussons règnent d'Orient en Occident depuis janvier jusqu'au commencement de juin, et les vents d'Occident commencent aux mois d'août et de septembre [2].

Kant considère la mousson (par exemple la mousson pluvieuse du Sud-Ouest l'été en Inde), comme un vent saisonnier complémentaire de l'alizé.

> Dans ces mers soufflent, d'avril à septembre, des vents du Sud-Ouest, puis, pendant un temps, un calme s'ensuit, et d'octobre à mars, les vents opposés du Nord-Est soufflent de nouveau [...]. Le Soleil apparaît au mois de mars au-dessus de notre hémisphère Nord et échauffe l'Arabie, la Perse, l'Hindoustan, la péninsule indienne, ainsi que la Chine et le Japon plus fortement que les mers se situant entre ces pays et l'équateur [3].

Après l'équinoxe d'automne, souffle sur ces pays de l'hémisphère Nord un vent du Nord-Est, la mousson sèche d'hiver, car l'anticyclone régnant alors sur l'Inde chasse l'air vers l'équateur. Ainsi en Inde, la mousson humide estivale du Sud-Ouest suit la mousson hivernale sèche du Nord-Est, qui renforce l'alizé constant de l'hémisphère Nord. La mousson d'été est humide car elle souffle

1. TV, « Remarque 5 », AK XI, 499 ; p. 101.
2. *Histoire*, art. XIV, p. 463 ; p. 689.
3. TV, « Remarque 5 », AK XI, 500 ; p. 101

de l'Océan Pacifique vers la terre (Inde, Chine, Japon) ; la mousson d'hiver sèche car elle souffle de la terre vers l'océan. La *Géographie physique* reprendra en la développant la théorie de 1756 liant les moussons aux deux grandes saisons inversées des deux hémisphères [1]. Kant y assimilera les causes des moussons (chaude et humide l'été, froide et sèche l'hiver au Nord, inverses au Sud) [2] aux causes du vent en général.

> En expliquant la cause des moussons, je donnerai une théorie générale de tous les vents permanents périodiques et des principaux vents changeants [3].

Si la « Remarque 5 » porte sur les moussons de l'hémisphère Nord, sa « Confirmation par l'expérience » porte sur celles de l'hémisphère Sud. Durant l'hiver austral (d'avril à septembre), la mousson du Sud-Est (qui renforce alors l'alizé dominant) tire en Nouvelle Zélande son humidité de l'Océan Pacifique qu'elle survole. Durant l'été austral (de septembre à avril), elle devient un vent sec du Nord-Ouest, soufflant de la terre (Afrique, Australie) vers la mer (Océan Indien, Océan Pacifique). Si les physiciens d'alors expliquent bien les moussons de l'hémisphère Nord, ils expliquent moins celles de l'hémisphère Sud, inverses des précédentes eu égard au temps (saisons été-hiver), à la direction et à la pluviométrie, car, dit Kant, ils n'intègrent pas la force de déviation latérale liée à la rotation terrestre.

> La plupart des scientifiques ne donnent aucune raison du changement périodique des vents dans cette partie de l'océan austral, *parce que la loi que nous avons exposée dans la troisième remarque ne leur était pas connue* [4].

La « Confirmation par l'expérience » de la « Remarque 5 » souligne l'utilité pour la *cartographie* et la *géographie* de la théorie des vents. Elle permet à Kant de déduire l'existence d'un cinquième continent, l'Australie. Sa théorie des moussons (plus que des alizés, issue de théories antérieures) lui vaudra une part de sa notoriété de géographe plus que de météorologue-climatologue. S'il n'y a rien d'original à expliquer la genèse des vents par le principe d'équilibre des pressions et des températures, en revanche Kant déduit de ce principe de façon inattendue l'existence possible d'une terre de vaste étendue située dans l'hémisphère Sud. Ce qui est original n'est pas tant l'hypothèse d'un cinquième continent, l'Australie, que le fait de l'étayer sur sa théorie des vents,

1. « Dans toute la zone torride […] dominent sur les mers avoisinantes des vents alternants, les moussons, ou, comme les Anglais les appellent (d'un mot indien qui signifie saison), les *monsuns* : d'avril à septembre, un vent de Sud-Ouest, et les autres mois un vent de Nord-Est. Les moussons ont lieu dans le golfe du Bengale, le golfe Persique, la mer d'Arabie, l'archipel [...] des Philippines, dans le golfe du Mexique et en d'autres endroits. Dans l'hémisphère Sud, l'alternance des vents [...] donne un vent de Nord-Ouest d'avril à septembre et un vent de Sud-Est les autres mois » (GP, I, 3, § 69 « Des moussons ou des vents périodiques », AK IX, 290-291 ; p. 200).

2. Voir S. Malardel, *op. cit.*, II, 4, 2 « La mousson », p. 114-117.

3. GP, § 70 « Cause des moussons », AK IX, 291; p. 200 ; n. s. Voir aussi *Nachlass*, Réflexion 91 : « La *loi* des moussons par les mêmes causes », dans GP, p. 355-357, où Kant cite (*via* Buffon) Jurin et Varénius.

4. TV, « Remarque 5 », AK XI, 501 ; p. 102.

elle-même nourrie des récits de marins tirés de Buffon. La théorie des moussons et des alizés se révèle utile

> si on veut *l'appliquer à la découverte de nouvelles terres*. Si dans l'hémisphère Sud, non loin du Tropique [du Capricorne] [...] un navigateur ressent un vent continu du Nord-Ouest, ceci peut être pour lui un *signe quasi infaillible que, vers le Sud, doit se trouver une terre ferme très étendue* [...]. D'après les observations actuelles, la région où se trouve la Nouvelle Zélande nourrit encore la fameuse *hypothèse selon laquelle il se trouve à cet endroit* une *terre australe très étendue* [1].

Comme il est difficile d'explorer intégralement l'hémisphère Sud et l'Océan Pacifique, il faut, dit Kant, aux navigateurs un savoir qui leur indique, en confrontant la règle générale à ses exceptions (vent d'été du Nord-Ouest près des côtes australiennes), de quel côté ils ont une chance de trouver de nouvelles terres. Si la Nouvelle Zélande, les îles Fidji, les Nouvelles Hébrides, la Tasmanie, la Nouvelle Calédonie sont connues depuis le XVIIe siècle (par le navigateur hollandais Abel Tasman), voire dès le XVIe (avec l'Espagnol Luis Vaez de Torres), en 1750 on ne connaît qu'une partie des côtes de l'Australie, dont on ignore la surface précise et qui n'est pas encore tenue pour un continent [2]. L'originalité de Kant en 1756 (comme au § 67 de la *Géographie physique*) est d'envisager une cause *géographique* de *déviation* des vents, autre que la cause générale (rotation terrestre) : la *distance par rapport à une vaste étendue de terre ferme* subissant un fort rayonnement solaire. Plus on s'approche d'une vaste terre, plus sont nets les effets de l'échauffement de l'air terrestre (convection, dépression), la terre étant plus perméable que la mer aux variations thermiques, et plus s'atténue le principe théorique général de déviation progressive des alizés d'Est en Ouest liée à la rotation terrestre. *A contrario*, plus on s'éloigne d'un continent (par exemple au milieu de l'Océan Pacifique ou de l'Océan Indien), plus ce principe théorique se confirme [3]. Kant applique ainsi un principe (de mécanique des fluides appliqué aux vents) connu de Buffon pour accréditer la nature continentale de l'Australie et pallier le manque de voyages d'exploration, que déplorent plusieurs savants. Par exemple Maupertuis [4], dans sa *Lettre sur le progrès des sciences* (1752), invite le roi de France à multiplier les missions dans l'hémisphère austral, qui abrite

> un espace inconnu où placer une nouvelle partie du monde, plus grande qu'aucune des quatre autres : et aucun prince n'a la curiosité de faire

1. TV, « Remarque 5 », AK XI, 501 ; p. 102.

2. La 3e Partie de la GP ne mentionne que 4 continents. L'Australie sera mieux explorée par Cook en 1769.

3. Selon ce principe, « plus on s'éloigne de l'équateur vers les Tropiques, plus ce vent d'Est dévie vers le Sud ou le Nord, selon qu'on se trouve dans l'hémisphère Sud ou Nord, ce qui donne, selon le cas, un vent de Sud-Est ou un vent de Nord-Est » (GP, § 67, AK IX, 289 ; p. 199).

4. Dont Kant cite dans sa GP plusieurs traductions allemandes : *Figur der Erden* (Zürich, 1741) ; *Anfänge der Geographie* (Zürich, 1742) ; *Die Naturlehre der Venus* (*Hamburgisches Magazin*, 1747).

> découvrir si ce sont des terres ou des mers qui remplissent cet espace [...]. Il y a beaucoup plus de probabilité qu'on y trouvera des terres qu'une mer inconnue. À cette réflexion générale on pourrait ajouter les relations de tous ceux qui, naviguant dans l'hémisphère méridional, ont aperçu des pointes, des caps, des signes certains d'un continent [...]. La Compagnie des Indes de France envoya, il y a quelques années, chercher des terres australes entre l'Amérique et l'Afrique ; le capitaine Lozier qui était chargé de cette expédition naviguant vers l'Est [...] trouva [...] des signes continuels de terres voisines [...]. Mais [...] les terres situées à l'Est du Cap de Bonne Espérance mériteraient beaucoup plus d'être cherchées que celles qui sont entre l'Amérique et l'Afrique. Les terres australes au-delà de l'Afrique [...] sont absolument isolées et [...] forment pour ainsi dire un nouveau monde à part [1].

Mais si Maupertuis déduit l'existence d'un continent austral d'une *probabilité statistique* (il n'est guère d'océan qui n'abrite quelque terre), Kant la déduit de sa *théorie des vents* tirée de Buffon, qui étayait déjà cette hypothèse par les travaux de Buache [2]. Pour Kant, le principe des différences de capacité thermique entre océan et continent doit permettre d'orienter plus judicieusement les expéditions à venir.

> Il est impossible à ceux qui naviguent en mer d'explorer toutes les régions de l'hémisphère Sud, afin de repérer à cet endroit de nouvelles terres. Ils doivent avoir pour guide une instruction (*Anleitung*) qui leur permette de juger de quel côté ils rencontreront vraisemblablement de telles terres. Cette instruction leur servant de guide pourrait leur être donnée par les vents du Nord-Ouest qu'ils peuvent rencontrer en été à cet endroit dans les grands espaces maritimes, car ces vents sont des signes d'une proche terre australe [3].

Le *Nachlass* liera de nouveau altération du vent *et* existence d'un continent austral : la mousson est d'autant plus marquée qu'il y a proximité entre océan et vaste terre (sous-continent indien, continent austral). Là où il n'y a aucune terre, la mousson s'atténue au profit de l'alizé. Outre la saison et la latitude, la géographie locale influe donc sur la mousson. Réciproquement, un écart des moussons par rapport à la règle générale nous instruit sur la géographie locale, quand celle-ci nous est inconnue.

> Ces vents périodiques ne soufflent jamais que lorsque l'océan est proche d'un grand pays. En effet, lorsque la mer est entièrement libre, c'est le vent d'Est avec sa direction secondaire qui règne toute l'année [...]. En effet, le vent du Nord-Est d'un côté [dans l'hémisphère Nord] et le vent du Sud-Est de l'autre [dans l'hémisphère Sud] sont des alizés qui, soufflant sur une mer libre, ne

1. *Vénus physique* et *Lettre sur le progrès des sciences*, Paris, Aubier Montaigne, 1980, p. 148-151.

2. Philippe Buache (géographe français, 1700-1773), dont Buffon connaît la *Carte de la partie de l'Océan vers l'équateur entre les côtes d'Afrique et d'Amérique* (1737) et la *Carte des terres australes comprises entre le Tropique du Capricorne et le Pôle Antarctique, où se voient les nouvelles découvertes faites en 1739 au Sud du Cap de Bonne Espérance* (1739), établie à partir des relevés de Lozier dans le cadre de l'expédition menée par la Compagnie des Indes pour l'Académie royale des sciences de Paris.

3. TV, « Remarque 5 », AK XI, 501 ; p. 103 ; n. s.

> voient leur direction déviée par aucun obstacle [...]. On peut observer cela clairement dans l'Océan Indien entre la Nouvelle-Guinée et Madagascar, où la mousson du Nord-Ouest cesse quand elle est parvenue à bonne distance de la terre, où elle est remplacée par un alizé du Sud-Est ; on peut en conclure avec vraisemblance que ces pays des régions australes, dont la Nouvelle-Guinée fait partie, doivent être extrêmement étendus, puisqu'ils parviennent, au moment des plus fortes chaleurs, à attirer l'air dans un périmètre si vaste que la mousson parvient à l'emporter sur les alizés soufflant normalement dans le sens opposé [1].

En conclusion, la théorie kantienne des vents de 1756 (que reprendront en l'affinant les autres écrits de Kant consacrés aux vents) est donc d'abord une synthèse de théories passées : Galilée, Halley, D'Alembert, Buffon (source principale), et plus ponctuellement Mariotte, Bernoulli, Euler. Mais elle est aussi un laboratoire d'hypothèses et de « remarques nouvelles », comme l'indique le titre. Kant développera et précisera sa théorie des vents toute sa vie durant, tout en reconnaissant que lui-même n'achève pas cette théorie, laquelle reste un horizon visé. L'écrit de 1756 témoigne des connaissances qu'a Kant en météorologie et climatologie, au carrefour entre géographie physique (resituée dans une histoire naturelle au sens de Buffon), chimie pneumatique (des gaz) et mécanique des fluides (hydrostatique et hydrodynamique), même si le savoir de Kant en ce dernier domaine est moins technique que celui de D'Alembert. En 1756 Kant, loin de se contenter de compiler des doctrines existantes, formule en *Naturforscher* des hypothèses originales, qui seront démontrées plus tard en météorologie et en physique (force de Coriolis déviant les alizés, loi de Buys-Ballot sur le sens du vent selon les champs de pression, théorie des transformations adiabatiques), ainsi qu'en géographie (existence d'un continent austral). Sa *Théorie des vents*, assez complète pour l'époque, contient une *définition* du vent, une *histoire descriptive* des principaux types de vents (permanents, alternants, irréguliers), une *explication* des vents par leurs *principales causes* physiques (mathématisables ou non) et met en pratique certains des principes de l'épistémologie kantienne de la physique : recours limité au calcul mathématique, formulation d'hypothèses qui, confirmées par l'expérience, confèrent aux règles générales le rang de lois universelles. Enfin, la théorie kantienne des vents de 1756 constitue un maillon historique important entre les théories classiques et les modèles de circulation atmosphérique du XIXe siècle, socle de notre météorologie actuelle [2].

Mai LEQUAN
(Université Lyon 3)

1. *Nachlass*, Réflexion 91, AK XIV, 560 ; dans GP, p. 356.

2. Voir G. de Moor et P. Veyre, *Les bases de la météorologie dynamique*, Paris, Météo-France, 1991 ; I. N. James, *Introduction to circulating atmospheres*, Cambridge, Cambridge University Press, 1994 et R. P. Wayne, *Chemistry of the atmospheres*, Oxford, Clarendon Press, 1991.

III
LES SCIENCES DU VIVANT

QUAND LA CONNAISSANCE DU VIVANT CROISE LA FACULTÉ DE JUGER RÉFLÉCHISSANTE

LA SCIENCE ET LES SCIENCES

C'est bien sous la forme du singulier et du pluriel que procède Kant dans les premières pages de la « Préface » à la seconde édition de la *Critique de la raison pure*. La recherche est celle, en effet, du « chemin sûr de la science », mais c'est une diversité de disciplines qui est évoquée. La métaphysique n'est pas sur ce chemin, alors que la logique, stable depuis Aristote, l'avait trouvé, tout comme la mathématique et la physique. Avec cette dernière Kant rejoint son époque, où on peut faire aller ensemble les deux termes en parlant de physique mathématique [1]. – Je voudrais en venir tout de suite à la *Critique de la faculté de juger*, car cela permettra de manifester une autre réussite, la science de la nature qui traite des vivants, au moment, contemporain de Kant, où délaissant l'animal machine de l'époque cartésienne, elle en vient à l'organisme, naissance de ce qui prendra bientôt le nom de biologie. Il faudra attendre la fin du siècle suivant pour que se mettent en place les sciences humaines, et il sera intéressant de chercher ce qui du temps de Kant se tourne déjà vers cet horizon.

LE JUGEMENT ESTHÉTIQUE ET LA FACULTÉ DE JUGER RÉFLÉCHISSANTE

C'est le jugement de goût qui appelle une troisième *Critique*. Il part d'un senti, un donné dans la diversité offerte aux sens, point de départ commun avec tous ces jugements où le monde éveille l'esprit humain à la connaissance. Une voie est alors celle où un concept avec ses déterminations, qualitatives par exemple, subsumant un donné, le place dans un ensemble plus large, lui valant une universalité, ainsi la rose, parmi les fleurs. La nouveauté du jugement de goût, la beauté de la rose, tient dans le senti accédant immédiatement à

1. CRP, B VII-XV, AK III, 7-10 ; OP I, 734-738.

l'universel, ce que Kant va préciser en parlant d'*universel sans concept* [1]. – À ce point il est capital de souligner que *parler de raison et d'universel est de soi une seule et même chose*, ce qui ne supprime pas la question, transcendantale, des *limites de la raison*. – La raison est engagée dans ce senti porté immédiatement à l'universel. Est rejoint ici l'apport de la troisième *Critique* qui est de mettre en lumière deux démarches de la faculté de juger, l'une qui est *déterminante*, fonction propre du concept, introduisant cette forme apparemment bien modeste de la pensée classificatoire, qui garde le divers en le mettant en cette expression de la raison qu'est l'ordre, l'autre qui s'inverse, partant du sensible et cherchant l'universel, faculté de juger *réfléchissante*, parce qu'elle garde l'universel de toute saturation. Et c'est pourquoi il suffira de rappeler cela, la faculté de juger esthétique ne refuse le concept qu'en raison de la fermeture opérée, le retrouvant dans les idées esthétiques qui « donnent beaucoup à penser », toujours donc en position d'ouverture [2].

Et c'est à ce point que la *Critique de la faculté de juger*, rendue nécessaire par le jugement esthétique, va développer une deuxième partie, la *Critique de la faculté de juger téléologique*. C'est par la *finalité* qu'il faut rentrer ici. C'est une façon de lire la faculté de juger réfléchissante, et c'est vers la diversité des sciences que l'on fait retour, en une de ses branches qui prend de plus en plus consistance, celle qui traite des *êtres vivants*. Elle est présente dans la *Critique de la raison pure*. Ce qui est dit alors n'est pas dénié. Mais cela va permettre de mettre en valeur l'apport propre de la troisième *Critique*.

SCIENCE DE LA NATURE ET FACULTÉ DE JUGER RÉFLÉCHISSANTE

On se donne un bon abord du jugement réfléchissant en remarquant que son analytique se construit en un dispositif ternaire, ainsi le beau venant entre l'agréable et le bon. – Ce sont les trois premiers paragraphes de l' « Introduction » qui viennent ici en filigrane. Il y a deux *domaines* qui s'ouvrent au sujet connaissant et agissant, celui de la nature et celui de la liberté, soumis chacun à une législation propre, avec entre eux un abîme infranchissable. *Un passage doit pourtant être trouvé*, le "*doit*" étant ici celui qui en allemand connote l'impératif moral [3]. Le *passage*, acte joignant sans confusion deux irréductibles, ne quittera plus l'horizon kantien jusqu'aux dernières pages de l'*Opus postumum*. Or c'est à ce point que vient la troisième *Critique*. La faculté de juger n'a pas de domaine propre, mais elle est un *principe propre pour chercher une loi*, qui vient ainsi se loger en troisième position qui ne fait pas nombre avec les deux domaines [4].

1. CFJ, § 6, AK V, 211-212 ; OP II, 967.
2. CFJ, § 49, AK V, 314 ; OP II, 1097.
3. CFJ, « Introduction II », AK V, 174-175 ; OP II, 927-929.
4. CFJ, « Introduction II », AK V, 177 ; OP II, 931.

C'est la faculté de juger réfléchissante qu'il faut reconnaître dans ce principe propre pour chercher une loi et qui va bien du sensible à l'universel de la raison. Il est passage, non à la façon du pont bâti, consolidant l'abîme, mais au sens de ce qui ne cesse d'être recherche, passage pris dans son faire même, en un ajustement qui n'est jamais de l'acquis. – Il faut donc donner toute sa force à la construction en triade qui ouvre la « Critique de la faculté de juger téléologique » qui concerne la finalité propre au vivant, entre une finalité mathématique et celle qui ne concernerait que des rapprochements arbitraires. En mathématique, on parle de finalité en raison des correspondances entre les éléments qu'elle développe. Ainsi, pour la géométrie l'inscription d'un polygone dans un cercle. Les éléments semblent « faits pour » ces combinaisons, mais cette finalité est purement formelle [1]. D'un autre côté dans les phénomènes naturels, il est des processus dont la combinaison ont des effets fort utiles, mais dont la finalité est purement relative, ainsi le vent de la mer qui souffle le soir vers la terre plus chaude, pour rafraîchir les habitants [2]. L'intermédiaire, qui se met en place dans la « Critique de la faculté de juger téléologique », est ce que Kant nomme *fin naturelle* [3], et qui va donner la clef de la science du vivant en train de se constituer au XVIIIe siècle, lorsqu'elle passe du vivant machine de l'époque cartésienne au vivant comme *organisme*, compris comme *causalité réciproque*.

Il est fort remarquable que Kant n'ait donné comme raison de la troisième *Critique* que le jugement esthétique, et non la science du vivant. La raison en est que la *Critique de la raison pure* avait déjà fait face au rôle de la finalité dans le développement d'une science du vivant. De soi, donc, il n'y aurait dû y avoir qu'une « Critique de la faculté de juger esthétique », mais sa constitution même va entraîner une seconde partie, concernant la science du vivant. Il faut donc, à ce point, présenter aussi brièvement que possible ce qu'avait déjà mis en place la première *Critique*. Il s'agit de l' « Appendice à la "Dialectique transcendantale" », moment où Kant revient sur les idées de la raison en leur usage régulateur. Je m'en tiens à ce qui concerne la question du vivant. – La question de la finalité vient, avec le rôle qu'elle peut jouer dans les sciences de la nature, et, expressément dit, dès qu'il s'agit du vivant [4]. Ce rôle ne peut être que *régulateur* et pas constitutif. Kant en reconnaît le sérieux qui tient dans cette caractéristique du vivant qu'est *la causalité réciproque*. La finalité en est le concept-clef, puisqu'elle détermine le genre de causalité, le fonctionnement de l'œil par exemple. La réciprocité consiste à prévenir des excès possibles, ainsi le clignotement diminuant la lumière. Kant fait appel, dans une ligne leibnizienne, à la vieille théorie des prédicables. Le genre, du côté de l'essence, est la *causalité* (capacité de voir), la *réciprocité* donne la spécificité (diminuer la vue). La règle est de ne pas trop multiplier les genres, pour garder

1. CFJ, § 62, AK V, 362-366 ; OP II, 1151-1156.
2. CFJ, § 63, AK V, 366-369 ; OP II, 1156-1160.
3. CFJ, § 64, AK V, 369-370 ; OP II, 1160.
4. CRP, A 691-692 / B 719-720, AK III, 455 ; OP I, 1282.

l'unité, mais aussi de ne pas trop diminuer les espèces et leur pouvoir d'explication. On devine, et Kant le laisse entendre, le flottement inévitable [1]. – Je me borne à cela, on sait qu'il y a approximation, mais on essaie d'y faire face.

Le changement décisif apporté par la troisième *Critique* est donc de traiter le vivant comme une *fin naturelle* [2], dans un *jugement réfléchissant*. Toute la prudence rappelée dans les règles des prédicables concernait toujours des *jugements déterminants* dont on avertissait des raideurs. Un premier gain est celui de la place faite à l'*observation*. La vie ne se déduit pas, elle s'observe [3], aussi bien est-ce impliqué dans la notion même de jugement réfléchissant, partant du sensible et y cherchant raison. La causalité réciproque qui définit l'organe n'est pas de l'ordre de la réciprocité de l'attraction et de la répulsion. Non seulement elle fait face à l'imprévu de l'environnement, mais elle peut porter remède à une défaillance des organes, principalement dans le régime des sens. L'intelligibilité se prend de la fin, ce qui n'est qu'une autre manière de parler du jugement réfléchissant. – Cela ne veut pas dire que toute détermination soit à bannir. À ce point, il faut rappeler l'antinomie de la faculté de juger téléologique, mettant en jeu les deux causalités, mécanique et finale. L'une et l'autre sont à prendre de façon régulatrice, ce qui est subordonner, sans la supprimer, la causalité mécanique. L'intelligibilité prise de la fin est toujours ouverte aux imprévus, avec l'adaptation possible [4].

LA FIN DE LA NATURE ET LE LANGAGE DE LA SCIENCE DANS L'HORIZON DE LA FACULTÉ DE JUGER RÉFLÉCHISSANTE

Les deux premières *Critiques* se terminent par une « Méthodologie », et il en est de même de la « Critique de la faculté de juger téléologique », en un long développement. Le titre vient au terme de la « Critique de la faculté de juger esthétique », mais pour dire qu'elle n'y a pas de place, parce que, il vaut de le noter, l'esthétique n'est pas une *science*. Elle se termine sur la place décisive du sentiment moral, écho au chapitre précédent : « De la beauté comme symbole de la moralité » [5]. Or au terme de chacune de ces parties revient, je voudrais le montrer, la faculté de juger réfléchissante ouvrant sur des horizons où résonne la question kantienne : « Qu'est-ce que l'homme ? ».

Je partirai, avec la première *Critique,* du double concept de la philosophie, *concept scolastique* et *concept cosmique*, ce dernier l'ordonnant aux fins de la raison, dans lesquelles le primat revient à la liberté [6]. – Dans la « Critique de la la faculté de juger téléologique », le point de départ se prend, nous l'avons vu,

1. CRP, A 652-655 / B 680-683, AK III, 433-434 ; OP I, 1254-1256.
2. CFJ, § 65, AK V, 372 ; OP II, 1163.
3. CFJ, § 61, AK V, 359-360 ; OP II, 1149.
4. CFJ, § 70, AK V, 386-387 ; OP II, 1179-1180.
5. CFJ, § 60, AK V, 354-356 ; OP II, 1145-1147.
6. CRP, A 838 / B 866, AK III, 542-543 ; OP I, 1389-1390.

de la nouvelle forme de la science du vivant où au vivant machine se substitue le vivant comme *fin naturelle* [1]. Les articulations sont ensuite très nettes. Cette fin naturelle conduit à poser la question d'une *fin de la nature* [2], point où il est capital de se situer dans le jugement réfléchissant, celui qui du sensible observé ouvre la recherche de l'universel de la raison. Il est juste de le penser d'abord comme *système*, tenant par une *fin dernière*, l'homme étant cette fin dernière. Kant prend alors plaisir à la remarque de Littré : si on peut dire en effet que les plantes sont pour les animaux, ces derniers étant pour le service de l'homme, l'inverse est aussi possible, l'homme étant là pour modérer les animaux afin qu'ils ne détruisent pas toutes les plantes, situées en position de fin dernière [3]. – Il en va autrement s'il est là comme *être raisonnable et libre*, et *qu'il choisisse cette liberté et ses exigences* [4]. – Il faut cependant que l'on porte attention à ce que l'on dit en parlant d'une telle finalité. L'homme n'est en aucune manière un favori de la nature. C'est en terme de *lutte* qu'il faut plutôt l'entendre, l'obligeant à passer à la *culture*, remarquablement définie comme *aptitude à toutes sortes de fins* [5]. Cela ouvre sur la question politique, les fins choisies entraînant la dureté des rapports de société [6], écho à l'insociable sociabilité du premier écrit politique, *Idée d'une histoire universelle d'un point de vue cosmopolitique* [7]. – Un nouveau pas consiste à passer de la fin dernière à une *fin ultime*, qui devient fin d'une création, indexée sur la valeur de fin en soi que prend ainsi l'homme [8]. C'est le propos théologique qui qui vient alors, avec tout spécialement le débat sur l'athéisme. Cette dimension de création ne va-t-elle pas contre un point majeur de toute la réflexion kantienne : l'obligation morale n'a pas besoin de se fonder sur une foi en Dieu ? L'athée peut être un juste, devenant cependant *croyant au point de vue pratique* pour ne pas laisser diminuer son respect pour la loi morale alors pensable comme impuissante [9]. En tout cela s'entendent le ton du concept cosmique de la philosophie et la place de l'homme libre.

En ce qui concerne la « Critique de la faculté de juger esthétique », je m'en tiens au dernier chapitre de la « Dialectique », avec pour titre « Le beau symbole de la moralité » et pour en parler correctement il faut ouvrir le champ entier du connaître. Un premier niveau est celui des connaissances empiriques, qui sont encore comme autant *d'exemples* en quête d'organisation. L'enjeu est de les *présenter*, et pour mieux serrer la nouveauté qu'il veut introduire, Kant recourt au grec *hypotypose*, terme principal, littéralement *modèle mis dessous*, concrétisé par le latin, *sub aspectum mittere*, mettre sous le regard, conclu par

1. CFJ, § 65, AK V, 372-373 ; OP II, 1163-1164.
2. CFJ, § 67, AK V, 378 ; OP II, 1170-1171.
3. CFJ, § 82, AK V, 427 ; OP II, 1229.
4. CFJ, § 83, AK V, 431 ; OP II, 1233-1234.
5. CFJ, § 83, AK V, 431 ; OP II, 1234.
6. CFJ, § 83, AK V, 431-432 ; OP II, 1234-1235.
7. IHU, AK VIII, 20 ; OP II, 192.
8. CFJ, § 84, AK V, 434-436 ; OP II, 1237-1239.
9. CFJ, § 87, AK V, 450-453 ; OP II, 1257-1259.

l'allemand *Versinnlichung*, faire passer au sensible [1]. L'audace est grande, puisque le départ est à hauteur des idées.

L'hypotypose est double, *schématique* et *symbolique*. Le schématisme renvoie au début de l' « Analytique des principes », dans la *Critique de la raison pure*, moment essentiel puisque le schème est le produit de l'imagination à qualifier de transcendantale, apte à mettre un ordre dans le divers donné dans le temps [2]. L'apport de la troisième *Critique* est de joindre à cette *hypotypose schématique* l'*hypotypose symbolique*. Qu'il suffise ici de noter que l'on ne se trompe pas en voyant dans celle-ci la *faculté de juger réfléchissante*. Par deux fois en effet le terme de *réflexion* vient pour rendre compte de la démarche. – L'essentiel de ce que je voudrais souligner ici est que l'on est à un des plus remarquables point de l'émergence de la notion de langage dans l'œuvre kantienne. Kant refuse en effet la position leibnizienne qui met le symbole du côté de l'idée, en particulier à partir de l'écriture mathématique. Le symbole relève pour Kant de l'intuition, cela étant illustré par le jeu de la métaphore dans le langage. Mais cela se laissait entendre dans la notion qui fait l'ouverture, la *Darstellung*, présentation qui n'est reçue que parce qu'elle est entendue. Le sensible d'où part le jugement réfléchissant ne se sépare pas du sensible où résonne la parole qui atteste l'homme [3].

La quatrième des questions de la philosophie, « qu'est-ce que l'homme ? » [4], vient ainsi en filigrane dans le symbole kantien. Une carrière nouvelle se présentera lorsque, à la fin du XIXe siècle, les sciences humaines ouvriront ce que l'on peut considérer comme un nouveau champ majeur dans la science qui débute au XVIIe siècle et mérite d'être dite science moderne. Le premier lieu est la physique mathématique newtonienne, que découvrait Kant au temps de ses études. Le deuxième est celui qui prenait forme dans la science du vivant, alors qu'il travaillait à l'ensemble des trois *Critiques*. Le troisième lieu du pluriel des sciences est celui des sciences humaines. Il était à l'horizon, lorsque Kant ramenait la tâche philosophique à la plus vieille des énigmes, l'homme.

François MARTY
(Centre Sèvres, Facultés Jésuites de Paris)

1. CFJ, § 59, AK V, 351 ; OP II, 1141-1142.
2. CRP, A 137-147 / B 176-187, AK III, 133-139 ; OP I, 884-891.
3. CFJ, § 59, AK V, 351-352 ; OP II, 1141–1142.
4. LOG, AK IX, 25 ; OP III, 1297.

LA PLACE DE L'ANALYTIQUE DE LA BIOLOGIE DANS LA PHILOSOPHIE TRANSCENDANTALE

La seconde partie de la *Critique de la faculté de juger* est – la plupart des commentateurs s'accordent à le dire – une analytique du jugement biologique [1]. Dans cet article, nous interrogeons la nécessité, le statut et la place d'une telle analytique dans la philosophie transcendantale.

Dans les *Premiers principes métaphysiques de la science de la nature*, Kant définit les premiers principes transcendantaux de toute science de la nature, présupposant un seul concept empirique qui est le mouvement. Aucune mention n'est faite dans cet ouvrage d'une science de la vie et de ses principes transcendantaux – *a fortiori*, l'hypothèse de matière douée de vie est même réfutée comme aberration métaphysique sous le nom d'hylozoïsme car elle contredit le principe d'inertie : « la matière en tant que telle est *sans vie*. C'est ce qu'énonce le principe d'inertie, et rien d'autre » [2]. Comment se fait-il donc qu'en 1791 Kant s'interroge sur les principes transcendantaux spécifiques du jugement biologique ?

De nombreux auteurs ont étudié les connexions entre cet ouvrage et la biologie du temps, en premier lieu celle de Blumenbach [3]. Ici je m'intéresse aux raisons en quelque sorte internes de ce revirement vers une analytique de la biologie. Je commence par le moment précritique, pour montrer comment

1. John Mc Farland, *Kant's concept of teleology*, Edinbourgh University Press, 1970 ; Peter Mc Laughlin, *Kant's critique of teleology in biological explanation, Antinomy and teleology*, Lewinston, E. Mellen Press, 1990 ; John H. Zammito, *The Genesis of Kant's* Kritik der Urteilskraft, Chicago, University of Chicago Press, 1992 ; Hannah Ginsborg, « Kant on Understanding Organisms as Natural Purposes », dans *Kant and the Sciences*, E. Watkins (ed.), Oxford, Oxford University Press, 2001, p. 231-259 ; Reinhard Löw, *Philosophie des Lebendigen. Der Begriff des Organischen bei Kant, sein Grund und seine Aktualität*, Frankfurt, Suhrkamp, 1970.

2. PPM, AK IV, 544.

3. John H. Zammito, *The Genesis of Kant's* Kritik der Urteilskraft, *op. cit.* ; Robert J. Richards, « Kant and Blumenbach on the *Bildungstrieb* : a historical misunderstanding », *Studies in History and Philosophy of Biology and Biomedical Science*, 31, 1, 2000, p. 11-32 ; *The romantic conception of life*, Chicago, University of Chicago Press, 2002 ; Timothy Lenoir, *The strategy of life. Teleology and mechanism in Nineteenth Century German biology*, Dordrecht, Reidel, 1982 ; Philippe Huneman, *Métaphysique et biologie. Kant et la constitution du concept d'organisme*, Paris, Vrin, 2008.

les déterminants essentiels de la problématique de la biologie sont présents, principalement dans le *Beweisgrund*. Je considère ensuite le moment de la *Critique de la raison pure* ; enfin, j'analyse la place de la biologie dans la troisième *Critique*, pour montrer en quoi elle résout les difficultés rencontrées par la philosophie critique.

I. LE *BEWEISGRUND* ET LES DISTINCTIONS CONCEPTUELLES

Dans l'ouvrage de 1764, Kant traite essentiellement du concept d'ordre, parce que l'un des enjeux est de repenser la preuve physico-théologique de Dieu. Il y dresse une distinction fondamentale qui structurera toute sa pensée de la vie : l'opposition entre ordre nécessaire et ordre contingent. Quand plusieurs types de phénomènes avec les légalités qui les sous-tendent semblent conspirer à produire un résultat unique et harmonieux, deux interprétations de cet ordre sont en effet possibles : soit il s'agit de légalités autonomes dont l'union est contingente et requiert alors une sorte d'artisan transcendant – c'est l'ordre contingent, qui renvoie à une technique divine – ; soit cette articulation découle du fait que les légalités sont nécessairement liées – c'est là l'ordre nécessaire, qui définit un système naturel –. Comme on voit ici et là concourir plusieurs entités à un même agencement, deux pôles de la signification de finalité sont ainsi définis : le système et la technique – et leur relation évoluera au fur et à mesure de la pensée kantienne. Kant indique que toute bonne méthodologie scientifique doit privilégier l'ordre nécessaire à chaque fois que cela est possible – précisément parce qu'il donne lieu à des explications naturelles et non transcendantes. Un exemple en est la succession des vents (chaud et froid) sur le littoral, laquelle semble se dérouler en vue de procurer un confort maximal aux habitants ; mais, en fait, tous les types de vents s'inscrivent dans un même cycle de l'air et rien ici ne doit requérir une technique transcendante [1]. Fondamentalement, cette vision désolidarise les idées d'ordre et celle d'utilité : l'utilité apparente des vents sur le littoral (envers les habitants) en réalité repose sur un ordre dont la systématicité est strictement immanente et ne vise à servir personne [2].

Souvent, des ordres apparemment contingents recouvrent des ordres nécessaires. L'épistémologie « historiciste » mise en place dans l'*Histoire générale de la nature et théorie du ciel* permet précisément cette opération ; considérés dans leur genèse sur une période extrêmement longue, de nombreux ordres contingents – comme par exemple la coplanarité des orbites de planètes du système solaire [3] – peuvent apparaître comme l'effet ultime du déploiement de quelques lois solidaires, donc d'un ordre nécessaire. Le problème que posent

1. Voir UF, AK II, 97. Voir aussi GP, AK IX, 29.

2. Sur ce texte, voir Huneman, « L'unité de l'histoire naturelle et de la métaphysique dans l'*Unique fondement* », dans *Kant avant la critique*, L. Langlois (éd.), Paris, Vrin, 2009, p. 57-67.

3. Voir HGN, AK II, 121.

les organismes, et en particulier leur développement, est précisément de concevoir le type d'ordre qu'ils instancient – certes il semble contingent [1], mais dans le même temps il se pourrait que la méthodologie « historiciste » puisse souvent ramener l'ordre nécessaire à l'ordre contingent [2].

Dans la période précritique, Kant va s'intéresser à des questions d'histoire naturelle concernant la définition des variétés et des races animales. Ces questions recoupent les perplexités des naturalistes de l'époque devant la difficulté du concept d'espèce et les frontières peu nettes entre espèces et variétés, comme en attestent Buffon, Robinet, ou Bonnet [3]. Dans la mesure où les races sont héritées, donc transmises de parents à enfants, la spéculation kantienne dans les essais sur les races (1777-1787) va aussi s'inscrire dans la réélaboration contemporaine de la théorie du développement, qui culminera avec la *Theoria generationis* (1758) de Wolff, triomphe de l'épigénétique sur la préformation [4]. J'ai indiqué ailleurs les liens entre cette théorie et Kant [5] – il suffit ici d'indiquer que selon le point de vue du *Beweisgrund,* les préformationnismes se trompent en attribuant trop à la surnature [6], alors que les épigénétistes ne proposent pas une théorie scientifiquement satisfaisante (on dispose alors des spéculations de Maupertuis ou de Buffon sur les moules intérieurs et les affinités).

II. La finalité comme systématicité dans la *Critique de la raison pure*

Dans la « Dialectique transcendantale » de la première *Critique*, Kant considère que la systématicité est l'idéal de la raison pour la synthèse du savoir empirique [7].

À la différence entre système et technique se substitue une différence fondamentale, celle entre la *nature* – à savoir l'ensemble des choses sous des lois, selon les *Premiers principes métaphysiques*, lesquelles renvoient précisément aux principes transcendantaux de l'expérience possible – et l'*ordre de la nature*, selon lequel les différentes lois empiriques se combinent en un tout cohérent, autrement dit la systématicité. La nature elle-même relève de l'entendement (*via* les principes du jugement synthétique *a priori*) ; elle

1. UF, AK II, 114.
2. HGN, AK II, 126.
3. Sur ce point voir Jacques Roger, *Les sciences de la vie dans la pensée française au XVIIIème siècle*, Paris, Colin, 1963 et Paris, Albin Michel, 1993.
4. Voir Michael H. Hoffheimer, « Maupertuis and the Eighteenth-Century Critique of Preexistence », *Journal of the History of Biology* 15, 1, 1982, p. 119-144.
5. Voir Philippe Huneman, « Reflexive judgement and wolffian embryology : Kant's shift between the first and the third *Critique* », dans *Understanding purpose ? Kant and the philosophy of biology*, P. Huneman (ed.), Publication Series of the North American Kant Society, University of Rochester Press, 2007, p. 75-100.
6. UF, AK II, 115.
7. CRP, A 651 / B 679, AK III, 432 ; OP I, 1253.

n'implique aucune finalité et on pourrait avoir une nature sans ordre de la nature. Néanmoins, l'intérêt de la raison est précisément la systématicité, sans quoi aucune méthodologie ne serait possible – en particulier, la systématicité donne un fil à « l'usage hypothétique de la raison » [1] et en ce sens la raison impose la systématicité [2] comme une sorte de principe régulateur, qui se traduit ainsi par l'ordonnancement de la nature en genres et espèces. En d'autres termes, les différentes réquisits de systématicité ne définissent pas des méthodes, mais sont le transcendantal de toute méthodologie. L'autre nom de la systématicité est la finalité, car elle signifie que la nature apparaît comme si elle était à destination de notre faculté de connaître. En ce sens, la nature est donc finale, mais l'idée d'accord contingent des lois, donc de technique de la nature – qui caractérisait en partie le vivant dans le *Beweisgrund* – a disparu. En ce sens, cette finalité est *strictement synonyme de l'exigence de systématicité de la science* et elle ne s'oppose absolument pas à des explications intégralement données selon les causes efficientes, explications qu'exige le principe formulé dans la seconde analogie de l'expérience, selon lequel tout événement succède à un autre selon une règle (que l'on pourrait appeler principe de causalité), donc une description en termes de déterminismes mécanistes dans laquelle aucune fin posée n'a de valeur explicative. La finalité n'est qu'un langage pour dire ce qu'explique la science naturelle, et peut lui fournir une heuristique ; ce langage est immédiatement coextensif au territoire de la physique, soit l'univers entier.

Kant décrit ainsi cette équivalence :

> Il doit vous être égal, là où vous percevez [l'unité systématique et finale de la nature] de dire : Dieu l'a ainsi sagement voulu, ou la nature l'a sagement arrangé (*geordnet*). Car la plus grande unité systématique et finale, que votre raison exige de mettre comme principe régulateur au fondement de toute investigation de la nature, était justement ce qui nous autorisait à mettre au fondement l'idée d'une intelligence suprême comme schème du principe régulateur, et maintenant, plus vous trouvez, selon ce principe, de finalité dans le monde, plus vous avez de confirmation de la légitimité de votre idée [3].

Fondamentalement, la finalité ne concerne pas en propre les vivants, qui en sont simplement un bon exemple. Kant donne certes la maxime des physiologistes comme un tel paradigme de finalité :

> La physiologie (des médecins) élargit aussi sa connaissance très limitée des fins des membres d'un corps organique par un principe, donné simplement par la raison pure, et si poussé qu'on y admet, tout à fait hardiment et en même

1. CRP, A 647 / B 675, AK III, 429 ; OP I, 1250.

2. « Nous devons, en considération de celle-ci [la vérité empirique], présupposer l'unité systématique de la nature comme objectivement valable et nécessaire » (CRP, A 651 / B 679, AK III, 432 ; OP I, 1253, trad. modifiée).

3. CRP, A 699 / B 727, AK III, 459 ; OP I, 1287 (trad. modifiée).

temps dans l'accord de tous les entendements, *que tout dans les animaux a son utilité et une bonne intention* [1].

Mais ce texte a un exact parallèle contemporain :

> Car la présupposition que *tout dans le monde a son utilité et sa bonne intention* irait bien plus loin, si elle était constitutive, que ce que nos observations antérieures pourraient justifier. Mais comme principe purement régulateur elle est tout à fait appropriée à l'élargissement de notre compréhension et peut, par conséquent, être toujours utile à la raison et ne jamais lui porter préjudice [2].

La similarité des textes indique bien que le vivant n'a rien de spécial eu égard à la finalité.

III. Les problèmes rencontrés par les premières conceptions de la finalité

Pourquoi donc Kant écrit-il alors la *Critique de la faculté de juger* téléologique, avec sa doctrine si influente sur l'organisme ? J'indique ici les problèmes – tels que Kant les rencontra – qui mettent en cause la suffisance de la vision de la finalité dans la *Critique de la raison pure*.

Tout d'abord, cette absence de spécificité du vivant contredit le rôle particulier que Kant reconnaît justement à l'organisme quand il décrit la croissance du savoir rationnel, dans la « Méthodologie » de la *Critique de la raison pure*. Ici, il oppose en effet la croissance par agrégation des objets physiques, de la croissance des organismes qui semblent se développer selon un plan [3]. En quoi ceux-ci auraient-ils donc une historicité particulière et orientée, si la finalité n'est pas propre au vivant ?

Cette spécificité de la croissance organique rencontre un problème général qui est celui de la plupart des théoriciens du développement animal à l'époque. Bourguet a déjà distingué la croissance propre aux animaux et plantes – qui incorporent de nouveaux matériaux et en font leur matière, indiscernable d'eux-mêmes –, de l'agrégation, croissance de pierres ou des minéraux, selon laquelle des couches successives sont simplement ajoutées [4]. Pour beaucoup de théoriciens, cette distinction requiert de nouvelles forces naturelles, qui en seraient responsables : c'est ainsi que Buffon parle de « forces pénétrantes » qui, à la différence des forces que connaît la physique et que nous pouvons

1. CRP, A 688 / B 716, AK III, 453 ; OP I, 1280 (trad. modifiée).

2. *Vorlesungen über Rationaltheologie*, « Philosophische Religionslehre nach Politz », AK XXVIII 2-2, 1069.

3. Voir CRP, A 834 / B 862, AK III, 539 ; *cf.* P. Sloan, « Preforming the categories : Eighteenth-Century Generation Theory and the Biological Roots of Kant's A Priori », *Journal of the history of philosophy*, 40, 2, 2002, p. 229-253.

4. Louis Bourguet, *Lettres philosophiques sur la formation des sels et des crystaux, et sur la generation et le mechanisme organique des plantes et des animaux*, Paris, 1762, p. 71.

influencer [1], agissent sur l'intérieur des corps et soutiennent l'opération de la génération, soit la combinaison de « molécules organiques » selon des « moules intérieurs ». Dans ce cas comme dans beaucoup d'autres, de nombreux auteurs adoptent un modèle newtonien – le phénomène à expliquer requérant une force spécifique pourvue de ses lois propres, à découvrir empiriquement –, mais ce modèle n'est jamais totalement satisfait. Des forces d'essence nouvelle en viennent à se multiplier dans la seconde moitié du XVIIIe siècle, à mesure que des phénomènes souvent propres au vivant semblent défier la compréhension physique : forces galvanique, cristallisatrice, fermentatrice, irritabilité (Haller), sensibilité (Bordeu et les vitalistes français), etc. Caspar Wolff élabore une *vis essentialis* responsable de la continuité du développement dans la *Theorie der Generation*, Blumenbach parle d'une *Bildungskraft* soutenant l'intussusception et d'un *Bildungstrieb* responsable du développement (*Handbuch der Naturgeschichte, Ueber den Bildungstrieb*, etc.). Cette prolifération de forces ne rentre pas dans les cadres de la *Critique de la raison pure* et le projet de la *Critique de la faculté de juger* vise en quelque sorte à délimiter leur territoire et leur légitimité.

Pareilles forces souvent concernent les phénomènes vivants. Kant dans les essais sur les races a précisément rencontré la question de l'hérédité, qui croise celle de la génération, puisque les variétés organiques se préservent dans le temps par le développement successif d'organismes individuels. Dans ces essais, Kant a abordé la question de la finalité, sous les espèces des germes et dispositions qu'il voit placés dans le pouvoir reproducteur de chaque variété, et qui s'activent de manière approprié à l'environnement où on les place – ce qui définit l'adaptation des variétés [2]. C'est ainsi que dans *Sur l'usage des principes téléologiques en philosophie*, Kant constate que ces questions impliquent que les chercheurs utilisent un « principe supplémentaire » qui est celui de la téléologie [3], et ainsi émerge la question d'une interrogation transcendantale du savoir qui emploie ce principe.

Ses propres élaborations concernant génération et hérédité s'intègrent dans un ensemble de savoirs non scientifiques (*Naturlehre*) que l'on pourrait appeler *pré-biologie*, si l'on considère avec beaucoup [4] que la biologie moderne naît au début du XIXe avec l'anatomie comparée de Cuvier, la physiologie expérimentale (Bichat entre autres), l'embryologie descriptive [5]. Kant

1. Buffon, *Histoire naturelle*, « De la reproduction en général », t. III, 2, 28.

2. Philippe Huneman, « Espèce et adaptation chez Kant et Buffon », dans *Kant et la France – Kant und Frankreich*, R. Theis, J. Ferrari, M. Ruffing (éd.), Hildesheim, Olms, 2005, p. 107-120.

3. UPT, AK VIII, 179.

4. Michel Foucault, *Les mots et les choses*, Paris, Gallimard, 1966 ; McLaughlin, « Naming biology », *Journal of the history of biology*, 35, 1, 2002, p. 1-4 ; Giulio Barsanti, « Lamarck and the birth of biology. 1740-1810 », dans *Romanticism in science, Science in Europe, 1790-1840*, S. Poggi et M. Bossi (éd.), Dordrecht, Kluwer, 1994, p. 47-74 ; Peter Hans Reill, *Vitalizing Nature in the Enlightenment*, Berkeley, University of California Press, 2005.

5. Karl Ernest Von Baer, *Entwicklungsgeschichte der Thiere : Beobachtung und Reflexion*, Königsberg, Göttingen, 1828.

reconnaît que la finalité y représente un problème spécifique aux êtres vivants – et ceci, en tant qu'elle se présente sous trois formes : l'adaptation (des espèces à leurs milieux) ; la fonction (le fait que les effets de certains organes semblent ce pour quoi ils sont faits, et en ce sens entrent en jeu dans leur explication) ; la préservation de la forme de génération en génération (laquelle implique que le développement d'un organisme semble orienté, alors même que le préformationnisme a été délégitimé par la critique kantienne de la finalité surnaturelle). Mais le cadre théorique de la finalité élaboré dans le *Beweisgrund* et durci dans la *Critique de la raison pure* – et excluant essentiellement toute explication par la technique – ne permet pas de rendre compte de ces usages de la finalité. La *Critique de la faculté de juger* propose un concept de finalité *naturelle* qui résout ces problèmes, induit un concept spécifique d'organisme, qui peut répondre aux problèmes indiqués à l'instant.

IV. La doctrine de l'organisme dans la *Critique de la faculté de juger*

1) Finalité et contingence et légalité

Métaphysiquement parlant, ce « principe supplémentaire » de la *Naturlehre*, téléologique, enveloppé par l'usage de forces fermentatrices ou développementales, relève de la question de la contingence, qui sera l'arrière-plan de la *Critique de la faculté de juger*. Dans la *Première introduction*, Kant présente son projet ainsi :

> par *finalité absolue* des formes de la nature, j'entends leur configuration externe ou bien leur constitution interne qui sont telles que leur possibilité doit être fondée dans notre faculté de juger sur une Idée de celles-ci. Car la finalité est une légalité du contingent comme tel. C'est de façon *mécanique* que la nature, comme *simple nature*, procède à l'égard de ses productions considérées comme des agrégats ; mais c'est de façon *technique*, c'est-à-dire en même temps comme *art* qu'elle procède à leur égard si on les considère comme systèmes : ainsi les cristallisations, les figures variées des fleurs, ou la structure interne des végétaux et des animaux [1].

Kant oppose ici la finalité, propre aux animaux ou aux fleurs, à la simple nature comme « mécanique » – c'est dire les processus naturels considérés comme simple application de lois. Dans la *Critique de la faculté de juger*, le mécanisme est la compréhension du *tout* à partir des *parties* [2] ; il désigne donc une spécification du principe de causalité défini dans la seconde des « Analogies de l'expérience » (lequel ne mentionne aucunement le rapport parties-tout). En ce qui concerne les vivants et selon la distinction indiquée plus haut, le mécanisme, ici, recouvrerait la croissance par accrétion (on rajoute des

1. PI, AK XX, 217 ; OP II, 871 (trad. modifiée).
2. McLaughlin, *op. cit.* ; Ginsborg, « Kant on Understanding Organisms as Natural Purposes », art. cit.

parties), tandis que l'intussusception pour être comprise exigerait un autre type d'explication – celle qu'enveloppera le concept de finalité, au sens où l'intégration de nouvelles parties semble suivre une sorte de schème lors de la croissance d'un organisme.

Que signifie alors « légalité du contingent comme tel » et en quoi ce terme embrasse-t-il la problématique de la finalité telle qu'elle se donne à lire ici ? Dans le passage cité, Kant distingue de plus finalité formelle (cristal, forme des fleurs – la finalité que concernera le jugement esthétique) et finalité interne (« la structure interne des végétaux et des fleurs »), autrement dit celle qui concerne la *production* (et non seulement l'aspect) de ce que Kant appelle les « êtres organisés ». On comprend simplement l'idée de « légalité du contingent comme tel » si on considère la finalité enveloppée dans l'embryogénèse, par laquelle sont effectivement produits les organismes. Quand un organisme se développe, on distingue si la structure atteinte est normale – conforme au type de l'espèce – ou pas ; en ce sens la possibilité de ces structures, comme structures d'animal ou de végétal viable, doit donc reposer sur un concept, parce qu'il faut un concept pour rendre raison de la différence entre deux types de structures (viables / non viables) également contingentes eu égard aux lois de la nature. En effet, du point de vue des lois naturelles, les mêmes processus sont responsables de tous les types de produits possibles d'une embryogénèse. Ainsi, il y a certes contingence du terme du développement, mais nécessité de son cours sous la condition que le type de l'espèce soit posé auparavant – au sens où le savant le présuppose pour comprendre le développement. La faculté de juger réfléchissante est précisément la faculté de se former une telle idée du type, et ainsi d'expliciter cette légalité propre à des phénomènes qui, du pur point de vue des mécanismes naturels, sont contingents.

J'explicite maintenant le concept kantien de fin naturelle, en tant qu'il est corrélatif de la faculté de juger réfléchissante et subsume un type précis d'entités : les êtres organisés. J'indiquerai comment mécanisme, technique, système prennent de nouvelles significations dans cette conception.

2) La théorie des êtres organisés comme fins naturelles

On sait que l'usage réfléchissant de la faculté de juger consiste à *chercher la règle pour le cas* ; sa présupposition est alors, pour le dire très généralement, qu'il y a des règles, que l'univers des cas est en quelque manière structuré. Autrement dit, elle présuppose une esquisse de système pour qu'un universel puisse correspondre au particulier jugé [1]. Un système prend la forme d'un tout organisé en parties : par conséquent, la faculté de juger réfléchissante inclut des ressources pour penser d'une manière différente du mécanisme, puisque dans un tel système la partie se comprend en relation avec le tout, et

1. Voir PI, AK XX, 216 ; OP II, 869.

non l'inverse. C'est donc elle qui va « considérer comme systèmes » les phénomènes indiqués dans la phrase citée, *id est* les animaux et les végétaux [1].

Comment reconnaître alors qu'une entité naturelle doit être jugée comme finale ? Kant propose deux critères :

1) l'antécédence du tout sur les parties – mais ce critère indique une entité finale (impossible de comprendre ces parties sans supposer le concept du tout à son principe), *qu'elle soit technique ou naturelle* ;

donc il faut indiquer un second critère, spécifique à la naturalité de la fin, à savoir :

2) le fait que des parties se causent les unes les autres selon leur forme et leur liaison en accord avec le tout et sont réciproquement causes du tout [2].

Seuls des êtres pour lesquels les parties se produisent les unes les autres sont donc des fins naturelles. La thèse kantienne est alors que les « fins naturelles » sont instanciées par des êtres organisés, *au sens où ils s'auto-organisent*. Concrètement, la constitution cellulaire des organismes (les cellules se produisent elles-mêmes) vérifie bien ce principe ; plus généralement, à l'époque de Kant les organismes seront des entités qui se développent dans une embryogénèse de style épigénétique.

Corrélativement, l'idée du tout, en accord avec laquelle les parties se causent les unes les autres, ne saurait être un « principe de production », parce qu'alors on serait dans la technique (on construit selon un plan). Elle est donc un « principe de connaissance », « présupposé comme *Erkenntnisgrund* » [3], autrement dit, celui qui juge doit poser cette idée du tout pour faire sens des manifestations multiples du vivant. Ainsi, on trouve ici les deux thèses fondamentales de la conception kantienne du vivant : la finalité est régulatrice (l'idée du tout est une présupposition nécessaire de la science biologique) ; les organismes sont des entités épigénétiques. Ces deux thèses sont fondamentalement liées, comme j'ai tenté de le montrer [4].

1. Sur le passage de la raison à la faculté de juger réfléchissante comme faculté définissant la finalité, voir Huneman, « Reflexive judgement and wolffian embryology... », art. cit.

2. Voici le texte ici commenté : « Dans un tel produit de la nature toute partie, tout de même qu'elle n'existe que par (*durch*) toutes les autres, est aussi pensée comme existant *en vue des* (*um [...] willen*) autres parties et du tout, c'est-à-dire comme instrument (organe) ; ce qui toutefois est insuffisant (car ce pourrait être aussi un instrument de l'art, et ainsi n'être représenté comme possible qu'en tant que fin en général) ; la partie est plutôt pensée comme organe *produisant* les autres parties (et en conséquence chaque partie comme produisant les autres réciproquement), cela qui ne peut être aucun instrument de l'art, mais seulement un instrument de la nature, qui fournit la matière à tous les instruments (et même à ceux de l'art). Ce n'est qu'alors et pour cette raison seulement qu'un tel produit, en tant qu'être *organisé et s'organisant lui-même*, peut être nommé une *fin naturelle* » (CFJ, § 65, AK V, 373-374 ; OP II, 1164 *sq.*).

3. CFJ, AK V, 374.

4. Huneman, « Reflexive judgement and wolffian embryology... », art. cit. ; *Métaphysique et biologie*, *op. cit.*

Une conséquence en est la déduction de la différence entre « forces motrices » et « forces formatrices » [1]. Les premières sont les forces de la physique (transmission du mouvement) ; les secondes sont informantes, parce qu'elles sont commandées par cette idée du tout que le scientifique présuppose. En ce sens, elles sont des catégories internes au savoir biologique. Kant légitime par là certaines des forces que les prébiologistes ont identifiées, et leur assigne leurs limites (coextensives à celles du principe régulateur du jugement biologique).

Bien entendu, Kant emploie ici deux sens de causalité : la causalité par laquelle les parties se causent les unes les autres est réelle, descendante ; la causalité qui cause les parties en fonction du tout est « idéale » [2]. En ce sens, il n'y a pas de contradiction, et plus généralement le mécanisme et la téléologie, instanciant chacun un des deux sens de la causalité, peuvent (doivent) être pensés ensemble, comme le démontrera la « Dialectique » de la *Critique de la faculté de juger*. Mécanisme et téléologie sont donc articulés dans le jugement biologique complet. Epistémologiquement parlant, ils sont articulables parce qu'ils représentent deux types d'explication logiquement distincts.

Kant écrit ainsi :

> Il se peut toujours que dans un corps animal par exemple, maintes parties puissent être comprises comme des concrétions résultant de simples lois mécaniques (peaux, os, poils). Toutefois, il faut toujours juger téléologiquement la cause, qui procure la matière convenant à cet effet, qui la modifie ainsi, et la dépose aux endroits appropriés, de telle sorte que dans ce corps animal tout doive être considéré comme organisé et soit à son tour organe dans un certain rapport avec la chose elle-même [3].

Ce texte distingue expressément deux types logiques de question et donc d'explications :

Question 1 : comment telle partie est-elle engendrée ? Question 2 : pourquoi ce processus d'engendrement a-t-il lieu ici et à ce moment ?

Un exemple contemporain facile serait la distinction entre la biologie moléculaire, qui explique la synthèse des protéines menant à la fabrication d'une cellule neuronale, et la théorie de la différenciation cellulaire, qui considère l'organisme entier pour se demander pourquoi, étant donné que toutes les cellules ont les mêmes génotypes, dans tel contexte, c'est un neurone qui est exprimé. Une autre illustration de la distinction consiste à souligner que chaque organe d'un organisme a de multiples effets, explicables selon les lois physico-chimiques habituelles ; toutefois, certains seulement de ces effets se voient assigner une fonction. La fonction du rein est d'éliminer les toxines, non de constituer un pécule possible. Pour distinguer pourquoi un effet vaut comme « la fonction » de l'organe – pourquoi on dit que les yeux sont faits pour voir et non pour activer des systèmes sophistiqués d'identification numé-

1. CFJ, § 65, AK V, 374 ; OP II, 1166.
2. CFJ, § 64.
3. CFJ, § 66, AK V, 377.

rique –, on doit donc chercher autre chose que l'explication des processus par lesquels les effets sont produits. De nombreux philosophes contemporains à la suite de Wright [1] ont émis l'hypothèse que cette seconde question reçoit une réponse en termes d'évolution par sélection naturelle : « la fonction des yeux est de voir » signifie que la vision explique la présence de l'œil, *via* la sélection naturelle pour l'avantage qu'a procuré aux créatures pourvues d'yeux le fait de voir [2]. Indépendamment du rapprochement possible avec la position kantienne (au sens où, dans les deux cas, la fonction est une propriété explicative à la différence des autres effets, donc enveloppe une certaine légalité), on doit souligner, dans les deux cas, la distinction logique entre genres de question (comment fonctionnent les yeux / pourquoi les yeux sont-ils là ?).

En ce sens, même si la croissance (par exemple l'allongement des os) se comprendra un jour mécaniquement (*contra* § 64), cela n'empêche pas qu'il reste la seconde question : que vient faire ce processus dans l'organisme ? C'est pourquoi il est faux de penser que Kant a été réfuté parce que de nombreux phénomènes ont trouvé une explication chimique qu'il aurait crue impossible – en premier lieu, la synthèse de l'urée par Wöhler [3], étape initiale d'une lente dévalorisation de la barrière organique / chimique que Kant et ses contemporains estimaient infranchissable. Par principe, Kant pense que ces explications mécaniques doivent être possibles ; simplement la considération téléologique n'explique pas la même chose. L'urée n'est pas un produit extranaturel, mais la fonction de l'urée ne saurait être comprise par l'exposition du mécanisme de production d'urée.

V. La doctrine des nécessités

Pour comprendre le sens global de l'analytique de la biologie dans la philosophie transcendantale, il faut revenir sur la formule de la *Première Introduction* – considérer donc que l'enjeu essentiel de ce travail est la question de la nécessité et de la contingence.

L'analytique du jugement biologique est en effet aussi, dans son déroulement, une doctrine des niveaux de nécessité. Un trait flagrant de l'idée de fin naturelle, c'est qu'elle s'énonce dans le langage du tout et des parties [4], et non dans celui de la fin et des moyens. Cela signifie que ce concept de fin est dénué de la connotation d'utilité, celle-là même qui se prêtait à toutes les critiques du *Beweisgrund* (chaque utilité trouvée est peut-être le produit de

1. Larry Wright, « Functions », dans *Conceptual issues in evolutionary biology*, E. Sober (ed.), Cambridge, MIT Press, ²1994, p. 25-47.

2. Pour un aperçu de cette théorie, voir articles dans Armand de Ricqles et Jean Gayon (éd.) *Fonctions et explication fonctionnelle dans les sciences biomédicales et humaines*, Paris, Presses Universitaires de France, 2010.

3. F. Wöhler, « Über künstliche Bildung des Harnstoffs », *Annalen der Physik und Chemie* 88/2, 1828, p. 253-256.

4. Voir CFJ, § 64-65.

connexions nécessaires) et enveloppe le sophisme de « raison paresseuse » (trouver une utilité à tout sans se donner la peine d'expliquer le processus [1]). La vision utilitariste des organismes, qui conçoit ainsi les plantes comme utiles aux herbivores et existant pour cette raison, etc., a été d'entrée de jeu réfutée par Kant [2].

La maxime des physiologistes était dite en termes d'utilité des parties. Après avoir émis ses thèses sur fin naturelle et êtres auto-organisés, Kant peut la redémontrer au paragraphe suivant à partir de son concept de fin naturelle :

> ceux qui dissèquent les végétaux et les animaux [...] admettent comme absolument nécessaire cette maxime : dans une telle créature rien n'est inutile [3].

Mais la portée originaire de la téléologie est la suivante :

> le principe de la téléologie : ne jamais juger dépourvu de finalité dans un être organisé ce qui se conserve dans sa reproduction [4].

En ce sens, l'accent sur la reproduction comme caractérisant les traits originellement finaux fait reposer la physiologie sur la doctrine épigénétique de l'organisme auto-organisateur indiquée plus haut comme corrélative du concept de fin naturelle (rien dans la maxime initiale, naïve, des physiologistes telle que la considérait la première *Critique* ne privilégie la reproduction). Ainsi, le vocabulaire but / moyen est réintroduit, mais secondairement. La suite du texte est alors une légitimation de l'extension de la finalité en termes de « finalité relative » (un organisme est là pour un autre), mais sur la base du sens premier qui est celui de la fin naturelle, uniquement interne aux seuls organismes. Chacun des degrés de finalité démontré alors – la finalité physiologique globale [5], la finalité écologique qui lie les organismes les uns aux autres [6], la finalité générale qui considère tout l'univers [7] – est donc à la fois fondé sur le précédent et moins nécessaire que lui, et s'avère surtout heuristique.

En ce sens, la « légalité du contingent comme tel » se présente avec différents niveaux de nécessité, chacun étant hypothétiquement conditionné par un seul mode d'être qui soit *au sens propre* final, celui des organismes. L'analytique du jugement biologique dans la philosophie transcendantale peut donc être vue comme l'élaboration ultime d'une doctrine de la hiérarchie des nécessités dans la science de la nature.

1. Voir CRP, A 691 / B 719, AK III, 455 ; OP I, 1282 (trad. modifiée).
2. Voir CFJ, § 63.
3. CFJ, § 66, AK V, 376 ; OP II, 1168.
4. CFJ, § 80, AK V, 420 ; OP II, 1221 (trad. modifiée).
5. Voir CFJ, § 66.
6. Voir CFJ, § 67.
7. Voir CFJ, § 69.

Conclusion

La perspective défendue ici voit dans l'analytique du jugement biologique l'achèvement de la pensée kantienne de la nécessité et de la contingence dans un cadre transcendantal. Quelques notations ultimes en ce sens :

La question métaphysique de la contingence de l'être (*e.g.* Leibniz, etc.) est suspendue (contingence et nécessité sont des catégories de notre rapport à ce qui est, selon la *Critique de la raison pure*). La finalité, légalité du contingent comme tel, naît de ce que nous faisons la différence du nécessaire et du contingent. Dans ce contexte, l'analytique de la biologie répond à deux questions : a) quelle structure doit prendre le concept de nécessité s'il y doit y avoir plusieurs types de légalité dans la nature ? b) Pourquoi avons-nous, devons-nous et pouvons-nous employer un concept (*i.e.* « finalité ») qui résulte de la forme contingente de notre pensée (*i.e.* elle doit distinguer entre nécessaire et contingent) – question transcendantale élucidée au § 77 de la *Critique de la faculté de juger* et laissée de côté ici ?

Cette analytique des sciences de la vie émergentes prend ainsi la relève de la question métaphysique classique sur la contingence de ce qui est.

Philippe HUNEMAN
(IHPST, CNRS / Université Paris I-Sorbonne)

EMMANUEL KANT, CHARLES DARWIN ET LA SCIENCE DE LA BIOLOGIE AU XVIIIe SIÈCLE. LA DIALECTIQUE DE LA FACULTÉ DE JUGER TÉLÉOLOGIQUE

En 2009, année du 150e anniversaire de la parution de *The origin of Species* et du 200e anniversaire de la naissance de Charles Darwin, la théorie de l'évolution soulève toujours des controverses : Charles Darwin n'explique plus l'origine des espèces, leur multitude et leur variation par un acte de Dieu, mais par une loi naturelle. La théorie de l'évolution dessine une image de la nature et de l'homme qui semble incompatible avec l'idée religieuse d'une création et d'une position particulière de l'homme. L'homme n'est plus considéré comme une créature avec une âme immortelle, mais comme le produit du hasard. Cette vision darwinienne du monde et de l'homme provoque la raison humaine. L'homme refuse d'être issu de la matière non vivante.

Le double anniversaire de Darwin et de la théorie de l'évolution est l'occasion de nous interroger : que pouvons-nous apprendre de Darwin ? Quel changement de paradigme la théorie de Darwin a-t-elle apporté ? En quoi la philosophie peut-elle contribuer à la compréhension de la révolution de la théorie de l'évolution ?

Cette communication se propose, d'abord, d'expliquer la révolution de la théorie de Darwin, puis d'éclairer, par une perspective kantienne, la structure de la pensée scientifique. Cette contribution philosophique à un éclaircissement de la science de la nature permettra, en même temps, de mettre en évidence pourquoi la théorie de Darwin, quand elle est réduite à des explications mécaniques, suscite les doutes de la raison.

I. La révolution de la théorie de Darwin

Quel est le paradigme dominant dans la biologie au XVIIIe siècle ? Selon la biologie du XVIIIe siècle, l'idée d'une constance des espèces a été répandue par le Comte de Buffon et par Carl de Linné. Cette vision d'une constance des espèces résulte du paradigme aristotélicien d'une téléologie métaphysique de l'espèce. Selon Aristote, les êtres vivants sont déterminés par une téléologie interne, un tout qui est présent à chaque moment. L'espèce humaine est définie par une forme téléologique *a priori*, qui ne peut pas être comprise à partir de changements *a posteriori*. Le but interne précède les influences externes. Le changement des phénomènes de la nature est, pourtant, la réalisation possible d'un être intelligible. Aristote n'exclut pas le hasard, mais, à ses yeux, le hasard n'est pas une instance indépendante, il fait intégralement partie de la téléologie.

Ce paradigme aristotélicien est mis en question au cours du XVIIIe siècle. Au § 80 de la *Critique de la faculté de juger*, Kant exprime les thèses de la biologie d'alors : quelques savants soutiennent la thèse d'une évolution historique des êtres vivants. Toute la technique de la nature semble être issue de la matière brute selon des lois mécaniques [1]. L'analogie des formes paraît produite à partir d'un modèle originaire commun. Elle nous montre que la théorie de l'évolution ne commence pas avec Charles Darwin, mais culmine dans son explication de l'évolution des espèces. Darwin n'est pas l'auteur de la théorie de l'évolution, il en précise le mécanisme.

Pourquoi Darwin refuse-t-il le paradigme aristotélicien ? Quelle est son explication de l'évolution ?

Pour Aristote, la philosophie de la nature est l'unité de la science de la nature et de la théologie. Au fond de la nature réside une téléologie, dont la science de la nature doit tenir compte. Pour Darwin, une intention divine inhérente à la nature est toujours possible, mais elle n'a rien à faire dans la science de la nature. Nous ne sommes pas capables d'observer des fins intentionnelles de la nature. Darwin présente la théorie d'Aristote et lui reproche de ne pas avoir compris le principe de la sélection naturelle [2]. L'espèce humaine n'est plus une idée *a priori*, une vérité intemporelle et invariable, mais elle peut être expliquée à partir de l'expérience par une loi de la nature. L'observation nous montre qu'il y a des mécanismes naturels qui déterminent le changement des phénomènes et qui sont à l'origine des espèces.

Darwin nous apprend comment la science de la nature procède : la pensée scientifique observe des phénomènes concrets, les analyse et les compare, elle fait des statistiques et en tire des conclusions. La science de la nature part des faits empiriques pour parvenir à la thèse d'une loi nécessaire et générale. Darwin libère la science de la nature de la téléologie et explique l'évolution par des lois mécaniques.

L'opposition entre la position d'Aristote et celle de Darwin montre qu'il y a deux manières possibles de comprendre les changements des phénomènes de la nature : d'un côté, les phénomènes de la nature peuvent être compris en tant

1. « La concordance d'autant d'espèces animales [...] laisse apparaître dans l'esprit un rayon d'espoir, si faible soit-il, de sorte qu'il devrait être possible de s'orienter avec le principe du mécanisme de la nature, sans lequel il ne peut y avoir en général aucune science de la nature » (CFJ, AK V, 418 ; OP II, 1219).

2. *Cf.* Charles Darwin : « We see here the principle of natural selection shadowed forth, but how little Aristotle fully comprehended the principle, is shown by his remarks on the formation of the teeth » (*The Origin of Species by means of natural selection*, New York, J. W. Burrow, 1979, p. 53-54).

que réalisation des principes téléologiques, une cause agissant intentionnellement *a priori*. De l'autre côté, ils peuvent être compris par la loi d'une causalité mécanique, due au hasard. Pour Darwin, l'espèce humaine n'est plus la réalisation d'une forme *a priori*, mais la forme de l'espèce humaine est le résultat d'influences empiriques. Darwin explique le mécanisme de l'évolution grâce à des métaphores telles que celles de la « sélection naturelle » (*natural selection*) ou de la « survie des plus aptes » (*survival of the fittest*) [1]. La sélection est le produit d'un ressort non intentionnel et non dirigé, opéré par hasard. Le résultat de la sélection naturelle est l'existence des individus les plus adaptés. Seul celui qui dispose des moyens les meilleurs est capable de survivre.

Les métaphores de la « sélection naturelle » et de la « survie du plus apte » sont la charnière qui permet de comprendre le changement de paradigme de la théorie darwinienne. Qui sélectionne ? Au sens littéral, ces métaphores attribuent une décision libre à la nature, au sens figuré, elles montrent une nature qui donne elle-même des règles. Les métaphores anthropomorphes offrent la possibilité d'une double lecture : d'une part, une téléologie interne de la nature – une force active, un Dieu –, d'autre part, une loi de la nature qui fonctionne par une causalité mécanique. Le changement de paradigme s'accomplit, car les métaphores peuvent être interprétées aussi bien selon l'ancien paradigme aristotélicien que selon le nouveau paradigme d'une évolution mécanique. Pour Darwin, la création divine et les mécanismes de la nature existent en même temps : la création divine ne contredit pas sa vision de l'évolution, mais elle ne joue aucun rôle pour l'expliquer.

Ce faisant, Darwin libère la biologie du paradigme aristotélicien d'une téléologie métaphysique. Il inverse la pensée d'Aristote : ce n'est plus l'idée de l'espèce qui détermine la survie de l'individu, mais, à l'inverse, c'est l'espèce qui dépend de la survie de l'individu. La convenance des formes organiques n'est plus déterminée par la forme *a priori* de l'espèce, elle est le résultat des lois mécaniques. Le mécanisme réalise une fin de la nature : la survie de ceux qui sont les meilleurs. Les lois mécaniques ne peuvent être comprises que par le principe de la convenance de la forme [2] : le principe d'une fin naturelle. Les lois mécaniques telles que la « sélection naturelle » et la « survie des plus aptes » sont des métaphores contenant une téléologie cachée.

La correspondance de Darwin nous apprend que Darwin lui-même doute de la terminologie exacte de ses métaphores et qu'il est à la recherche d'autres explications [3]. Il est conscient du fait que les métaphores contiennent une téléologie cachée et qu'elles peuvent être la cause d'un malentendu. Dans *Decent of Man*, rédigé quelques années après *The origin of Species*, Darwin concède avoir attribué une signification trop grande à la « sélection naturelle »

1. Charles Darwin, *The Origin of Species by means of natural selection*, *op. cit.*, p. 130-171.

2. *Cf.* Ernst Cassirer, *Das Erkenntnisproblem in der Philosophie und Wissenschaft der neueren Zeit. Von Hegels Tod bis zur Gegenwart*, Stuttgart, Kohlhammer, 1957, p. 174.

3. Uwe Pörksen, « Die Metaphorik Darwins und Überlegungen zu ihrer möglichen Wirkung », *Jahrbuch 1981/82*, Wissenschaftskolleg, Berlin , p. 265.

et à la « survie des plus aptes ». Il explique qu'il ne pouvait pas se libérer totalement de la croyance en une création faite à dessein ni de l'hypothèse d'un principe d'une utilité naturelle :

> Je n'étais pas capable de supprimer l'influence de ma croyance d'autrefois, qui était presque universelle, que chaque espèce avait été créée intentionnellement, ce qui m'a conduit à l'affirmation sous-entendue que chaque détail structurel, à l'exception des rudiments, avait un rôle particulier, même s'il était inaperçu (*I was not, however, able to annul the influence of my former belief, then almost universal, that each species had been purposely created ; and this led to my tacit assumption that every detail of structure, excepting rudiments, was of some special, though unrecognized, service*) [1].

Darwin n'est donc pas capable d'expliquer les changements de l'évolution par des lois mécaniques sans avoir recours à la croyance en une création intentionnelle. Le mécanisme de la nature est nécessaire pour parvenir à la connaissance de la nature des choses, mais il ne suffit pas pour comprendre le mode de genèse des choses. Darwin s'aperçoit que le principe mécanique n'explique pas la raison d'être-là des choses.

Comment la pensée peut-elle résoudre ce conflit entre le principe d'une causalité intentionnelle et le principe d'un mécanisme de la nature ? Une observation neutre des mécanismes de la nature est-elle possible ?

Nous allons considérer les doutes de Darwin à partir de la perspective philosophique de Kant. Comment la philosophie kantienne explique-t-elle la structure de la pensée scientifique ?

II. Kant et la dialectique du jugement téléologique

Dans la *Critique de la raison pure,* Kant démontre que l'expérience est seulement possible grâce aux jugements de l'entendement. L'expérience devient possible par les prescriptions de l'entendement, mais l'expérience réelle reste hors de la nécessité du jugement. Il y a un décalage entre la possibilité et la réalité de l'expérience. La *Critique de la raison pure* nous conduit à une aporie : le jugement déterminant ne suffit pas pour comprendre la réalité en tant que telle.

Dans la *Critique de la faculté de juger,* Kant ajoute, par suite, à la perspective du jugement déterminant celle du jugement réfléchissant. Le jugement réfléchissant ne subsume plus le particulier sous des lois générales, mais part du particulier pour en trouver une règle générale. Pour le jugement déterminant, c'est l'entendement qui dispose d'avance des règles ; pour le jugement réfléchissant, c'est la faculté de juger qui est obligée de trouver la règle. Le passage du jugement déterminant au jugement réfléchissant devient nécessaire

1. *Cf.* Charles Darwin, *Descent of Man,* London, James Moore and Adrian Desmond, 2004, p. 81-82.

quand la raison s'aperçoit qu'elle ne peut pas totalement déterminer l'expérience réelle, et qu'elle la laisse indéterminée, livrée au hasard. La raison a besoin de surmonter tous les hasards et de trouver une systématique au-delà de la perspective de la nature déterminée. Par la perspective du jugement réfléchissant, la nature est considérée comme unité systématique. Cette unité se montre dans le domaine de l'esthétique ou de l'organique – ce qui est important dans l'optique de notre analyse de la structure de la pensée scientifique.

Selon Kant, le jugement réfléchissant part de la notion de fin de la nature, qui se réalise grâce à deux sortes d'explications de la création des organismes. La première maxime est : toutes les créations et formes des choses matérielles doivent être jugées comme possibles par des lois mécaniques. La deuxième maxime est opposée : quelques produits de la nature matérielle ne peuvent pas être jugés possibles par des lois mécaniques.

Il ne s'agit plus, pour Kant, comme pour Darwin, d'une compréhension de la nature en tant que telle, mais de notre manière de juger. Il y a une antinomie entre les maximes de la faculté de juger réfléchissante, qui mène à une dialectique. Que Kant comprend-il par antinomie et de quelle façon est-elle déclenchée ?

La faculté de juger réfléchissante peut être en conflit avec elle-même, car la loi sous laquelle elle subsume l'expérience n'est pas donnée, mais doit être trouvée. Le problème central du jugement réfléchissant est celui du rapport de l'expérience particulière et de la loi générale, du rapport du donné *a posteriori* et de la loi *a priori*. Pour comprendre la possibilité des organismes de la nature, nous nous servons de deux jugements différents qui se contredisent : le principe du mécanisme et celui du technicisme téléologique, d'une production intentionnelle. La première maxime de la faculté de juger – celle du mécanisme – lui est donnée *a priori* par l'entendement ; la deuxième maxime, celle de la causalité par intention, est provoquée par des expériences particulières. La loi mécanique implique qu'il y ait toujours des changements possibles, alors que, pour le technicisme téléologique, tout est déjà achevé. Selon Kant, nous avons besoin du principe du mécanisme pour une connaissance de la nature, mais il y a des expériences particulières qui ne peuvent pas être expliquées par le mécanisme :

> Il est en effet tout à fait certain que nous ne pouvons même pas connaître suffisamment les êtres organisés et leur possibilité interne selon de simples principes mécaniques de la nature et encore moins nous les expliquer ; et cela est si certain que l'on peut avoir l'impertinence de dire qu'il est absurde pour les hommes de s'attacher à un tel projet ou d'espérer que puisse naître un jour quelque Newton qui fasse comprendre la simple production d'un brin d'herbe selon les lois de la nature qu'aucune intention n'a ordonnées [1].

1. CFJ, AK V, 400 ; OP II, 1197.

L'explication de la production d'un brin d'herbe selon les lois de la nature sans le recours à une intention est une « prétention trop démesurée » [1]. L'homme ne dispose pas d'une telle intelligence pour savoir définitivement s'il y a, ou non, un « être agissant selon ses intentions comme cause du monde » [2].

L'antinomie du jugement téléologique est un conflit entre les maximes de la faculté de juger réfléchissante, car il y a des organismes qui ne peuvent pas être jugés par le principe d'une cause mécanique. L'antinomie appartient donc à la faculté de juger réfléchissante, qui se réfère à notre manière de juger les objets. Elle ne se déclenche pas, comme le soutiennent certains chercheurs, parce que nous tenons les principes régulateurs pour des principes constitutifs [3]. L'antinomie ne réside pas non plus dans l'objet, mais dans notre manière de juger. Les deux maximes sont nécessaires à la pensée humaine, mais l'explication de la même chose par les deux principes, celui du mécanisme et celui des fins intentionnelles, n'est pas possible. Un mode d'explication exclut l'autre [4].

Quelle solution Kant propose-t-il à l'antinomie de la faculté de juger réfléchissante ?

L'antinomie semble être une opposition, mais, en fait, les deux maximes sont des principes régulateurs permettant de juger la réalité des choses. Elles ne sont pas des principes constitutifs de la connaissance pour comprendre la possibilité de la nature des choses. Le principe commun des deux maximes réside dans le substrat suprasensible de la nature, dont nous ne pouvons rien déterminer positivement. Bien que le mécanisme et le technicisme téléologique doivent dépendre « d'un principe commun et supérieur de la nature selon les lois particulières » [5], nous ne sommes pas capables d'unir les deux principes dans l'explication d'une même production de la nature. Les deux maximes sont compatibles grâce à un principe qui se trouve en dehors d'elles et en dehors de la représentation empirique possible de la nature. Le principe commun du mécanisme et du technicisme téléologique intentionnel est *transcendant*.

Kant constate que, pour l'homme, la possibilité interne d'un produit de la nature n'est *intelligible* que grâce à une causalité selon des fins [6]. De par la constitution de l'entendement humain, nous ne devons, en vue de la possibilité d'êtres organisés dans la nature, supposer

> aucune autre cause qu'une cause agissant intentionnellement, car le simple mécanisme de la nature ne peut suffire à expliquer ses produits, sans

1. CFJ, AK V, 400 ; OP II, 1197.
2. *Ibid.*
3. L'antinomie, dont Kant parle, n'est pas une contradiction entre les principes constitutifs qui prennent les jugements pour l'explication de la chose. *Cf.* Eric Watkins, « Die Antinomie der teleologischen Urteilskraft », dans Otfried Höffe, *Klassiker Auslegen Bd. 33. Immanuel Kant : Kritik der Urteilskraft*, Berlin, 2008, p. 241-258.
4. Voir CFJ, AK V, 412 ; OP II, 1211.
5. CFJ, AK V, 413 ; OP II, 1213.
6. Voir *ibid.*

cependant vouloir décider par là quoi que ce soit en ce qui concerne la possibilité de ces choses [1].

Tous les produits et les événements de la nature doivent être expliqués, autant que possible, d'une façon mécanique, mais ils doivent finalement être subordonnés à la causalité selon des fins de par la constitution essentielle de notre raison.

La seule manière de rendre compatibles les deux maximes pour notre faculté de connaître est de subordonner le principe du mécanisme au principe téléologique. Concernant notre question relative à la structure de la pensée scientifique, Kant affirme que le naturaliste doit placer au fondement de l'appréciation des choses une organisation originaire, qui utilise le mécanisme. La biologie se distingue de la physique ou de la chimie, car elle traite des êtres organisés. Le mécanisme seul ne suffit pas à expliquer « la possibilité d'un être organisé, mais au contraire doit être originairement subordonné à une cause agissant intentionnellement » [2].

D'après Kant, notre faculté de connaître n'est pas capable de savoir de quelle manière les organismes sont créés. Il considère l'hypothèse que soutiennent les évolutionnistes d'une « production d'un être organisé par le simple mécanisme de la matière brute inorganisée » comme une « aventure hardie de la raison » [3]. « L'autocratie de la matière [...] est un mot dépourvu de signification » [4].

La dialectique du jugement téléologique met en évidence la propriété de notre entendement, qui ne dispose pas de la réalité en tant que telle [5]. L'incompatibilité du mécanisme et de la technique téléologique intentionnelle est due à notre entendement et n'est pas fondée dans l'objet. Dans le substrat suprasensible, le mécanisme et la téléologie intentionnelle ne peuvent pas être distingués. La propriété de notre entendement est une « certaine contingence de constitution [...] à la différence de tous les autres entendements possibles » [6]. Un entendement divin ne pense pas selon le principe d'une téléologie, soit mécanique, soit par fin intentionnelle.

Le jugement par le principe de la téléologie n'est pas seulement une méthode de penser, mais une attitude de la raison humaine envers sa propre faculté de connaître. Sachant que l'idée d'une cause finale est un principe subjectif de juger, la raison est consciente du fait qu'elle est une faculté humaine, et non pas celle d'un entendement divin qui dispose d'une connaissance intuitive [7] de la réalité en tant que telle.

1. CFJ, AK V, 413 ; OP II, 1213.
2. CFJ, AK V, 422 ; OP II, 1223.
3. CFJ, AK V, 420 ; OP II, 1220.
4. CFJ, AK V, 421 ; OP II, 1222.
5. Voir CFJ, AK V, 405 ; OP II, 1203.
6. CFJ, AK V, 406 ; OP II, 1204.
7. « Le concept de la finalité de la nature dans ses produits devient pour la faculté humaine de de juger par rapport à la nature un concept nécessaire, mais non pas un concept concernant la détermination des objets mêmes, donc un principe subjectif de la raison pour la faculté de juger,

CONCLUSION

La dialectique du jugement téléologique est présente dans la théorie de Darwin. Darwin est conscient du fait qu'il ne reste pas au plan d'une pure observation des phénomènes de la nature, mais que la croyance en une force surnaturelle, une intention de la nature réside au fond de sa théorie de l'évolution. Pour expliquer les lois mécaniques de la nature, Darwin se sert du principe d'une téléologie intentionnelle. Ses lois mécaniques réalisent une fin de la nature : la survie de ceux qui sont les meilleurs. Darwin suppose que les lois mécaniques réalisent une intention, qui, elle-même, ne peut pas être expliquée par le mécanisme. Loin de considérer le principe du mécanisme comme un principe du jugement réfléchissant, Darwin est, du moins, conscient du fait qu'il ne peut pas se servir de façon dogmatique du principe du mécanisme. Le mécanisme ne nous explique pas la possibilité de la genèse des choses : Darwin a, en plus, besoin d'une explication du tout comme fin. Quand le discours commun ne tient pas compte de la croyance en une création intentionnelle résidant au fond de la théorie de l'évolution, la théorie de Darwin suscite les doutes de la raison.

La dialectique du jugement téléologique est la clef pour comprendre la structure de la pensée scientifique de la nature. Pour Kant, la téléologie n'appartient ni à la théologie ni à la science de la nature, mais « peut et doit signaler la méthode selon laquelle il faut juger de la nature selon le principe des causes finales » [1]. Le jugement téléologique et la dialectique entre mécanisme et téléologie sont le signe que l'entendement humain doit renoncer à toute prétention de comprendre la nature [2].

Darwin et Kant nous permettent d'apprendre que la raison humaine éprouve un sentiment d'humilité envers la nature, qui nous montre la contingence de notre faculté de connaître relativement à la création.

Helke PANKNIN-SCHAPPERT
(Université de Mayence)

qui, en tant que régulateur (et non constitutif), vaut avec autant de nécessité pour notre *faculté humaine de juger* que s'il s'agissait d'un principe objectif » (CFJ, AK V, 404 ; OP II, 1202).

1. CFJ, AK V, 417 ; OP II, 1217.
2. CFJ, AK V, 418 ; OP II, 1219.

IV
ESTHÉTIQUE, TÉLÉOLOGIE DE LA CONNAISSANCE ET TÉLÉOLOGIE DE LA NATURE

LA LÉGALITÉ DU CONTINGENT [1] DANS LES LIMITES DE LA SCIENCE DE LA NATURE

Il s'agira ici de la portée et des limites du principe d'une finalité de la nature pour la *science de la nature*.

I. LA FINALITÉ, COMPLÉMENT À LA PREMIÈRE *CRITIQUE* ?

Le principe transcendantal de la faculté de juger est celui

> [d'] une finalité subjective de la nature dans ses lois particulières, compte tenu de son intelligibilité pour la faculté humaine de juger et pour la liaison des expériences particulières dans un système de la nature [2].

La légalité générale de la nature a son fondement dans notre entendement. Quand nous abordons la nature en vue de la connaître, nous le faisons guidés par cette légalité, et ce jusque dans les lois empiriques particulières dans le détail desquelles notre entendement n'est plus législateur. Nous abordons donc ces lois avec l'idée qu'elles présentent entre elles une unité telle qu'un entendement aurait pu la leur donner, comme le nôtre donne la légalité générale de la nature. C'est un principe de finalité de la nature puisqu'il suppose que les choses se passent *comme si* la nature elle-même s'organisait, par exemple en genres et en espèces, afin que nous puissions la connaître. Il s'agit d'un principe transcendantal puisqu'il ne saurait être issu de l'expérience, mais seulement régulateur dans la recherche de la connaissance des lois empiriques de la nature, et non constitutif [3].

Il y a dans ce principe un complément aux principes régulateurs reconnus par la *Critique de la raison pure*, au sens où « la raison est le pouvoir de ramener à l'unité les règles de l'entendement sous des principes », où elle cherche à « donner au divers des connaissances [de l'entendement] une unité *a priori* grâce à des concepts » et au sens où cette unité « diffère essentiellement de

1. PI, AK XX, 217 ; OP II, 871.
2. CFJ, AK V, 359 ; OP II, 1148.
3. Voir PI, IX, AK XX, 232-237 ; OP II, 888-894.

celle qu'on peut tirer de l'entendement » [1]. Le principe de finalité s'inscrit dans la quête d'une unification totale du savoir et donne au divers des connaissances une unité *a priori* relevant d'un concept qui ne saurait appartenir à l'entendement. Il contribue ainsi au « *systématique* de la connaissance, c'est-à-dire [à] sa liaison tirée d'un principe » [2] que la première *Critique* faisait reposer sur l'usage régulateur des Idées de la raison [3].

Ceci ne modifie pas la conception de la science de la nature [4]. Celle-ci a toujours comme champ d'investigation l'ensemble diversifié des phénomènes, ni plus ni moins. Mais on a là un complément pour le moins d'ordre méthodologique. Ce complément est d'abord une précision absente de la première *Critique*. Si l'on comprenait bien alors que les lois empiriques dans leur totalité ne pouvaient être recherchées qu'en vertu de principes d'unification systématique du savoir sous l'égide des principes régulateurs de la raison, il est à présent précisé quel rôle est tenu par le jugement réfléchissant. En outre, pour apporter cette précision, la troisième *Critique* doit mettre en évidence la faculté de juger comme pouvoir spécifique de connaître, intermédiaire entre entendement et raison, et se dotant par et pour elle-même d'un concept qui lui est propre. Ce concept sert à accroître le savoir dans le champ où l'entendement a son domaine, alors qu'il a une parenté avec le concept de fin propre à l'usage pratique de la raison. Le pouvoir législateur de l'entendement demeure ce qu'il était, mais le complément apporté autorise à penser de manière plus précise comment on peut produire un « maillage » bien plus fin du savoir dans le champ de l'entendement, cette finesse d'analyse et cette finition du système de la science de la nature exigeant bel et bien d'aller chercher un concept de plus, ailleurs dans la raison, et qui vient au secours de l'entendement pour descendre dans le détail des phénomènes et assurer la continuité des lois de la nature des plus générales aux plus particulières.

La déclinaison logique du principe de finalité de la nature élève une prétention « objective » [5], et non plus seulement subjective (esthétique), car ici « non seulement la *finalité* de la nature est représentée dans la forme de la chose, mais son produit est représenté comme *fin naturelle* » [6]. Ces fins naturelles que sont les *êtres organisés* sont ainsi une « présentation du concept d'une finalité réelle (objective), [que] nous apprécions [...] par l'entendement et la raison (logiquement, selon des concepts) » [7]. Dans la *Première introduction*, Kant établit avec netteté le passage du principe général de la finalité de la nature en ses lois empiriques pour notre faculté de connaître à l'application du principe à la connaissance de certains phénomènes naturels. Certes,

1. CRP, B 359, AK III, 239 ; OP I, 1019.
2. CRP, B 673, AK III, 428 ; OP I, 1249.
3. CRP, « Appendice à la "Dialectique transcendantale" ».
4. Kant dit que la deuxième partie de la troisième *Critique* aurait pu être ajoutée à la première *Critique* (CFJ, « Préface », AK V, 170 ; OP II, 920).
5. CFJ, AK V, 192 ; OP II, 949.
6. CFJ, AK V, 193 ; OP II, 950.
7. *Ibid.*

on ne saurait conclure de la finalité de la nature « dans la spécification de ses lois générales » à « la production de *formes de la nature finales en elles-mêmes* », – c'est « par l'expérience seule que ces formes doivent être données ». Il est néanmoins, dit Kant, « toujours *possible* et permis » de penser qu'une fois la faculté de juger dotée du principe de finalité, elle est autorisée à l'appliquer à la connaissance de formes naturelles que fournit l'expérience [1].

Les fins naturelles (*Naturzwecke*) sont des choses de la nature telles qu'il y a pour ainsi dire concordance de leur forme avec la possibilité de la chose suivant un concept de ce produit de la nature au fondement de cette forme. L'intervention du concept permet de parler de finalité objective et de fin : les fins naturelles présentent une finalité *objective matérielle*, qui plus est non pas relative ou externe (comme l'utilité ou la convenance d'une chose de la nature pour une autre), mais *interne*, localisée en elles-mêmes. *Ce sont des produits de la nature pour la compréhension desquels nous devons avoir recours au concept d'une fin* [2].

Ce principe laisse une complète indétermination *objective* : c'est au fil de l'expérience et de l'exploration de la nature que l'on devra décider de recourir au concept de fin. Cela reste entièrement *contingent*, le § 61 y insiste [3]. Il ne s'agit pas du mode d'action réel de la nature, mais seulement de notre représentation de celui-ci ; il ne s'agit pas non plus de prêter des *intentions* aux causes naturelles : c'est seulement quand l'entendement est dépassé qu'il peut y avoir lieu d'introduire ce principe supplémentaire et d'admettre des fins naturelles, à titre seulement *problématique*, comme évocation d'une possibilité et comme règle heuristique pour l'interprétation de certains phénomènes naturels.

C'est ce que redira la solution de l'antinomie [4]. Kant indique que s'il s'agissait de principes objectifs pour un jugement déterminant, il y aurait là contradiction et l'une des deux thèses serait nécessairement fausse ; ce serait une « contradiction dans la législation de la raison ». Si l'on comprend bien qu'il ne peut s'agir que de *maximes* ou de principes *régulateurs* du jugement seulement réfléchissant, toute contradiction disparaît, car il n'est question que de la manière de réfléchir et de juger de ces choses, non de ce qu'elles sont en elles-mêmes et de la manière dont elles sont possibles et produites dans la nature. Comme la législation de l'entendement demeure impuissante à déterminer la nature dans ses lois empiriques, il n'y a aucune contradiction entre les deux maximes de la faculté de juger. D'une part, il y a lieu de pousser le plus loin possible la recherche d'une explication mécanique des phénomènes naturels, sans prétendre pouvoir par le mécanisme expliquer le tout de la nature dans le moindre détail ; de l'autre, si l'on ne peut rendre compte de certaines productions de la nature matérielle par le mécanisme, on peut les considérer selon une autre loi de causalité, la finalité : ce point de vue n'impose pas

1. *Cf.* section VI et CFJ, AK V, 193-94 ; OP II, 951.
2. *Cf.* PI, IX, l'exemple parlant de l'œil, AK XX, 236 ; OP II, 893.
3. CFJ, AK V, 359-360 ; OP II, 1149-1150.
4. CFJ, AK V, 387 ; OP II, 1181 et § 71.

d'affirmer de manière déterminante qu'elles ne sont possibles que par cette autre causalité, mais seulement que *nous n'arrivons pas à en rendre compte autrement. Notre* vision mécaniste est dépassée. Reste la possibilité qu'un entendement plus puissant que le nôtre puisse en donner une explication mécanique. Nous ne dictons en rien notre loi à la nature, la faculté de juger se donne seulement à elle-même le principe de finalité, pour son propre et exclusif usage.

Peut-on dès lors voir dans la résolution de l'antinomie du jugement téléologique, « *au niveau des phénomènes*, une brèche dans l'application universelle du principe de causalité, c'est-à-dire dans le mécanisme », comme le suggère Renaut [1] ? Voire dès lors un correctif à la première *Critique* ? La réponse est nuancée.

La troisième antinomie de la raison pure opposait la causalité infaillible selon les lois de la nature à la causalité par liberté. D'une part, l'universalité de la loi naturelle de la causalité, le mécanisme donc, qui ne souffre pas d'exception ; de l'autre, l'explication de certains phénomènes par une « causalité libre ». La loi de l'enchaînement des causes naturelles, « dont il n'est permis sous aucun prétexte de s'écarter ou d'excepter où que ce soit un phénomène, parce qu'autrement on le placerait en dehors de toute expérience possible » [2], semble exclure toute pertinence dans le recours au concept de fin eu égard à la nature. La solution de la première *Critique* consiste à accepter et la thèse et l'antithèse pour vraies, chacune à son niveau [3]. Si la thèse qui retient la causalité libre vaut pour le monde comme noumène, l'antithèse vaut pour le monde des phénomènes. Le monde de la science est donc soumis *sans exception* aux lois de l'entendement ; la liberté est à penser sur un autre plan, nouménal – de là l'abîme à combler par la troisième *Critique*.

Quel changement apporte la solution de l'antinomie de la faculté de juger téléologique ? La contradiction n'apparaît que si on transforme les *simples maximes*, nécessaires pour guider la réflexion, en principes constitutifs de la possibilité des objets eux-mêmes [4]. D'une part, je dois réfléchir sur tout produit de la nature selon le principe du simple mécanisme « aussi loin que je le puis » parce que « si on ne le place pas au fondement de la recherche, il ne peut y avoir aucune connaissance de la nature » [5]. Mais, d'autre part, il est parfaitement acceptable, en quelques occasions, de juger seulement possibles certaines formes naturelles selon cette autre maxime des causes finales.

> Car la réflexion selon la première maxime n'est pas pour autant dépassée, et il est bien plutôt impératif de la poursuivre aussi loin que l'on peut ; et l'on ne veut pas non plus dire par là que ces formes ne seraient pas possibles selon le

1. *Cf.* la présentation de la troisième *Critique* qu'Alain Renaut donne en introduction à sa traduction (Paris, Aubier, GF Flammarion, 1995), p. 72.
2. CRP, A 542 / B 570, AK III, 368 ; OP I, 1175.
3. *Cf.* à ce sujet Renaut, *op. cit.*, p. 71.
4. *Cf.* CFJ, § 70.
5. CFJ, AK V, 387 ; OP II, 1181.

mécanisme de la nature. Nous nous contentons d'affirmer que la *raison humaine*, en suivant cette maxime et de cette façon, ne pourra jamais trouver le fondement de ce qui constitue la spécificité d'une fin naturelle [1].

D'un côté, le principe du mécanisme n'est nullement remis en question ; mais de l'autre, dans la quête des lois particulières de la nature, et sur certains produits naturels, il n'est pas le seul point de vue pertinent pour une science que les hommes s'efforcent de constituer. Le point de vue des fins est nécessaire dans l'acquisition d'une science de la nature à échelle humaine. Ce qui certes était loin d'être mis en évidence dans la première *Critique*. En outre, ceci n'a pas besoin d'être démontré, et ne saurait l'être au sens strict. Ce qui requiert l'appel à la finalité, c'est le fait que pour nous humains, le mécanisme s'avère, *d'expérience*, insuffisant. Cette insuffisance n'est nullement *de droit*. C'est la finitude de notre raison qui nous met devant la nécessité de penser des phénomènes selon la finalité : nous sommes incapables de les *juger* possibles d'après les seules lois du mécanisme. Il s'agit d'une maxime nécessaire de notre réflexion, rien de plus.

Cette reconnaissance de la capacité humaine limitée de savoir est bien dans l'esprit de la première *Critique*, même si dans la lettre les maximes du jugement réfléchissant élargissent méthodologiquement l'horizon, offrant des pistes, voire une logique de la découverte, au savoir du vivant en particulier. Mais ceci implique un strict respect des *limites* dans l'usage du principe, sur lesquelles Kant ne cesse d'insister. Et ce, dès avant d'en arriver à la « Dialectique », quand il entreprend dans l' « Analytique » un inventaire des différentes manières de parler d'une finalité objective de la nature. Le contexte dans lequel est abordé l'être organisé précise de quelle façon l'idée de fin naturelle s'impose à la réflexion.

II. LES ESPÈCES DE FINALITÉ OBJECTIVE, LA NÉCESSITÉ DE LA RÈGLE HEURISTIQUE

La finalité dont il est question est objective : avec l'intervention d'un concept elle a *une portée pour la connaissance et donc pour la science*. Kant écarte d'abord tout ce qu'il faut qualifier de finalité objective seulement *formelle* [2] : cette finalité reste sans matière ; la fin n'est pas ce qui rend possible l'objet lui-même, ni sa conception. *Je* fais entrer de la finalité dans la figure [3]. Il est essentiel au concept de fin naturelle au contraire qu'il s'agisse d'une découverte empirique et contingente, que, dit Kant, *ce soit l'objet lui-même, donné empiriquement, qui m'instruise de sa finalité*, et qu'il faille donc *pour le comprendre* s'en rapporter à des fins *en dehors de moi* et *dans les objets*. Les fins naturelles relèvent ainsi d'une finalité objective *matérielle*. La

1. CFJ, AK V, 388 ; OP II, 1181-1182.
2. *Cf.* CFJ, § 62, AK V, 364 ; OP II, 1153.
3. *Cf.* le cas du cercle évoqué par Kant : CFJ, § 62, AK V, 365 ; OP II, 1154.

fin est une cause qui anticipe idéalement l'effet pour pouvoir le produire, ici : pour que nous puissions concevoir son existence.

Encore peut-on parler de finalité *relative*, *externe* ou de finalité *interne*. S'il s'agit d'identifier l'objet comme un moyen en vue d'une fin autre que lui-même, la finalité n'est que relative, on parlera alors soit d'utilité, soit de convenance [1]. Le jugement sur ces finalités externes est, dit Kant, « extrêmement risqué et arbitraire » [2]. Ce qui *a contrario* transparaît, c'est qu'il n'y a pas *d'arbitraire* dans le champ d'application du jugement réfléchissant téléologique : non seulement il faut que l'objet, dans sa contingence empirique, m'instruise de sa finalité, mais il faut qu'il le fasse par son caractère *autrement inexplicable*. C'est seulement si l'explication mécanique est impuissante que la science de la nature peut recourir à la téléologie, de sorte qu'à propos d'un produit de la nature qu'on peut qualifier de fin naturelle, il faut dire que « rien en lui n'est gratuit, sans fin, ou imputable à un mécanisme naturel aveugle » [3]. Cette maxime « de l'appréciation de la finalité des êtres organisés » est telle que pour l'étude des végétaux et des animaux, il faut donner à cette maxime « *la même valeur* qu'au principe de la doctrine générale de la nature : rien n'arrive au *hasard* ». Au point que les scientifiques qui étudient ces produits naturels

> ne peuvent pas plus renoncer à ce principe téléologique qu'au principe physique universel, parce que, de même que l'abandon de ce principe supprimerait l'expérience en général, de même l'abandon du principe téléologique *supprimerait le fil conducteur pour l'observation d'une espèce de choses naturelles* [4].

Une fois de plus : il faut se passer de la finalité tant que c'est possible, mais si elle est indispensable, il faut l'appliquer *à la totalité du phénomène observé*.

III. L'ÊTRE ORGANISÉ, POINT D'APPLICATION DE LA RÈGLE

Quand donc parler de fins naturelles ? Une fin naturelle « doit se comporter en elle-même réciproquement comme cause et comme effet » [5]. Il y a deux conditions à cela :

> on exige *premièrement* que les parties (d'après leur existence et leur forme) ne soient *possibles que par leur relation au tout* [6].

1. « On peut donc se demander si l'on doit estimer qu'il s'agit d'une fin de la nature, parce qu'il y a là une utilité pour les hommes » (CFJ, § 63, AK V, 367 ; OP II, 1157). Voir aussi CFJ, AK V, 368 ; OP II, 1158.
2. CFJ, § 63, AK V, 369 ; OP II, 1159.
3. CFJ, § 66, AK V, 376 ; OP II, 1168.
4. CFJ, AK V, 376 ; OP II, 1168 (nous soulignons).
5. CFJ, § 65, AK V, 372 ; OP II, 1163.
6. CFJ, AK V, 373 ; OP II, 1164 (nous soulignons).

Cette condition nécessaire demeure insuffisante, puisqu'elle pourrait tout aussi bien s'appliquer au produit de l'art :

> On exige alors, *deuxièmement*, que les parties de cette chose se relient à l'unité d'un tout, de façon qu'elles soient *réciproquement cause et effet de leur forme les unes par rapport aux autres*. Car ce n'est que de cette manière qu'il est possible qu'inversement (réciproquement) l'idée du tout détermine en retour la forme et la liaison de toutes les parties : non pas en tant que cause – car ce serait un produit de l'art –, mais *en tant que fondement d'une connaissance, pour celui qui porte une appréciation sur ce tout*, de l'unité systématique de la forme et de la liaison de tout le divers contenu dans la matière donnée [1].

Dans une fin naturelle, tant la forme du tout que son existence, la forme des différentes parties que leur existence et leur liaison entre elles doivent relever d'un principe *interne*. Chaque partie existe *pour* le tout et *pour* les autres parties : elle est instrument par rapport au tout et aux autres parties, c'est-à-dire *organe*. Et chaque partie est aussi *par* les autres : chaque partie est un organe « *produisant* les autres parties (chacune produisant donc les autres parties et réciproquement) ». Il s'agit d'un être « *s'organisant lui-même* ». Dans le produit de l'art, aucune partie n'est cause efficiente d'une autre. Dans l'être organisé, la cause qui produit les parties et leur forme est dans la matière même qui prend forme.

> Un être organisé n'est donc pas une simple machine, car celle-ci dispose exclusivement d'une *force motrice* ; mais l'être organisé possède en soi une *force formatrice* qu'il communique aux matériaux qui n'en disposent pas (il les organise), force formatrice (*bildende Kraft*) qui se transmet donc et qui n'est pas explicable par le simple pouvoir du mouvement (le mécanisme) [2].

Il y a donc une *nécessité* du principe pour rendre compte de ces phénomènes qui resteraient sans cela dépourvus d'explication par la science.

IV. Le champ légitime du principe

L'accent mis sur la nécessité du principe invite à revenir sur les limites de sa légitimité. La nature *s'auto-organise* d'elle-même : c'est là son pouvoir *inexplicable* par le mécanisme. Inexplicable autrement, l'être organisé se présente comme une fin naturelle en ce sens qu'en lui, non seulement rien n'est inutile, mais « *tout est fin et réciproquement moyen* ». Si le recours à l'explication finale ne doit intervenir que si le mécanisme est impuissant, cela ne signifie en effet pas que l'explication par les fins ne doit concerner que les éléments qui ne peuvent pas recevoir d'explication mécaniste. Il faut que « la fin de la nature soit étendue à tout ce qui se trouve dans son produit » : car on

1. CFJ, AK V, 373 ; OP II, 1164 (nous soulignons).
2. CFJ, § 65, AK V, 374 ; OP II, 1166.

ne peut pas mélanger des « principes hétérogènes ». Dans l'animal, tout doit être considéré comme organisé et comme organe par rapport à l'animal lui-même, *même si* certaines parties pourraient être conçues selon des lois seulement mécaniques [1].

Kant consacre les deux derniers paragraphes de l' « Analytique » aux limites du recours aux causes finales. Il évoque à nouveau les exemples de finalité externe pour souligner que

> considérer une chose, à cause de sa forme intérieure, comme fin naturelle (*Naturzweck*) est tout autre chose que de prendre l'existence de cette chose pour une fin de la nature (*Zweck der Natur*) [2].

Rendre compte de la plante en termes de causalité finale n'est pas dire que la nature poursuit intentionnellement des fins. Pour dire qu'il y a des fins de la nature, il faut lier la nature à quelque chose de suprasensible et ceci « *va bien au-delà de notre connaissance téléologique de la nature* » [3]. La chaîne des finalités externes ne peut que conduire à une fin qui, elle, sera inconditionnée, comme fin ultime (*Endzweck*), mais ceci ne peut que résider « en dehors de la vision physico-téléologique du monde », une telle fin ne peut plus être considérée comme un *produit de la nature*. « *Objectivement*, nous ne pouvons pas établir la proposition : il existe un être intelligent originaire » [4]. Cela nous obligerait à sortir de la science de la nature. Néanmoins le concept de fin naturelle « conduit nécessairement à l'idée de la nature en totalité comme [...] système selon la règle des fins » [5], avec cette conséquence que le mécanisme de la nature *doit être subordonné à cette idée*.

Ceci permet de nuancer la réponse à la question de savoir si un changement s'est produit dans la conception kantienne de la science de la nature. La prééminence du mécanisme a été ré-affirmée, puisqu'il convient d'aller avec ce principe le plus loin possible dans l'explication de la nature. Mais la pertinence reconnue au point de vue final dans la constitution de cette science conduit aussi à la *subordination* du principe mécaniste à l'idée de nature comme système selon la règle des fins. Cependant, il ne s'agit là que d'une maxime : l'exemple des fins naturelles donne à penser que dans l'ensemble la nature agit selon la finalité, mais on n'a ici qu'un principe régulateur pour la faculté de juger réfléchissante. Et cette idée d'un système final de la nature ne nous autorise nullement à lui attribuer des fins *intentionnellement* poursuivies. Si l'on introduit le concept de Dieu dans la science de la nature pour rendre compte de la finalité dans la nature, on y introduit un concept qui lui est *étranger*, et on commet ensuite une faute de logique si on réutilise la finalité de la nature pour prouver l'existence de Dieu [6]. La science de la nature, pour se

1. *Cf.* CFJ, § 66, AK V, 376-377 ; OP II, 1168-1169.
2. CFJ, § 67, AK V, 378 ; OP II, 1170.
3. CFJ, AK V, 378 ; OP II, 1171 (nous soulignons).
4. CFJ, § 75, AK V, 399 ; OP II, 1195 (nous soulignons).
5. CFJ, AK V, 379 ; OP II, 1171.
6. CFJ, AK V, 381 ; OP II, 1175.

tenir dans ses propres limites, ne saurait que faire « totalement abstraction de la question de savoir si les fins naturelles sont *intentionnelles ou non* ; car ce serait une ingérence dans une affaire étrangère (celle de la métaphysique) » [1]. On parle seulement *comme si* la nature était porteuse d'intentions (et en les lui attribuant on évite de les attribuer à un maître d'œuvre intelligent, placé *au-dessus* de la nature), et ce seulement dans la mesure où on le doit parce qu'il y a des objets qui sont « ainsi seulement *explicables* » et ne sont « *connaissables selon leur forme interne, voire intérieurement, que de cette manière* » [2]. Il faut ainsi écarter de la science de la nature tout principe étranger, d'ordre théologique, comme il faut aussi séparer de la téléologie naturelle tout ce qui est d'ordre purement *a priori* et relève de la physique pure, de la mathématique ou de la métaphysique de la nature, qui s'occupent de propriétés *nécessaires* : c'est seulement au sein des lois empiriques de la nature que la finalité a droit de cité. Elle y constitue la *légalité du contingent.*

Kant s'écarte de qui n'admettrait dans la science de la nature que le seul mécanisme et rejetterait la téléologie en propédeutique à la théologie. Grâce au jugement réfléchissant et à son principe seulement régulateur, le mécanisme se complète d'une vision téléologique, et cohabite avec elle, au sein même de la science de la nature.

En s'en tenant à cette position nuancée, Kant peut s'attaquer aux différentes thèses dogmatiques relatives à la finalité de la nature. Il prévient : « si nous nous cantonnons seulement *dans les limites de la simple science de la nature* », nous n'avons pas besoin de résoudre la question de savoir si la causalité finale est principe objectif de la nature [3]. Question qui est évidemment hors ces limites. Nous nous en tenons alors à « la maxime incontestée » : « le principe selon lequel il faut juger de certaines choses de la nature et de leur possibilité selon le concept des causes finales », maxime incontestée *tant qu'il s'agit* seulement « d'exiger un *fil conducteur* pour étudier leur constitution par l'observation, sans avoir la prétention de s'élever jusqu'à la recherche de leur origine première » [4]. Dépasser cette limite, c'est se laisser guider par un principe des causes finales *étranger* à la science de la nature et ouvrir « un vaste champ pour les disputes » [5]. La position kantienne évite d'y entrer : la question ne doit être ni résolue, ni même posée. En quoi l'apport du jugement réfléchissant s'avère original et fécond.

Danielle LORIES
(Université de Louvain)

1. CFJ, AK V, 383 ; OP II, 1176.
2. *Ibid.* (nous soulignons).
3. CFJ, AK V, 390 ; OP II, 1184.
4. CFJ, AK V, 389 ; OP II, 1184.
5. CFJ, AK V, 390 ; OP II, 1185.

LE STATUT ÉPISTÉMIQUE DE L'ESTHÉTIQUE ENTENDUE COMME « CRITIQUE DU GOÛT » : ART OU SCIENCE ?

Dans une note de l' « Esthétique transcendantale », note retravaillée dans l'édition B, Kant fait une mise au point à propos du terme « Esthétique » qui va constituer, pris substantivement, la première grande division de l'investigation transcendantale.

> Les Allemands sont les seuls à se servir du mot *esthétique* pour désigner ce que d'autres appellent critique du goût. Cette dénomination se fonde sur une espérance déçue qu'eut l'excellent analyste Baumgarten, celle de soumettre le jugement critique du beau à des principes rationnels et d'en élever les règles à la hauteur d'une science. Mais cet effort est vain. En effet, ces règles ou *critères* sont purement empiriques en leurs principales sources et par conséquent ne sauraient jamais servir de lois *a priori* déterminées, propres à diriger le goût dans ses jugements ; c'est plutôt le goût qui constitue la véritable pierre de touche de l'exactitude des règles. Aussi est-il judicieux, ou bien d'abandonner à son tour cette dénomination et de la réserver pour cette doctrine qui est une vraie science [...], ou bien de la partager avec la philosophie spéculative et de prendre l'esthétique, partie dans un sens transcendantal, partie dans une signification psychologique [1].

La note de l'édition A présente le réglage terminologique comme relevant d'une nécessité méthodique rigoureuse : distinguer l'Esthétique proprement dite, terme qui a vocation à désigner exclusivement la « vraie science » de la sensibilité, de la « critique du goût ». Cette dernière étant dépouillée de toute prétention spéculative à élever ses règles au niveau de « principes rationnels », ne connaît d'autres déterminations qu'empiriques et doit abdiquer la vaine espérance d'être une science. La note de l'édition B tient cependant pour acceptable de laisser subsister l'acception simplement « psychologique » du terme, à côté de sa signification transcendantale. La *Critique de la raison pure* donne ainsi tout à l'esthétique entendue comme science des conditions *a priori* de la sensibilité et pièce maîtresse du projet scientifique du criticisme. Une telle discrimination, décisive pour la théorie de la connaissance, semble bien

1. CRP, B 35, AK III, 50-51 ; OP I, 783.

devoir se payer au prix de la dévalorisation épistémique de toute esthétique, entendue au sens spécifique et « moderne » de doctrine du goût.

La question va porter sur ce qu'il advient d'une telle répartition lorsque, une dizaine d'années plus tard, la *Critique de la faculté de juger* met à l'ordre du jour l'examen du jugement de goût. Quelle valeur conceptuelle accorder à « esthétique » dès lors que le terme est employé non comme un substantif désignant un champ de la théorie critique de la connaissance, mais comme un adjectif venant qualifier une certaine sorte de jugement ?

Quelque chose d'extrêmement nouveau intervient dans l'affirmation selon laquelle on a affaire, dans l'expérience de la beauté, non pas à un simple sentiment, mais bien à un jugement. Car si toute appréciation esthétique engage un aspect judicatif, est en son principe d'ordre judicatif, il convient alors de revoir la règle de répartition sémantique et conceptuelle précédemment exposée, et la restriction du terme « esthétique » à la seule science critique des formes *a priori* de la sensibilité ne peut plus être maintenue.

Certes Kant n'envisage nullement de réhabiliter l'entreprise de Baumgarten, c'est-à-dire de réactiver l'illusion d'une « gnoséologie »[1] qui viendrait régir spéculativement le registre des beaux-arts, permettant d'assurer l'objectivité des règles d'appréciation par le biais d'une déduction métaphysique. Pour lui, le beau est à entendre comme le sens de l'acte *sui generis* du jugement qu'est l'appréciation esthétique, en tant qu'il réfère à la manière dont le sujet est affecté d'un sentiment, singulier et paradoxal, de plaisir.

Sous la thèse développée au § 34 selon laquelle « il est impossible qu'il y ait un principe objectif du goût », se situe la remarque suivante :

> La critique du goût est donc elle-même simplement subjective eu égard à la représentation par laquelle un objet nous est donné ; elle est en fait l'art ou la science de référer à des règles le rapport mutuel qu'entretiennent dans la représentation donnée (sans relation à une sensation précédente ou à un concept) l'entendement et l'imagination, donc de subsumer leur accord ou leur désaccord sous ces règles et de les déterminer en tenant compte de leurs conditions [2].

Quelle valeur donner au « ou » dans la formulation « un art ou une science » : est-il exclusif, au sens d'une alternative stricte obligeant à choisir un terme contre l'autre (sur le modèle du *aut* latin) ? Est-il disjonctif (sur le modèle du *vel* latin), posant simplement le repérage distinctif de deux cas de figures également possibles ? Le problème se formule alors ainsi : l'expression « critique du goût » est-elle susceptible d'un sens univoque, dans le cas où il s'agit d'un « art » (*Kunst*) et dans celui où il s'agit d'une « science » (*Wissenschaft*) ?

1. Baumgarten conçoit l'esthétique sur le modèle de la logique ou gnoséologie supérieure et forme pour penser le concept d' « *analogon* de la raison ». *Cf.* B. Saint Girons, « L'esthétique. Problèmes de définition », dans S. Trottein (dir.), *L'esthétique naît-elle au XVIII*[e] *siècle ?* Paris, Presses Universitaires de France, 2000.

2. CFJ, AK V, 286 ; OP II, 1063.

Répondre à cette question exige quelques détours. Le § 34 commence par une pointe ironique contre le critique d'art : homme volontiers disert, bavard, voire sentencieux, mais dont la position par rapport à l'objet qu'il commente ne diffère au fond en rien de celle du cuisinier, incapable d'expliquer par des arguments ce qui est cause du plaisir gustatif. Inutile de rêver à une objectivité de type « savoir » pour cette sorte de critique du goût. Davantage de culture esthétique, une sensibilité plus éduquée ou plus raffinée ne changeraient rien à la chose. Faut-il alors abandonner le champ de l'expérience esthétique à l'indétermination des impressions personnelles et à l'arbitraire des opinions et n'espérer dégager dans ce registre d'autre position de valeur que celle du degré de culture artistique, selon la logique sociale de la « distinction » chère à Bourdieu ? Kant rêve d'un autre destin pour l'esthétique comme discipline critique : la possibilité d'une telle issue recoupe la question de la détermination épistémique du discours appelé « critique du goût ».

C'est en ce point qu'intervient le concept de jugement esthétique. Bien qu'un tel jugement soit foncièrement d'un seul tenant, comme en témoigne l'expérience singulière que nous en faisons, il n'est pas interdit d'en opérer la décomposition analytique. L'élément « esthétique » au sens pathologique de la sensation (*aisthésis*) est ce sur quoi porte le jugement – en quelque sorte sa matière – mais aussi ce qui motive le jugement puisque l'acte du jugement n'a pas vocation à juger l'affect pour décider de son bien-fondé au nom d'une norme érigée en règle conceptuelle. Étant donné que tel spectacle de la nature, telle œuvre d'art suscite en moi ce type de satisfaction, qu'est-ce que cette expérience hautement subjective me permet de comprendre non pas sur l'art, la nature ou même le beau en général, mais sur ma capacité à être affecté de façon immédiate dans le plaisir esthétique ?

Il est vrai que l'expérience esthétique ne réside pas dans un donné sensible original qui serait ensuite commenté par et dans le jugement : elle a sa réalité dans l'unité articulée du plaisir et de la réflexion qui mobilise les facultés intellectuelles supérieures du sujet. Tout cela pouvait déjà être décrit en-deçà de la perspective critique, mais dans la *Critique de la faculté de juger*, sur le fond de la mise en évidence de la structure transcendantale de la subjectivité, l'analyse va s'orienter vers la recherche des conditions de possibilité d'un tel accord.

C'est pourquoi la sphère du goût se définit d'emblée comme une « critique du goût ». Mais qu'entendre par là ? En son sens technique kantien, l'expression reçoit une signification conceptuelle qui n'a rien à voir avec la critique d'art, mais tout à voir avec le projet général du criticisme. L'activité de jugement n'est pas un moment second, d'essence logique, qui viendrait s'ajouter à la perception esthétique ; elle se déploie à travers les mouvements des facultés de connaissance supérieures qui viennent en quelque sorte analyser la jouissance esthétique, en dialectiser le vécu.

Ce que Kant résume doctrinalement au § 35. Le pointage initial distingue le jugement de goût du jugement logique, identifié sur le modèle du jugement déterminant, à l'œuvre dans la connaissance objective. Toutefois, sans rien récuser de cette opposition, il remarque aussitôt que le jugement de goût présente des caractères formels (prétention à l'universalité et à la nécessité) par lesquels il est « semblable au jugement logique » [1]. Cet aspect est classiquement compris en référence au quatrième moment catégorial de l' « Analytique » où le jugement esthétique est défini eu égard à la modalité de la satisfaction. Il peut être opportun d'examiner les choses en remontant plus directement au point de vue transcendantal développé dans la « seconde caractéristique du jugement de goût ».

Même si le jugement de goût ne saurait relever d'un principe objectif, il faut reconnaître, qu'étant donné les caractères quasi logiques de ses déclarations, il ne peut manquer de relever d'un principe. Dire que le jugement de goût est un jugement subjectif, cela signifie que c'est un jugement relevant d'un principe subjectif *a priori*. Est impliquée ici la dimension de la subjectivité qui relève du transcendantal. On atteint alors l'énoncé essentiel : « Le principe du goût est le principe subjectif de la faculté de juger en général », énoncé qui sous-tend tout le travail consistant à montrer comment nos facultés supérieures de connaissance sont engagées en des opérations qui font la force, la consistance, la vérité de l'appréciation esthétique.

La recherche va devoir travailler sur l'interface *Critique de la faculté de juger* / *Critique de la raison pure*. Il a été établi que le jugement esthétique relève d'un principe subjectif et que ce principe est *a priori*, puisqu'il régit l'appréciation esthétique en tant qu'elle est « un jugement de réflexion formel ». Par conséquent, ce type de jugement est susceptible d'une déduction transcendantale, sur le modèle de ce qui a été effectué dans la *Critique de la raison pure* à propos du jugement de connaissance. On lit au § 36 :

> ce jugement esthétique doit avoir pour fondement quelque chose qui soit un principe *a priori* ; ce principe peut certes n'être que subjectif [...], mais en tant que tel il a besoin d'une déduction, afin que l'on comprenne comment un jugement esthétique peut prétendre être nécessaire [2].

Si méthodologiquement le modèle est bien celui de la « Déduction transcendantale » de la *Critique de la raison pure*, en revanche les perspectives philosophiques engagées sont inédites. Les jugements esthétiques manifestent l'énigme d'une corrélation entre un sentiment hautement « personnel » de plaisir et l'exigence, subjectivement perçue, d'une « approbation étrangère », nécessaire et universellement requise. Comment ceci est-il possible ?

Les jugements esthétiques appartiennent à la grande famille logique des jugements synthétiques au sein de laquelle ils constituent une classe originale. Dans la proposition qui formule de tels jugements, le prédicat est empirique, puisqu'il s'agit du plaisir éprouvé par le sujet dans la perception esthétique ; il

1. D. Dumouchel fait remarquer que « le questionnement logique sur la nature et la fonction de la perfection esthétique de la connaissance joue un rôle essentiel dans l'esthétique de Kant », *Kant et la genèse de la subjectivité esthétique*, Paris, Vrin, 1999, p. 170.

2. CFJ, AK V, 288 ; OP II, 1065.

est rattaché au sujet de la proposition (en l'occurrence, l'objet appréhendé comme beau) dans une liaison synthétique (quelque chose est bien ajouté à la simple représentation de l'objet dans l'affirmation de sa qualité esthétique). Mais la modalité de la liaison sujet / prédicat présente un certain caractère de nécessité, ce qui oblige à lui reconnaître un statut *a priori*. Kant est ainsi conduit à donner une extension toute nouvelle à la classique question de la possibilité des jugements synthétiques *a priori* :

> C'est ainsi que ce problème de la critique de la faculté de juger ressortit au problème général de la philosophie transcendantale : comment des jugements synthétiques *a priori* sont-ils possibles [1] ?

Extension remarquable de la portée de la question dont la *Critique de la raison pure* avait fait son fil directeur.

Revenons à la caractérisation logique transcendantale du jugement esthétique. Il est acquis que l'on n'a pas affaire à un jugement de connaissance ; l'on n'a pas affaire non plus à un jugement déterminant du type de ceux qui ont cours dans la sphère de la moralité où le plaisir (comme contentement par rapport à l'exigence morale) intervient uniquement à titre de conséquence, en référence à la détermination objectivement bonne de la volonté. La seule solution possible est la suivante : dans le jugement esthétique c'est la faculté de juger qui « est pour elle-même subjectivement objet aussi bien que loi » [2]. Le caractère « réfléchissant » du jugement esthétique est l'expression d'une structure transcendantale tout à fait originale : la réflexivité de la faculté de juger, la relation dans laquelle elle s'affecte, en impliquant, dans ce rapport de soi à soi, le jeu des facultés de connaissance représentatives. On pourrait presque dire que la faculté de juger s'auto-affecte sur le mode d'une sorte de légalité ouverte, non déterminante, mais expérimentée dans l'expérience esthétique comme subjectivement nécessaire.

Le rapport que la faculté de juger esthétique entretient avec elle-même est subjectivement final, ce qui en régime transcendantal signifie ceci : dans ses jugements esthétiques, la faculté de juger se rapporte aux conditions subjectives de l'usage de la faculté de juger en général [3]. Elle atteint à travers les caractères formels de l'objet jugé beau, à la libre relation de concordance de l'entendement et de l'imagination, sollicités sous « l'emprise sans empire » [4] du jugement.

Kant déclare alors que la déduction transcendantale des jugements esthétiques est « aisée » [5], ce qui est à entendre par opposition au travail « difficile » mené par la *Critique de la raison pure* dans la déduction des catégories. Aisée,

1. CFJ, AK V, 289 ; OP II, 1066.
2. Formule qui fait écho à la phrase titre du § 35.
3. CFJ, § 38, AK V, 290 ; OP II, 1068.
4. Expression employée par Guillermit dans *CFJ Esthétique, Commentaire*, Édition de pédagogie moderne, 1981.
5. Voir CFJ, § 38.

puisqu'il suffit en somme de faire droit à la présupposition d'une nature humaine, foncièrement une et la même en son équipement transcendantal, pour être en mesure de rendre compte de la prétention subjective à la valeur universelle et nécessaire de nos jugements de goût. Une note du § 38 dégage les deux présupposés corrélativement engagés :

> 1° que chez tous les hommes soient identiques les conditions subjectives de cette faculté, ce qui concerne le rapport des facultés de connaître – mises en œuvre dans le jugement – à une connaissance en général ; ce qui doit être vrai, car sans cela les hommes ne seraient pas en mesure de communiquer leurs représentations ni même leurs connaissances ; 2° que le jugement ne prenne en compte que ce rapport (par conséquent la *condition formelle* de la faculté de juger) et soit pur, c'est-à-dire qu'il ne s'y mêle, à titre de raison déterminante, ni concepts de l'objet, ni sensations [1].

La déduction va construire sur cette base l'existence idéale d'un sens commun esthétique, instance référentielle de tout jugement esthétique. Tel est le goût qui peut désormais être compris comme « une sorte de *sensus communis* » [2]. À partir de ce *Factum* s'ouvriront les perspectives inédites d'une communicabilité intersubjective normative : horizon des esprits et accord des sensibilités.

Il est maintenant possible de reprendre l'examen de la dualité disjonctive posée au § 34 : « la critique du goût comme art ou comme science » ? L'expression « critique du goût » peut et doit recevoir tout d'abord une acception spécifiquement kantienne, c'est-à-dire criticiste. Est ainsi désigné sous cette expression le savoir transcendantal que la déduction du jugement esthétique pur a permis d'établir. Un tel propos relève de la « science », puisque la critique est science en un sens éminent, en ce qu'elle établit les conditions de possibilité de tous les actes de l'esprit, tant théoriques que pratiques, dans un examen où la raison, juge d'elle-même, dit le droit quant à ses différents pouvoirs.

Mais étant ce savoir de second degré, la science critique est inévitablement aussi abstraite qu'elle est pure. Ce caractère qui signe sa fascinante puissance philosophique, engage du même coup une aridité du discours. Or la nécessaire abstraction de l'analyse semble malvenue lorsqu'il s'agit de l'étude du beau, laquelle doit inévitablement travailler au niveau des appréciations esthétiques réelles suscitées par les œuvres de la nature ou les productions de l'art. Comment le discours scientifique de la critique du goût (au sens transcendantal) peut-il alors tenter de rejoindre son objet et exhiber sa propre vérité comme théorie du fait esthétique ?

La difficulté rencontrée ici n'est pas foncièrement de nature pédagogique, ayant trait au « style » trop abstrait de l'examen. Kant est peu soucieux de fournir aux lecteurs des contenus illustratifs, de donner satisfaction à leur

1. CFJ, AK V, 268 ; OP II, 1068.
2. CFJ, § 40, AK V, 293 ; OP II, 1072.

curiosité culturelle en s'exerçant sur les exemples de référence. Mais même s'il est vrai que le jugement esthétique réalise l'élévation réfléchissante de l'*aisthésis* perceptive en un plaisir pur, par référence aux seules déterminations formelles de l'objet, il n'est ni possible, ni acceptable de parler de façon entièrement abstraite de la forme belle. L'enseignement transcendantal ne fait sens que pour autant que l'on peut (se) représenter effectivement quelque chose du libre jeu des facultés, le voir en quelque sorte fonctionner *in concreto* sur un cas d'espèce. De là le recours à des exemples qui sont utilisés certes avec parcimonie et sobriété, mais toujours dans une intention probante manifeste. Car si de façon générale les exemples sont, comme l'a déclaré la *Critique de la raison pure*, « les roulettes pour enfant (*Gängelwagen*) de la faculté de juger » [1], il est clair que l'on a tout particulièrement besoin de l'appui d'exemples dans ce type de jugement où par définition la règle déterminante du concept fait défaut.

Kant retrouve-t-il, à l'occasion de cette pratique de l'analyse des exemples, quelque chose de ce qui était traditionnellement désigné sous le nom générique de « critique du goût » et qui avait reçu ses lettres de noblesse dans les travaux d'un Batteux ou d'un Lessing ? En un sens oui, dans la mesure où appartient intrinsèquement à la réception esthétique de l'œuvre d'art tout le travail du commentaire qui ne cesse d'analyser l'impression, de questionner le jugement. Ainsi les ressources d'une méditation approfondie portant sur les rapports des formes et des valeurs de couleurs dans la peinture sont-elles sollicitées et subtilement confrontées aux règles posées comme « canons » de l'art. Mais alors que les développements sur l'exemple, sur le ton magistral du commentaire autorisé des chefs d'œuvre, sont la substance même du propos des critiques d'art de l'époque, ils ne sont pour Kant qu'un travail subsidiaire, subsidiaire mais utile toutefois pour donner une illustration probante à la théorie critique du jugement esthétique.

C'est pourquoi ce qui relève globalement de la « critique du goût » se trouve réparti de façon disjonctive selon la dualité art / science. Certes l'écart n'est pas à chercher dans la présence ou l'absence d'une visée théorique : l'ambition d'intelligibilité est impliquée dans l'un et l'autre niveau, de la critique du goût :

> elle est en fait l'art ou la science de référer à des règles le rapport mutuel qu'entretiennent dans la représentation donnée (sans relation à une sensation précédente ou à un concept) l'entendement et l'imagination, donc de subsumer leur accord ou leur désaccord sous ces règles et de les déterminer en tenant compte de leurs conditions [2].

Si l'écart n'est pas dans la fin visée, il se trouve en revanche du côté de la démarche adoptée. Dans son niveau « art », la critique s'adosse à des exemples, travaille à partir d'eux. S'intéressant à un modèle exemplaire (le

1. CRP, B 174, AK III, 132 ; OP I, 882.
2. CFJ, AK V, 286 ; OP II, 1063.

Laocoon, la Vénus Médicis), elle poursuit, à travers cette étude particulière, une interrogation de portée générale puisque le sentiment esthétique y est examiné quant aux conditions internes qui le produisent. Toutefois son propos ne saurait échapper à l'empiricité de son point d'ancrage. Tout au plus peut-il dégager les « règles physiologiques » qui ont cours dans la création artistique et l'appréciation esthétique. La dimension de l'*a priori* lui demeure à jamais fermée.

> La critique, comme art, se contente de chercher à appliquer au jugement portant sur les objets du goût les règles physiologiques (ici, psychologiques), donc empiriques, selon lesquelles procède en réalité le goût (sans réfléchir sur leur possibilité), et elle critique les productions des beaux-arts, comme la science critique la faculté même d'en juger [1].

L'intention de la science « critique » du goût est d'un autre niveau : elle s'efforce d'accomplir dans toute son exigence théorique le programme de « déduction » que la critique du goût comme art effectue seulement sur des cas d'espèces. Un tel écart « épistémique » est d'ailleurs en cohérence avec ce que la philosophie a classiquement enseigné quant à la nature du discours de la science : celui-ci a pour tâche de dire, non le fait (*oti*), mais le pourquoi du fait (*dioti*). Le projet de la critique du goût comme « science » est bien de comprendre et d'exposer pourquoi, c'est-à-dire en vertu de quelle nécessité constitutive, un sentiment de satisfaction esthétique va naître d'une certaine configuration des relations entre les facultés. L'exemple esthétique, objet d'étude du critique d'art, vaut désormais surtout comme échantillon probant de la justesse de l'analyse transcendantale du jugement de goût. Tout ceci conduit à une certaine requalification de la critique du goût, dans la mesure même où la pratique disciplinaire traditionnelle trouve, partiellement du moins, à s'inscrire dans le cadre d'un projet plus hautement spéculatif qui est en propre celui de la philosophie critique.

La question qui sous-tend le débat quant au statut épistémique de l'esthétique comme critique du goût : "dans quelle mesure, en quel sens est-elle ou peut-elle être une science ?" est identiquement celle de savoir s'il y a ou peut y avoir une légalité spécifique de la sensibilité. Dans un long premier temps de son itinéraire de pensée, Kant s'est résolument tourné vers le repérage et l'élucidation des formes *a priori* dans lesquelles s'organise notre expérience sensible. Cette investigation inaugure la fondation du criticisme comme théorie des conditions de possibilité de l'expérience, en identifiant les déterminations formelles de la réceptivité sensible. La contrepartie de ce remarquable effort, c'est qu'il faut abandonner tout le contenu de l'expérience sensible à l'indétermination du divers. La manière dont la *Critique de la raison pure* règle sémantiquement et conceptuellement le sort du mot « esthétique » est significative de ce premier positionnement.

1. CFJ, AK V, 286 ; OP II, 1063.

Mais tel n'est pas le dernier mot de Kant en la matière. Que l'impression sensible puisse parfois manifester, indépendamment de l'indétermination matérielle de son contenu, une sorte de normativité formelle originale, c'est ce dont il va prendre acte dès qu'il tourne son attention vers le champ de l'esthétique et y repère à l'œuvre une certaine forme de jugement. Spectacles de la nature ou objets admirables de l'art sont reçus par le spectateur avec un ineffable plaisir car il éprouve, à les contempler, l'impression intime d'une parfaite nécessité interne, même s'il se trouve incapable – et pour cause – d'en dégager quelque loi. Il y a une expérience subjective irrécusable de la beauté, que l'esprit du criticisme commande de recevoir et d'interroger. Cette expérience, à rigoureusement parler, n'est pas celle du beau, mais, ce qui change tout, celle de la chose perçue comme belle, jugée telle à travers ce sentiment qui réalise l'oxymore d'être libre et nécessaire, foncièrement intime et universel en sa prétention.

Tel est le privilège de l'expérience esthétique. En elle la sensibilité, intimement articulée à l'acte du jugement, acquiert en quelque sorte un nouveau statut sur la base duquel bien des renouvellements philosophiques sont à envisager. L' « Introduction » de la *Critique de la faculté de juger* a d'ailleurs parfaitement pris la mesure de ce que cela implique quant à la nouvelle gestion des grands équilibres de l'édifice critique : « De la critique de la faculté de juger comme moyen de liaison des deux parties de la philosophie en un tout » [1].

Brigitte GEONGET
(CPGE, Université de Bordeaux 3)

1. CFJ, AK V, 176 ; OP II, 930.

ESTHÉTIQUE ET TÉLÉOLOGIE DE LA CONNAISSANCE DE LA NATURE

1) Dans la *Critique de la faculté de juger*, la première occurrence de la finalité concerne la contingence de la systématicité des lois empiriques. Nous commencerons par souligner sa radicalité, et montrerons qu'elle affecte par contagion la légalité *transcendantale* elle-même. 2) a) Si notre connaissance dépend d'une configuration contingente de l'empirique, et s'il convient d'éviter que toute rationalité soit suspendue à l'irrationnel par excellence qu'est le hasard, il faut penser la finalité de cette connaissance et de la systématicité qu'elle présuppose. b) Le problème est qu'en vertu de la neutralité axiologique du connaître, la connaissance de la nature ne saurait être une fin en elle-même. c) Nous soutiendrons que c'est la téléologie *morale* qui permet de penser que la connaissance de la nature comporte une finalité, et ce en vertu de la caractéristique *esthétique* indirectement attachée à cette connaissance, qui suscite un plaisir *désintéressé* [1].

I. LA FACTICITÉ DE L'EXPÉRIENCE : RÉFLÉCHIR LA CONTINGENCE DE LA RÉFLEXION LOGIQUE

Dans les deux « Introductions » à la *Critique de la faculté de juger*, la première occurrence de la finalité concerne la contingence de la systématicité des lois *empiriques*. Cette contingence procède de ce que la systématicité transcendantale, qui circonscrit la *légalité* de l'expérience *possible* tracée *a priori* par les principes de l'entendement pur, ne suffit pas à fonder la systématicité des *lois* qui régissent l'expérience *effective*. La contingence de *l'empirique* eu égard au transcendantal se répète en contingence des *lois* empiriques eu égard aux lois transcendantales, et cette contingence est élevée à

1. Nous développons ici dans une perspective différente des réflexions dont on peut lire une première élaboration dans notre ouvrage *Critique et réflexion. Essai sur le discours kantien*, Paris, Vrin, 2009.

la puissance pour ce qui est de cette unité de l'unité qu'est la *systématicité* [1]. En effet, rien n'exclut *a priori* la possibilité d'une phénoménalité qui témoigne d'une « diversité si infinie » et d'une « hétérogénéité si grande » qu'elles rendraient impossible toute systématisation empirique, laquelle est pourtant requise pour que l'on puisse parler d'*une* expérience, ce qui, en plus d'être exigé par la raison, est un fait.

Qu'adviendrait-il si l'empirique était rétif à toute tentative de le systématiser ? Qu'aurait d' « inquiétant » [2] un tel « agrégat chaotique brut » ? On pourrait croire qu'il serait encore possible de découvrir « à l'occasion » des lois particulières, sans que ces lois puissent être unifiées sous un principe, de sorte que la légalité de l'empirique ne serait pas mise en péril par l'absence de toute « affinité » des lois entre elles. Cette appréciation manque cependant de radicalité, parce qu'elle suppose que le « chaos » qualifie les relations des lois empiriques *entre elles*. Or la possibilité d'un chaos *inter*-légal est un argument en faveur de la possibilité d'un chaos *infra*-légal, tel qu'il rende introuvables les lois empiriques elles-mêmes [3]. En effet, si la diversité des lois empiriques, qui sont déjà des figures de l'unité (la légalité), était irréductible et ne se prêtait pas à une unification de degré supérieur, comment espérer que le radicalement particulier se prête à une unification de premier degré ? La contingence de la systématicité des lois empiriques marque donc la contingence *a fortiori* de ces lois empiriques elles-mêmes.

Il faut aller plus loin. La contingence de l'homogénéité et de la continuité des formes naturelles n'implique pas seulement celle des lois empiriques. Elle s'étend à la légalité *transcendantale* :

> [sans] la compréhensibilité de la nature et son unité dans la division en genres et en espèces, par quoi seulement sont possibles des concepts empiriques à l'aide desquels nous la connaissons selon ses lois particulières, [...] l'expérience la plus commune n'aurait pas été possible [4].

La *Critique de la raison pure* explique en effet que si les phénomènes présentaient seulement, quant à leur contenu, une *diversité* absolument irréductible, « éventualité parfaitement envisageable », ils rendraient impossible non seulement tout concept de genre, mais, puisque tout concept est une représentation *du commun*, c'est-à-dire une représentation *générique* au sens large, *tout concept* en général, et donc *l'entendement comme tel* [5]. L'homogénéité de l'empirique est par suite *la condition de possibilité empirique et contingente de*

1. PI, II, AK XX, 203 ; OP II, 855 ; PI, IV, AK XX, 208 *sq.* ; OP II, 861 ; CFJ, « Introduction », V, AK V, 183 *sq.* ; OP II, 938 et CFJ, § 70, AK V, 386 ; OP II, 1180. Nous traduisons les textes de Kant que nous citons, mais nous indiquons tout de même la référence de l'édition française dans la Bibliothèque de la Pléiade.

2. PI, IV, AK XX, 209 ; OP II, 861 *sq.*

3. PI, IV, AK XX, 210 ; OP II, 862.

4. CFJ, « Introduction », VI, AK V, 187 ; OP II, 943.

5. CRP, A 653 *sq.* / B 681 *sq.*, AK III, 433 ; OP I, 1255.

la possibilité de l'expérience elle-même [1]. Si les phénomènes présentaient une diversité pure, « ce qui est toutefois pensable », leur *comparaison* serait stérile et rendrait impossible la *réflexion logique*, qui fait paraître le commun dans le multiple [2], c'est-à-dire la forme de la conceptualité comme telle. Une phénoménalité si chaotique qu'aucun concept empirique n'en fût possible eût donc été logiquement possible. Mais la possible impossibilité de la conceptualisation ne toucherait pas seulement les concepts empiriques, et le texte de la *Critique de la raison pure* mentionne bien les concepts « en général ». En effet, si l'*apriorité* des catégories se distingue de toute *innéité*, c'est qu'elles ne sont rien en dehors de *l'acte* d'unification qu'elles règlent. L'*a priori* relève de l' « acquis originairement » [3], objet d'une acquisition qui n'est pas une réception ou un emprunt, parce qu'il s'agit d'acquérir ce qui ne précède pas cette appropriation [4], les concepts ne préexistant pas à l'acte synthétique qu'ils règlent. Or, dans l'hypothèse d'une phénoménalité présentant un « agrégat chaotique brut », cet acte de conceptualisation ne trouverait plus *matière à s'exercer*. Travailler à unifier le multiple suppose que ce multiple *se laisse possiblement unifier*, c'est-à-dire qu'il ne soit pas absolument chaotique. La conceptualité *en général*, et donc aussi *transcendantale*, est ainsi suspendue à une configuration de *l'empirique* qui, si elle n'est bien sûr en rien l'origine des catégories, est cependant une condition sans laquelle l'acte qui épuise leur sens ne pourrait advenir. L'entendement comme tel est ici confronté à sa propre contingence. L'homogénéité de l'empirique est ainsi la *condition prélogique de l'actualité du logique*, ou la *condition empirique de l'acte transcendantal*.

Il faut alors confronter ce point à la « déduction transcendantale » des catégories que fournit la *Critique de la raison pure*. En effet, le nerf de cette « déduction » est précisément que des apparitions (*Erscheinungen*) qui seraient radicalement rebelles à toute possibilité de les constituer en objets ne seraient pas des phénomènes (*Phaenomena*), en tant qu'il s'agirait d'*apparitions de rien à personne* [5]. Une phénoménalité *sauvage*, c'est-à-dire qui ne serait pas catégorialement unifiée, serait une phénoménalité sans objet, diversité pure qui n'offrirait pas matière à cette unification hors de laquelle l'unité du sujet ne

1. Comme l'écrit Lebrun, « le désordre qualitatif absolu aurait pour corrélat la non-pensée absolue », de sorte que « plus originaire [pourquoi, toutefois, cette surenchère ?] que la possibilité de droit de l'expérience, il y a la possibilité de fait de la conceptualisation », laquelle est suspendue à une homogénéité qualitative de l'empirique qui est contingente (*Kant et la fin de la métaphysique*, Paris, Armand Colin, 1970, p. 270 *sq.*).

2. PI, V, AK XX, 213 ; OP II, 866. Sur la réflexion logique, voir notamment LOG, § 5, AK IX, 94 et Réfl. 2876, AK XVI, 555.

3. *Cf.* RE, AK VIII, 221 *sq.* ; OP II, 1351. Voir aussi *Metaphysik Dohna*, AK XXVIII, 619 ; *Metaphysik K3*, AK XXIX, 952.

4. Sur le concept d'acquisition originaire, voir DD, § 10, AK VI, 259 ; OP III, 512, ainsi que les analyses de M. Oberhausen, *Das neue Apriori. Kants Lehre von « einer ursprünglichen Erwerbung » apriorischer Vorstellungen*, Stuttgart-Bad Canstatt, Fromman-Holzboog, 1997, p. 121-128.

5. CRP, A 111, AK IV, 83 *sq.* ; OP I, 1414 et A 116, AK IV, 87 ; OP I, 1418 ; Lettre à Marcus Herz du 26 mai 1789, AK XI, 50 *sq.* ; OP II, 839 *sq.*

trouve pas à s'attester. Une phénoménalité *sauvage* serait un apparaître *chaotique* sans objet ni sujet. Réciproquement, le fait que nous n'ayons pas affaire à une phénoménalité chaotique prouve que nous n'avons pas affaire à une phénoménalité sauvage, ou encore que l'apparaître est réglé par les catégories, qui ont donc une réalité objective. Le fait de la possibilité de l'expérience prouve la réalité objective des catégories, en tant que celle-ci conditionne celui-là.

On voit le problème : dans l' « Analytique transcendantale », l'apparaître chaotique est la *conséquence* virtuelle d'une absence de régulation transcendantale, conséquence dont la fausseté (la non-effectivité) prouve de manière indirecte et négative (ou apagogique) la réalité objective des catégories ; dans la *Critique de la faculté de juger*, l'apparaître chaotique ferait *obstacle* à cette régulation transcendantale. D'après la « déduction », le chaos *suivrait* de l'absence de régulation ; d'après la troisième *Critique*, le chaos *impliquerait* l'absence de régulation. En 1790, le chaos rend impossible la régulation transcendantale qui, dans la première *Critique*, nous garantissait de lui ! Bref, ce qui était exclu par la régulation catégoriale, et dont l'absence prouvait cette régulation, est cette fois présenté comme ce qui l'exclurait [1].

Cette tension et cette inflexion ne doivent pas être interprétées comme les marques d'une contradiction. Il faut y voir le signe d'un approfondissement de la réflexion kantienne sur les conditions de l'expérience. Dans la « déduction », Kant explique qu'il eût été logiquement possible que l'expérience fût impossible [2]. Dans l' « Appendice à la "dialectique transcendantale" » et dans la *Critique de la faculté de juger*, il montre que la configuration de l'empirique qui *correspondrait* à cette impossibilité de l'expérience l'*impliquerait* aussi bien. Cet approfondissement montre que *la possibilité de l'expérience*, qui est un fait, et qui prouve la réalité objective des catégories, *est suspendue à une configuration contingente de l'empirique même*. C'est pourquoi, si un apparaître non soumis aux catégories serait nécessairement chaotique, réciproquement, un apparaître chaotique ne pourrait être soumis à une régulation catégoriale. De sorte que l'on peut aussi bien conclure *de la phénoménalité sauvage à la phénoménalité chaotique* (« déduction ») que *d'une phénoménalité chaotique à une phénoménalité irréductiblement sauvage* (« Appendice », *Critique de la faculté de juger*). Ce chiasme est l'index de ce qu'il faut bien appeler un *conditionnement empirico-transcendantal réciproque* : une manière de *régularité native minimale* de la phénoménalité est la *condition empirique* de l'effectivité *de sa régulation transcendantale*. Il est des conditions *empiriques* de l'expérience qui ne peuvent être déterminées par les conditions formelles de sa possibilité, prise au sens transcendantal cette fois, puisque au contraire elles sont supposées remplies pour que le transcendantal puisse s'appliquer. Dit autrement : si catégories et principes de l'entendement

1. C'est l'échange constructif que nous avons eu avec Raphaël Ehrsam à l'issue de la présentation orale de ce texte qui nous a invité à préciser ainsi les choses. Nous l'en remercions.

2. CRP, A 90 / B 123, AK III, 103 ; OP I, 846.

sont les conditions *a priori* de la possibilité de l'expérience, il est des conditions de cette dernière 1) qui ne sont pas au pouvoir de l'entendement 2) et dont dépend le déploiement de ce pouvoir de l'entendement même.

Qu'il y ait rationalité théorique plutôt que rien, c'est donc ce dont la rationalité théorique ne peut établir la nécessité. Aussi son fait étonne-t-il, étonnement qui se répète en joie dans la découverte de l'unité systématique indéductible, et en admiration devant ce dont « nous ne savons donner aucune raison » [1].

II. LA FINALITÉ PRATIQUE DE LA CONNAISSANCE

1) Quelle légalité pour la contingence de la nécessité comme telle ?

Si notre connaissance dépend de la systématicité contingente de l'empirique, il faut penser sa finalité qui, ici comme ailleurs, se recommande à la pensée en tant qu'elle est « la légalité du contingent comme tel » : si la nature est ainsi faite qu'elle est pour nous connaissable, et si cette connaissabilité est contingente, la faculté de juger réfléchissante cherchera à supprimer le caractère purement hasardeux de ce fait en identifiant ce qui permet de penser (et non savoir) que la nature est faite *pour* que nous la puissions connaître.

On pourrait croire que la *Critique de la faculté de juger* répète ici la *Critique de la raison pure,* et Kant y retrouve, sous le nom de « maximes de la faculté de juger » [2], deux des trois « maximes de la raison » (homogénéité, spécification, continuité) qui, dans l' « Appendice à la "Dialectique transcendantale" » [3], conduisaient à une pensée de la finalité. La systématicité présumée et contingente de l'empirique y était pensée comme une « harmonie » [4] renvoyant à « la causalité finale exercée par la cause suprême du monde » [5], laquelle servait de « principe régulateur de l'unité systématique d'une connexion téléologique » [6], de sorte qu'une « physico-théologie » régulatrice pouvait être fondée sur cette « intention certes contingente, mais cependant non négligeable » *qui est la nôtre* : disposer d'un fil conducteur pour la recherche et garantir « l'application de la raison à la nature » [7].

La distance qui sépare les deux problématiques est toutefois très nette, et elle interdit de calquer le jugement réfléchissant sur l'usage régulateur de la raison. Dans l' « Appendice », la finalité est pensée sur le modèle de la finalité *interne* : elle n'y est que formelle et désigne la précédence de la représentation

1. PI, V, AK XX, 216 ; OP II, 869 ; CFJ, « Introduction », V, AK V, 184 ; OP II, 939 ; CFJ, « Introduction », VI, AK V, 187 ; OP II, 943.
2. CFJ, « Introduction », V, AK V, 182 ; OP II, 936 *sq.*
3. CRP, A 652 *sq.* / B 680 *sq.*, AK III, 432 *sq.* ; OP I, 1253 *sq.*
4. CRP, A 678 / B 706, AK III, 447 ; OP I, 1272.
5. CRP, A 688 / B 716, AK III, 453 ; OP I, 1280.
6. CRP, A 691 / B 719, AK III, 455 ; OP I, 1282.
7. CRP, A 826 *sq.* / B 854 *sq.*, AK III, 535 ; OP I, 1380.

du tout sur les parties, qui garantit le primat de l'un sur le divers, et donc la systématicité de ce dernier. En 1790, elle est pensée sur le modèle de la finalité *externe*, puisqu'elle caractérise le *rapport de ce système au sujet* connaissant [1], et dénote « un arrangement finalisé de la nature en un système, comme en faveur de notre faculté de juger » [2]. Désormais, « nous attribuons à la nature [...] comme un égard pour notre pouvoir de connaître, selon l'analogie d'une fin » [3]. La première *Critique* convoque donc le motif téléologique afin de penser la systématicité, alors que la troisième pense la finalité *de* cette systématicité, c'est-à-dire une nature qui se systématise « en vue de se proportionner à l'entendement humain » [4]. Dans l' « Appendice », la finalité est sans spectateur et purement formelle. La raison suppose que l'effectif est architectonique, quand la faculté de juger réfléchissante suppose qu'il est *architectonique pour que* nous puissions le connaître, la systématicité naturelle pensée sur le modèle de la finalité interne n'étant plus que le *moyen* de ce dont elle est la condition empirique de possibilité, à savoir notre connaissance. Pour pouvoir penser la nature comme connaissable, l' « Appendice » pense la nature comme si elle était *créée*. La *Critique de la faculté de juger*, de son côté, pense la nature comme si elle était créée *pour* que nous la puissions connaître. Le motif indéterminé de la création ne suffit donc plus à penser la finalité en question. Cette finalité exige une création dont *l'intention* serait de produire une nature par nous connaissable [5].

L'écart entre les dispositifs indique que leur enjeu n'est pas superposable : celui qui est mis en place dans la *Critique de la faculté de juger* est suffisant, mais *non nécessaire* pour penser la systématicité des lois empiriques, puisque la *Critique de la raison pure* l'assurait à moindres frais, en faisant l'économie de l'idée, au premier abord extrêmement coûteuse métaphysiquement, selon laquelle la nature aspirerait à être connue par nous. Le surcroît de dépense est toutefois l'annonce d'un excès de signification : la finalité formelle du système de la nature conduit désormais à la considération d'une finalité *externe*, et *elle est introduite pour cela*, le début de l'ouvrage mettant effectivement en branle la pensée qui, montant progressivement en puissance, l'achèvera.

2) La déficience téléologique de la connaissance

Qu'en est-il de cet achèvement ? La difficulté est que la connaissance de la nature ne saurait être une fin en elle-même. Toute valorisation *intrinsèque* de

1. V. Zanetti met bien en évidence l'écart entre les problématiques (*La nature a-t-elle une fin ? Le problème de la téléologie chez Kant*, Bruxelles, Ousia, 1994, p. 82 *sq.*). Elle n'en conclut cependant rien quant à la *signification systématique* de cette finalité d'un nouveau genre.

2. PI, V, AK XX, 214 ; OP II, 866.

3. CFJ, « Introduction », VIII, AK V, 193 ; OP II, 950. Voir aussi § 61, AK V, 359 ; OP II, 1148 ; PI, V, AK XX, 216 ; OP II, 869 ; PI, XI, AK XX, 242 *sq.* ; OP II, 901 ; Lettre à Beck du 18 août 1793, AK XI, 441.

4. CFJ, « Introduction », V, AK V, 186 ; OP II, 941.

5. CFJ, « Introduction », IV, AK V, 180 ; OP II, 934.

la relation cognitive, qui n'élève par elle-même ni son sujet [1] ni son objet [2], doit être refusée, si bien que « la science n'est pas notre destination » [3]. Quant au plaisir pris à connaître, il est *axiologiquement*, et la charge anti-intellectualiste est nette, *un plaisir comme les autres* :

> En vue de quoi cette nature tout entière est-elle là et quelle est la fin ultime d'un art si grand et si divers ? Etre créé en vue de la jouissance, de l'intuition, de la contemplation ou de l'admiration (ce qui, *si l'on en reste là*, n'est rien de plus qu'une jouissance d'une espèce particulière), comme dernière fin ultime pour laquelle le monde et l'homme lui-même existent, cela ne peut satisfaire la raison [4].

3) Le sens pratique de la sensibilité au théorique

Une issue favorable se profile pourtant, car Kant *n'en reste pas là*. De fait, la « science » *contribue* à promouvoir l'avancement de la fin morale, et donc « prépare » l'homme à faire ce qu'il doit faire pour honorer son rang de « fin ultime de la création ».

Le § 83 de la *Critique de la faculté de juger* fait de la « culture », entendue comme développement de l'aptitude à de quelconques fins en général, la « fin dernière » de la nature [5]. Du concept de culture se déduisent deux caractéristiques : elle doit être développement de l'habileté (*aptitude à des fins*) et « libération de la volonté à l'égard du despotisme des désirs » qui rive le sujet à une finalité étriquée voire exclusive (*quelconques en général*). Cette caractéristique négative de la culture (« discipline ») devrait simplement viser à maintenir *l'indétermination* des fins de l'homme. Kant ajoute toutefois que cette discipline doit « faire avancer la volonté dans la détermination et le choix de ses fins ». Tout en prétendant demeurer sur le plan de la simple *culture*, Kant glisse ainsi à la *qualité* de cette dernière, ce qui s'explique par le fait que *c'est de la fin ultime* (qui est une fin en soi, et qui est morale : le souverain bien possible dans le monde) *que la fin dernière reçoit sa détermination*, en tant que celle-ci n'a de sens qu'à la *confirmer* sous la forme d'une *préparation*.

Or une nature qui vise sa connaissabilité est bien une nature qui vise une aptitude à des fins meilleures. En effet, « les sciences » interviennent *deux fois* au sein de la thématique de la « fin dernière », et elles ne le font pas les deux fois au même titre : les sciences *elles-mêmes* participent de ce raffinement qui civilise et humanise l'homme, en creusant la distance qui le sépare des animaux non rationnels (culture de *l'habileté*) ; mais le *plaisir* qu'elles produisent participe de la *discipline* qui *qualifie* cette culture comme *culture qui prépare*

1. ROBS, AK XX, 44.
2. CFJ, § 86, AK V, 442 ; OP II, 1247.
3. LEP, AK XXIX, 8.
4. CFJ, « Remarque générale sur la téléologie », AK V, 477 ; OP II, 1289, nous soulignons.
5. CFJ, § 83, AK V, 431 *sq.* ; OP II, 1234 *sq.*

à la moralité, et ce parce qu'elles suscitent, tout comme le beau, « un plaisir susceptible d'être universellement communiqué » [1].

De fait, s'il ne s'agit aucunement de confondre le jugement de connaissance et le jugement esthétique, il se trouve que le jugement logique réussi *me fait plaisir*. Or ce plaisir de connaître, s'il n'est pas la vanité de celui qui sait, est libéré de la singularité du pathologique, parce qu'il est un plaisir *désintéressé*, au même titre que celui qui, sans concept déterminé, est pris au beau, et c'est pourquoi le § 83 les met sur le même plan. Le plaisir pris à connaître n'est pas pris à l'existence de son objet, mais attaché à sa seule représentation, de sorte qu'il est lui aussi « plaisir simplement contemplatif ou *satisfaction inactive* » [2].

On retrouve d'ailleurs la communicabilité qui procède de la qualité désintéressée de la satisfaction, la libération à l'égard de l'intérêt étant *ipso facto* libération à l'égard de la subjectivité de l'inclination dont le premier est le fondement [3]. Mais cette communicabilité du plaisir pris à connaître ne pose de toute façon aucun problème. Elle dérive immédiatement de l'universalité du connaître, qui implique que soit universalisable l'état dans lequel l'esprit est mis par son activité de connaissance, état qui n'est autre que le plaisir dont il retourne [4], qu'il s'agisse de la connaissance en général ou de cette connaissance particulière dont nous étions partis, cette découverte d'une systématicité empirique qui donne lieu à un plaisir « valable pour tout le monde » [5].

En se rendant accessible à notre connaissance, la nature semble vouloir contribuer à *libérer la satisfaction de tout intérêt pathologique*, ce que la loi *morale commande*, au nom d'un intérêt de la raison cette fois, de sorte que les sciences, par le truchement du plaisir qu'elles procurent, « préparent l'homme à un empire en lequel la raison doit seule avoir du pouvoir » [6]. En se rendant connaissable, la nature permet qu'advienne chez certains un désintéressement du plaisir qui *prépare* le respect pour la loi morale, et ainsi *promeut* l'avancement du souverain bien dans le monde, en ménageant, du sein du plaisir, les conditions favorables à l'avancement de la vertu.

C'est donc parce qu'elle est *pathologiquement désintéressée* que la satisfaction prise à la connaissance de la nature *intéresse moralement* la raison et acquiert cette valeur qu'elle ne pouvait s'assurer par elle-même. On peut donc assigner un intérêt *moral* à l'existence d'une systématicité qui rend possible ce qui suscite un plaisir désintéressé, de sorte que sa contingence peut être relevée en finalité. Ménager les conditions du plaisir pris à connaître participe de « ce que la nature est capable d'accomplir pour préparer [l'homme] à ce qu'il lui faut lui-même faire pour être fin ultime » [7].

1. CFJ, § 83, AK V, 433 ; OP II, 1237.
2. MM, « Introduction », I, AK VI, 212 ; OP III, 456.
3. CFJ, § 6, AK V, 211 ; OP II, 967.
4. CFJ, § 9, AK V, 217 ; OP II, 975 *sq*.
5. CFJ, « Introduction », VI, AK V, 187 ; OP II, 943.
6. CFJ, § 83, AK V, 433 ; OP II, 1237.
7. CFJ, § 83, AK V, 431 ; OP II, 1234.

Conclusion

La thématique de la contingence et de la finalité de la systématicité des lois empiriques dans la *Critique de la faculté de juger* n'est donc ni stérile, ni redondante par rapport à son traitement dans l' « Appendice à la "Dialectique transcendantale" ». Elle y est spécifique et efficace, ce que trahit sa résurgence dans la « Méthodologie » de la faculté de juger téléologique. C'est elle qui conduit à prêter attention aux autres occurrences de la finalité, de la finalité sans fin manifestée par le beau à la finalité externe de la nature, en passant par la finalité interne de ses productions organiques. En retour, de même que la rencontre de l'organisme surdétermine la finalité logique en finalité réelle [1], l'identification de la fin ultime permet d'identifier en dernière instance la finalité de la connaissance. La thématique de la finalité des lois empiriques de la nature est donc retrouvée à la fin de l'ouvrage, depuis la téléologie morale qu'elle contribue à introduire comme ce dont elle a besoin pour trouver finalement son sens.

Si la valeur d'un homme ne se juge pas à l'étendue de ses connaissances, si « la science n'est pas notre destination », il n'empêche que la science, par le truchement du plaisir qu'elle procure, contribue à la promotion de cette destination, qui est morale. La connaissance elle-même, loin de pouvoir prétendre nier la liberté, comme il arrive très souvent qu'elle le fasse, doit être lue à partir d'elle, qui lui confère toute la valeur susceptible de lui revenir.

Antoine GRANDJEAN
(Université de Nantes)

1. PI, VI, AK XX, 218 ; OP II, 871 : si la considération de la finalité des lois de la nature ne suffit pas à conclure à la production de *formes naturelles finales en elles-mêmes*, « lorsque l'expérience nous montre des formes finales dans les produits de la nature », c'est-à-dire une fois des organismes rencontrés, il est permis d'imputer cette finalité de la spécification de la nature en ses lois (« *dieselbe* ») au même fondement sur lequel repose la production de formes en elles-mêmes finales (« *die erste* »). L'attention à la finalité logique conduit donc à l'attention à la finalité réelle qui en retour la leste de sa réalité.

V
LES SCIENCES DE L'HOMME : ANTHROPOLOGIE, PSYCHOLOGIE, MORALE, DROIT

ANTHROPOLOGIE ET PSYCHOLOGIE

JEAN-JACQUES ROUSSEAU
DANS LES *LEÇONS D'ANTHROPOLOGIE* (AK XXV)

Dans la perspective d'une révision partielle de travaux anciens, à l'exemple illustre des *Revisiones* de Saint Augustin et sur la suggestion de Claude Piché, je me propose de vous présenter les premiers résultats d'un examen des deux derniers volumes parus en 1997 dans l'Édition de l'Académie qui forment le tome 25 des *Leçons sur l'anthropologie* pour en relever les références principales aux œuvres de Jean-Jacques Rousseau. Mes travaux sur les sources françaises de la philosophie de Kant, achevés en 1979, s'appuyaient en effet essentiellement sur le texte de l'*Anthropologie* de 1798, les deux volumes du tome 15 qui contient les *Réflexions sur l'Anthropologie* et quelques leçons publiées antérieurement.

Le véritable intérêt des *Vorlesungen* ne m'était pas apparu d'abord. Je lisais avec circonspection ces leçons d'étudiants, souvent recomposées par les éditeurs et qui rapportent plus ou moins exactement les cours faits par Kant à des époques différentes. Ces cours représentent toutefois onze volumes dans l'édition de l'Académie ! Pour amender cette méfiance, j'ai relu l'introduction de Gerhard Lehmann au premier volume des *Vorlesungen* dans le tome 15 de l'édition de l'Académie et son article, sur ce même sujet, publié en 1961, qui a pour titre : « Einführung in Kants Vorlesungen » [1]. Il y rappelle que Kant, chercheur et enseignant, avait, sa vie durant, donné la plus grande importance à ses cours, à leur préparation et se distinguait des professeurs philosophes de son époque, comme Fichte et Hegel par exemple, en ce que son enseignement avait peu de rapports avec l'élaboration de son système qu'il exposait dans ses livres [2]. Seuls ses trois derniers ouvrages, comme on sait, rassemblent ses enseignements en logique, en géographie physique et en anthropologie.

L'Anthropologie du point de vue pragmatique de 1798, malgré l'enthousiasme manifesté à sa parution par Goethe et Schiller, a été longtemps ignorée par les philosophes. La première traduction française, due à Jules Tissot, Doyen de la Faculté des Lettres de Dijon, parut en 1863 chez De Ladrange, et

1. Gerhard Lehmann, *Beiträge zur Geschichte und Interpretation der Philosophie Kants*, Berlin, De Gruyter, 1969.

2. Lehmann, *op. cit.*, p. 67.

ne fut suivie qu'un siècle plus tard par celle de Michel Foucault éditée par Vrin en 1964. Les histoires de la philosophie de Bréhier ou de Rivaud n'en font pas mention. C'est que le statut de l'anthropologie chez Kant pose problème : ni partie intégrée dans le criticisme, ni science à proprement parler. S'il est un domaine en effet où la scientificité d'une discipline s'est posée, c'est bien celui de l'anthropologie. Lors du colloque international de notre société à Dijon en 1996, dont les Actes ont paru chez Vrin sous le titre *L'année 1798. Kant. Sur l'anthropologie*, j'avais intitulé mon propos liminaire « D'une introuvable science de l'homme » [1]. La simple lecture de la « Préface » de l'ouvrage de 1798, éclairée par les notes précieuses de Reinhard Brandt [2], suffit à montrer la difficulté à définir la place des recherches menées par Kant en cette discipline qu'il présente comme nouvelle, au moment où il en commence l'enseignement pendant le semestre d'hiver 1772-1773 et qu'il poursuivra jusqu'à celui de 1795-1796, soit pendant près de vingt-cinq ans, sans en changer fondamentalement l'esprit qu'il définit si bien dans sa lettre à Marcus Herz, à la fin de l'année 1773.

> Mon intention est, grâce à l'anthropologie, de révéler les sources de toutes les disciplines pratiques, la science des mœurs, celle du savoir-faire, du commerce humain, la méthode qui permet de former des hommes et de les gouverner [...], cette propédeutique serait différente de la géographie physique et de tous les autres enseignements, et on pourrait l'appeler connaissance du monde en général [3].

Trois sortes d'anthropologie se distinguent en effet selon Kant qui ont en commun leur caractère empirique.

1) Une anthropologie physique en tant que connaissance de ce que la nature fait de l'homme : la géographie physique, dans la mesure où Kant, par cette discipline dont il est l'un des précurseurs, entendait surtout la géographie humaine, mais aussi, si elle était possible, une anthropologie physiologique.

2) Une anthropologie morale qui, en rapport avec le concept *a priori* de liberté morale, « contiendrait les conditions – mais seulement les conditions subjectives, aussi bien adverses que favorables – de l'exécution des lois de la métaphysique des mœurs dans la nature humaine » [4].

3) Une anthropologie pragmatique, qui embrasse non seulement la volonté, mais l'ensemble des facultés humaines de connaître, de sentir et de désirer pour l'usage que « l'homme, en tant qu'être de libre activité, fait ou peut et doit faire de lui-même » [5]. Non pas connaissance de sa nature physique insérée

1. Lehmann, *op. cit.*, p. 7-15. Le texte en a été repris et traduit en langue allemande dans *Paragrama, Internationale Zeitschrift für Historische Anthropologie*, Band 11, 2002, Heft 2, p. 51-61.

2. La traduction de ces notes a été donnée dans *L'Année 1798. Kant sur l'anthropologie, op. cit.*, p. 198-210.

3. Lettre à Herz, à la fin de l'année 1773, AK X, 145-146 ; trad. fr. : Emmanuel Kant, *Correspondance,* Paris, Éditions Gallimard, 1991, p. 108.

4. MM, AK VI, 217 ; OP III, 462.

5. APP, AK VII, 119 ; OP III, 940.

dans le monde, non pas étude de la volonté dans la stricte perspective de la liberté morale, mais connaissance de l'homme comme « citoyen du monde » [1].

La difficulté tient au lien établi par Kant entre le terme d'anthropologie et celui de pragmatique qui fait la nouveauté de la discipline par rapport à la psychologie empirique de Baumgarten sur laquelle il s'appuyait. Ce qui conduit, comme l'ont vu la plupart des commentateurs, d'une part, à l'exclure du système critique proprement dit, puisqu'il ne saurait y avoir d'anthropologie transcendantale, son caractère empirique l'en empêche, et, d'autre part, à lui refuser le statut de science au sens formel du terme dans la mesure où la scientificité d'une discipline se mesure à sa possibilité d'être ou de devenir mathématisable. Dans son important commentaire de la « Préface » [2], Reinhard Brandt a établi avec clarté ces points fondamentaux en montrant que les tentatives menées ici ou là, non point pour articuler, mais pour intégrer l'anthropologie kantienne au criticisme, étaient vouées à l'échec.

Si l'ouvrage de 1798 a longtemps subi le discrédit des philosophes, que dire des *Leçons* ? Aucune traduction d'une leçon entière n'a été, à ma connaissance, donnée en langue française [3] et les premières leçons en langue allemande n'ont été éditées par Starke qu'en 1831 : *Kant's Menschenkunde oder philosophische Anthropologie* et *Kant's Anweisung zur Menschen und Weltkenntniss,* la première donnant les leçons de l'hiver de 1781-1782, la seconde celles de l'hiver 1790-1791. Divers fragments ont été publiés au XIXe et au XXe siècles, ainsi par Schlap à Göttingen en 1901 dans son livre *Kant's Lehre vom Genie* et surtout en 1924, à l'occasion du 200e anniversaire de la naissance de Kant, Arnold et Elisabeth Kowaleski ont publié les leçons relevées par le Comte Heinrich Dohna-Wundlacken durant le semestre d'hiver 1791-1792 ainsi que quelques pages d'un manuscrit inédit dans un *Philosophischer Kalender* pour l'année 1924, ensemble de textes repris par Lehmann et publiés chez Olms en 1965, sous le titre *Die philosophischen Hauptvorlesungen Kants.* Mais il faut attendre 1997 pour disposer d'une édition critique d'une partie d'entre elles. Les deux volumes du tome 25 de l'Académie rassemblent en effet seulement les leçons du semestre d'hiver 1772-1773 jusqu'à celui de 1788-1789, soit 7 leçons désignées par leurs auteurs qui représentent 16 années d'enseignement. Il s'agit de Collins, Parow (72-73), Friedländer (75-76), Pilau (77-78), la *Menschenkunde* (81-82), Mrongovius (84-85) et Busolt (88-89).

Ces deux volumes présentent à leur terme un *Literaturverzeichnis* de près de 100 pages et un *Personenverzeichnis* qui distinguent la présence d'un nom d'auteur ou d'une œuvre, soit dans le texte même des *Leçons*, soit dans les notes abondantes et précises des éditeurs. Ces notes ne renvoient pas seulement

1. APP, AK VII, 120 ; OP III, 941.

2. Reinhard Brandt, *Kritischer Kommentar zu Kants Anthropologie,* Hamburg, Felix Meiner Verlag, 1999.

3. À l'exception des *Leçons sur l'encyclopédie philosophique* ou l'*Abrégé de philosophie,* traduit par A. Pelletier, Paris, Vrin, 2009, AK XXIX, 05-45.

aux autres textes des leçons d'anthropologie, mais aux autres leçons, aux réflexions, aux œuvres publiées. Grâce à ce travail d'une minutie extrême, propre aux savants allemands, qui s'ouvre avec une introduction de 130 pages apportant de précieux éclairages sur la structure et la genèse de l'anthropologie kantienne, il est maintenant possible, sur un auteur, un thème ou un concept, de mener une recherche approfondie qui couvre l'entier de l'opus kantien. Je m'attacherai principalement à quelques textes significatifs des leçons qui n'avaient pas encore été publiées en 1997, c'est-à-dire celles de Collins, Parow, Friedländer, Pillau, Mrongovius, Busolt. Et je procéderai par thèmes, à l'intérieur desquels prendront place les références ou les allusions à Jean-Jacques Rousseau.

La lecture de ces leçons révèle une présence massive de Rousseau, près de 130 fois cité dans les notes des éditeurs et près de 50 fois dans le texte des *Leçons.* L'expression « *Rousseau sagte* » revient fréquemment. Dans *Collins* figure même une citation en français, à propos du rôle de la mémoire dans la connaissance du moi [1], et, chez Mrongovius, une allusion à la « Préface » de *Narcisse,* présente nulle part ailleurs [2]. Le livre de Rousseau auquel Kant se réfère le plus souvent est l'*Émile ou de l'éducation* dont il reprend d'abord l'idée d'une éducation négative, à la suite des interrogations nées dans les années 1765, sur la bonté originelle de l'homme. « Pour favoriser ceux qui n'ont pas encore accès à la vraie connaissance, lit-on chez Collins, [...] on doit déjà, dans les tendres années, être attentif à les préserver de l'erreur, c'est le fondement de l'éducation de Rousseau » [3], et un peu plus loin : « Non seulement Rousseau ne cherche pas à armer le jeune homme avec des connaissances, mais bien plutôt à faire en sorte que les mauvaises habitudes ne s'installent pas et que les erreurs ne s'incrustent pas en lui » [4], et il ajoute : « c'est la partie négative de nos efforts qui est la plus importante » [5]. « C'est précisément, lit-on encore chez Friedländer, le plan de Rousseau qui est un fin Diogène et place les perfections dans la simplicité de la nature. L'éducation doit être négative » [6]. Mais celle-ci n'exclut pas une discipline, inséparable de l'éducation. « C'est pourquoi, lit-on dans Parow, Rousseau s'est bien trompé quand il croyait que la discipline découlait de la nature de l'homme » [7]. Toutefois, Kant s'accorde avec Rousseau sur la nécessité d'élever l'enfant à la dure si l'on veut en faire un homme courageux et il lui donne raison de critiquer les mères, telle Thétis, qui veulent préserver leurs enfants de tous les maux [8], ainsi que les médecins qui, en rassurant un homme sur une santé qu'il

1. AK XXV-1, 12.
2. AK XXV-2, 1387.
3. AK XXV-1, 26.
4. AK XXV-1, 33.
5. *Ibid.*
6. AK XXV-1, 724.
7. AK XXV-1, 447.
8. AK XXV-1, 60, 281.

a perdue, le rendent lâche devant la mort [1]. Il souligne encore l'importance dans l'éducation des images destinées à frapper l'imagination des jeunes gens et rapporte ici un récit, figurant dans l'*Émile,* d'un jeune débauché conduit par son père dans un hôpital pour syphilitiques et détourné à jamais de la fréquentation des prostituées [2].

Se pose aussi à plusieurs reprises la question de la vertu. Si l'homme naît bon, il possède d'une manière innée la vertu et les principes de l'agir moral comme l'affirmait Rousseau dans la *Profession de foi du vicaire savoyard.* Kant ici prend ses distances : « L'homme doit tout apprendre, lit-on dans Parow, le célèbre Hume affirme à l'encontre de Rousseau que même la vertu doit être enseignée et il a raison d'une certaine manière » [3], mais d'une certaine manière seulement, car Kant reconnaît que, sans quelque disposition au bien, l'enfant ne saurait être éduqué à la vertu.

Le second thème, largement évoqué dans l'ensemble de ces leçons et déjà présent dans les *Remarques sur les Observations concernant le beau et le sublime*, est celui d'une interrogation sur le génie de Rousseau, exprimée dans les chapitres consacrés à l'imagination, aux rêveurs, aux fantasques, et aussi à l'idéal et aux idées. Le personnage de Rousseau est évoqué presque toujours de la même manière, suscitant interrogations, admiration et réserves.

Ainsi dans Collins :

> On rit de Rousseau lorsqu'il dit vouloir donner aux hommes un exemple de l'application de ses idées [...], il est certain qu'il aura peu d'imitateurs et que ses enseignements n'auront pas l'utilité souhaitée. C'est un ami de la vertu et non un [esprit] fantasque. Les idées de Rousseau et de Platon sont justes et non pas des chimères. Mais leur réalisation est impossible [4].

Kant dira lui-même de son idée de paix perpétuelle qu'elle est irréalisable [5]. Précisément, à partir des leçons de l'hiver 1777-1778 (Pillau), cette évocation de Rousseau est liée à celle de l'Abbé de Saint Pierre et à leur projet d'une paix perpétuelle [6] dont Kant reconnaît le plus souvent l'intérêt [7], même si l'un et l'autre se sont attiré la moquerie des princes et sont tenus pour des *Traümer* [8].

Toutefois Kant n'élude pas le problème de la misanthropie de Rousseau et sa manie de croire que tous les hommes complotent contre lui. Il évoque, par exemple, la scène célèbre racontée par Rousseau dans sa lettre à Hume du

1. AK XXV-1, 39, 265.
2. AK XXV-1, 79, 306. Cf. *Œuvres complètes de J.-J. Rousseau*, Bibliothèque de la Pléiade, t. IV, p. 518.
3. AK XXV-1, 387.
4. AK XXV-1, 106.
5. DD, AK VI, 350.
6. AK XXV-2, 764.
7. AK XXV-2, 1411, 1423.
8. On lit dans la *Menschenkunde,* à propos de l'*Émile :* « Rousseau pense justement et voit plus loin que les autres hommes [...], mais on le tient pour un rêveur vers lequel aucun homme ne doit se tourner », AK XXV-2, 1005.

10 juillet 1766, qui montre les deux hommes assis au coin du feu et Hume fixant Rousseau d'un tel regard que ce dernier imagine le pire [1]. Il donne pour preuve de l'extraordinaire hypocondrie de celui qu'il appelle l'*anthropophobus* [2], les *Rêveries du promeneur solitaire* [3] éditées à Genève en 1782 et dont deux traductions allemandes parurent en 1782 et 1783. C'est à ma connaissance la seule référence à cet ouvrage posthume de Jean-Jacques Rousseau, sur laquelle Claude Piché avait justement attiré mon attention.

Kant avance alors une hypothèse physiologique qui n'a pu naître en son esprit qu'après la mort de Rousseau, le 10 juillet 1778. Elle est présente déjà dans une réflexion dont la datation proposée en premier lieu par les éditeurs de l'Académie, 1777, ne peut être retenue, car elle n'a pu être écrite qu'après l'autopsie de Rousseau dans le crâne duquel l'on trouva une assez grande quantité d'eau, six onces, dit la *Menschenkunde* [4]. Kant se demande si la singularité de son génie ne tiendrait pas à la présence de cette eau dans son cerveau [5]. Il fait la même hypothèse à propos de Swift, moins hostile alors qu'il ne le sera ensuite, à l'idée d'une anthropologie physiologique dont il rejettera l'idée en 1798 [6] comme il l'avait fait en 1773 [7].

Mais, dans les leçons du tome 25, le plus intéressant philosophiquement, c'est *la genèse d'une interprétation de l'œuvre de Rousseau,* dont les commencements n'apparaissent pas dans les ouvrages précritiques, pourtant si souvent inspirés par l'auteur de l'*Émile*. J'en avais fixé la date après 1780 – Höffding la situait autour de 1785 – et je pensais l'avoir repérée dans la *Réflexion* 1521 sur l'anthropologie [8] que les éditeurs de l'Académie datent de la période 1780-1783. Je n'avais pas, en effet, considéré comme une preuve suffisante d'une possible antériorité le résumé d'une leçon attribué à Nicolai, que Victor Delbos avait obtenu en 1902 de son collègue Kulpe et qui figure dans son ouvrage, *La philosophie pratique de Kant* [9]. Cette leçon, aujourd'hui perdue, avait été relevée durant l'hiver 1775-1776.

Je me trompais, du moins en partie, car si, hors son résumé, la leçon de Nicolai a disparu, dans le tome 25 de l'Académie, figure une autre leçon de la même année 1775-1776, celle de Friedländer, composée de deux manuscrits qui en font la plus longue des leçons rassemblées dans ce tome 2. Elle présente en sa fin un chapitre, « Le caractère de l'humanité en général », dont le résumé de Nicolai, présenté par Delbos, est l'écho fidèle. L'on y relève des formules

1. AK XXV-2, 1381.
2. AK XXV-2, 1364.
3. AK XXV-2, 1307, 1387.
4. AK XXV-2, 1010.
5. AK XXV-2, 1302.
6. APP, AK VII, 119.
7. *Correspondance*, AK X, 145-146.
8. Réfl. 1521, AK XV, 885-892.
9. V. Delbos, *La philosophie pratique de Kant*, deuxième édition, Paris, F. Alcan, 1926, p. 223-229. *Cf.* le chapitre sur l'interprétation kantienne de l'œuvre de Rousseau, dans Jean Ferrari, *Les sources françaises de la philosophie de Kant,* Paris, Klincksieck, 1979, p. 225-238.

identiques et quoi d'étonnant puisque Nicolai et Friedländer ont suivi le même cours la même année.

Le chapitre commence ainsi : « Ceci est la partie la plus importante sur laquelle beaucoup d'auteurs se sont risqués à écrire : de ceux-là, Rousseau est le plus distingué » [1]. Dix ans avant la rédaction de l'*Idée d'une histoire universelle d'un point de vue cosmopolitique*, Kant y brosse une genèse de l'humanité, de la primitive animalité, ou ordre naturel, à l'état civil et à sa destination finale. Le mode interrogatif est permanent et Kant apporte des réponses, avec ou contre Rousseau, soit qu'il le cite nommément, soit que l'allusion soit transparente. Les ingrédients et les étapes de cette genèse sont connus : une première caractérisation de l'homme au sein du monde animal, le rôle de l'insociabilité qui disperse les hommes sur toute la surface de la Terre, puis l'apparition des besoins ; les hommes, cherchant subsistance et sûreté, sont contraints de se rapprocher et de vivre ensemble, selon le fil conducteur du deuxième *Discours* de Rousseau. Enfin le rôle de la méchanceté est donné comme l'unique moyen d'acquérir une législation.

> Cette méchanceté, dit la leçon, n'a pas seulement permis à l'état civil de se constituer, mais aussi qu'il demeure. Car c'est parce que la méchanceté est au dedans que l'on éprouve de la méfiance à l'égard des autres, que personne ne fait confiance à personne et, comme il en est ainsi, la suite qui en résulte est l'ordre civil et un raffinement de la moralité [2].

Mais subsiste un conflit entre la destination naturelle de l'homme, qui le rattache à l'animalité, et sa destination proprement humaine, comme le montre, par exemple, la différence entre l'âge de la puberté prévu par la nature et celui du mariage imposé par la société.

Mais, continue la leçon,

> maintenant nous voulons comparer et voir comment les deux atteignent leur perfection la plus haute et laquelle des deux est, entre toutes, la destination de l'homme. C'est ici la question la plus importante de Rousseau [3].

Suit la première esquisse d'une interprétation de Rousseau :

> On a cru que Rousseau préférait l'homme de la nature à l'homme de l'art, et il semble aussi que son opinion penche vers le parti de l'homme naturel. Mais, d'un autre côté, cela sert à ce que l'attention du philosophe soit éveillée pour rechercher comment les perfections de l'état civil vont se constituer de manière à ce que les perfections de l'état de nature ne soient pas détruites [4].

La longue description des avantages et des désavantages des deux états s'achève par une reprise de la question initiale :

1. AK XXV-2, 675.
2. AK XXV-2, 681.
3. AK XXV-2, 684.
4. AK XXV-2, 684.

> est-ce l'état de nature ou l'état civil qui est le plus conforme à la destination de l'homme ? [...] Devons-nous, pour nous rapprocher de la destination de l'homme, aller tous dans les forêts ou rester dans l'état civil [1] ?

Et un retour à Rousseau :

> Rousseau n'a pas voulu dire que la destination des hommes était l'état sauvage, mais que l'homme ne doit pas chercher la perfection de son état civil de telle sorte que soient sacrifiés les avantages de l'état de nature, lorsqu'il recherche les avantages de l'état civil [2],

mais pour Kant, si l'homme comme animal est destiné aux forêts, c'est seulement dans l'état civil qu'il développe ses talents [3].

Dans les leçons de Friedländer, comme pouvait le laisser supposer le résumé de Nicolai de la même année, Kant esquisse bien une interprétation de l'œuvre de Rousseau, mais elle est encore, en 1775-1776, inachevée. Curieusement absente de la *Menschenkunde,* elle réapparaît dans un long chapitre des leçons relevées par Mrongovius durant l'hiver 1784-1785 sur *Le caractère de l'espèce humaine.* Reconnaissant avec Rousseau que tous les hommes sont libres et égaux par nature, la leçon montre comment, puisque l'homme est un animal qui a besoin d'un maître, naissent l'inégalité et par suite l'oppression d'un petit nombre cultivé sur le plus grand nombre. « Là se fondent, lit-on dans Mrongovius, les trois paradoxes de Rousseau » :

> 1 – des dommages de la culture ou des sciences parmi les hommes.
>
> 2 – Des dommages de la civilisation parmi les hommes ou de l'inégalité dans l'état civil, mais, sans l'inégalité, aucun état civil ne peut se penser, dès lors des dommages de l'état civil pour les hommes.
>
> 3 – Des dommages de la méthode de l'art, *der künstlichen Methoden,* chez les moralistes.

> Dans l'inégalité de l'état civil nous pouvons recevoir toute culture et civilisation, bien que cette inégalité soit très désagréable. Oui la guerre elle-même, le plus grand mal, est le moyen pour accéder à la culture et pour parvenir à la finalité dernière des hommes [...], en bref, Rousseau a considéré seulement un côté de la question. Il voyait seulement les dommages dont la sortie de l'état de nature apparemment était la cause, mais non l'utilité, pour la culture de l'homme, de ce conflit de la nature animale et de la nature spirituelle qui, en définitive, conduit à l'accomplissement de la destination finale de l'homme [4].

La leçon énumère alors les effets négatifs de l'état de nature : la paresse, la lâcheté, la duplicité, rapportant des anecdotes de la sauvagerie des peuples primitifs, mais en montrant aussi que certains princes se conduisent comme des sauvages à l'intérieur même de leurs États, et de citer encore Rousseau :

1. AK XXV-2, 689.
2. *Ibid.*
3. AK XXV-2, 690.
4. AK XXV-2, 1419-1420.

« Mieux vaut être leur ennemi que leur citoyen » [1]. Il est donc nécessaire de lier la loi à la forte autorité des juges, comme ce fut le cas dans les cités grecques et dans le projet de paix perpétuelle de Saint-Pierre et de Rousseau. La leçon s'achève par une énumération des caractéristiques de l'état civil, au premier chef, la liberté, et des moyens d'améliorer la société : l'éducation, la législation, la religion qui toutes doivent être négatives.

Par rapport à Friedländer, le progrès dans l'interprétation est la claire formulation des trois paradoxes de Rousseau. Mais n'est pas envisagée une résolution de ces paradoxes comparable à celle suggérée dans la *Réflexion* 1521. Il faut attendre les *Conjonctures sur le commencement de l'histoire de l'humanité* de 1786, pour que Kant, après avoir posé les problèmes du conflit entre nature et culture dans les deux premiers *Discours* de Rousseau, désigne comme solutions à ces problèmes, les enseignements de l'*Émile* et du *Contrat social*. Mais c'est certainement dans l'*Anthropologie* de 1798 [2] qu'apparaît le mieux et avec le plus de force cette interprétation de l'œuvre entière de Rousseau dont nous venons de suivre les successives approximations dans les *Leçons* du volume 25.

J'ai souligné naguère la force et l'originalité de cette interprétation, fortement contestée par les ennemis de Rousseau, mais reprise et brillamment développée au XXe siècle, entre autres, par Ernst Cassirer. Si cette interprétation demeure source de conflits, elle nous introduit au cœur même de la question anthropologique, au problème des rapports entre nature et culture et, par là, elle demeure très actuelle. Chacun connaît l'affirmation de Michel Foucault dans *Les mots et les choses* : « L'anthropologie constitue peut-être la disposition fondamentale qui a commandé et conduit encore la pensée philosophique depuis Kant jusqu'à nous » [3] et à la dernière page du livre : « L'homme est une invention dont l'archéologie de notre pensée montre aisément la date récente et peut-être la fin prochaine » [4]. Est-ce si sûr ? S'intéresser aujourd'hui à l'anthropologie, ce n'est pas seulement, me semble-il, faire l'archéologie d'un savoir. C'est ressentir profondément en soi-même l'exigence, toujours renaissante et jamais satisfaite, de chercher à répondre, avec de nouveaux instruments d'analyse ignorés au XVIIIe siècle, à la question que nul philosophe depuis l'origine n'a pu ignorer et en laquelle Kant résume toute sa philosophie : qu'est-ce que l'homme ?

Jean FERRARI
(Université de Bourgogne)

1. AK XXV-2, 1423.
2. APP, AK VII, 326-327 ; OP III, 1138.
3. Michel Foucault, *Les mots et les choses*, Paris, Éditions Gallimard, 1966, p. 353.
4. Foucault, *op. cit.*, p. 398.

L'*ANTHROPOLOGIE DU POINT DE VUE PRAGMATIQUE* EST-ELLE UNE PSYCHOLOGIE ?

Ce que Kant, Baumgarten, Wolff nomment *psychologie* n'est pas exactement ce que nous appelons ainsi. Indiquons d'abord quel genre de psychologie, au sens moderne, est susceptible de contenir l'*Anthropologie du point de vue pragmatique*. G. Canguilhem repérait trois grandes orientations dans l'histoire de la psychologie moderne : une physique du sens externe, une science du sens intime, une science des comportements [1]. En tant que *physique du sens externe* elle tente de naturaliser l'esprit humain en le considérant sous l'angle physiologique et médical. L'*Anthropologie* est-elle une psychologie en ce sens ? L'amateur de neurophysiologie sera déçu. Est certes admise l'hypothèse d'une localisation cérébrale des facultés, ainsi formulée dans les premières leçons : « il est certain qu'aucune aptitude caractéristique de l'homme n'est possible sans un changement physique dans le cerveau » [2]. Mais le projet d'étudier scientifiquement les bases matérielles de la pensée est laissé à la postérité, au nom d'un dessein pragmatique qui consiste précisément à passer sous silence les causes naturelles que découvriront éventuellement savants et médecins. Sera également déçu celui qui chercherait une *science du sens intime* explorant les états de l'âme et les raisons souterraines de leur apparition. Le paragraphe intitulé « De l'observation de soi-même » refuse la psychologie du journal intime qui rapporte le cours infiniment varié et changeant des pensées, désirs et sentiments [3]. Malgré l'intérêt de Kant pour l'analyse des représentations obscures, présentes et agissantes en nous mais fuyant la clarté de la conscience, cette sorte de psychologie de l'inconscient, qui étudie l'esprit sous l'angle de sa passivité, est à peine esquissée et également laissée à la postérité. Si enfin on entend par *psychologie* une *science des comportements,* on en trouvera des aperçus dans l'étude des tempéraments et des caractères nationaux. Averti que les circonstances de lieu déterminent une seconde nature dans l'individu et que l'existence individuelle ne peut être abstraite de la vie

1. G. Canguilhem, « Qu'est-ce que la psychologie ? », dans *Études d'histoire et de philosophie des sciences*, Paris, Vrin, 1968, p. 365-381.

2. *Anthropologie-Parow* (1772/1773), 99, AK XXV, 311.

3. APP, § 4, AK VII, 132-134 ; OP III, 950-952.

sociale, pas plus que de l'histoire du genre humain, Kant associe l'anthropologie à la géographie et à l'histoire pour l'étude de la diversité des peuples.

Ce survol montre que les significations modernes du terme *psychologie* sont présentes dans l'*Anthropologie du point de vue pragmatique* sous forme d'esquisses et de remarques dispersées. Mais notre propos consistera à nous demander si elle contient une psychologie *au sens précis que Kant donnait à ce terme,* c'est-à-dire une *théorie de l'objet du sens interne* ou *de la nature pensante*.

De la réponse à cette question dépend la place de l'anthropologie dans le système kantien. Si l'œuvre de 1798 contient effectivement une psychologie empirique, comme l'annonçait le texte de l' « Architectonique de la raison pure », alors l'anthropologie pragmatique appartient de plein droit au système critique, en tant que prolongement philosophiquement nécessaire de la pensée spéculative de Kant. Sinon, elle doit être rejetée en marge, sorte de bloc erratique de la philosophie kantienne. La question divise ceux-là qui semblent les mieux placés pour la trancher avec toute la rigueur souhaitable, à savoir les deux éditeurs des *Vorlesungen über Anthropologie*, parues en 1997 dans l'édition de l'Académie, W. Stark et R. Brandt. Le premier rattache l'anthropologie au système critique à travers la philosophie morale et affirme que Kant lui-même « considérait l'anthropologie comme une partie intégrante de sa philosophie (incluant sa philosophie critique) » [1]. Le second veut consommer leur rupture et déclare « que l'anthropologie pragmatique n'a pas de lieu dans la systématique de la philosophie critique ou transcendantale et ne se laisse pas non plus établir *post festum* dans un rapport systématique avec celle-ci » [2]. Entre deux, la position très nuancée de M. Foucault : même si le tout de la pensée critique donne à l'*Anthropologie* sa cohérence, « la Critique n'a pas valeur de fondement par rapport à l'Anthropologie ; celle-ci repose sur son travail, mais ne s'enracine pas en elle » [3].

La position systématique de l'anthropologie n'est donc pas moins incertaine que celle de la psychologie empirique. Celle-ci, suivant l' « Architectonique de la raison pure », relève, en tant que philosophie appliquée, de la connaissance *ex principiis* [4]. Mais d'après la « Préface » des *Premiers principes métaphysiques de la science de la nature*, elle relève, en tant que « théorie naturelle historique (*historische Naturlehre*) du sens interne », de la connaissance *ex datis* [5]. Figurant tantôt du côté rationnel, tantôt du côté historique de la connaissance, la psychologie semble se situer tour à tour à l'intérieur et à l'extérieur de la philosophie proprement dite. Cette question du lieu systématique engage le destin de la psychologie comme science. La situer à l'intérieur du système critique, c'est la maintenir dans la dépendance d'une

1. W. Stark, « Historical Notes and Interpretive Questions about Kant's Lectures on Anthropology », dans *Essays on Kant's Anthropology,* Cambridge University Press, 2003, p. 21.

2. R. Brandt, « Commentaire de la Préface de l'*Anthropologie du point de vue pragmatique* », dans *L'année 1798*, Paris, Vrin, 1997, p. 198.

3. M. Foucault, *Introduction à l'*Anthropologie, Paris, Vrin, 2008, p. 55.

4. CRP, A 836 / B 864, AK III, 540 ; OP I, 1387 et A 848 / B 876, AK III, 548 ; OP I, 1396.

5. PPM, AK IV, 471 ; OP II, 369.

métaphysique et d'une sagesse. La situer à l'extérieur, c'est justifier par avance le développement d'une discipline positive, mais indifférente aux fins.

Nous voudrions, sinon *intégrer* l'*Anthropologie du point de vue pragmatique* au système critique, du moins les *articuler* ensemble, en précisant le lien entre anthropologie et psychologie.

* * *

Dans la tradition wolffienne, la psychologie empirique était une partie de la métaphysique. On sait que la *Critique de la raison pure* lui assigne désormais pour domicile une « anthropologie détaillée » [1]. L'*Anthropologie* publiée paraît donc toute désignée à qui cherche, dans l'œuvre de Kant, une psychologie telle que celui-ci l'entendait.

De fait, l'œuvre publiée est rédigée à partir de leçons suivant à peu près l'ordre de la *psychologia empirica* de Baumgarten. Au fil des années une partie du contenu du cours de métaphysique est transportée dans le cours d'anthropologie, ce qui fait dire à Kant, dans une lettre à M. Herz du 20 octobre 1778 : « Je passe en ce moment plus rapidement sur la psychologie empirique, après avoir fait cours sur l'anthropologie » [2]. Le cours d'anthropologie emprunte si bien son contenu à la psychologie empirique que celui-ci, pour éviter les redites, en est abrégé. Et ce qui rend raison de ce fait historique, c'est la parenté des deux disciplines, toutes deux empiriques, l'une comme « description naturelle » (*Naturbeschreibung*), l'autre comme « théorie d'observation » (*Beobachtungslehre*) [3], l'une et l'autre aussi systématiques que possible. Ainsi, les difficultés que soulève la « Préface » de 1786 à l'encontre de la psychologie comme science sont à peu près les mêmes que celles qui, dans la « Préface » de 1798, font qu'il sera difficile à l'anthropologie de s'élever au rang de science [4]. Si l'impossibilité d'analyser autrement que de manière idéale les représentations en leurs éléments concerne surtout la psychologie, tandis que la difficulté de faire abstraction des circonstances de lieu concerne plus spécialement l'anthropologie, en revanche les problèmes posés par l'observation de soi et d'autrui sont communs aux deux disciplines. Si l'anthropologie hérite des difficultés de la psychologie, c'est qu'elles ont au fond le même thème, à savoir la nature humaine.

Malgré ces similitudes et cette orientation commune, on ne peut pourtant pas les identifier purement et simplement. Il faut ici tenir compte des arguments de ceux qui, accusant ses différences avec la psychologie, veulent mettre l'anthropologie hors du système kantien. La première objection se rattache à ce qui précède. S'il se rencontre des problèmes spécifiques, c'est que les méthodes ne sont pas les mêmes. Au sens strict, la psychologie est une

1. CRP, A 849 / B 877, AK III, 548 ; OP I, 1397.

2. *Briefwechsel,* AK X, 242 ; *Correspondance*, trad. de M.-C. Challiol-Gillet *et al.*, Paris, Gallimard, 1991, p. 167.

3. PPM, AK IV, 471 ; OP II, 369 et *Briefwechsel*, AK X 146 ; *Correspondance*, p. 108.

4. Voir PPM, AK IV, 471 ; OP II, 368-369 et APP, AK VII, 121 ; OP III, 940.

connaissance de l'objet du *sens interne*, c'est-à-dire du jeu de nos pensées, de nos inclinations et de nos sentiments. L'homme en revanche est objet à la fois du sens interne et du sens externe. *Psychologique* ne peut donc être tenu pour synonyme d'*anthropologique*. Seconde objection, le point de vue de la psychologie est *physiologique*, en ce sens qu'il s'agit d'étudier ce que la *nature* fait de l'esprit humain et quelles règles naturelles déterminent le jeu de ses facultés, au lieu que l'anthropologie est écrite d'un *point de vue*, mieux dans un *dessein pragmatique* et considère le *libre* usage que l'homme peut et doit faire de ses dispositions naturelles. Ainsi, la psychologie empirique est une espèce de science de la nature (*Naturlehre*) analogue à la physique, au lieu que l'anthropologie pragmatique contient, écrit Kant à M. Herz, « une propédeutique à l'habileté, à la prudence et à la sagesse même » [1]. Comme la psychologie considère l'homme en tant qu'être de la nature et l'anthropologie en tant qu'être de libre activité, il est exclu qu'elles coïncident. D'autant plus que *pragmatique* s'oppose ici à *scolastique*. Il y a entre l'anthropologie et la psychologie la même différence qu'entre le sens cosmique de la philosophie, à l'usage du « monde » et de l'homme en tant qu'homme, et son sens scolastique, à l'usage de « l'école » et des philosophes de profession [2]. En ce sens, *pragmatique* s'oppose aussi à *spéculatif*. Les leçons d'anthropologie devront « étudier l'humanité non pas psychologiquement ou spéculativement, mais pragmatiquement » [3]. *Psychologique* ici ne veut pas dire *subjectif* et *contingent*, mais *spéculatif*, soit tout le contraire. Et *pragmatique* semble signifier *non rigoureux*.

Une psychologie empirique *stricto sensu* semble donc introuvable dans une œuvre telle que l'*Anthropologie*, écrit populaire qui apparaît du coup étranger au système kantien. Il y aurait entre la philosophie critique et l'anthropologie pragmatique le même abîme que chez Descartes entre la rigueur métaphysique des idées claires et distinctes et l'inclination ordinaire à croire. Comme l'union de l'âme et du corps ne se laisse ni concevoir, ni imaginer, mais se comprend dans la société des hommes, « en usant seulement de la vie et des conversations ordinaires » [4], de même l'anthropologie se situerait, à côté et en dehors de la philosophie, sur le plan des convictions communes et les moins savantes.

* * *

Ces différences n'impliquent pourtant pas une séparation absolue entre psychologie et anthropologie. Nous tenterons de les rapprocher en montrant que *la philosophie critique fonde l'insertion de la psychologie dans l'anthropologie* et par conséquent l'articulation de la seconde au système en même temps qu'une redéfinition de la première.

1. *Briefwechsel*, AK X, 146 ; *Correspondance*, p. 108.
2. CRP, A 838 / B 866, AK III, 542 ; OP I, 1389. L'Anthropologie et la Géographie réunies procurent « à toutes les sciences et habiletés acquises par ailleurs le pragmatique par lequel elles ne seront pas seulement utilisables pour l'école, mais pour la vie » (DRH, AK II, 443).
3. *Anthropologie-Friedländer* (1775/1776), 11, AK XXV, 471.
4. Descartes, *Lettre à la princesse Elisabeth*, 28 juin 1643, AT III, 691-692.

Historiquement, les leçons d'anthropologie et le questionnement critique se développent conjointement. Deux lettres écrites à M. Herz en 1772 indiquent la naissance simultanée du problème critique et du projet anthropologique, et la « Préface » de 1798 confirme qu'ils ne furent ensuite jamais séparés [1]. Conceptuellement, l'investigation pragmatique présuppose les recherches scolastiques. En effet, la vraie popularité, explique Kant dans son cours de *Logique*, ne supprime pas l'exigence spéculative, elle dissimule simplement l'échafaudage, comme le géomètre efface les lignes de construction qui lui ont permis de tracer correctement sa figure. C'est pourquoi la popularité « est en fait une perfection éminente et rare qui témoigne d'une pleine possession de la science » [2]. La facilité des leçons d'anthropologie est donc pour le lecteur seulement, car de la part de l'auteur elles requièrent un savoir supérieur : « seul peut exposer quelque chose de façon populaire celui qui pourrait également l'exposer à fond (*gründlicher*) » [3]. Le discours populaire ajoute même à la perfection scolastique en dissipant le risque de partialité, car l'école aussi a ses préjugés : « Il est donc important de soumettre une connaissance à l'examen de gens dont l'intelligence ne dépend d'aucune école » [4]. Or, ce qui dans l'*Anthropologie* est soumis au jugement public, n'est-ce pas la philosophie critique presque tout entière ? Nous proposons par conséquent dès lors de reconsidérer cette œuvre, si souvent négligée en raison de son apparente facilité, sous un angle scolastique et de la relire d'un œil savant, en rendant visibles quelques-unes des lignes spéculatives qui ont servi à tracer ses contours. Ces lignes occultes n'ont du reste pas toutes été effacées, puisque Kant n'hésite pas à aborder certaines questions techniques, par exemple dans une remarque difficile sur la différence entre le sens interne et l'aperception, remarque qui « n'appartient pas proprement à l'anthropologie », mais qui y figure pourtant pour « éviter les méprises des têtes spéculatives » [5].

Une des raisons avancées contre la présence d'une psychologie dans l'*Anthropologie* était la distinction du sens externe et du sens interne, fondée sur l'irréductibilité des propriétés de l'espace à celles du temps. De fait, le paragraphe sur le sens interne est l'un des plus courts de l'œuvre et l'analyse des illusions auquel il donne lieu s'achève par le conseil de ramener l'homme « au monde extérieur et par là à l'ordre des choses qui s'offrent aux sens externes » [6]. Dans cette critique très nette de l'introspection, nous proposons de lire non pas l'exclusion de la psychologie hors de l'anthropologie, mais sa *redéfinition critique* comme anthropologie. Ce qui empêche l'observation de soi de se constituer en expérience interne, c'est que les phénomènes donnés au sens interne, le sont dans le temps et ne bénéficient d'aucune permanence. Or,

1. *Briefwechsel*, AK X, 129-135, 143-146 ; *Correspondance*, p. 93-99, 106-109 et APP, AK VII, 122, note ; OP III, 941.
2. LOG, AK IX, 48 ; trad. L. Guillermit, Paris, Vrin, 1997, p. 52.
3. LOG, AK IX, 19 ; trad. citée, p. 19.
4. LOG, AK IX, 48 ; trad. citée, p. 52.
5. APP, § 7, AK VII, 142-143 ; OP III, 960-961.
6. APP, § 24, AK VII, 162 ; OP III, 980.

ce point est le centre de la « Réfutation de l'idéalisme » qui, renversant la priorité (idéaliste) du sens interne sur le sens externe, démontre que les rapports de temps se constituent dans la conscience par l'appréhension d'un donné externe [1]. Il n'est donc pas de durée intérieure qui n'implique quelque description d'un espace, temporalité et spatialité se constituant solidairement dans un même acte transcendantal nommé *synthèse figurée*. L'idée, appliquée au rapport entre psychologie et anthropologie, signifie qu'il est illusoire de chercher à connaître *l'objet du seul sens interne*, qui présuppose en effet un objet externe. Autrement dit, il est illusoire d'étudier l'esprit sans étudier l'homme, d'étudier ses pensées, ses désirs, ses inclinations sans étudier ses paroles, ses gestes, ses actes.

On trouvera donc dans l'*Anthropologie* une psychologie *empirique*, mais où l'expérience sera indissolublement interne et externe. Tel ce premier paragraphe qui étudie la genèse de la conscience de soi et le progrès chez l'enfant de la perception à l'expérience. Ce qui marque ce progrès, interne, c'est un signe tout extérieur, à savoir le mouvement de ses yeux. Cette observation faite comme en passant dissimule pourtant un solide arrière-plan philosophique. Si l'on se souvient de l'importante note du paragraphe 24 de la « déduction transcendantale », on reconnaîtra que l'acte de suivre le déplacement d'un objet brillant trahit l'intervention d'une synthèse figurée de l'imagination [2]. *Suivre* des yeux le mouvement d'un objet brillant, c'est-à-dire *tracer* par l'imagination ce parcours en son absence (seules les positions successives sont données, non leur liaison en une succession), est un acte à la fois empirique, en ce qu'il suppose l'impression sensible des diverses positions de l'objet, et transcendantal, en ce qu'il requiert une liaison spontanée de ce divers. Comme cette synthèse figure le sensible mais n'est pas encore réfléchie dans un jugement explicite (dans une synthèse intellectuelle de concepts), on dira que l'enfant de quelques mois possède le Je de l'appréhension, ce dont témoigne son regard, mais pas encore le Je de la réflexion, qui requiert le langage. L'élément interne de la conscience de soi (avoir le Je dans sa représentation) pourra par la suite être étudié en corrélation avec son élément externe (dire Je) [3].

Cet arrière-plan spéculatif explique pourquoi la psychologie, théorie de l'objet du sens interne, devait nécessairement prendre la forme et le nom d'une anthropologie écrite dans un dessein pragmatique. L'expression « anthropologie du sens interne » qu'utilise la *Critique de la faculté de juger* devait logiquement, en vertu du système critique sous-jacent, se substituer à celle de « physiologie du sens interne » [4]. Au fond, la psychologie n'a pas de meilleur intitulé que celui d'anthropologie. Cette façon de parler est du reste conforme à l'usage de la langue allemande : « Au sens spéculatif, le *Je* proprement dit

1. CRP, B 275-276, AK III, 191-192 ; OP I, 955-957.
2. CRP, B155 note, AK III, 121-122 note ; OP I, 869.
3. APP, § 1, AK VII, 127-128 ; OP III, 945-946.
4. CFJ, § 89, AK V, 461 ; OP II, 1269 et CRP, A 347 / B 405, AK III, 266 ; OP I, 1051.

nous l'appelons notre âme ; mais au sens populaire, nous disons l'homme, sans distinguer entre l'âme et le corps » [1]. La distinction entre psychologie et anthropologie, ou entre sens interne et sens externe, est donc scolastique, c'est-à-dire exacte, mais subtile. Pratiquement, connaître un homme et connaître son esprit, c'est la même chose.

Reste à comprendre comment une discipline dont le point de vue initial est physiologique ou naturel peut néanmoins élire domicile dans une discipline d'intention pragmatique, ou comment s'articulent nature et liberté. Il est clair tout d'abord que le concept rationnel de liberté est le présupposé constant d'une anthropologie définie comme exploration de ce que « l'homme, en tant qu'être agissant librement (*als freihandelndes Wesen*), fait ou peut et doit faire de lui-même » [2]. Il est vrai que l'idée transcendantale de liberté n'apparaît nulle part dans l'*Anthropologie,* qui repose plutôt sur un concept empirique du libre arbitre. Mais Kant demeure ici fidèle à ce qu'il écrivait dans le « Canon de la raison pure ». Le problème spéculatif de la liberté peut être mis de côté « quand il s'agit du pratique » – quand il s'agit d'agir et non de penser le pratique [3]. Car « tout être qui ne peut agir que *sous l'idée de la liberté* est par cela même, au point de vue pratique, réellement libre » [4]. Au point de vue cosmique, chacun comprend le mot *liberté* à partir de l'expérience consistant à résister à une impulsion venant des sens. Qui en demande davantage pour agir parmi les hommes « extravague », comme disait Leibniz [5].

Il se pourrait que ce qui donne à l'*Anthropologie* son unité soit le concept pratique de *caractère*, qui est la traduction empirique de la liberté au sens transcendantal. Dès les années 1770, le caractère d'un homme désigne « l'usage particulier des facultés de son esprit » [6]. L'étude du caractère ainsi défini traverse tout le cours d'anthropologie et ne se restreint pas au bref chapitre qui lui est ordinairement consacré dans la dernière partie des leçons. Si ce chapitre est si bref, c'est que tout ce qui est dit de l'attention, de l'imagination, du désir, etc. est *déjà* caractéristique et témoigne d'un certain usage de ces facultés. À proprement parler, l'anthropologie est donc une caractéristique. S'agissant d'un être agissant librement, on voit mal comment les facultés pourraient réellement être dissociées de leur usage. Par exemple, la distinction entre mémorisations ingénieuse et mécanique peut déjà servir à distinguer des individus, des tendances à l'intérieur d'un même individu, ou encore des usages sociaux [7]. D'où il ressort que, défini comme la faculté supérieure de faire usage des facultés, « le caractère est précisément ce par quoi les êtres humains se distinguent *eux-mêmes* les uns des autres » [8]. C'est en

1. *Anthropologie-Mrongovius* (1784/1785), 11, AK XXV, 861.
2. APP, AK VII, 119 ; OP III, 939.
3. CRP, A 803-804 / B 831-832, AK III, 521-522 ; OP I, 1363-1364.
4. FMM, AK IV, 448 ; OP II, 317.
5. Leibniz, *Discours de métaphysique*, art. X, Paris, Gallimard, 2004, p. 164.
6. *Anthropologie-Parow* (1772/1773), 284, AK XXV, 426.
7. APP, § 34, AK VII, 182-184 ; OP III, 1000-1001.
8. W. Stark, art. cit., p. 28.

quelque sorte la quatrième faculté de l'*Anthropologie*, qui lui confère son unité systématique et justifie l'absence de division rigoureuse entre ses deux parties (« Didactique » et « Caractéristique »), souvent mise sur le compte d'une genèse contingente. En ce sens, la volonté serait le thème unique de l'œuvre. La connaissance de l'homme serait de part en part une étude de la volonté rassemblant de façon pragmatique tous ses devoirs en un seul : être maître de ses représentations, maintenir en tout temps le libre usage des facultés, et finalement avoir *du* caractère.

* * *

La difficulté à situer systématiquement l'*Anthropologie du point de vue pragmatique* rappelle les hésitations de Wolff sur le statut de la psychologie. Bien qu'il eût soigneusement distingué connaissance historique et connaissance philosophique, Wolff faisait cependant de la *psychologia empirica* tour à tour une « histoire de l'âme » et une « partie de la philosophie » [1]. Or, de façon similaire, l'anthropologie kantienne apparaît historique (*cognitio ex datis*) ou rationnelle (*cognitio ex principiis*) selon qu'on la considère isolément ou relativement au reste du système. Dans Wolff, les propositions empiriques de la psychologie, même méthodiquement ordonnées, ne reçoivent leur pleine intelligibilité, et par suite leur statut philosophique, qu'une fois démontrées par la *psychologia rationalis*. De même, l'anthropologie kantienne, historique si on la considère isolément, apparaît philosophiquement bien fondée dès qu'on lui restitue ses appuis scolastiques.

Comme la science, la philosophie se constitue d'abord en se prenant elle-même pour fin, sans concession pour l'utilité et la popularité, qui sont subordonnées à l'exigence première de vérité. Science et philosophie n'ont cependant leur fin véritable qu'en l'homme vivant et agissant dans le réseau humain. C'est pourquoi la pensée critique appelle en complément une anthropologie. La décision d'y inclure la psychologie signifie le refus d'une connaissance de l'esprit qui se constituerait en dehors d'une idée de l'humanité. Ni science humaine, ni science naturelle, encore moins expertise, la psychologie contenue dans l'*Anthropologie* est une philosophie de l'usage volontaire de nos facultés ; normative, elle vise principalement la santé, la sociabilité et la formation du caractère. En rendant indissociables psychologie, anthropologie et philosophie critique, Kant maintient l'étude de l'esprit humain sous la dépendance d'une philosophie qui est précisément une philosophie de la liberté. Ainsi considérée, l'*Anthropologie du point de vue pragmatique* n'annonce pas la naissance prochaine des sciences humaines et d'une psychologie positive, mais trace au contraire par avance les limites de toute science prenant l'homme pour objet. Connaissance de la connaissance de l'homme (*Lehre von der*

1. Voir l'introduction de J. Ecole à son édition de la *Philosophia rationalis sive Logica*, *Gesammelte Werke*, II-1, Hildesheim-Zürich-New York, G. Olms, 1983, p. XLVIII.

Kenntniß des Menschen) [1], l'anthropologie kantienne est une réflexion sur la légitimité et la finalité des observations faites sur la nature humaine.

Gilles BLANC-BRUDE
(Lycée de Romilly sur Seine)

1. APP, AK VII, 119 ; OP III, 939.

LE PARADOXE DE L'ANTHROPOLOGIE

Un paradoxe marque l'anthropologie kantienne. On pourrait le résumer de la façon suivante : lorsque Kant pose la question « qu'est-ce que l'homme ? », il n'y répond pas, et lorsqu'il traite de l'homme, il ne pose pas la question de savoir ce qu'est l'homme.

En effet, en ce qui concerne les textes publiés de son vivant, cette question est formulée dans l' « Introduction » de la *Logique*, plus exactement dans sa troisième section consacrée au « Concept de la philosophie en général ». Cependant, et comme le donne à voir son titre, ce livre traite non pas de ce qu'est l'homme, mais des règles de la pensée : il est donc compréhensible que la réponse ne s'y trouve pas. En contrepartie, dans son ouvrage expressivement intitulé *Anthropologie d'un point de vue pragmatique*, et qui traite notamment de l'homme, la question « qu'est-ce que l'homme ? » n'est jamais formulée. Nous avons ainsi affaire à une situation improbable, dans laquelle la question et la réponse semblent tout simplement se manquer.

Nous n'avons pas encore accordé à ce fait l'attention qui lui est due. Car il se peut que Kant ait choisi délibérément de traiter de l'homme par le biais de ce décalage entre la question de l'être et ce qui semblerait être la réponse à la question. J'écris *semblerait*, puisque l'*Anthropologie d'un point de vue pragmatique* n'est justement pas la réponse à cette question. Mais alors certaines interrogations ne peuvent manquer de nous venir à l'esprit : pourquoi Kant aurait-il procédé de la sorte ? L'être humain serait-il un être dont on ne peut parler que par des voies détournées ?

Il convient de donner à ces doutes des contours plus précis, ce que je ferai à l'aide des interrogations suivantes : d'abord, si la question « qu'est-ce que l'homme ? » ne figure pas dans l'*Anthropologie d'un point de vue pragmatique*, quelle est la question qui donne à cet ouvrage sa ligne directrice ? Ensuite, si la question « qu'est-ce que l'homme ? » y est délaissée, comment et pourquoi l'est-elle ? Enfin, si le « qu'est-ce que l'homme ? » est bien inscrit dans l' « Introduction » de la *Logique*, que nous apprend ce texte sur les liens que nouent la logique, l'anthropologie et la critique ? Voilà trois questions capables de conduire notre recherche et que je traiterai dans l'ordre dans lequel je viens de les exposer.

LA VOIE DE L'ÊTRE ET LA VOIE DE L'ACTION

La « Préface » de l'*Anthropologie* nous éclaire sur l'objet du livre. Kant y distingue deux genres de connaissance de l'homme, en vue d'expliciter le genre de connaissance qui l'intéresse :

> La connaissance physiologique de l'homme vise à explorer ce que la *nature* fait de l'homme, la connaissance pragmatique ce que *l'homme*, être libre de ses actes, fait ou peut et doit faire de lui-même [1].

Ces mots donnent à la recherche kantienne une orientation singulière, en l'éloignant de manière définitive de la question « qu'est-ce que l'homme ? », question que l'on pourrait considérer comme l'interrogation anthropologique par excellence. Des lecteurs avisés ont déjà mis ce fait en évidence, notamment R. Brandt, qui déclare : « Kant rejette délibérément [la question "qu'est-ce que l'homme ?"] comme question centrale de l'anthropologie et [la] remplace [...] par la question de la vocation (*Bestimmung*) de l'homme » [2].

Or, puisque la question « *was ist der Mensch ?* » ne sera en réalité formulée dans un livre que deux ans après la parution de l'*Anthropologie*, dans quelle mesure peut-on penser ici en termes de *remplacement* d'une question par l'autre ? C'est sur ce point que les études réalisées sur le manuscrit de l'*Anthropologie* se révèlent importantes, car elles montrent sans ambages que la mise à l'écart de la question « qu'est-ce que l'homme ? » est entièrement voulue.

Trois exemples le démontrent. Premièrement, cette question apparaît dans une note marginale au titre de la deuxième partie du livre, « La caractéristique anthropologique. De la manière de connaître l'homme intérieur à partir de l'homme extérieur » [3]. La note marginale mentionnée énonce ceci :

> Anthropologie 1ère partie *Didactique* anthropologique[.] Qu'est-ce que l'homme ?
>
> 2e partie *Caractéristique* anthropologique[.] À quoi la spécificité de chaque homme peut-elle être reconnue.
>
> La première est pour ainsi dire la Doctrine des éléments de l'anthropologie (*Menschenkunde*), la seconde la Doctrine de la méthode [4].

Cette annotation est la première à montrer que la question « qu'est-ce que l'homme ? » reste absente du discours principal et ne trouve de place ni dans le texte définitif ni même dans le corps du texte manuscrit [5].

1. APP, AK VII, 119 ; OP III, 939.
2. Reinhard Brandt, « The Guiding Idea of Kant's Anthropology and the Vocation of the Human Being », trad. angl. de P. Kain et J. Fischer, dans *Essays on Kant's Anthropology* (B. Jacobs / P. Kain dir.), Cambridge, Cambridge University Press, 2003, p. 85-104 ; p. 86-87.
3. APP, AK VII, 283 ; OP III, 1098.
4. *Anthropologie*, « Ergänzungen aus H » : 412, nous traduisons.
5. Voir Brandt, « The Guiding Idea... », art. cit., p. 86-87.

On remarque la même chose dans une seconde note marginale, cette fois à la p. 144 du manuscrit, qui n'a jamais été introduite dans le texte retenu [1]. Troisièmement, Kant a entièrement rayé les paragraphes introduits à la p. 141 du manuscrit dans lesquels la question refaisait rapidement surface [2]. Si bien que le traitement de l'objet "*homme*" en d'autres termes que celui de son *être* ne peut être vu que comme un choix théorique délibéré de la part de l'auteur, qui, dans ce livre, ne cède jamais à la tentation de soumettre sa recherche à ce principe. Nul ne niera qu'on a affaire au remplacement d'une question par l'autre, geste aussi discret que capital et qui mérite à ce titre d'être examiné.

Or, si l'entreprise met soigneusement à l'écart la préoccupation de trouver une réponse à ce qu'est l'homme, dans quel cadre précis le problème que Kant entend traiter prend-il forme ? Comme la citation mentionnée le montre toujours, ce cadre n'est pas celui de l'être, mais celui du faire. Autrement dit, ce n'est pas l'être qui est visé ici, mais l'action. Plus précisément, il s'agit d'étudier l'action de l'homme sur lui-même.

En posant le problème en ces termes, Kant opère un déplacement majeur. Un fossé se creuse, désormais, entre deux voies possibles pour la réflexion anthropologique, voies dont la compatibilité est pour le moins incertaine. Elles semblent, en effet, obéir à deux logiques différentes : une logique de l'essence et une logique de l'action. La première détermine l'orientation de la pensée en la soumettant à l'interrogation sur l'être de l'homme, tandis que la seconde plonge cette même pensée dans l'élément de l'action de l'humain sur lui-même.

Conséquence : il y a un sens de l'anthropologie qui ne se rattache pas à l'être. On aurait tort de croire que toute anthropologie se présente, chez Kant, comme une étude de ce qu'*est* l'homme et que le savoir anthropologique tel qu'il le conçoit doive être compris inconditionnellement à l'horizon de la question sur l'être de l'homme. En tous les cas, dans l'*Anthropologie d'un point de vue pragmatique*, le discours sur l'humain n'est pas placé sur le plan de l'être, mais sur celui du faire. Il est ainsi inutile de vouloir pressentir la question de l'être là où elle n'est pas, et de plier l'anthropologie pragmatique à une interrogation omise.

Au premier abord, il semble que la difficulté soulevée par l'absence de la question puisse être aisément surmontée. Il suffirait de prétendre que, bien qu'elle ne soit pas posée dans l'*Anthropologie*, cette question demeure le point de départ programmatique et l'horizon spéculatif de ce livre, de même que de cette discipline. Tout se passerait alors comme si l'*Anthropologie d'un point de vue pragmatique* devrait apporter la réponse à une interrogation formulée ailleurs et même assumée après coup, puisque la *Logique* paraît deux ans après l'*Anthropologie*. Toutefois, en raisonnant de la sorte, c'est la singularité de l'approche pragmatique de l'être humain qui, pour sûr, demeure inaperçue ; c'est le geste qui met l'action au centre de la théorie qui reste invisible.

1. *Anthropologie*, « Ergänzungen aus H » : 400, 7-8 ; Brandt, *Kritischer Kommentar zu Kants Anthropologie in pragmatischer Hinsicht (1798)*, Hamburg, Felix Meiner, 1999, ici p. 180.

2. *Anthropologie*, « Ergänzungen aus H » : 399, 3 ; Brandt, *ibid.*

Or, si l'on tient, trop souvent, à lire la question de l'être là où elle ne se trouve pas, c'est avant tout pour deux raisons. Premièrement, c'est Kant lui-même qui nous y incite, lorsqu'il affirme que la question « *was ist der Mensch ?* » reçoit sa réponse de l'anthropologie et que

> au fond, on pourrait mettre tout cela [*i.e.* la métaphysique, la morale et la religion] au compte de l'anthropologie, parce que les trois premières questions [c'est-à-dire : "que puis-je savoir ?", "que dois-je faire ?", "que m'est-il permis d'espérer ?"] se rapportent à la dernière [1].

L' « Introduction » de la *Logique* engage ainsi de manière tellement prégnante la réflexion anthropologique sur la voie de l'essence que cette réflexion semble avoir à répondre à la question la plus importante de toute la philosophie.

Il y a, néanmoins, une seconde raison qui explique le charme exercé sur les lecteurs par la question de l'être de l'homme. C'est qu'en réalité elle appartient à l'univers des interrogations auxquelles faisait référence la *Critique de la raison pure*, celles qui accablent « la raison humaine [...] dans un genre de ses connaissances » : la raison ne peut pas les écarter, « car elles lui sont proposées par la nature de la raison elle-même, mais elle ne peut non plus y répondre, car elles dépassent tout pouvoir de la raison humaine » [2].

Il est curieux que Kant ait saisi ce lien entre la question de l'*être* humain et les difficultés de sa connaissance bien avant sa découverte de la critique. Déjà l'*Histoire générale de la nature et théorie du ciel* (1755) témoigne de cette tension redoutable, dans les termes suivants :

> Nous ne savons même pas bien ce que, maintenant, est réellement l'homme, alors que la conscience et les sens devraient nous renseigner sur ce point ; combien moins pourrons-nous deviner ce qu'il doit devenir un jour ! Cependant la curiosité de l'âme humaine poursuit avec avidité cet objet si éloigné d'elle, et s'efforce de recevoir quelque lumière dans cette connaissance obscure [3].

On le voit : la préoccupation pour l'être de l'homme tout comme la lucidité concernant la difficulté de résoudre le problème de sa destination sont anciennes chez Kant. Malgré les vingt-six ans qui séparent l'*Histoire générale de la nature* de la première *Critique*, la proximité entre les deux extraits ne passe pas inaperçue : « qu'est-ce que l'homme ? » est l'une de ces questions sans réponse, qui pourtant ne cessent de préoccuper la raison et à laquelle elle ne cesse de vouloir répondre. Comment expliquer cette situation "insolite" ?

1. LOG, AK IX, 25 ; OP III, 1297.
2. CRP, A VII, AK IV, 7 ; OP I, 725.
3. HGN, AK I, 366 (l. 25-31) ; OP I, 106.

LA FIDÉLITÉ DE L'*ANTHROPOLOGIE* AUX LIMITES DÉVOILÉES PAR LA CRITIQUE

La *Critique de la raison pure* met en garde contre ce qu'elle appelle

> l'usage ou l'abus *transcendantal* des catégories, qui est une simple faute de notre faculté de juger lorsqu'elle n'est point suffisamment bridée par la critique et qu'elle ne prête pas assez attention aux limites du seul terrain où l'entendement pur ait la permission de jouer son rôle [1].

Se peut-il que Kant ait été lui-même victime du procédé qu'il dénonçait, qui plus est, après l'avoir dénoncé ? – problème qui a été mis en lumière par Foucault. Dans *Les mots et les choses*, celui-ci écrit : la formulation de la question « *was ist der Mensch ?* », qui surplombe les interrogations métaphysique, morale et religieuse, a opéré « en sous-main et par avance, la confusion de l'empirique et du transcendantal dont Kant avait pourtant montré le partage » [2].

C'est effectivement ce qu'il appert dès que l'on revient à l' « Introduction » de la *Logique*. Nous avons distingué les termes dans lesquels la question « *was ist der Mensch ?* » y est formulée : elle succède aux trois interrogations portant sur le savoir, l'action et l'espoir, tout en établissant par rapport à elles un double décalage. D'une part, elle représente le point de convergence des trois autres et semble, de ce point de vue, se placer sur un plan supérieur, voire surplomber les autres, point sur lequel elle s'accorde avec l'*Anthropologie d'un point de vue pragmatique*, qui place l'homme au-dessus de tous les autres objets de connaissance [3]. D'autre part, elle bouleverse les termes des trois premières questions en faisant entrer sur la scène de la pensée un nouveau personnage jusqu'alors absent : l'homme. Car l'homme, et non plus le *je*, est son seul sujet. C'est un saut autant séduisant, et en apparence naturel, que difficile à justifier d'après les règles de la pensée en général.

Prétendre que le *je* ou le singulier, sous les modes du savoir, de l'action et de l'espoir, peut être ramené à l'*homme* ou à l'universel sous le seul mode de l'être est une opération à la fois lourde de conséquences et de suppositions. Concernant ces dernières, la supposition la plus décisive est sans doute celle développée dans la *Critique de la raison pure*, selon laquelle

> les jugements singuliers peuvent être traités à l'égal des jugements universels. Car, précisément parce qu'ils n'ont aucune extension, leur prédicat ne peut pas être rapporté simplement à quelque chose de ce qui est contenu sous le concept du sujet, mais être exclu d'autre chose. Il vaut donc de ce concept sans exception, tout comme s'il était un concept général, qui aurait une extension pour toute la signification de laquelle vaudrait le prédicat [4].

1. CRP, A 296 / B 352, AK III, 235-236 ; OP I, 1014.
2. Foucault, *Les mots et les choses*, Paris, Gallimard, 1966, p. 352.
3. Voir APP, AK VII, 119 et 127.
4. CPR, A 71 / B 96, AK III 87 ; OP I, 827.

Cette affinité entre le singulier et l'universel semble être une constante de la pensée kantienne, bien au-delà de la théorie de la connaissance. L'impératif universel du devoir formulé dans la *Fondation de la métaphysique des mœurs* en est un exemple éloquent : la formule « *agis uniquement d'après la maxime qui fait que tu puisses vouloir en même temps qu'elle devienne une loi universelle* » [1] subsume parfaitement le singulier sous l'universel. Sans l'admission tacite de ce commerce étroit entre le singulier et l'universel, le passage du *je* à l'*homme* ne serait pas concevable.

Concernant, en revanche, les conséquences qu'entraîne l'apparition de l'homme, on mentionnera la mutation qu'elle implique pour la pensée kantienne. La quatrième question en tant que succédant aux trois premières est introduite à plusieurs reprises dans les années 1790, d'abord, dans les *Vorlesungen über Metaphysik* [2], dispensées selon l'édition de l'Akademie au semestre d'hiver 1790-1791 [3], puis, dans la lettre à Carl Friedrich Stäudlin du 4 mai 1793 [4].

Dans le *Conflit des Facultés*, paru comme l'*Anthropologie* en 1798, Kant fait même place, sous la forme d'un « Appendice » à la première section de l'ouvrage, à l'idée

> que la philosophie n'est pas vraiment une science des représentations, concepts et idées, ou une science de toutes les sciences, ou en tout cas quelque chose de semblable ; mais une science de l'homme, de son activité représentative, de son penser et de son agir [5].

Cela étant dit, il importe de voir que cet « Appendice » n'est pas de la plume de Kant, mais consiste dans la transcription du corps d'une lettre de l'un de ses disciples, Wilmans, par rapport auquel Kant précise (en note) qu'il n'admet pas sans réserve la ressemblance de sa façon de voir avec celle de son lecteur.

Ce n'est donc qu'en 1800, lorsque Jäsche édite l'un des cours de *Logique*, que Kant se conçoit, pour la première fois et de manière explicite, devant l'ensemble du public des lecteurs, comme un penseur de l'être de l'homme, et envisage la philosophie comme le champ de recherche de cet être. Malgré les atermoiements, l' « Introduction » de la *Logique* pose définitivement la quatrième question et lui accorde une valeur hors du commun.

Au premier abord, ce geste semble prolonger l'entreprise critique où les interrogations sur le savoir, l'action et l'espoir apparaissent pour la première fois. On connaît, en effet, la phrase célèbre du « Canon de la raison pure » :

> Tout intérêt de ma raison (tant spéculatif que pratique) se concentre dans les trois questions suivantes :

1. FMM, AK IV, 421 ; OP II, 285.
2. *Metaphysik L2*, AK XXVIII 2-1, 533-534.
3. Voir AK XXVIII 2-2, 1346.
4. Voir lettre n° 574, AK XI, 429.
5. CF, AK VII, 69 ; OP III, 879.

1° *Que puis-je savoir ?*

2° *Que dois-je faire ?*

3° *Que m'est-il permis d'espérer* [1] *?*

Toutefois, entre cet extrait de la première édition de la *Critique de la raison pure* (1781) et l'« Introduction » de la *Logique*, dix-neuf ans plus tard, la continuité n'est qu'apparente. En réalité, un changement important se produit au cœur même du problème. Avant d'analyser cette métamorphose, il convient, cependant, de dissiper les doutes concernant la fidélité du texte relativement aux intentions de Kant.

Ce *Manuel pour les leçons* (sous-titre de la *Logique*) fut publié par l'ancien étudiant de Kant, Gottlob Benjamin Jäsche. Concernant les interventions de ce dernier lors de la mise en forme du texte, les écarts, voire les contresens qu'elles auraient pu entraîner, l'éditeur scientifique de la *Logique* précise dans les *Kants Werke* :

> Pour l'Introduction de l'ouvrage dans l'ensemble, [Jäsche] s'est tenu à la déclaration explicite de Kant, ce qui explique la longueur inhabituelle de l'Introduction par rapport à la logique proprement dite [2].

Nous sommes ainsi rassurés et pouvons considérer le texte publié comme une base solide pour le travail herméneutique.

Cela étant, nous pouvons relever une première différence entre la formulation de la première *Critique* et celle de la *Logique*. La *Critique* part du cadre de la raison individuelle en ce qui constitue le tout de son intérêt : « Tout intérêt de ma raison (tant spéculatif que pratique) ». La *Logique*, elle, se place sur un autre terrain :

> Le champ de la philosophie, en cette signification cosmopolitique, se laisse donc ramener aux questions suivantes :
>
> 1° *Que puis-je savoir ?*
>
> 2° *Que dois-je faire ?*
>
> 3° *Que m'est-il permis d'espérer ?*
>
> 4° *Qu'est-ce que l'homme* [3] *?*

Ce déplacement qui conduit de l'« intérêt de ma raison » à la « signification cosmopolitique » justifierait-il la référence à l'homme ? Le champ de la philosophie ainsi reconfiguré comprendrait-il l'intérêt de la raison comme l'une de ses parties, à laquelle elle ajouterait l'attention à l'être de l'être humain ? Serait-ce la différence entre la cosmopolitique et le simple intérêt de la raison, la première posant la question de l'homme et la seconde n'y prenant pas d'intérêt ?

1. CRP, A 804-805 / B 832-833, AK III, 522 ; OP I, 1365.
2. Heinze, « Logik », dans Kant, *Logik*, p. 503-508 ; ici p. 504.
3. LOG, AK IX, 25 ; OP III, 1296-1297.

Indépendamment des réponses qu'il convient d'apporter à ces interrogations, une chose est certaine : par rapport aux trois "vieilles" questions critiques, la référence à l'homme est ce qui introduit la nouveauté. Le passage du plan rationnel au plan cosmopolitique accompagne cette introduction, qui, par conséquent, n'est plus simplement critique, mais même extra-critique, un véritable supplément post-critique : au-delà du tout qui constitue l'intérêt de la raison personnelle, il y a autre chose : l'être de l'homme.

Davantage, l'interrogation qui s'inquiète de l'être de l'homme, et qui n'est pas une question critique, dénature, en vérité, le projet critique exactement là où elle semblait le prolonger. Voici une affirmation puisée au tout début de la *Critique de la raison pure* qui convient admirablement au « qu'est-ce que l'homme ? » :

> Elle [c'est-à-dire la raison] part de principes dont l'usage est inévitable dans le cours de l'expérience, et en même temps suffisamment garanti par elle. Avec leur aide, elle s'élève toujours plus haut (comme le comporte aussi bien sa nature), vers des conditions plus éloignées. Mais, s'apercevant que, de cette manière, son œuvre doit toujours rester inachevée, puisque les questions ne cessent jamais, elle se voit contrainte de se réfugier dans des principes qui dépassent tout usage possible d'expérience, et qui pourtant paraissent si peu suspects que la raison humaine commune elle-même se trouve en accord avec eux [1].

Il serait malaisé de trouver des mots plus justes pour décrire la position difficile dans laquelle nous met le problème de l'*être* humain. *Primo*, on soupçonne la quatrième question d'être un abus transcendantal, obéissant au principe d'une élévation de la raison toujours plus haut, vers des conditions plus éloignées. En ce sens, elle est une « faute de notre faculté de juger » lorsque celle-ci n'est plus « suffisamment bridée par la critique » [2]. Pour preuve, elle excède le *tout* de l'intérêt de la raison : elle est donc au-delà du tout, elle se situe strictement en dehors des limites du tout des intérêts rationnels.

Comprenons bien : ce n'est pas que la totalité de l'intérêt de la raison se soit entre-temps élargie ; c'est bien plutôt que l'homme vient après le tout. Aussi n'a-t-on pas à s'étonner qu'un lecteur comme Jean Ferrari termine son « Introduction » au recueil *L'année 1798* en déclarant que « l'homme et la science qui s'y applique se donnent toujours comme questions et demeurent objets introuvables » [3]. Dans la même lignée, François Marty qui, se référant au « *was ist der Mensch ?* », écrit que « cette question est la nôtre », parle d'une « énigme de l'homme » qui récuse tout « "principe", d'où on tirerait des certitudes, théoriques et pratiques » [4].

1. CRP, A VII-VIII, AK IV 07 ; OP I, 725.
2. CRP, A 296 / B 352, AK III, 236 ; OP I, 1014.
3. Jean Ferrari, « D'une introuvable science de l'homme », dans *L'année 1798. Kant et la naissance de l'anthropologie au siècle des Lumières* (J. Ferrari dir.), Paris, Vrin, 1997, p. 15.
4. François Marty, *L'homme, habitant du monde*, Paris, Honoré Champion, 2004, p. 172.

Bien sûr, que l'homme soit une énigme ne préjuge en rien de son existence, mais cela condamne la question à ne pouvoir déboucher sur une connaissance de son être. À force de monter toujours plus haut, la raison interrogatrice finit par dépasser tous ses pouvoirs cognitifs. Alors, l'enquête n'est plus dans la continuité de la critique et n'accomplit pas, *a fortiori,* la critique, mais la défigure plutôt, en engendrant la confusion de l'empirique et du transcendantal. Elle est, en cela, une trahison commise à l'égard de la critique.

Secundo, Kant a sans doute pressenti cette trahison, ce gouffre au bord duquel il vacillait. Aussi est-il le premier à prendre conscience de la tension extrême dans laquelle le met cet ajout, mineur seulement en apparence. À tel point que, comprenant que sa question est destinée à « toujours rester inachevée », il la laisse sans réponse, et même la délaisse dans le livre où elle aurait pu prendre toute son ampleur.

Nous avons vu que cette interrogation, plus que d'être seulement absente, est rigoureusement évitée. Même si elle est formulée explicitement et à plusieurs reprises dans des notes marginales et des passages du manuscrit, ces notes ont été oubliées et ces passages rayés. C'est en ce sens que le geste de Kant, son choix délibéré de ne pas intégrer la question de l'être de l'homme dans le texte sur l'homme, nous apparaît comme sa résolution de ne pas franchir les limites de la critique et de renoncer ainsi à se laisser emporter par la nature interrogatrice de la raison.

* * *

S'il est vrai, comme Kant l'écrit, que la raison ne tombe pas de sa propre faute dans l'embarras [1], alors on peut dire que, dans l'*Anthropologie,* il parvient à ne pas se mettre lui-même dans une position embarrassante et il ne s'est pas laissé prendre au piège de l'abus transcendantal. Toute la grandeur du livre réside dans le fait qu'en écartant la question il reste fidèle à l'entreprise critique. On est donc amené à conclure que ce qui pourrait sembler une insuffisance de l'ouvrage, du fait qu'il n'apporte aucune réponse à la question « qu'est-ce que l'homme ? », constitue en toute rigueur le signe le plus incontournable de sa force : il se départit entièrement de cette question.

Notre analyse a ainsi permis de définir le lien fondamental entre l'*Anthropologie d'un point de vue pragmatique* et la critique : contrairement aux apparences régnantes, elles s'accordent bien, car l'*Anthropologie* procède critiquement lorsqu'elle elle passe sous silence la question « qu'est-ce que l'homme ? ». En contrepartie, c'est l' « Introduction » de la *Logique* qui, après avoir repris les trois questions du savoir, de l'action et de l'espoir pour les référer à celle de l'être de l'homme, enfreint, en définitive, les règles établies par la critique.

En somme, autant l'*Anthropologie* s'accorde avec la critique, autant l' « Introduction » de la *Logique* est en désaccord avec elle. On peut donc dire

1. Voir CRP, A VII, AK IV, 7.

que ce qui semblait être en accord est, en fin de compte, en désaccord, et ce qui semblait être en dissonance est, finalement, en harmonie.

Diogo SARDINHA
(Université Paris 1 – NoSoPhi)

DE LA PHILOSOPHIE TRANSCENDANTALE À UNE PHILOSOPHIE DE L'ESPRIT DANS L'*OPUS POSTUMUM* : UN PASSAGE POSSIBLE ?

Dans l'*Opus postumum*, Kant reprend la question transcendantale. La notion d'esprit (*Geist*) prend place dans cette reprise. Elle y intervient, précisément, dans la transformation du système des idées de la raison pure. Or les modalités et les implications de cette transformation incitent à se demander s'il est permis d'y discerner les indices d'une élaboration possible d'une philosophie de l'esprit à partir de la philosophie transcendantale.

Pourquoi une telle interrogation ?

Dès les années 1796-1797, Kant travaille à un ouvrage ultime qui concerne le « tout de la philosophie ». Il s'agit d'y porter à son achèvement

> le passage des premiers principes métaphysiques d'une science de la nature à la physique. Cette tâche doit être remplie, sans quoi le système de la philosophie critique comporterait une lacune [1].

Kant pense ainsi « conclure l'affaire critique » elle-même, le passage cherché ayant valeur de « partie propre à la philosophie naturelle » : partie ne devant pas « manquer au système » [2] de la philosophie critique. Or, pour Kant, dans le passage des premiers principes métaphysiques de la science de la nature à la physique, c'est la « possibilité de l'expérience » qui est en jeu : possibilité qui « présuppose un principe formel *a priori* et un système » [3].

Le principe formel est celui de la « connaissance synthétique *a priori* selon des concepts ». Or celle-ci procède « d'un principe de la connaissance de soi » et n'est autre, pour Kant, en une formulation ramassée, que le « sujet s'autodéterminant lui-même ». Quant au système présupposé par la possibilité de l'expérience, il est celui « des idées du sujet pensant », en tant que ce système « réunit, en un principe de la possibilité de l'expérience, ce qui est formel dans la connaissance *a priori* à partir de concepts ». Or traiter du principe

1. Lettre à Garve du 21 septembre 1798, AK XII, 257 (l. 4-11).
2. Lettre à Kiesewetter du 19 octobre 1798, AK XII, 258 (l. 23-26).
3. OP, AK XXI, 87 (l. 4-8).

formel de la connaissance *a priori* par concepts comme principe de la connaissance de soi ; identifier la connaissance synthétique *a priori* selon des concepts au sujet s'autodéterminant lui-même ; saisir et porter au jour l'acte d'unification effective opérée grâce au système des idées du sujet pensant : cela ressortit, pour Kant, très exactement, à la tâche et à l'action de la « philosophie transcendantale » [1] et, en cette tâche même, à l'agir de la « raison pure » qui fait « abstraction de tous les objets, affairée à rien d'autre, comme objet en général, qu'à son autodétermination » et qui s'occupe « exclusivement de la connaissance synthétique *a priori* par concepts et des principes de cette synthèse » [2]. Autrement dit, cela relève de l'agir de la raison pure à qui la « Doctrine des éléments », dans la *Critique de la raison pure*, a appris à critiquer les limites de son propre pouvoir de connaître en même temps qu'elle lui a indiqué, dans l' « Appendice à la "dialectique transcendantale" », comment il lui est permis de faire un usage légitime de ses propres idées. Cet agir de la raison pure, dans la *Critique de la raison pure,* est repris et exposé en tant qu'agir de la philosophie transcendantale elle-même dans l'*Opus postumum.* De sorte que, dans le passage des premiers principes métaphysiques de la science de la nature à la physique, passage où la possibilité de l'expérience est en jeu, la philosophie transcendantale est pleinement en travail, en une tâche où la raison pure elle-même se présente, s'implique, agit par le système de ses propres idées. Or, dans cette implication et cette action de la raison pure, il y a autoconstitution du sujet comme objet du penser en même temps qu'autoposition du sujet en rapport à lui-même et à d'autres êtres que lui-même. En effet,

> la philosophie transcendantale est le système de toutes les idées de la raison pure, par quoi le sujet se constitue lui-même synthétiquement et *a priori* en objet du penser et devient lui-même auteur de sa propre existence [3].

La philosophie transcendantale est même

> faculté de se constituer soi-même, par des idées de la raison pure, en un objet, sous un principe de la connaissance *a priori* selon des concepts, et de se présenter soi-même en un système, en rapport à soi et à d'autres êtres que soi [4].

Or que peuvent bien signifier se constituer soi-même en un objet, se présenter soi-même en un système dans un rapport à soi et à d'autres êtres que soi, devenir l'auteur de sa propre existence par le système des idées de la raison pure, se constituer et se présenter soi-même comme existence en rapport avec d'autres existences ?

Il faut ici se tourner vers le système des idées de la raison pure, dans l'*Opus postumum*, tel que la philosophie transcendantale l'y convoque et l'expose,

1. OP, AK XXI, 87 (l. 4-24).
2. OP, AK XXI, 89 (l. 4-7).
3. OP, AK XXI, 100-101 (l. 33-2).
4. OP, AK XXI, 103 (l. 4-7).

non sans le transformer profondément par rapport à celui que la « Dialectique » de la première *Critique* a examiné et développé. C'est dans cette transformation, en effet, qu'est à chercher la signification de l'autoconstitution et de l'auto-présentation du sujet comme existence.

TRANSFORMATION DU SYSTÈME DES IDÉES DE LA RAISON PURE

Dans la *Critique de la raison pure*, il appartient à la « Dialectique » de présenter, dans sa systématicité, la fonction même de la raison, qui est une fonction d'unité complète. La « Dialectique » expose pour cela la valeur des trois idées dont la raison pure ne se départit pas, l'âme, le monde et Dieu : les « idées transcendantales » [1] ; idées avec lesquelles « la raison, en même temps, a sous les yeux une unité systématique dont elle cherche à rapprocher l'unité empiriquement possible, sans jamais l'atteindre pleinement » [2]. Ici, l'unité empiriquement possible regarde la diversité des connaissances d'entendement, constituées dans des expériences possibles, connaissances que la raison, conformément à sa nature architectonique, s'efforce de rassembler : ses idées lui servant, à ses yeux, pour cela, si elle en fait, du moins, un usage seulement régulateur. La raison pure voit, en effet, en elles quelque chose de complet, ayant les traits d'une unité systématique du savoir conforme à ses souhaits et à son intérêt spéculatif, et désignant, tel un point d'horizon, ce vers quoi rapprocher le divers des connaissances du tout du monde et des choses, en les unifiant le plus possible.

Avec les trois idées de la raison pure se trouve jalonné l'accès, dans la « Dialectique » de la première *Critique*, à l'unité la plus haute visée par la raison pure, en son exercice de pur pouvoir de connaître : à condition, toutefois, de réunir ces idées en un système et de les parcourir selon un ordre précis. En effet, entre ces idées transcendantales « brillent une certaine cohérence et une certaine unité, et la raison pure, par le moyen de ces idées, agence toutes ses connaissances en un système ». En outre, elle procède selon « une progression naturelle », celle qui consiste à « aller de la connaissance de soi (âme) à celle du monde et, au moyen de celle-ci, aller à l'être originaire » [3], c'est-à-dire Dieu. Ainsi, dans la « Dialectique » de la première *Critique*, les idées de la raison pure (ou idées transcendantales) constituent ce système dont la raison pure se dote, afin de s'exercer comme fonction d'unité complète et honorer, par là, sa destination pleine et entière : atteindre l'unité systématique ultime et intégrale du tout de la connaissance du monde et des choses.

Dans l'*Opus postumum*, le système des idées de la raison pure est transformé. En outre, l'âme y disparaît pour céder la place à quelque chose d'autre et de totalement inédit dans l'œuvre critique elle-même. Le système de la

1. CRP, « Dialectique », A 337 / B 394, AK III, 260 (l. 1-2) ; OP I, 1044.
2. CRP, « Dialectique », A 567 / B 595, AK III, 383 (l. 16-20) ; OP I, 1193.
3. CRP, « Dialectique », A 337 / B 394, AK III, 260 (l. 2-5) ; OP I, 1044.

raison pure – *âme, monde, Dieu* – devient, en effet, dans l'*Opus postumum* : « Dieu, le monde et moi qui lie les deux objets dans un sujet », ou bien « Dieu, le monde (les deux en dehors de moi) et le sujet raisonnable qui lie, par liberté, les deux » [1]. Plus loin :

> Dieu, le monde et le concept du sujet les unissant, sujet qui porte (*a priori*) dans ces concepts une unité synthétique, dans l'acte même où la raison constitue elle-même cette unité transcendantale.

Identiquement, pour Kant :

> Dieu, le monde et moi, Dieu le monde et l'esprit de l'homme comme ce qui lie les deux premiers, la raison moralement pratique avec son impératif catégorique [2].

Ou encore :

> Dieu, le monde et l'homme comme personne, c'est-à-dire comme être qui unit ces concepts, [à savoir] l'esprit de l'homme, esprit qui pense les deux [3].

Enfin :

> Dieu au-dessus de moi, le monde en dehors de moi, l'esprit humain en moi saisissant en un système le tout des choses, représenté dans un système doctrinal de la philosophie transcendantale, [c'est-à-dire] Dieu, le monde et l'être sensible se connaissant lui-même dans le monde, l'homme, le sujet empiriquement déterminé, établi du plus haut point de vue de la philosophie transcendantale [4].

Au terme :

> Dieu, le monde et moi (l'homme) dans un système de la philosophie transcendantale [5].

Qu'est-ce qui se donne alors à lire dans cette transformation, au sein du système des idées de la raison pure, où l'on passe du système *âme, monde, Dieu* au système *Dieu, le monde, l'être sensible se connaissant lui-même dans le monde*, à savoir l'homme comme sujet empirique établi au plus haut point de vue de la philosophie transcendantale, le moi en tant qu'esprit de l'homme pensant et liant Dieu et le monde, sujet raisonnable qui porte dans les concepts de Dieu et du monde une unité synthétique dans l'acte même où la raison pure constitue elle-même cette unité transcendantale : transcendantale en tant que la raison pure en est la source légitime et en fonde, comme raison pratique pure, la réalité puisqu'elle est raison moralement pratique avec son impératif catégorique [6] ?

1. OP, AK XXI, 22 (l. 7 et l. 9-11).
2. OP, AK XXI, 23 (l. 1-6).
3. OP, AK XXI, 29 (l. 14-15 et 25).
4. OP, AK XXI, 39 (l. 8-10 et l. 21-23).
5. OP, AK XXI, 42 (l. 18-19).
6. Cet usage de la raison pure comme raison pratique pure est pleinement maintenu dans l'*Opus postumum*.

DE LA RAISON PURE, APPLIQUÉE À UN OBJET EXTÉRIEUR À ELLE, HORS DE SA PORTÉE...

Dans la « Dialectique » de la première *Critique*, la raison parcourt les idées du système dont elle se dote. Elle a en vue l'unité systématique finale et intégrale du tout de la connaissance. L'idée de Dieu, à condition qu'elle en fasse un usage légitime, désigne le plus haut point de vue que la philosophie transcendantale lui offre, dans la « Doctrine des éléments », pour avancer vers cette unité, après être passée par l'idée de l'âme et l'idée de monde. Dans l'*Opus postumum*, le plus haut point de vue n'est plus le même. Il se prend de l'autoposition de soi, en tant que soi auto-constitué comme donné dans l'intuition, ainsi que cela apparaîtra plus loin. Or ce point de vue vaut aussi comme plus haut point de vue de la philosophie transcendantale elle-même dans l'*Opus postumum*, alors que le plus haut point de vue, dans l' « Analytique transcendantale » de la première *Critique*, en sa seconde édition, auquel doit se « rattacher la philosophie transcendantale » est « l'unité synthétique de l'aperception » [1], c'est-à-dire l'unité originaire de la conscience de soi : celle-ci n'étant, en aucune manière, autoposition de soi, pour Kant, à ce moment-là de son œuvre.

En outre, dans la « Doctrine des éléments » de la première *Critique*, c'est la raison pure elle-même qui se présente, du point de vue de sa nature architectonique, de sa fonction et de sa visée, et qui se présente selon le chemin jalonné par la « Doctrine des éléments ». Il lui faut, en effet, prendre, tout d'abord, acte de la manière dont l'entendement doit être guidé dans la constitution de connaissances ; présider, ensuite, au terme de l' « Analytique transcendantale », au système des principes de l'entendement pur afin de faire valoir son exigence de systématicité sans laquelle il est vain, pour elle, de chercher à poursuivre sa fin ; parcourir, enfin, dans la « Dialectique transcendantale », les idées, en suivant l'ordonnance de leur système, afin de mener à bien sa tâche : mais une tâche où la raison pure demeure appliquée à l'objet qu'elle vise, l'unité systématique des connaissances, objet hors de sa portée et extérieur à elle. La visée qui est la sienne, l'unité finale et intégrale du tout de la connaissance du monde et des choses, reste, en effet, à jamais ce foyer vers lequel elle tend, en vue duquel elle réalise sa destination de raison pure, dans l'espoir de l'atteindre : son intégrité et son accomplissement de raison dépendent de sa capacité à s'approcher, toujours plus, de cette unité. Il en va tout autrement dans l'*Opus postumum*.

1. CRP, B 134, AK III, 109 (l. 35-37) ; OP I, 854.

… À L'AUTOPOSITION DE SOI…

La raison pure y demeure, évidemment, pleinement présente et impliquée, comme raison soucieuse et ouvrière d'unité. C'est bien elle, en effet, qui constitue l'unité de Dieu et du monde comme unité transcendantale. Mais elle constitue cette unité selon un agir où le sujet se constitue soi-même en tant que *donné dans l'intuition*. C'est quelque chose d'inédit par rapport à la première *Critique* : même si l' « Esthétique transcendantale », dans la seconde édition, aboutit à l'auto-affection du sujet [1] – l'auto-affection ne valant pas, toutefois, autoconstitution du sujet comme *donné dans l'intuition*.

En effet, « la philosophie transcendantale est la conscience de la faculté du système d'être auteur de ses propres idées du point de vue théorique et pratique » [2] : du point de vue théorique, il s'agit des idées de la raison pure, selon l'ordonnance exposée dans l'*Opus postumum* ; du point de vue pratique, il s'agit du « souverain bien », à la fois « souverain bien originaire » (c'est-à-dire, Dieu dont la raison pratique pure postule l'existence) et « souverain bien dérivé » [3]. Or la faculté du système d'être auteur de ses idées n'est rien d'autre que

> la faculté du sujet s'autodéterminant par le moyen du système des idées, idées qui font *a priori* de la détermination complète du sujet comme objet (comme existence) un problème pour se constituer soi-même comme donné dans l'intuition. Équivalemment, se faire soi-même [4].

Autrement dit, pour le sujet, s'autodéterminer soi-même par le moyen de l'ensemble des idées, c'est le faire comme auteur des idées, tant théoriques, ordonnées en un système, que pratiques ; et c'est en même temps se déterminer soi-même comme existence, mais une existence où le sujet entend se constituer soi-même comme donné dans l'intuition : en se faisant soi-même phénomène. Le plus haut point de vue de la philosophie transcendantale se situe ainsi, dans l'*Opus postumum*, au niveau de l'autodétermination du sujet comme existence, en tant qu'autoconstitution de soi comme donné dans l'intuition. Le plus haut point de vue de la philosophie transcendantale se prend donc, dans l'*Opus postumum*, au niveau de l'autoposition du sujet comme autoposition de soi, en tant que soi auto-constitué comme donné dans l'intuition. En effet, « la philosophie transcendantale contient les principes synthétiques de l'intuition et du penser ». Ces derniers opèrent comme « principes formels de l'unité des principes du sujet d'être auteur de soi » [5]. Au plus haut point de vue de la philosophie transcendantale, le sujet a toute faculté de se constituer soi-même, par des idées de la raison pure, en un objet, l'existence elle-même de soi, et de se présenter en un système, dans le rapport à soi et dans le rapport à d'autres êtres

1. Voir CRP, « Esthétique transcendantale », B 67, AK III, 70 (l. 15-17) ; OP I, 808.
2. OP, AK XXI, 93 (l. 1-2).
3. OP, AK XXI, 22 (l. 23-24).
4. OP, AK XXI, 93 (l. 26-30).
5. OP, AK XXI, 96 (l. 8-11).

que soi. C'est d'autoposition de soi, en tant qu'être sensible et raisonnable qu'il s'agit dans l'*Opus postumum*.

... ET À L'AUTOPOSITION DU MOI PAR L'ESPRIT (*GEIST*) DE L'HOMME

Dans cette autoposition de soi comme *donné dans l'intuition*, c'est la raison elle-même qui se montre, et qui se montre selon trois actes : « le premier acte de la raison est la conscience ; le second, l'intuition de soi-même (aperception) » [1], c'est-à-dire « la conscience de soi-même » comme « acte du sujet de se faire soi-même objet » [2] en tant qu'existence ; « le troisième, la connaissance » [3]. Mais pour Kant, conscience, conscience de soi, connaissance ne font pas nombre. Ces trois actes ne se succèdent pas selon une série, où ils seraient étrangers et extérieurs l'un à l'autre, ni ne s'additionnent. Ils sont les trois actes de l'unique raison qui se montre, ultimement, selon le plus haut point de vue de la philosophie transcendantale, dans l'autoposition de soi, à la fois par autodétermination de soi comme existence et par autoconstitution de soi comme donné dans l'intuition. C'est-à-dire, pour reprendre les termes de Kant lui-même cités : comme ce *moi*, en tant qu'*esprit* de l'homme pensant et liant Dieu et le monde, *l'esprit humain en moi* en un système rassemblant le tout des choses. Le plus haut point de vue de la philosophie transcendantale, situé au niveau de l'autoposition de soi, conduit ainsi à l'autoposition du *moi*. Mais en tant que le *moi*, dans l'acte même de son autoposition, agrège quasi synthétiquement un élément inattendu : l'*esprit* de l'homme, c'est-à-dire, selon la formulation même de Kant, la raison moralement pratique avec impératif catégorique ; l'autoposition du *moi* recevant de la raison moralement pratique avec impératif catégorique, c'est-à-dire de l'*esprit*, son poids de réalité objective.

UNE INTERROGATION LÉGITIMÉE

C'est pour cela qu'était demandé s'il était permis de voir, dans l'*Opus postumum*, les éléments d'une élaboration possible d'une philosophie de l'esprit à partir de la philosophie transcendantale. Cette philosophie de l'esprit ferait de l'autoposition du moi, selon les trois actes de la raison, c'est-à-dire la conscience, la conscience de soi, la connaissance, cette dernière en tant qu'union synthétique de l'objet donné selon les formes de l'intuition et le moi, conscient de ce qui est donné et conscient de soi comme lui-même donné dans l'intuition, ce dont elle partirait et qu'elle déploierait : le moi étant le moi du « sujet affecté par la loi du devoir, l'homme » agissant « dans le monde » [4] et y

1. OP, AK XXI, 105 (l. 17-18).
2. OP, AK XXII, 89 (l. 15-16).
3. OP, AK XXI, 105 (l. 18-19).
4. OP, A XXI, 86 (l. 25-26).

agissant en tant que « personne » [1] ; la raison moralement pratique avec son impératif catégorique étant désignée, par Kant, “esprit” de l'homme. Mais il s'agit seulement d'éléments pour une élaboration possible.

EN RESTER AUX ÉLÉMENTS D'UNE ÉLABORATION POSSIBLE

Kant ne fait pas, de lui-même, le passage à une philosophie de l'esprit. C'est pour cela qu'il ne convient que d'en rester aux éléments d'une élaboration possible d'une philosophie de l'esprit, à partir de la philosophie transcendantale en travail dans l'*Opus postumum*. Toutefois, il y a des éléments de continuité et de nouveauté entre la présence de la notion d'esprit, dans l'*Opus postumum*, et la présence de cette notion dans les travaux antérieurs de Kant, publiés ou non, ou contemporains du dessein de passer, dans un ultime ouvrage, des premiers principes métaphysiques d'une science de la nature à la physique.

Les éléments de continuité sont attenants à des formulations de Kant, dans l'*Opus postumum*. Ainsi,

> il y a un principe actif en l'homme, non atteignable par une représentation des sens, un principe habitant en l'homme [...] comme esprit qui commande l'homme en même temps sans contredit ;

et le commande « selon la loi de la raison moralement pratique ». Cette loi de la raison moralement pratique est la loi morale, la loi du devoir qui affecte le sujet et l'établit en tant que « personne » [2] : la raison pratique pure en est la source originaire. Quant à l'esprit, qui commande l'homme sans contredit selon la loi morale, Kant le définit comme principe actif en l'homme : le *il y a* étant, ici, la reprise du *il y a une raison pratique pure* dans la « Préface » de la *Critique de la raison pratique* ; le fait de raison, comme présence inédite de la raison en tant que raison pratique pure, apportant à ce principe actif, ainsi nommé *esprit*, son poids d'effectivité. Or la formulation *principe actif* renvoie aux travaux de Kant, en anthropologie tout d'abord.

En effet, pour Kant, d'un point de vue anthropologique, « l'esprit (*Geist*) est la source mystérieuse de la vie » car « ce qui naît de l'esprit est originaire » [3]. De même : « l'esprit (*Geist*) est ce qui vivifie l'esprit (*Gemüt*) » [4]. Ou encore : « l'esprit est le principe intérieur de la vivification de la pensée » [5]. On retrouve dans l'*Anthropologie d'un point de vue pragmatique* ces formulations en une expression condensée : « l'esprit est le principe vivifiant en l'homme » [6]. Ainsi, l'esprit, principe vivifiant en l'homme, selon l'acception

1. OP, AK XXI, 54 (l. 3).
2. OP, AK XXII, 55 (l. 17-24).
3. Réfl. 831, AK XV, 371 (l. 12-14).
4. Réfl. 817, AK XV, 364 (l. 15-16).
5. Réfl. 934, AK XV, 415 (l. 2-3).
6. APP, AK VII, 225 (l. 12) ; OP III, 1042.

de Kant en anthropologie, devient, dans l'*Opus postumum*, principe actif en l'homme, commandant l'homme, sans contredit, selon la loi morale, dans la mesure où ce même esprit est identifié à la raison moralement pratique avec son impératif catégorique [1]. Or ce lien d'identité entre raison moralement pratique et esprit est comme esquissé par Kant dans un opuscule de 1796 : l'*Annonce de la prochaine conclusion d'un traité de paix perpétuelle en philosophie*.

Il s'y agit d'affirmer la fécondité de la démarche critique, seule à même d'offrir une paix perpétuelle en philosophie. Le passage ici retenu s'inscrit dans un alinéa intitulé « Assises hyper-physiques de la vie de l'homme » – ces assises procédant du fait de l'obligation morale, œuvre de la raison pratique pure – « en vue d'une philosophie de cette vie » [2]. Dans cet alinéa, Kant fait véritablement entrer en scène la notion d'esprit de manière totalement inattendue, si on se réfère à ses écrits antérieurement publiés ou à ses *Reflexionen*.

En effet, pour ce qui est des écrits publiés dans le champ de la philosophie pratique, l'esprit désigne toujours chez Kant, tant dans la deuxième *Critique*, que dans la *Religion dans les limites de la simple raison* ou dans la *Métaphysique des mœurs*, la manière de se rapporter à la loi morale, au moment de se déterminer à agir : si on se rapporte à la loi morale selon la lettre de la loi morale, il convient de parler de légalité de l'action ; si on se rapporte à la loi morale selon l'esprit de la loi morale, il est permis de parler de moralité de l'action. Dans l'*Annonce*, il s'agit de tout autre chose. Ainsi,

> par la médiation de la raison, un esprit est attaché à l'âme de l'homme, afin qu'il ne mène pas une vie simplement conforme au mécanisme de la nature et à ses lois technico-pratiques mais une existence conforme à la spontanéité de la liberté et à ses lois moralement pratiques [3].

Cet esprit, attaché à l'âme par la médiation de la raison, opère comme *principe de vie*. Un tel principe « procède avant tout et immédiatement d'une idée du suprasensible, c'est-à-dire de la liberté et de l'impératif catégorique qui, tout d'abord, nous en fait l'annonce » [4]. Cet esprit – repris dans l'*Opus postumum* comme raison moralement pratique avec impératif catégorique – permet, selon Kant dans l'opuscule de 1796, à la philosophie de se développer comme *philosophie de la vie*.

Ainsi, la notion d'esprit, telle qu'elle apparaît dans l'*Opus postumum*, est porteuse des accents qui la caractérisent dans les travaux de Kant en anthropologie et en philosophie pratique. Bien que, pour la philosophie pratique, Kant fixe, dans l'*Annonce de la prochaine conclusion d'un traité de paix perpétuelle en philosophie*, un aspect nouveau, jusque là, de la notion d'esprit.

1. OP, AK XXI, 23 (l. 6).
2. APC, AK VIII, 417 (l. 12-13) ; OP III, 425.
3. APC, AK VIII, 417 (l. 14-18) ; OP III, 425.
4. APC, AK VIII, 417 (l. 21-23) ; OP III, 425.

Cet aspect nouveau tient à la fonction elle-même que la notion d'esprit (*Geist*) remplit dans l'*Opus postumum*. L'esprit en l'homme, principe actif pour commander l'homme selon la loi morale, raison moralement pratique avec son impératif catégorique, apporte, en effet, à l'autoposition du moi son poids de réalité objective. Mais – et c'est bien cela qu'il faut relever – c'est l'autoposition du "moi" qui appelle, dans l'*Opus postumum,* cette fonction inédite de la notion d'esprit par rapport aux travaux kantiens antérieurs, inscrivant, avec l'appel à la notion d'esprit, une nouveauté dans la réflexion kantienne.

Laurent GALLOIS
(Centre Sèvres – Facultés Jésuites de Paris)

SUR LE RÔLE DE LA PSYCHOLOGIE EN THÉORIE DE LA CONNAISSANCE : KANT À L'ÉCOLE DE BRENTANO

De toutes les cibles visées par Franz Brentano, autant dans la *Psychologie d'un point de vue empirique* que dans les écrits plus tardifs, c'est Kant qui sans contredit occupe la place d'honneur. Non seulement Kant aurait posé en postulat de manière injustifiée des jugements synthétiques *a priori*, mais il est également, selon Brentano et son école, à l'origine de la phase de décadence qui caractérise la philosophie allemande de la première moitié du XIXe siècle. Au-delà de ces affirmations polémiques qui retiennent le plus souvent l'attention, il importe cependant de placer les choses en perspective et donc de voir comment ces critiques brentaniennes s'articulent et où elles trouvent leurs origines. Ici, nous nous pencherons plus spécifiquement sur la réception de la psychologie kantienne par Brentano et son école. Certes, le refus brentanien de la psychologie kantienne va de pair avec le refus en bloc de la catégorie kantienne des jugements synthétiques *a priori*. Mais nous voulons plutôt suggérer ici que dans le cas plus spécifique de la psychologie, la réception hostile de la philosophie kantienne dans l'école de Brentano est principalement due à la conjonction de deux facteurs : d'une part, le refus kantien de l'emploi de la psychologie en théorie de la connaissance et, d'autre part, corrélatif au premier facteur, le refus par les Brentaniens de la thèse kantienne sur l'impossibilité, pour la psychologie, de devenir une science. Dans ce qui suit, nous nous proposons d'examiner le détail de ces deux facteurs, en nous penchant plus spécifiquement sur la position développée par Stumpf dans *Psychologie und Erkenntnistheorie*, un essai qui situe la position brentanienne par rapport aux thèses kantiennes en psychologie.

I. L'ATTITUDE BRENTANIENNE À L'ÉGARD DE KANT ET DU CRITICISME

1) Le scepticisme

Sans accepter le scepticisme humien, Brentano n'entérine pas non plus la position kantienne face au scepticisme :

> En Allemagne, c'est Kant qui s'est donné pour tâche de sauver le savoir contre la skepsis humienne. Et il procéda pour l'essentiel de manière semblable à Reid. Kant affirme que la science exige à sa base un nombre de principes qu'il appelle les connaissances synthétiques *a priori*. À y regarder de plus près, on voit que ce qu'il entend par là, ce sont des propositions qui doivent être établies d'avance sans être évidentes (*einleuchtend*), une somme de jugements primitifs donc, qui ont le caractère des jugements que Reid appelle les jugements du "common sense" [1].

Selon Brentano, Kant et Reid partent de la même idée de base selon laquelle il y a des jugements du sens commun – des jugements qui, bien qu'ils ne soient pas évidents, nous paraissent néanmoins certains et qui sont susceptibles de fonder une science. C'est en affirmant que les objets de la connaissance s'orientent sur de tels jugements aveugles que Kant va trop loin dans son combat contre le scepticisme. C'est pourquoi Brentano rejette les jugements synthétiques *a priori* non pas parce qu'ils sont *a priori*, mais parce qu'on ne peut en « voir » la justesse, c'est-à-dire parce qu'ils sont aveugles. Et accepter des jugements aveugles (*blinde Vorurteile*) comme base de notre connaissance, c'est établir comme postulats de la raison pure pratique l'existence de Dieu, l'immortalité de l'âme et la liberté, une conséquence que Brentano ne peut admettre [2].

2) Le synthétique a priori *comme caractéristique des axiomes mathématiques*

Un autre point de dissension entre Brentano et Kant porte sur l'*a priori* synthétique qui caractérise les axiomes mathématiques selon Kant. Ceux-ci sont synthétiques parce qu'ils ne sont pas analytiques : que la proposition exprimée par « 7 + 5 = 12 » soit vraie ne procède pas du contenu des concepts. Évidemment, pour Brentano, ce raisonnement est inacceptable : pour un psychologue empirique comme Brentano, l'analyse descriptive d'un énoncé mathématique ou autre nous donne toujours le contenu des concepts : ce contenu étant psychologique, les énoncés mathématiques sont analytiques et non synthétiques.

Un autre problème sur la caractérisation kantienne du synthétique *a priori* pour les axiomes mathématiques, c'est que tous les axiomes sont de forme négative selon Brentano, et ils sont de forme analytique. Un jugement analytique peut donc augmenter notre connaissance selon les Brentaniens : les axiomes mathématiques (qu'ils considèrent comme analytiques) ont un degré d'évidence aussi fiable que celui de la perception interne. Un jugement comme celui que manifeste l'expression « ceci est jaune » est pour Brentano un jugement de la perception interne, un jugement évident, qui ne signifie rien d'autre que « ce voir est un voir-du-jaune ». L'évidence brentanienne étant toujours de forme négative, on dira d'une proposition évidente que c'est une proposition dont la

1. Franz Brentano, *Die vier Phasen der Philosophie*, Hamburg, Meiner ([1]1926, [2]1968), p. 20. Sauf mention, toutes les traductions françaises sont les miennes.
2. Brentano, *op. cit.*, p. 22.

négation est impossible. On comprend donc pourquoi les axiomes et les jugements analytiques sont des jugements qui ont une forme négative ou qui sont réductibles à une forme négative : la véritable forme des jugements A comme « tous les A sont B » est « il n'y a pas de A non-B ». Car toute évidence, que ce soit celle des axiomes ou de la perception interne n'est accessible que négativement : les choses sont telles et telles *et* ne peuvent être autrement.

3) Contre l'impossibilité d'une science psychologique expérimentale

Passons maintenant à l'objection qui nous intéresse ici en première ligne. Contre le verdict de Kant selon lequel la psychologie ne pourra jamais devenir une science explicative, notamment parce que les mathématiques ne sont pas applicables aux phénomènes psychiques, Brentano reprend en partie le point de vue de Herbart, selon lequel on peut tout à fait utiliser les mathématiques pour procéder à un traitement exact de la psychologie, pour autant qu'il y ait quelque chose qu'on puisse compter, par exemple des grandeurs ou des intensités. Mais à la différence de Herbart, Brentano ne croit pas qu'on puisse trouver des déterminations de mesures réelles de cette façon. Il ne croit pas non plus que la loi de Weber-Fechner [1] soit applicable, car elle repose sur une confusion de l'attention aux sensations (*Ebenmerklichkeit*) avec la comparaison des sensations (*Gleichmerklichkeit*). De plus, l'emploi de la mathématique en psychologie s'avère problématique pour Brentano aussi en ceci que les sensations ne dépendent pas de la force de l'excitation elle-même, mais des conditions psychiques de l'expérience. En ce sens, on peut dire que Brentano désamorce l'objection que Kant adresse à une science psychologique expérimentale sur deux plans : d'une part, les mathématiques ne peuvent être exclues par principe du domaine de la psychologie, mais, d'autre part, la pratique scientifique de la psychologie ne dépend pas de sa mathématisation : l'analyse descriptive des phénomènes psychiques est, selon lui, un outil de même dignité scientifique que les mathématiques.

II. STUMPF CONTRE KANT

Après ce bref tour d'horizon de la réception brentanienne de la philosophie kantienne, et plus spécifiquement de la réception de la psychologie, tournons-nous maintenant vers un des premiers étudiants de Brentano, Carl Stumpf, qui, dans un article de 1890 intitulé « Psychologie und Erkenntnistheorie » [2], tente

1. Loi selon laquelle toute augmentation de sensations est identique à l'augmentation de l'excitation physique et que l'intensité des sensations augmente des mêmes grandeurs que l'excitation physique.

2. Carl Stumpf, « Psychologie und Erkenntnistheorie », *Abhandlungen der Königlich Bayerischen Akademie der Wissenschaften*, vol. 19, 2e partie, München, Franz, p. 465-516 ; dorénavant abrégé PE.

le premier de faire le point sur la critique des néokantiens, offrant ainsi une réaction particulièrement bien détaillée et typiquement brentanienne face aux positions kantiennes et néokantiennes de l'époque.

1) Stumpf sur la psychologie et la théorie de la connaissance

Stumpf fait jouer la position criticiste et la position psychologiste l'une contre l'autre : pour le psychologiste, la connaissance est un processus psychologique, et un examen psychologique est donc un examen préalable à toute théorie de la connaissance. Or, pour le criticiste, la psychologie nous mènera à des lois empiriques, mais non à la connaissance de lois générales et nécessaires. Pour le psychologiste, on peut reconnaître que le carré de l'hypoténuse est égal à la somme des carrés des deux droites sans connaître la différence entre jugements analytiques et jugements synthétiques, et plus généralement, on peut procéder à la recherche des états de fait psychiques sans théorie ou critique de la connaissance. Il s'agit là de choses bien peu problématiques selon Stumpf, mais c'est précisément l'approche criticiste qui les a mises en question. À la suite de Kant, une connaissance sans critique, c'est une connaissance sans loi, sans norme de vérité, et donc sans vérité. À cela, Stumpf réplique dans l'esprit brentanien :

> Une connaissance peut être non seulement vraie, elle peut être parfaitement évidente à celui qui connaît, et ce jusque dans ses derniers fondements, sans même que celui qui connaît se soit constitué une théorie de cette évidence [1].

Le problème véritable dans ce débat est bien celui de la place de la théorie de la connaissance en psychologie. Contre le criticisme, Stumpf avance que les réflexions gnoséologiques sont nécessaires en psychologie pour l'achèvement de celle-ci, mais pas pour ses fondements. Cela va évidemment à l'encontre de la conception criticiste, selon laquelle les racines de toutes les sciences de l'expérience se trouvent dans les formes *a priori* de l'intuition et de la pensée, de la synthèse transcendantale et du schématisme transcendantal. Sans la catégorie de l'unité, impossible de parler même d'un objet. La substantialité, la causalité, la nécessité sont des catégories, des formes de la synthèse, qui permettent de forger les objets, la nature et sa régularité. La nature n'est pas là d'avance, mais plutôt elle est issue de et par l'entendement. Les phénomènes n'ont donc pas de règle d'ordonnancement ou de loi qui leur soit immanente.

Malgré cette opposition de principe à la position fondationnelle kantienne de la théorie de la connaissance sur l'ensemble de la science – et la marginalisation des analyses psychologiques dans le projet gnoséologique –, il est notable que les Brentaniens s'entendent avec les Kantiens sur ce qu'on doit appeler un phénomène, mais que leurs positions respectives divergent sur les propriétés des phénomènes : pour la philosophie critique, les phénomènes n'ont pas de lois qui leur sont proprement immanentes, alors que le principe qui garantit aux Brentaniens de pouvoir étudier les phénomènes tout en faisant

1. PE, p. 469.

abstraction de la théorie de la connaissance est précisément la thèse que les phénomènes sont dotés de lois qui leur sont immanentes, et que ces lois peuvent être découvertes par observation et analyse psychologique.

2) Matière et forme

On comprend donc qu'une bonne part des critiques de Stumpf face au criticisme porte d'abord sur la thèse selon laquelle l'entendement crée les objets et leurs lois. Or, j'aimerais me pencher ici plus spécifiquement sur un grief adressé par Stumpf à Kant quant à la place à donner aux investigations psychologiques en théorie de la connaissance. Celui-ci porte sur la distinction entre la matière et la forme de nos représentations. Sur ce point, Stumpf croit pouvoir montrer que c'est précisément le délaissement des recherches psychologiques qui a conduit Kant à des conceptions erronées en théorie de la connaissance :

> Or, [...] c'est justement le délaissement des recherches psychologiques qui a conduit à la conception que nous avons reconnue comme unilatérale et impraticable dans son unilatéralité du point de vue même de la théorie de la connaissance. [La cause de ce délaissement est à trouver] d'abord et avant tout [dans] la distinction continue entre la matière et la forme de nos représentations [1].

Autrement dit, selon Stumpf, la thèse criticiste mène à un point de vue unilatéral sur la question de la théorie de la connaissance, point de vue du reste difficilement défendable en raison même de certaines de ses thèses de départ, et notamment sur la distinction entre matière et forme de nos représentations. En fait, Kant croit pouvoir effectuer cette distinction non seulement par stricte opposition des catégories et des phénomènes, mais aussi au sein même de la perception sensible. La thèse, on la connaît, est que l'espace et le temps se comportent face aux qualités sensibles (les couleurs, les sons, etc.) comme de simples formes de l'intuition.

On peut bien insister sur le fait que la distinction de Kant n'est pas issue de considérations psychologiques, et dire qu'elle provient plutôt de considérations métaphysiques – que le motif décisif pour celles-ci est la possibilité des jugements synthétiques *a priori* et particulièrement de la connaissance mathématique –. Il n'en demeure pas moins selon les Brentaniens que la métaphysique doit passer le test de la psychologie. Quelque chose ne peut être vrai gnoséologiquement et faux psychologiquement [2].

Or, selon Stumpf, c'est précisément le problème de la distinction entre matière et forme : cette distinction n'est pas tenable psychologiquement :

> Elle a même été largement dommageable pour l'avancement des recherches, et ce aussi dans tous les autres domaines dans lesquels elle a été appliquée.

1. PE, p. 481.
2. PE, p. 482.

> Car la soi-disant logique formelle, l'éthique et l'esthétique sont toutes liées dans leur unilatéralité improductive à cette distinction gnoséologique [1].

Pour Stumpf, puisque tout ce que nous pensons et tout ce dont nous parlons est *eo ipso* un contenu de notre conscience et que le criticisme ne vise pas à donner une théorie de l'inconscient, qu'il doit en fait expliquer la possibilité de concevoir l'espace comme une représentation consciente, le criticisme doit donc expliquer comment l'espace, le temps et la causalité peuvent être des *contenus* de conscience. Du coup, la distinction comme formes de la matière du représenter devrait donc avoir son pendant au niveau des contenus de conscience. Mais ce passage du point de vue strictement gnoséologique et son adaptation au point de vue psychologique du problème ne semble pas pouvoir être solutionné dans le criticisme. La forme apparaît du coup comme un principe d'ordonnancement des phénomènes, comme Kant l'affirme d'ailleurs explicitement au début de l' « Esthétique transcendantale » [2].

Partant de cette réflexion, on ne peut conclure ici autrement qu'en disant que la matière des représentations nous est toujours donnée *a posteriori*. Et la forme doit donc être dans l'esprit de manière *a priori* et peut donc être considérée indépendamment de la sensation. Cela signifie que nous pouvons exclure de la représentation d'un corps tout ce qui relève de la sensation et penser uniquement sa forme. Mais Stumpf n'est évidemment pas d'accord avec cette réflexion :

> Le fait que les qualités de couleurs s'ordonnent dans l'espace, que ces mêmes qualités peuvent nous apparaître dans un ordonnancement spatial différent, cela ne justifie pas la séparation de l'espace de l'ensemble du contenu sensoriel. Les qualités nous apparaissent également dans différentes intensités et plusieurs qualités différentes peuvent apparaître en même temps dans des intensités différentes [3].

Autrement dit, des parties représentationnelles relevant de la forme sont toujours données directement dans la sensation. La séparation kantienne de la matière et de la forme des représentations a, selon Stumpf, cette conséquence fâcheuse qu'elle ne peut répondre à la question de l'explication de la localisation spécifique de certaines sensations. Si l'espace était vraiment une forme de l'intuition, le problème de la localisation spécifique de certaines sensations serait en fin de compte expliqué par le caractère *a priori* de l'espace, ce qui selon les Brentaniens n'est pas rendre justice à ce qui est donné dans l'intuition.

1. PE, p. 482.
2. Voir Kant, CRP, A 20 / B 34, AK III, 50 : « In der Erscheinung nenne ich das, was der Empfindung correspondirt, die Materie derselben, dasjenige aber, welches macht, daß das Mannigfaltige der Erscheinung in gewissen Verhältnissen geordnet werden kann, nenne ich die Form der Erscheinung. Da das, worin sich die Empfindungen allein ordnen und in gewisse Form gestellt werden können, nicht selbst wiederum Empfindung sein kann, so ist uns zwar die Materie aller Erscheinung nur a posteriori gegeben, die Form derselben aber muß zu ihnen insgesammt im Gemüthe a priori bereit liegen und daher abgesondert von aller Empfindung können betrachtet werden ».
3. PE, p. 484-485.

Dans les débats entre les nativistes et les empiristes au XIXe siècle, Hermann Lotze, le maître de Stumpf et de Windelband, avait tenté de palier cette difficulté de la théorie kantienne, en affirmant avec Kant que les intuitions spatiales en général sont *a priori*, mais en soutenant que les localisations déterminées et changeantes des qualités non spatiales et non ordonnées sont conditionnées par les signes locaux, les *Lokalzeichen*. Par *Lokalzeichen*, Lotze comprend des qualités sensorielles d'un autre genre qui contiennent pour ainsi dire un aspect informationnel. Par exemple, les sensations musculaires de l'œil, selon Lotze, sont en mesure de nous aider à localiser les sensations de couleurs qui sont non spatiales selon lui.

Mais ce compromis kantien de Lotze, visant à marier la conception *a priori* de l'espace avec une théorie psychologique qui rende justice à ce qui est donné dans la sensation, n'est pas satisfaisant selon Stumpf. La relative simplicité des sensations musculaires ne suffit pas par exemple à représenter avec précision la localisation optique. De plus, la théorie de Lotze est impraticable, car la finesse des sensations musculaires ne suffit pas à représenter la localisation optique, et le problème des signes locaux devrait aussi se transposer au niveau du temps, ce qui est en soi problématique :

> La séparation de la forme de la matière au sens kantien nous dépouille de toute possibilité de prédiquer la première de la seconde et de désigner certaines impressions, dans des cas particuliers, comme étant senties ici ou là, comme une multiplicité, comme des effets, etc. La séparation est tout aussi impraticable que celle ontologique d'Aristote qui porte le même nom et celle des scolastiques, avec laquelle elle n'est pas historiquement dénuée de relations. [...] Or, si la psychologie [...] est en mesure de démontrer que ces théories de signes – et du coup la séparation de la forme et de la matière dans nos représentations – sont une conséquence apparemment déterminée par la "méthode critique", alors il n'est pas nécessaire d'ajouter que les recherches psychologiques sont essentielles pour le théoricien de la connaissance [1].

Selon Stumpf, les sciences particulières émergent grâce à la décomposition de complexes qu'on croyait jusque lors atomiques, et l'histoire des mathématiques nous en donnerait un exemple. Et une classification des sciences comprise en ce sens trouverait sa dernière étape dans une classification génétique des concepts les plus simples de relation. Mais cette « table des catégories » brentanienne diffère fondamentalement de la table kantienne. Car, au cœur de cette table des catégories, il faut considérer, selon les Brentaniens, les nombreuses relations qui ont lieu entre les parties et le tout, car on parle de parties dans des sens bien différents.

Ainsi, la séparation de la matière et de la forme de nos représentations est non seulement nuisible en théorie de la connaissance, mais elle est impraticable en psychologie, et le délaissement de la psychologie occasionné par le rejet kantien de celle-ci comme théorie de la connaissance ne permet pas

1. PE, p. 489-490.

d'élaborer une classification des sciences qui rende justice aux développements des sciences particulières :

> Avec l'*a priori*, Kant a bien dû prononcer et voulu prononcer une quelconque affirmation sur l'origine psychologique des formes de l'intuition et de la pensée ; non pas simplement une affirmation sur sa signification pour la connaissance. Il veut dire [...] que les concepts *a priori* ne sont pas analysables et qu'ils ne sont pas donnés par les sens comme contenus de sensation. Mais cette négation de l'analysabilité est elle-même une affirmation psychologique ; et elle est tout aussi peu évidente qu'elle est tenue pour erronée par la plupart des représentants de la psychologie et de la physiologie en ce qui concerne l'espace, comme quoi la représentation de l'espace ne serait pas donnée par les sens. Dans tous les cas, nous avons ici une nouvelle preuve de la nécessité d'affirmations psychologiques plus exactes en théorie de la connaissance. Il n'est tout simplement pas possible d'éviter le sol de la psychologie, même si l'intérêt ne porte qu'exclusivement sur les hauteurs de la critique de la connaissance. Le délaissement de la psychologie n'est pas, comme on l'a souvent exposé, une caractéristique secondaire et impertinente, mais elle est bien plutôt un dommage fondamental de la philosophie kantienne [1].

III. Remarques finales

Les thèses de Stumpf et des Brentaniens en général doivent toutefois être nuancées lorsqu'on s'interroge sur les véritables intentions de Kant au-delà de la réputation que lui ont attribuée Alois Riehl et J. E. Erdmann au XIXe siècle, interprétation justement déterminante dans la réception de Kant parmi les Brentaniens [2]. Et en particulier, il importe de nuancer l'accusation émise par Stumpf sur la marginalisation de la psychologie ou du moins de restreindre celle-ci à la psychologie à laquelle est confronté Kant à l'époque.

Car contre l'interprétation anti-psychologiste de Kant, on peut se demander si la thèse selon laquelle la psychologie ne doit pas être confondue avec la logique est vraiment une thèse sur le fait qu'il ne peut y avoir de connaissance psychologique ou encore sur le fait qu'il puisse ou non y avoir une psychologie comme science. On devrait en effet distinguer, comme Thomas Sturm a récemment proposé de le faire, entre l'impossibilité pour la psychologie empirique, selon Kant, de devenir une science, et la thèse plus radicale, que ne défend pas Kant, qui nie toute connaissance psychologique [3]. Et certains des arguments de Stumpf se basent de toute évidence sur cette dernière thèse. Or il

1. PE, p. 495.

2. Voir A. Riehl, *Der philosophische Kriticismus und seine Bedeutung für die positive Wissenschaft*, en trois tomes, Leipzig, Engelmann, 1876, 1879, 1887 ; J. E. Erdmann (t. 2 et 3), *Versuch einer wissenschaftlichen Darstellung der Geschichte der neuern Philosophie*, Leipzig, Vogel, 1842/1853.

3. Voir Thomas Sturm, « Kant on Empirical Psychology », dans E. Watkins (dir.), *Kant and the Sciences*, Oxford, Oxford University Press, 2001, p. 165-181.

faut rappeler que la psychologie empirique que critique Kant est bien celle de Wolff et Baumgarten, une psychologie qui étudie la « nature pensante » et qui le fait, dans sa partie empirique, par le moyen exclusif du sens interne [1]. De plus, il faut noter que cette conception est basée sur une méthode introspectionniste radicale, et que c'est précisément dans le contexte de cet introspectionnisme de la psychologie empirique wolffienne que Kant considère l'impossibilité pour la psychologie empirique de devenir une science expérimentale [2]. En partie parce que l'observation de nos propres états au moyen du sens interne ne peut être sujette à des expérimentations réitérables, mais aussi parce que si les objets et les états psychologiques étaient considérés comme accessibles seulement au moyen du sens interne, toutes les différenciations qu'on opère sur eux seraient alors seulement effectuées en pensée. Et donc, les expérimentations que nous pratiquons dans cette psychologie introspectionniste ne sont que des expériences de pensée. Sur ce point, Kant et Brentano se rejoignent dans leur rejet de la méthode introspectionniste en psychologie [3] : mais leurs positions demeurent irréconciliables quant à la distinction entre matière et forme de nos représentations [*].

Guillaume FRÉCHETTE
(Université du Québec à Montréal)

1. Sur la dette de Kant envers Baumgarten quant à sa conception de la psychologie, voir notamment NRV, AK I, 503 ; APL, AK II, 308-309 et DSI, AK II, 397 ; APP, AK VII, 141.

2. *Cf.* PPM, AK IV, 471.

3. Voir notamment la *Psychologie vom empirischen Standpunkte*, Frankfurt, Ontos Verlag, 2008, p. 146 *sq*.

* Je remercie le Conseil de Recherches en Sciences Humaines du Canada (CRSH) pour son soutien financier.

L'IMAGE DE L'AFRIQUE NOIRE À L'ÉPREUVE DE LA THÉORIE CRITIQUE ET DE L'ANTHROPOLOGIE KANTIENNES

INTRODUCTION

Dans l'entreprise *critique kantienne*, l'anthropologie revêt un aspect particulier. Au fondement de la critique, se trouve formulée une image concrète de l'homme. En effet, dès la « Préface » à l'*Anthropologie du point de vue pragmatique*, Kant énonce que :

> Tous les progrès dans la culture, par lesquels l'homme fait son éducation, ont pour but d'appliquer connaissances et aptitudes ainsi acquises à l'usage du monde ; mais en ce monde, l'objet le plus important auquel il puisse en faire l'application, c'est *l'homme* : car il est à lui-même sa fin dernière. Le connaître, conformément à son espèce, comme être terrestre doué de raison, voilà donc qui mérite tout particulièrement d'être appelé *connaissance du monde*, bien que l'homme ne constitue qu'une partie des créatures terrestres [1].

Et, s'il s'avère que c'est par l'homme que l'on peut également connaître le monde, l'*Anthropologie* est par excellence la doctrine la mieux indiquée pour dévoiler la *vraie nature* de l'homme. Celle-ci se donne à lire sous deux registres : *physiologique* et *pragmatique*.

> La connaissance physiologique de l'homme vise à explorer ce que la *nature* fait de l'homme, la connaissance pragmatique ce que l'homme, *être libre de ses actes, fait ou peut et doit faire de lui-même* [2].

Précisant, ensuite, sa position sur ce que la nature peut faire à l'homme, Kant ajoute à la suite de Descartes :

> celui qui creuse les causes naturelles, sur lesquelles reposait par exemple la faculté de souvenir, peut bien spéculer en tous sens sur les traces

1. Kant, « Préface » à l'*Anthropologie du point de vue pragmatique*, trad. Michel Foucault, Paris, Vrin, 2008, p. 83. Signalons ici que nous avons également utilisé pour cette étude le texte traduit par Pierre Jalabert en OP III, 943.

2. APP, AK VII, 119 ; OP III, 939.

> d'impressions que laissent les sensations subies ; force lui est d'avouer qu'il est à ce jeu simple spectateur de ses représentations et que, dans sa méconnaissance des nerfs du cerveau et de ses fibres, ainsi que dans son incompréhension de leur maniement, il lui faut laisser faire la nature : *partant, toute spéculation théorique sur ce sujet est en pure perte* [1].

En revanche,

> s'il utilise [...] les perceptions sur ce qui s'est révélé entrave ou stimulant de la mémoire pour donner à celle-là ampleur et aisance, et s'il se sert à cet effet de la connaissance de l'homme, cette démarche constituera une partie de l'anthropologie d'intention *pragmatique* : c'est d'elle précisément que nous nous occuperons ici [2].

Confirmant cette prise de position Kant souligne ensuite qu'une telle « anthropologie, sous l'aspect de *connaissance du monde*, suite obligée de l'école, on la dira, à la vérité, *pragmatique* ». *Pragmatique*, non pas du fait que son contenu restera une connaissance étendue des *choses* de ce monde, mais surtout quand « elle comportera une connaissance de l'homme en sa qualité de *citoyen du monde* », étant entendu que

> même la connaissance des races humaines considérées comme produits propres au jeu de la nature ne peut être déjà rangée dans la connaissance pragmatique du monde, mais dans sa connaissance théorique [3].

Pareille énonciation suppose un éclaircissement des termes employés. Pour Kant, dans le dégagement de l'anthropologie pragmatique en vue de la connaissance du monde, il faut d'abord circonscrire ce qu'est *connaître le monde* et *avoir l'usage du monde*. Dans leur signification, ces expressions sont éloignées ; la première ne « fait qu'*entendre* le jeu sous forme de spectacle » alors que la seconde « est *partage* de ce jeu » [4]. Développant ses arguments, il affirme qu'au nombre des moyens par lesquels l'anthropologie peut élargir son champ d'investigation se trouve « *le voyage, même réduit à la lecture de relations de voyage* ». Mais, s'empresse d'ajouter Kant,

> il faut au préalable avoir acquis chez soi, par le commerce de ses concitoyens et de ses compatriotes, une connaissance de l'homme, si l'on veut savoir vers où orienter sa quête au dehors pour amplifier cette connaissance. Faute d'un tel plan (qui suppose déjà une connaissance de l'homme), le citoyen du monde restera toujours très borné dans son anthropologie [5].

1. APP, AK VII, 119 ; OP III, 939, nous soulignons
2. *Ibid.*
3. APP, AK VII, 120 ; OP III, 940.
4. *Ibid.*
5. *Ibid.* Nous soulignons. Afin d'illustrer cette argumentation, Kant affirme expressément en note : « Une grande ville, centre d'un État, où siègent les organes de gouvernement, qui en plus d'une université (destinée à la culture des sciences), dispose d'une situation propice au trafic maritime, favorisant les relations par les rivières venues de l'intérieur aussi bien qu'avec les contrées extérieures limitrophes, de langues et de mœurs différentes – une ville de cette sorte, ainsi

Voilà pourquoi sous ce rapport

> la *connaissance générale* précède toujours la *connaissance locale*, si la philosophie doit l'ordonner et la guider, philosophie sans laquelle toute connaissance acquise ne peut produire que tâtonnement fragmentaire, et non point une science [1].

Mais, remarque Kant, toutes les tentatives pour « accéder avec solidité à un tel savoir rencontrent des obstacles considérables attachés à la nature humaine elle-même » [2].

La nature humaine étant complexe, il est par conséquent difficile à l'*Anthropologie* de s'assurer la connaissance de l'homme par elle-même. Pris dans l'optique d'une observation sur soi-même et sur les autres, l'homme peut être aussi sa propre limite dans la mise au jour de sa *propre* connaissance, et ce, en raison d'un certain nombre de faits qui relèvent de sa « seconde nature », telles que les « circonstances de lieu et de temps », qui

> engendrent des accoutumances [...], *qui compliquent pour l'homme la tâche de se juger, quant à ce qu'il doit penser de lui-même,* et bien plus encore quant à *l'idée* qu'il doit se faire de son partenaire, car le changement de situation où l'homme est placé par son destin, ou bien où il se place lui-même par son esprit aventureux, *rend très difficile à l'anthropologie de s'élever au rang de science formelle* [3].

Dès lors, l'anthropologie, qui ne se fonde pas toujours sur « de véritables sources », dispose néanmoins de quelques pièces auxiliaires telles que *l'histoire naturelle, les biographies, les pièces de théâtre et les romans* pour investir le champ humain, même si, affirme Kant, « cette dernière sorte d'écrits n'[a] pas pour argument l'expérience et la vérité, mais la simple fiction » [4]. En fin de compte, c'est suivant ce schéma que Kant inscrit cette anthropologie *d'intention pragmatique*, systématique s'instaurant sur le modèle d'une « *science* d'intérêt général » [5].

Répartie en deux parties essentielles, l'*Anthropologie* vise dans un premier moment à circonscrire aussi précisément que possible « *la manière de connaître l'homme intérieur aussi bien que l'homme extérieur* » sous la double thématique *de la faculté de connaître* et *de la conscience de soi-même.* Alors que le deuxième moment désigné sous la thématique dénommée « *caractéristique anthropologique* » projette de dégager « *le caractère de la personne* ».

Königsberg sur la rivière Pregel, peut être considérée comme un lieu fait pour l'élargissement de la connaissance du monde, et où l'on peut acquérir cette dernière, même sans voyager ».

1. APP, AK VII, 120 ; OP III, 940.
2. *Ibid.*
3. APP, AK VII, 121 ; OP III, 941, nous soulignons.
4. *Ibid.*
5. *Ibid.*

L'AFRIQUE DANS LE SILLAGE DE L'ANTHROPOLOGIE KANTIENNE

Élaborée pour accéder à l'homme en vue *de la connaissance du monde*, l'anthropologie d'intention pragmatique s'emploie à dégager, à partir d'un certain nombre de caractères généraux, ce que sont le « peuple », la « race » et l'espèce humaine. Suivant l'ordre dégagé par cette anthropologie, c'est par allusion et non d'une façon frontale que Kant fait signe vers l'Afrique. En tout état de cause, à l'instar de la plupart des philosophes du XVIIIe siècle, Kant a une connaissance bien singulière de l'Afrique. En effet, l'Afrique est quasiment mise entre parenthèses dans l'espace culturel occidental entre le XVIIe siècle et le XIXe siècle du fait non seulement de la traite et de l'esclavage, mais également de la fascination qu'exercent sur l'Europe, l'Orient et les Amériques. L'Afrique qui s'installe dans le registre de la pensée des Lumières est totalement liée au déploiement du fameux commerce transatlantique, ainsi qu'aux acquis de l'histoire naturelle issue de l'œuvre de Linné et Buffon. Et c'est bien dans ce sillon que se situent l'*Anthropologie* et quelques textes de Kant sur l'Afrique et les Africains.

Ainsi, dans ses *Observations sur le sentiment du beau et du sublime*, Kant affirme que « les Nègres d'Afrique n'ont par nature aucun sentiment qui s'élève au-dessus du puéril » [1]. S'appuyant sur l'autorité de Hume il ajoute :

> M. Hume défie qui que ce soit de citer un seul exemple d'un nègre ayant montré du talent et affirme que parmi les centaines de milliers de Noirs que l'on transporte de leur pays dans d'autres, bien qu'un très grand nombre d'entre eux soient mis en liberté, il ne s'en est jamais trouvé un seul qui, soit en art, soit dans les sciences, ou en quelque autre louable qualité, ait joué un grand rôle, alors que parmi les blancs il en est constamment qui, partis des derniers rangs du peuple, s'élèvent soudain et, grâce à des dons supérieurs, acquièrent de la considération dans le monde. Tant la différence entre ces deux races est essentielle ; elle semble aussi grande en ce qui regarde les capacités que selon la couleur. La religion fétichiste, largement répandue parmi eux, est peut être une sorte d'idolâtrie qui s'enfonce aussi loin dans la puérilité qu'il semble possible à la nature humaine. Une plume d'oiseau, une corne de vache, un coquillage, ou toute autre chose ordinaire, dès l'instant que cette chose a été consacrée par certains mots, est un objet de vénération et invoquée dans les serments. Les Noirs sont très vaniteux, mais à la manière nègre, et si bavards qu'il faut les disperser à coup de bâton [2].

Il va de soi que ces affirmations n'ont rien enlevé à la gloire de Kant. On note seulement qu'il se fonde sur l'autorité de Hume et sur des préjugés qui ne ressortissent nullement à l'entreprise *critique*. Certes, les considérations kantiennes n'excluent pas les noirs africains de l'humanité et n'autorisent pas à les traiter « seulement comme des moyens », ils sont toujours, en effet, « *en même temps des fins en soi* » ; par ailleurs, ces considérations relèvent plus de

1. OBS, AK II, 253 ; OP I, 505.
2. OBS, AK II, 253 ; OP I, 505-506.

l'anthropologie que de la philosophie transcendantale. En effet, dans la même lancée, Kant relativise ses affirmations :

> Mon dessein n'est pas du tout de dépeindre en détail le caractère des peuples ; je me contente d'esquisser quelques traits qui expriment chez eux le sentiment du sublime et du beau. Il est facile de juger qu'à une telle description on ne saurait demander qu'une relative justesse, que les types représentés se détachent seulement parmi la grande quantité de ceux qui prétendent à des sentiments plus raffinés, et qu'aucune nation ne manque de caractères individuels unissant les plus éminentes qualités de cette sorte. Pour cette raison, *la critique qui pourrait éventuellement atteindre un peuple ne peut blesser personne, tant il est vrai que chacun peut la renvoyer à son voisin comme une balle* [1].

Au demeurant, ces affirmations de Kant posent le problème des rapports de la *philosophie transcendantale* dégagée par l'entreprise *criticiste* et ce qu'il énonce dans son *Anthropologie*. Car, pour lui, toute la philosophie d'Helvétius par exemple « *n'est que de l'anthropologie* » ! En effet, dans la même note, Kant, qui connaît fort bien les travaux des philosophes français et leurs débats relatifs aux questions d'influences climatiques sur les inégalités et la différence des races ou sur les régimes politiques, formule la question suivante :

> Ces différences nationales sont-elles fortuites et dépendent-elles des circonstances et du régime politique ou bien sont-elles liées au climat en vertu d'une certaine nécessité [2] ?

On reconnaît dans le premier membre de cette alternative la position d'Helvétius. Dans ses *Observations sur le sentiment du beau et du sublime*, Kant ne juge pas nécessaire d'examiner cette question. Il le fera dans l'*Anthropologie du point de vue pragmatique*, dont la deuxième partie est consacrée au « caractère du peuple », où il affirme nettement sa position :

> Dire que, pour le caractère que prendra un peuple, tout dépendra de la forme de son gouvernement, est une affirmation infondée qui n'explique rien ; d'où le gouvernement tire-t-il lui-même son *caractère* particulier ? Le climat et le sol ne peuvent pas davantage fournir des clés à ce problème ; les migrations de peuples entiers l'ont en effet prouvé : ces peuples n'ont pas changé de caractère du fait de leurs nouveaux lieux d'établissement ; tout juste s'y sont-ils adaptés selon les circonstances, et encore laissent-ils toujours paraître en ce cas dans le langage, dans leur industrie et même dans leur costume, les traces de leur extraction et, par là aussi, leur caractère [3].

Et un peu plus loin, campant sur ses présupposés qui rappellent ceux de l'*Histoire naturelle de l'homme* de Buffon, Kant ajoute :

> En général, puisqu'il est question ici de caractère inné, naturel, qui a pour ainsi dire son siège dans la composition du sang humain, et puisqu'il ne s'agit

1. OBS, AK I, 243 (note) ; OP I, 494 (nous soulignons).
2. *Ibid.*
3. APP, AK VII, 313 ; OP III, 1125.

> pas de caractériser ce qu'il y a d'acquis, d'artificiel (de factice) dans les nations, il faut être circonspect [1].

Cette prudence semble bien recommandable dans sa formulation. Mais elle présuppose « indiscutablement un caractère inné, rapporté à l'organisme » ; car, si Kant refuse de façon expéditive aussi bien la théorie des climats que celle d'Helvétius, pour adopter une position anthropologique, il faut cependant reconnaître que celle-ci à cet endroit ne semble pas du tout fondée. Est-ce pour autant remettre en cause la dimension anthropologique dans l'œuvre de Kant et dire que celle-ci n'est pas à la "hauteur" de sa philosophie transcendantale, d'autant plus que, par ailleurs, ses conceptions sur les conditions humaines pour sortir l'humanité de sa « minorité » afin qu'elle accède à sa majorité sont « supérieures » à quelques unes de ses vue sur la situation *empirique* de certains hommes dits « sauvages » ou « primitifs » ? Il est vrai que Kant, à l'instar de Thalès, qui manquait de voir où il mettait les pieds parce qu'il était ébloui par le ciel, avait également la vue complètement rivée au *transcendantal.* Par conséquent, il n'était pas tout à fait "à l'aise dans l'empirique" et ne pouvait donc voir *aisément* ou empiriquement les Nègres d'Afrique. Tout comme Hume, grand maître de la philosophie empirique, Kant, ainsi que la plupart des penseurs des Lumières, percevait les « Nègres » sous le sceau de l'histoire naturelle de l'homme et de la traite négrière et non sous les signes de la culture, de l'histoire ou de l'éducation telles qu'il les déploie dans son anthropologie.

Jean-Luc AKA-EVY
(Université de Brazzaville)

1. APP, AK VII, 313 ; OP III, 1125.

MORALE ET DROIT

LA SCIENCE DU « CIEL ÉTOILÉ »
ET LA MORALE DU « MOI INVISIBLE »

Bien que ce soit dans la *Critique de la raison pratique* que Kant ait énoncé la formule du « ciel étoilé », représenté par la nature environnante, et de la loi morale provenant de l'intérieur du Moi invisible, sa validité s'étend à l'ensemble du système de la philosophie transcendantale, chaque œuvre kantienne incluant ces deux éléments dans des proportions différentes. Dans chaque domaine de l'analyse, il faut partir de la place que nous occupons dans le monde sensible, en tant que sujets de la connaissance. On doit respectivement commencer par la nature susceptible d'être abordée scientifiquement, dans sa connexion nécessaire avec l'Univers entier ; car c'est de l'idée du tout que dérivent la sphère et les limites de l'analyse humaine, dont notre propre existence prend conscience. On suivra cette revendication dans le contexte de la *Critique de la raison pratique*, et on verra dans quelle mesure cet ouvrage, dont le but manifeste est pratique, est également « scientifique » dans l'intention de Kant.

On constate, tout d'abord, que, dans cet ouvrage pratique, la revendication scientifique implique un acte double : de *modelage* et de *construction*. En premier lieu, Kant a dû suivre le modèle offert par la première *Critique,* dont les limites sont déjà établies et peuvent ainsi fonctionner en tant que paradigme, selon lequel l'auteur a tracé le plan de sa construction sur la base de principes. Entre ces limites se développe le sens théorique de la science d'après l'aspect *phénoménal* des objets de l'expérience (dont la raison se trouve dans les choses en soi) et du sujet de la connaissance (dont la raison est le Moi invisible). En second lieu, il s'est avéré nécessaire de poursuivre la construction du système de la philosophie transcendantale ; Kant applique et adapte le modèle du système de la raison pure, qui existe en soi et peut être qualifié de *scientifique,* en transposant l'existence d'une autre réalité humaine à propos des mêmes principes rationnels dans le domaine pratique. En vue de ce double but, la *reprise de l'analyse* des concepts et des principes de la raison pure spéculative, dans le contexte d'un usage pratique, s'impose. En les examinant, Kant nous propose la *comparaison* de l'usage théorique avec l'usage pratique, afin d'observer leur *connexion*, qui assurera la démarche systématique de la « science en voie d'être constituée » ainsi projetée [1].

1. CRPr, AK V, 7 ; OP II, 613-614.

Le premier et le plus important des concepts que l'on doit examiner est celui de *liberté*. Il requiert d'être examiné non seulement parce qu'il met en œuvre la raison pratique, mais également parce qu'il est resté provisoirement en suspens lors de l'étude de la raison théorique, où la liberté intervenait précisément sur la limite que la raison théorique imposait à ce qui avait été qualifié de scientifique. Au-delà de la causalité mécanique, valable dans ce monde conditionné, l'investigation était confrontée à l'inconditionné, accessible seulement à la causalité libre. La liberté, en son sens transcendantal, a été admise comme une hypothèse théorique valable dans un monde où la science est bâtie sur la base de la nature, afin d'éviter à la raison un blocage antinomique ; mais, en tant qu'hypothèse, elle était privée de l'élément qui donne du poids à un concept, à savoir privée de réalité objective.

Lors de son passage du modèle de la raison théorique à la critique de la raison pratique, la liberté réussit à construire le sens pratique de la science, manifesté dans la *loi fondamentale* de la raison pure pratique. Ce type de loi a la capacité de valider le modèle et de prouver que la raison pure peut aussi être pratique en se présentant comme la faculté qui détermine immédiatement la volonté. Ce que cette loi stipule, c'est la *nécessité* que l'action se conforme à un principe subjectif de la volonté, laquelle doit se libérer de son intérêt individuel, afin de toujours conférer à son principe une valeur *objective* ; elle s'impose inconditionnellement, sans aucune influence venue de l'expérience ou de la volonté d'une personne supérieure ; en vertu de quoi elle est considérée comme la condition que toute maxime doit satisfaire, voire comme « la condition suprême de toutes les maximes » [1]. Un tel principe subjectif, qui contient en soi la revendication du principe objectif, a aussi valeur de *législation universelle*. Une volonté, qui peut se mobiliser de sorte à faire usage de ce principe comme d'une règle pratique inconditionnelle de ses actions, en vertu de quoi elle rend possible une législation universelle, doit toujours être libre. La liberté de la volonté orientée vers la revendication de l'objectivité et de l'universalité n'est pas empiriquement conditionnée ; de sorte que rien ne peut la déterminer à l'exception de la *forme de la loi*. Le moyen par lequel cette loi satisfait, par la forme, les conditions de ce qui est scientifique est unique dans l'ensemble du domaine de la connaissance. Il est, tout d'abord, unique parce qu'il procède en sens inverse par rapport au sens théorique, lequel va du subjectif à l'objectif ; cette loi s'institue comme l'instance qui règle les actions, par la seule *forme* des principes *subjectifs*, une forme dont la raison déterminante est la *forme objective* d'une loi en général. Cette espèce de forme est rationnelle, par conséquent, elle se soustrait à l'expérience possible ; c'est pourquoi la connaissance rationnelle qu'elle rend possible s'identifie à la connaissance *a priori*. D'une telle connaissance rationnelle résulte la nécessité constitutive de la science ; elle se distingue du principe empirique, qui résulte de l'expérience, laquelle peut induire en erreur dans la mesure où sa nécessité

1. CRPr, AK V, 31 ; OP II, 644-645.

est uniquement subjective, fondée sur l'habitude ; et, si elle veut jouir d'un caractère scientifique authentique, l'universalité lui fait défaut. Dans la perspective rationnelle kantienne, le choix de cette dernière solution empirique récuse la possibilité de la science. En deuxième lieu, l'unicité de la connaissance pratique formelle résulte aussi du fait qu'elle s'étend au-delà de la sensibilité phénoménale de son modèle et se développe autour de la causalité non sensible de la liberté. Elle réside dans un être rationnel, qui peut se donner une loi universelle de comportement intersubjectif. Étant indépendante de tout principe empirique, elle se distingue de tous les autres principes pratiques, par le fait qu'elle existe d'elle-même et ne se réfère pas à la connaissance de la nature des objets pouvant être donnés à la raison, mais peut produire une connaissance qui fonde l'existence des choses en question. Il suit de l'unicité de la loi morale que celle-ci se présente comme un « fait de la raison pure », dont on prend conscience *a priori*. À partir de cette réalité rationnelle de la loi, explicable par la liberté, on peut obtenir des indications sur un monde qui se soustrait à la contingence de l'expérience, qui nous aide à construire le sens pratique de la science. Par son caractère *a priori*, l'expérience ne nous procure pas la preuve de l'observance exacte de la loi, et ce, en dépit de sa certitude apodictique. Puisqu'il lui faut être admise en tant que « fait de la raison », la réalité objective de la loi morale ne peut être démontrée par la raison théorique, ni par voie déductive, ni par voie empirique. Si elle a été désignée comme telle, c'est la preuve qu'elle constitue une science avec des caractères propres, formée sur la base de la loi de la raison, qui s'écarte des caractéristiques des lois examinées par l'entendement, sur la base desquelles s'établit la science théorique.

Une autre conséquence du caractère scientifique *sui generis* de la loi morale, résultant du fait qu'elle s'exerce nécessairement par la liberté, est qu'elle dépend de deux hypothèses pratiques nécessaires, à savoir : des idées de *Dieu* et de l'*immortalité* de l'âme. En comparaison avec ces deux idées, la liberté est la seule idée de la raison spéculative dont nous connaissons la possibilité *a priori*, et ce, parce que la liberté conditionne la loi morale, que nous connaissons dans la mesure où elle est donnée par notre propre faculté rationnelle, laquelle entretient avec la liberté une relation nécessaire. Les idées de Dieu et de l'immortalité de l'âme, bien qu'elles nous parviennent également par voie rationnelle, ne bénéficient pas de cette relation spéciale de conditionnement réciproque existant entre la liberté et la loi ; leur rôle n'est pas de conditionner la rationalité de la loi morale en entier, mais seulement un coté de celle-ci, à savoir celui qui se réfère à l'objet nécessaire que la loi morale exige de la volonté ; ainsi conditionnent-elles l'application de la volonté moralement déterminée au *bien suprême*, qui est l'objet donné *a priori* à la volonté. C'est pour cette raison que les deux idées transcendantales qui servent d'hypothèses pratiques doivent être admises comme possibles, bien qu'elles soient dépourvues d'objet. En comparaison avec leur implication dans le schéma de la raison spéculative, où ces idées produisaient une ouverture métaphysique, mais se limitaient au domaine de la science, la raison pratique admet leur réalité objective, leur offrant la possibilité de soutenir le sens pratique de ce qui est scientifique ; à rebours, dans ces deux idées, on retrouve une raison *subjective*, en vertu de quoi elles sont tenues pour vraies, raison pour laquelle elles obtiennent une valeur *objective* ; et, par la valeur objective procurée par la liberté, les idées de Dieu et d'immortalité obtiennent, en plus d'une nécessité uniquement subjective, de la réalité objective, en tant que besoin de la raison pure d'admettre ces idées. On peut alors dire que ces idées, bien qu'elles soutiennent le sens scientifique de la raison pratique, ne peuvent le soutenir d'elles-mêmes (comme la liberté), ni ne peuvent intervenir rétroactivement dans la structure de la raison théorique et participer à la construction du sens théorique de la science. Kant considère leur transformation par la raison comme une « énigme de la critique », et non comme une incohérence. Inversement, ce qui est refusé à l'investigation théorique est accordé à l'investigation pratique. Il suit de ce privilège du domaine pratique que le sens du terme « scientifique » chez Kant est loin d'être unique, mais s'adapte à la critique des facultés de l'âme et, par elles, au système qu'elles développent. Ce qui est unique et prime chez lui, c'est le modèle que la raison théorique a réussi à imposer et dont Kant nous invite à observer le caractère scientifique en examinant les autres facultés de l'âme.

L'énoncé de la loi morale, dans sa variante appliquée à l'ensemble de la nature, a un impact scientifique plus fort dans le contexte pratique. La loi morale est présentée en l'occurrence comme la règle par laquelle la faculté de juger, si son action est conforme à une loi de la nature, à laquelle elle participerait également, peut être rendue possible par sa volonté. À la différence de la variante restreinte de la loi fondamentale de la raison pratique pure, la loi exige, dans cette variante étendue, de l'agent moral non seulement une volonté capable d'accorder son principe subjectif avec l'objectivité de la loi, mais encore une volonté qui, en pensant l'universel dans le particulier, puisse apprécier en même temps la causalité de sa propre liberté, conformément à la loi de la nature. Dans une perspective strictement morale, cette variante de la loi morale peut simplement exiger de l'agent moral qu'il juge si ses actions sont moralement bonnes ou mauvaises, conformément au principe ; mais, dans une perspective philosophique plus étendue, voire scientifique, on exige qu'il s'accorde avec la nature entière et qu'il soit responsable tant à l'égard de son semblable que de la nature elle-même, où ces deux aspects s'intègrent. En d'autres termes, la loi place la volonté de l'agent moral sous le « ciel étoilé ». Cette variante de la loi morale qu'est la forme universelle d'une loi de la nature fait la liaison entre la raison pratique et la raison théorique, constituant une preuve, plus évidente que la précédente, du sens que Kant donne au caractère scientifique de la deuxième *Critique*, modelée nécessairement sur la première. De cette variante étendue de la loi résulte le besoin inévitable de la raison humaine de réaliser l'unité systématique de ses connaissances. Sa démonstration est à la portée de l'usage pratique commun de la raison, et confirme que le principe suprême est reconnu comme tel par chaque raison humaine naturelle, en tant que loi suprême de sa volonté, puisqu'il est indépendant des données sensibles et complètement *a priori*.

Une fois la structure scientifique de la raison pratique constituée sur le modèle de la raison théorique, il s'ensuit deux modèles pour l'être humain : celui du *monde visible*, représenté par l'investigation de la nature, et celui du *monde invisible*, représenté par le moi nouménal, qui peut avoir accès à la réalité intelligible de la loi morale. Kant présente ces deux mondes dans la « Conclusion » de la critique *scientifique* de la raison pratique, comme deux constantes de la réflexion et de l'investigation humaines :

> Deux choses remplissent le cœur d'une admiration et d'une vénération toujours nouvelles et toujours croissantes, à mesure que la réflexion s'y attache et s'y applique : *le ciel étoilé au-dessus de moi et la loi morale en moi* [1].

Leur relation présente l'agent moral dans un monde dont l'infinité peut être examinée par sa faculté intellectuelle, qui, en dépit de sa limitation, peut saisir la connexion universelle et nécessaire avec l'infinité des mondes de l'univers. L'infinité de ces mondes, ainsi que leur connexion mentale, éveillent non seulement la conscience d'un être qui s'applique à la recherche de la nature, mais également la conscience morale d'un être grâce auquel l'investigation de la nature s'accomplit. En sa première qualité, cet être, l'homme, doit faire preuve de l'humilité qui résulte de sa finitude matérielle, de sa matérialité, qui doit être imputée à la nature dans laquelle il a profité, pour un temps déterminé, de la force vitale nécessaire pour se manifester en philosophie et en science. En sa deuxième qualité, c'est-à-dire du fait de la limitation cognitive de l'entendement et de la matérialité sur laquelle il s'exerce, l'être humain voit sa valeur pratique s'élever vers l'infini, par sa personnalité, où la loi morale lui révèle une vie indépendante de l'animalité et de l'univers sensible, ainsi que – entre autres – le sens pratique de la science. Son sens pratique est moins exploité que son sens théorique, mais il définit mieux l'espèce humaine.

Pour pouvoir parachever l'examen de ces deux sommets de la connaissance scientifique, Kant aimerait qu'elle soit possible moyennant une *méthode* aussi certaine, au point de vue de sa rationalité, que celle de la science la plus certaine, à savoir la mathématique. En raison de l'impossibilité de procéder à la manière de la mathématique, la réflexion et l'analyse peuvent utiliser un procédé semblable à celui qui opère dans une autre science, fût-elle expérimentale, comme la chimie, afin d'obtenir la séparation des éléments empiriques et des éléments rationnels, purs, grâce auxquels on pourra parvenir à la certitude. Les essais de l'entendement humain commun, à condition d'être répétés, peuvent rendre connaissables les éléments purs. D'une part, en effet, il a pour tâche d'empêcher les erreurs d'un jugement qui manque d'exercice suffisant et de raffinement, d'autre part, il doit maîtriser les élans qui paraissent « géniaux » en raison d'un certain éclat passager, mais qui, en tant

1. CRPr, AK V, 161 ; OP II, 801-802.

que tels, ne visent pas une investigation méthodique et n'en retirent pas de connaissances réelles de la nature ; ils promettent seulement des illusions qui laissent échapper la vérité. Or, Kant considère que l'investigation qui procède de manière *critique* et selon une méthode appropriée procède en même temps *scientifiquement*, transposant la réflexion philosophique dans une discipline scientifique. En conséquence, il affirme que « la science [...] est la porte étroite qui conduit à la *doctrine de la sagesse* » [1] ; par où l'on doit penser non seulement la manière dont on procède effectivement, mais également l'association d'une *didactique* à la *méthode*, afin de « servir de règle aux *maîtres* pour bien tracer et faire connaître le chemin de la sagesse, que chacun doit suivre, et empêcher les autres de s'égarer » [2]. Cette sorte de sagesse méthodique, qu'est la philosophie, unit les données scientifiques offertes par le « ciel étoilé » à la responsabilité cultivée par la loi morale et appartenant au Moi invisible.

Rodica CROITORU
(Bucarest)

1. CRPr, AK V, 163 ; OP II, 804.
2. *Ibid.*

LE DROIT EST-IL UNE SCIENCE SELON KANT ?
LE DROIT PÉNAL ET LE PROBLÈME DE LA PEINE DE MORT

I. DES CONDITIONS *A PRIORI* DE LA DOCTRINE DU DROIT ET DE L'ÉTAT

Selon Kant, on ne peut assurément pas constituer une doctrine juridique sans observer attentivement le fondement rationnel qui soutient ce domaine de la connaissance humaine, parce que l'ordre du droit et de toute organisation politique ne peut être construit que sur un schème transcendantal. Ce schème ne peut pas être réalisé en effectuant des recherches empiriques sur les lois ou une action judiciaire, mais uniquement *a priori* dans la raison humaine et dans sa loi de la liberté, dont la représentation est l'impératif catégorique moral.

Toute recherche portant sur les principes juridiques doit être, selon Kant, nécessairement précédée d'un examen des conditions *a priori* de la propre constitution de l'État civil, en tant qu'espace fondamental pour garantir la liberté. Cette dernière est présupposée comme liberté transcendantale, partant, comme condition du concept de rationalité et comme faculté spécifique de connaître dans la *Critique de la raison pure*, liberté qui trouve sa *ratio cognoscendi* dans la loi morale en tant que loi capable de montrer la liberté comme autonomie de la volonté, telle qu'elle est déduite dans la *Critique de la raison pratique*.

Selon Kant, une doctrine du droit doit donc commencer par enquêter sur les conditions *a priori* de la liberté, comme unique fondement de l'existence du droit, parce que :

> Une doctrine du droit simplement empirique (comme la tête de bois dans la fable de Phèdre) est une tête qui est peut-être belle, seulement il est dommage qu'elle n'ait pas de cervelle [1] !

La principale source du droit doit uniquement être recherchée dans la connaissance *a priori* ou de l'entendement et de la raison purs, donc dans la liberté pratique, qui se manifeste dans l'autonomie de la volonté d'un être capable d'agir par respect du devoir, en tant que fondement de tout être rationnel, c'est-à-dire d'un être qui utilise la liberté transcendantale pour la

1. MM, AK VI, 230 ; OP III, 478.

recherche de l'inconditionné des conditions données dans la sensibilité, et qui, dans le domaine de la raison pratique, « prouve sa réalité et celle de ses concepts par le fait » [1].

La contemporanéité conserve ce que je considère comme une erreur d'interprétation de la doctrine du droit pénal chez Kant, ainsi que la thèse, que nous nous efforçons de combattre ici, qui voit en Kant, selon Richard Mervyn Hare, un défenseur inconditionnel de la peine de mort [2].

Lorsqu'on examine la doctrine du droit, et plus particulièrement dans la perspective de ce congrès, le droit pénal kantien, on doit garder à l'esprit le fondement rationnel, requis par le philosophe, de la constitution de l'État civil et de toutes les législations particulières, à savoir la liberté pratique. Ainsi, la liberté est la condition *a priori* d'une Constitution civile et doit régir l'ensemble des législations ordinaires dérivées, étant donné que, pour Kant, le droit est lié à l'idée de justice, « qui est sa propre essence » [3].

C'est Kant lui-même qui attire notre attention sur la nécessité de considérer sa philosophie du droit comme si elle était dans un système, dont les fondements doivent être toujours présents lorsqu'on analyse ses œuvres, y compris sa « Doctrine du droit », comme cela est souligné dans la « Préface » de sa *Métaphysique des mœurs*.

> À la *Critique de la raison pratique* devait faire suite le système qui se divise en premiers principes métaphysiques de la *doctrine du droit* et premiers principes métaphysiques de la *doctrine de la vertu* (comme pendant aux *Premiers principes métaphysiques de la science de la nature* déjà publiés) : la *Métaphysique des mœurs*, dont l'introduction qui va suivre tente – et ce pour chacune des deux divisions – de présenter la forme systématique et la rende en partie évidente [4].

Toute interprétation ou analyse de la philosophie politique et juridique de Kant, éloignée de sa pensée systématique, est vouée à commettre une injustice à l'égard du philosophe. C'est une partie de cette injustice relative à la doctrine du droit pénal que je prétends corriger et afin de libérer, ce faisant, cette doctrine de la critique contemporaine qui considère Kant comme un partisan de la peine de mort ; ce qui, à l'extrême, aurait des répercutions essentielles sur la déduction de la liberté pratique et sur sa conception des fondements de la dignité de la personne, et saperait les fondements contemporains des droits de l'homme.

Dans la *Métaphysique des mœurs,* Kant insiste sur la nécessité de considérer l'homme comme une entité unique parmi les autres entités de la nature, parce qu'il est le seul qui possède une dignité à travers la liberté. Dès lors, cette liberté, qui a été précédemment supposée comme liberté transcendantale dans la *Critique de la raison pure*, peut se convertir en liberté pratique en tant

1. CRPr, AK V, 3 ; OP II, 609.
2. Voir R. M. Hare, *Ética : problemas e propostas*, São Paulo, UNESP, 2003, p. 192.
3. CRPr, AK V, 37 ; OP II, 653.
4. MM, AK VI, 205 ; OP III, 449.

qu'autonomie de la volonté, lorsque la loi morale est accomplie par respect du devoir, tel que cela est indiqué dans la *Critique de la raison pratique*, montrant ainsi le signe distinctif du rationnel, donc de l'humain.

Pour Kant, c'est la capacité rationnelle à être libre qui constitue l'humain. Il en déduit :

> En effet, l'homme ne peut jamais être traité comme un simple moyen pour les desseins d'autrui ni être confondu avec les objets du droit réel, ce contre quoi le protège sa personnalité innée, quoiqu'il soit bel et bien susceptible d'être condamné à perdre sa personnalité civile. Pour qu'on songe à retirer de sa peine quelque utilité pour lui-même ou ses concitoyens, il faut d'abord qu'on le trouve *punissable* [1].

La philosophie politique de Kant ne pourra pas être comprise sans une attention particulière à la nature spécifique de l'homme comme être rationnel par la liberté, lequel est le seul souverain à promulguer les lois qu'il doit lui-même accomplir. Il faut prendre en considération cette notion de souveraineté dans l'analyse et l'interprétation de sa théorie politique et, plus particulièrement, dans la perspective de cette contribution, dans sa doctrine du droit pénal. On vérifie aussi, par simple lecture de cette partie de la *Métaphysique des mœurs*, que Kant « exclut la possibilité d'être un utilitariste » [2], y compris dans le domaine du droit.

Même si Kant admet que le meurtrier peut perdre sa personnalité civile si on le juge digne de punition, « l'homme est toujours [néanmoins] sous la protection de l'impératif catégorique » [3]. Ainsi, même lorsqu'il est condamné à perdre sa personnalité civile, l'homme ne perd pas sa condition humaine, donc sa condamnation ne doit contenir que l'intention de le punir, et non pas faire que « par la peine, il puisse obtenir un quelconque avantage » [4].

Dans sa doctrine du droit, Kant rompt définitivement avec l'eudémonisme, lorsqu'il affirme :

> La loi pénale est un impératif catégorique, et malheur à qui se glisse dans les méandres de la doctrine du bonheur pour y découvrir quelque chose qui, par l'avantage qu'il promet, le délivrerait de la peine ou l'atténuerait, selon cette sentence pharisienne : "Mieux vaut la mort d'*un* homme que la corruption de tout un peuple" ; car si la justice sombre, le fait que des hommes vivent sur la terre n'a plus aucune valeur [5].

Puisque la loi pénale est un impératif catégorique, personne ne peut, par son biais, prétendre à quelque chose qui conduirait à la doctrine du bonheur, parce que la possibilité de la contrainte est directement liée aux fondements du droit par la liberté ainsi qu'à la propre condition de rationalité, et, donc, à la notion de citoyenneté. On ne peut pas penser le droit comme un moyen de

1. MM, AK VI, 331 ; OP III, 601.
2. Hare, *op. cit.*, p. 192
3. Otfried Höffe, *Immanuel Kant*, São Paulo, Martins fontes, 2005, p. 263.
4. *Ibid.*
5. MM, AK VI, 332 ; OP III, 601.

parvenir à une fin d'utilité publique, puisque, selon Kant, « la justice cesse d'être une justice dès qu'elle se déprend d'elle-même pour un prix quelconque » [1].

Recherchant un principe de justice, Kant s'interroge :

> Mais quel mode et quel degré de châtiment la justice publique doit-elle prendre pour principe et pour mesure ? Il n'en est point d'autre que le principe d'égalité (figuré par la position de l'aiguille de la balance de la justice), qui consiste à n'incliner pas plus d'un côté que de l'autre [2].

On voit, par conséquent, que, dans la construction de sa doctrine des peines, Kant reprend l'idée de justice en tant qu'équité présentée par Aristote dans le livre V de l'*Éthique à Nicomaque*. Toutefois, le philosophe Allemand, en se servant des conclusions de la physique de Newton, en particulier eu égard aux lois de l'équilibre des forces dans l'action et la réaction, introduit, au moyen des concepts d'humiliation et de respect, une notion des forces de l'âme capable d'affecter toutes les entités rationnelles et de les guider vers le devoir, conformément à ce que Kant souligne dans la *Critique de la raison pratique*.

Cela est possible, pour Kant, parce que l'homme est la seule entité souveraine grâce à la liberté. Sa doctrine du droit est incluse dans ce système de forces et le philosophe peut donc conclure :

> Ainsi, le mal immérité que tu infliges à un autre dans le peuple, tu te le fais à toi-même. Si tu l'outrages, c'est toi-même que tu outrages ; si tu le voles, tu te voles toi-même ; si tu le frappes, tu te frappes toi-même ; si tu le tues, tu te tues toi-même. Seule la *loi du talion* (*juis talionis*), mais bien entendu à la barre du tribunal (non pas par un jugement privé de ta part), peut fournir avec précision la qualité et la quantité de la peine ; tous les autres principes sont chancelants et ne peuvent, en raison des considérations étrangères qui s'y mêlent, être le lieu d'aucun accord avec la sentence de la pure et stricte justice [3].

II. L'ÉTAT-PROVIDENCE ET L'ANALOGIE DE LA FORCE

Si l'on conserve la conception de la justice pénale comme équité, la sanction ne peut être que la parfaite équivalence entre les dommages causés et les réparations nécessaires. Suivant la loi de l'équivalence des forces de la nature provenant de la physique de Newton, à l'action du délinquant sur la victime doit correspondre, aux yeux de Kant, une réaction de l'État dans la même direction et avec la même intensité, mais dans le sens opposé.

Au sein d'un système dominé par la rationalité pure, non eudémoniste ou instrumentale, en parfait accord avec la possibilité de la liberté de chacun de coexister avec la liberté de tous selon une loi universelle, dans les limites

1. MM, AK VI, 332 ; OP III, 602.
2. *Ibid.*
3. *Ibid.*

strictes imposées par l'impératif catégorique du droit [1], le régime criminel ne pourrait être autre que la loi du talion. En conformité avec sa déduction des catégories, Kant conclut que seule la condamnation du même par le même peut fournir, avec sécurité, l'exacte équivalence entre le dommage et la réparation, et peut stipuler aussi bien la qualité que la quantité de la sanction.

Cependant, certains commentateurs contemporains ont ignoré ce point : dans la mesure où elle est insérée dans le champ de la raison pratique, la philosophie politique de Kant ne resterait pas insensible à la réalité sociale et, ainsi, le philosophe pourrait évaluer les conditions réelles d'application d'une doctrine pénale endurcie et insensible comme celle représentée par la loi du talion, et affirmer :

> Cela dit, il semble certes que les différences de classes ne permettent pas d'appliquer le principe du talion : rendre la pareille ; mais même s'il n'est pas possible de l'appliquer à la lettre, il ne laisse pourtant pas de rester valable dans ses effets, en référence à la façon de sentir des plus privilégiés. Ainsi, par exemple, une amende pour injure verbale n'a aucun rapport avec l'offense, car celui qui a beaucoup d'argent peut bien parfois se permettre cela par plaisir ; mais l'humiliation infligée à l'amour-propre de l'un peut pourtant bien équivaloir à la blessure faite à l'orgueil de l'autre : pourvu par exemple que ce dernier ne soit pas seulement contraint, aux termes du verdict et du droit, de présenter publiquement ses excuses, mais encore de baiser également la main du premier, bien qu'il soit de condition inférieure [2].

Selon Kant, compte tenu de la disparité des conditions sociales des citoyens, le modèle de la loi du talion vaut uniquement pour la parfaite équivalence axiologique entre l'infraction et l'idée de punition qui est contenue en elle, c'est dire l'entière correspondance avec l'idée de restaurer le même par le même. Mais la recherche d'une équivalence entre les forces doit être utilisée de manière à pouvoir atteindre, rationnellement, une mesure pénale qui permette d'appliquer une sanction à l'auteur de l'infraction, qui provoque chez lui une souffrance équivalente à celle subie par la victime, non pas seulement le même pour le même. Cette équivalence doit toujours être recherchée pour une loi, puisqu'elle est la seule mesure rationnelle permettant d'obtenir une peine compatible avec l'infraction.

> Il en serait de même si, pour avoir frappé un citoyen de rang inférieur mais innocent, un privilégié au caractère violent était condamné, outre à la réparation d'honneur, à une détention solitaire et pénible ; attendu que par là, outre son confort, c'est encore la vanité du coupable qui serait douloureusement affectée, et ainsi, grâce à cette humiliation, on lui aurait dûment rendu la pareille [3].

Pour Kant, une politique pénale, en plus d'observer attentivement l'inégalité des conditions sociales, doit comparer les conditions physiques des personnes

1. MM, AK VI, 230 ; OP III, 479.
2. MM, AK VI, 332 ; OP III, 602-603.
3. MM, AK VI, 332 ; OP III, 603.

impliquées, parce que la peine doit infliger une punition qui compense la disparité des forces entre la victime et l'offenseur, en vue de satisfaire à l'idée de justice comme équité. Ainsi, Kant conclut :

> Mais que signifient ces mots : "Si tu le voles, tu te voles toi-même" ? Celui qui vole rend incertaine la propriété de tous les autres ; il se ravit donc à lui-même (d'après le droit du talion) la sécurité que requiert toute propriété possible [1].

Sous l'impératif catégorique du droit, à savoir « Est juste toute action qui peut ou dont la maxime peut laisser coexister la liberté de l'arbitre de chacun avec la liberté de tout le monde d'après une loi universelle » [2], seule l'idée contenue dans la loi du talion peut fournir une mesure rationnelle à la politique pénale.

La liberté fait de chacun et de tous, en même temps, des législateurs et des sujets. Ainsi, la violation délibérée de l'impératif catégorique conduit l'homme à perdre spontanément la liberté, partant, la condition même de la sociabilité. Avec la perte délibérée de la sociabilité, le criminel rend non viable la confiance réciproque qui est à la base du contrat social original et, puisque, pour Kant, « ce qui compte comme condition d'application du droit, c'est la libre action de l'agent » [3], le criminel ne peut pas exiger pour lui-même ce qu'il a librement perdu.

Par conséquent, lorsqu'il recherche le fondement de sa doctrine pénale uniquement dans la loi naturelle de l'action et de la réaction, au moyen d'une analogie, en vue de l'harmonie nécessaire qui doit régner dans la société organisée eu égard à la liberté, Kant déduit :

> Mais s'il a commis un meurtre, il doit *mourir*. Il n'existe ici aucun succédané qui puisse satisfaire la justice. Il n'y a aucune *commune mesure* entre une vie, aussi pénible soit-elle, et la mort, et par conséquent non plus aucune égalité entre le crime et la réparation, si ce n'est en infligeant juridiquement la mort au coupable, pourvu qu'elle soit exempte de tout mauvais traitement qui pourrait faire de l'humanité un objet d'horreur en la personne du torturé [4].

Pour Kant, seule la mort de l'assassin pourrait réparer le mal causé par son acte et rétablir l'équilibre des forces fondamentales au maintien de l'idée même de justice, qui est la base de la société, en préservant la liberté :

> Quand donc je rédige une loi pénale contre moi en tant que criminel, c'est alors en moi la pure raison juridiquement législatrice (*homo noumenon*) qui, avec tous ceux qui sont associés en une union civile, me soumet à la loi pénale en tant que je suis un individu capable de crime, par conséquent une autre personne (*homo phaenomenon*) [5].

1. MM, AK VI, 333 ; OP III, 603.
2. MM, AK VI, 230 ; OP III, 479.
3. Höffe, *op. cit.*, p. 238.
4. MM, AK VI, 333 ; OP III, 603.
5. MM, AK VI, 335 ; OP III, 606.

C'est la raison pratique du criminel lui-même qui se trouve avec le texte de la loi dans la main et qui, en tant qu'entité rationnelle, en vertu de la liberté, se l'impose à lui-même. Selon Denis Rosenfield,

> Kant, dans son analyse de la peine de mort, cherche, grâce à celle-ci, à sauver le principe de l'égalité qui y existe. En choisissant d'assassiner quelqu'un, le criminel, par cet acte, choisit aussi d'être tué. De ce point de vue, il s'agit de son choix [1].

Il n'y a aucun doute que, dans sa « Doctrine du droit », Kant conserve la même cohérence systématique que dans la *Critique de la raison pure* et dans la *Critique de la raison pratique*, car le philosophe du droit considère aussi le citoyen comme *homo noumenon* et *homo phaenomenon* : le premier, en tant que participant rationnel de la construction de l'État, donc en tant que législateur souverain ; le second, en tant que personne qui commet une infraction dans la vie pratique et donc passible de sanctions.

Ainsi, en cas de conflit, pour garantir la liberté et l'existence elle-même de l'État, et donc également l'existence de la liberté publique des citoyens qui l'ont édifié, la décision de l'*homo noumenon* doit, selon Kant, toujours prévaloir. En cas de meurtre, c'est la raison pratique de l'assassin qui détermine la peine de mort.

III. Conditions de la prévision et de l'exécution de la peine de mort

Si Kant considère la peine de mort comme la seule équivalence possible au crime par homicide capable de récupérer le *status quo ante*, il impose, cependant, les conditions d'une législation civile capable de la prévoir :

> Voici comment résoudre ces complications : l'impératif catégorique de la justice pénale (l'homicide d'autrui, contraire à la loi, doit être puni de mort) demeure, tandis que la législation publique elle-même (par conséquent aussi la constitution civile), aussi longtemps qu'elle restera barbare et inculte, est responsable de ce que dans le peuple (subjectivement), les mobiles de l'honneur ne cherchent pas à s'accorder avec les mesures qui (objectivement) sont conformes à sa visée, en sorte que la justice publique émanant de l'État est une *injustice* au regard de celle qui émane du peuple [2].

Tant que l'honneur de l'État n'est pas compatible avec l'idée de la dignité, donc avec l'idée de l'honneur de chacun et de toute entité rationnelle constitutive de l'État civil lui-même, même si l'équité requise par la loi pénale capitale reste valable, son exécution n'est pas rationnellement autorisée, parce que manque la légitimité, partant, la souveraineté à l'Etat.

1. Denis Lerrer Rosenfield, « Justiça e pena capital : o teatro da norte », *Revista de Filosofia Política* (Porto Alegre), juin 2000, p. 183.
2. MM, AK VI, 337 ; OP III, 608.

Selon Kant, tant que la Constitution civile et l'État, et, avec lui, le droit commun, sont rudimentaires, permettant la barbarie, ils sont les seuls responsables du fait que les mobiles subjectifs du peuple ne coïncident pas avec les règles objectives de justice, qui émanent de la raison de ce même peuple. Donc, on peut conclure que, si la peine de mort est appliquée dans le cas d'un état de barbarie sociale, la justice publique deviendra injustice.

Par conséquent, l'État ne peut pas condamner le meurtrier à la peine de mort s'il ne lui offre pas, tout d'abord, les conditions de vie décentes qui l'aident à accomplir son devoir, sous peine que la justice commette une injustice. Ainsi, lorsqu'il déduit la peine de mort comme seule équivalence rationnelle d'un homicide, Kant se place sous la condition d'une Constitution civile déterminée par l'empire de la raison et d'un État également rationnel, donc qui offre le maximum de liberté et d'autonomie à ses constituants.

Avant même de présenter, de manière plus systématique, sa justice politique dans la « Doctrine du droit », Kant attire l'attention, dans sa *Critique de la raison pratique,* sur la nécessité d'observer la justice sociale dans la Constitution d'un État :

> Il suffit de réfléchir un peu pour trouver en soi-même quelque faute dont on s'est rendu coupable de quelque manière à l'endroit du genre humain (ne fût-ce que celle de jouir, grâce à l'inégalité des hommes dans la constitution civile, de certains avantages pour lesquels d'autres doivent supporter des privations d'autant plus grandes) [1].

Aux yeux de Kant, il y a faute, par conséquent, coresponsabilité de chaque citoyen avec le criminel, lorsqu'il permet l'inégalité sociale dans la constitution et l'organisation de l'État, moyennant quoi certains se voient allouer des privilèges au détriment de la vie digne d'autrui. Selon le philosophe, cet état d'injustice sociale contribue à ce que les mobiles subjectifs de l'honneur du peuple ne coïncident pas avec les règles qui, objectivement, sont appropriées aux objectifs de ce même peuple. Ainsi, la justice publique ne peut pas exiger que le citoyen donne ce que l'État lui-même ne donne pas, à savoir la justice.

Lorsqu'on reconnaît que l'humanité encourt la culpabilité pour avoir admis l'injustice sociale dans l'élaboration d'une constitution civile, il n'est pas difficile de conclure que, pour le philosophe, l'État ne peut pas punir le criminel à la peine capitale tant qu'il permet la pauvreté, car il considère que les privations sont préjudiciables à la moralité des actions et inclinent à transgresser les lois pratiques et, parmi elles, le droit :

> Ce peut même être, sous un certain rapport, un devoir que de songer à son bonheur, car, d'une part, le bonheur (auquel appartiennent l'habilité, la santé, la richesse) donne des moyens de remplir son devoir, et, d'autre part, la privation du bonheur (par exemple la pauvreté) est source de tentations d'y manquer [2].

1. CRPr, AK V, 156 ; OP II, 794.
2. CRPr, AK V, 93 ; OP II, 721.

En imputant à une Constitution civile, qui permet l'injustice sociale, la non-compatibilité de la disposition du peuple avec l'idéal de l'organisation rationnelle de l'État, donc une organisation qui prévient et évite, de toutes les manières, l'assassinat, Kant divise, avec l'État et ses lois, la responsabilité criminelle du meurtrier, de sorte que cet état d'injustice sociale soit le seul responsable de l'inadéquation des mobiles subjectifs des criminels aux diktats de la raison pratique. Il me semble, alors, que Kant réfute l'application de la peine de mort.

Avec cette pensée, Kant anticipe d'au moins deux siècles la thèse que les défenseurs des droits de l'homme proclament avec emphase aujourd'hui, à savoir la coresponsabilité sociale de l'État dans l'acte du criminel, partant, la nécessité de la grâce par le souverain en cas de meurtre et la réhabilitation des délinquants.

De cette manière, je pense que ce sont des « allégations injustes » [1] que certains commentateurs et admirables philosophes ont formulé « pendant ces deux siècles » [2] contre la doctrine du droit pénal kantien.

Quand l'État est un promoteur de l'injustice sociale, il contribue à la mauvaise conduite du criminel et partage avec lui la culpabilité du crime. Il rend donc non viable l'application de la loi du talion, car, comme le souligne Höffe, chez Kant,

> conformément au concept particulier de représailles, la faute n'est pas seulement une condition nécessaire, mais aussi une condition suffisante pour la détermination de la sanction judiciaire [3].

Ainsi, contrairement à l'interprétation contemporaine qui voit en Kant un défenseur inconditionnel de la peine de mort, je pense que nous pouvons identifier, dans sa doctrine du droit pénal et dans sa théorie de l'État, l'originalité d'une conception qui gracie le criminel de la peine de mort quand il est lui-même victime de l'injustice sociale.

Paulo Cezar FERNANDES
(São Paulo)

1. Höffe, *op. cit.*, p. 230.
2. Victor Delbos, *La philosophie pratique de Kant*, Paris, Presses Universitaires de France, [3]1969, p. 53.
3. Höffe, *op. cit.*, p. 266.

TABLE DES MATIÈRES

KANT ET LES SCIENCES : UN DIALOGUE PHILOSOPHIQUE AVEC LES SAVOIRS

Sous la direction de Sophie GRAPOTTE, Mai LEQUAN et Margit RUFFING

III
LES SCIENCES DU VIVANT

IV
ESTHÉTIQUE, TÉLÉOLOGIE DE LA CONNAISSANCE
ET TÉLÉOLOGIE DE LA NATURE

V
LES SCIENCES DE L'HOMME :
ANTHROPOLOGIE, PSYCHOLOGIE, MORALE, DROIT

Anthropologie et psychologie

Achevé d'imprimer en France par Dupli-Print à Domont (95) en septembre 2011
N° d'impression : 183550